사회복지법제론

김경우 · 조주복 · 홍숙자

DAE YOUNG CO. 도서출판 대영문화사

머리말

근대 시민사회에서 법치국가의 자유주의적 지향이 가져온 사회문제는 행정 우위의 행정국가를 등장하게 하였고, 이것은 복지국가라는 시대의 절정에 이르게 되었다. 그런데 신자유주의 정책과 자본주의 경제의 침체를 빌미로 법치주의의 붕괴와 행정 우위의 현실이 오히려 사회복지의 약화를 가져오게 되었기 때문에, 이제는 사회복지의 법적 이념이 행정권에 의하여 침해되지 않도록 자유주의 시대의 것과는 구별되는 새로운 형태의 법치국가, 즉 사회적 법치국가를 확립하는 것이 요구된다.

사회복지법은 공법과 사법도 아닌 제3의 독자적 법체계라고 할 수 있다. 사회복지법이라는 말은 매우 다의로서 그 개념은 반드시 명확하지 않다. 통일된 법전도 없다. 그러나 일반적으로 소유권의 절대와 계약의 자유를 기조로 하는 근대 시민법 질서를 인정하면서 사회단체적 견지에서 보호·간섭·강제를 수단으로 시장경제를 사회적 시장경제로 수정하여 공법과 사법의 중간적 특성을 가지는 제3의 독자적 법체계인 사회법으로 분류되고 있다. 즉 사회복지법은 개인의 실질적 평등과 사회적 조화로 복지를 실현하려고 하는 법체계로 이해되고 있다.

여기서 사회법이란 공법과 사법 양자의 중간에서 양자의 특성을 동시에 갖고 있는 법 영역으로 20세기 초까지 사회법을 노동법, 경제법, 사회보장법, 사회복지법 및 환경법을 사회법의 범주 내에서 다루어 왔으나 20세기 중반부터 선진국의 법체계에서 노동법은 공법 내지 국제공법이라 하여 공법의 범주에 넣고 있는 추세이나 우리나라는 아직 사회법의 범주에 넣고 있다.

사회복지제도가 진정한 법관계로서 존재할 때 비로소 국가와 국민 사이에 사회복지에 관한 권리 · 의무 관계가 형성될 수 있다. 국가의 정책이나 제도는 법적인 근거가 있어야 비로소 공식적인 제도로 존재할 수 있다. 법에 기초한 사회복지라야 임의적인 자선과 재량, 음모의 차원을 넘어설 수 있으며, 이때 사회복지법은 사회복지의 제공자와 수급자를 규범적으로 결속시키게 된다.

사회복지법은 자본주의 사회를 지탱해 온 기존의 법체계로 해석하거나 해결할 수 없는 새로운 문제 현상이 나타나게 되면서 이에 대한 대응으로 발전해 온 법 영역의 하나이다. 자본주의 사회의 모든 공간은 기계화, 대량화, 도시화 등을 통하여 조직되면서 근로자 개인의 생존을 위협하는 많은 사회적 위험을 만들어내게 되었고, 사회 관계가 복잡해지면서 점차 가해자를 확인하기가 쉽지 않은 사회적 위험이 나타났다. 이러한 사회적 위험은 개인 간의 손해배상제도를 통하여 해결할 수 없게 되었으며, 이에 따라 각종 사회보장제도와 대인 서비스 등이 등장하게 되었다.

'사회복지'는 인간의 아름다운 삶을 달성시키기 위한 사회적 노력을 말하며, '법'은 도덕, 윤리, 관습과 같은 규범으로 인간의 행위를 안내하는 행위규범이다. 따라서 사회복지법은 사회적 관계 속에 있는 인간다운 삶을 달성시키기 위한 인간의 행위규범이다. 그러나 사회복지법의 개념과 범위에 따라 사회복지법의 범위가 달라지기 때문에 '사회복지' 개념의 규정이 중요하다.

사회복지법제는 사회복지 실천을 규정하는 법적 규범이다. 따라서 사회복지 실무자는 규정된 사회복지법제의 테두리 안에서 사회복지 실천의 내용과 형태를 갖는다. 어떤 사회에서도 사회복지법이라고 하는 법적 규정을 벗어나 사회복지 실천이 이루어지거나 서비스가 제공되기는 어렵다. 물론 경우에 따라서는 사회 변동에 따라 새롭게 생겨난 욕구나 문제에 대처하기 위하여 일시적으로 민간 차원에서 사회복지 실천이 이루어지고 서비스가 제공되기는 하지만 대부분은 사회복지법이라고 명명되는 실정법이나 이와 연관된 행정지침 등에 의거하여 사회복지가 이루어진다고 말해도 무방하기 때문에 사회복지법제의 학습이 그만큼 중요하고 또 요청되는 것이다. 여기에서는 이러한 사회복지법제에 대한 개괄적인 이해를 돕기 위하여 사회복지법의 개념 · 목적 및 기본 원리 · 체계 등을 살펴봄으로써 사회복지법제의 성격에 대하여 고찰하고 있다.

사회복지법(social welfare law)은 사회복지에 관한 법이다. 사회복지와 법제라는 용어가 합쳐서 만들어진 복합 개념으로 어의적으로 사회구성원 다수가 평안하고 만족스럽게 잘 지내는 상태를 의미한다. 사회복지법이란 모둔 국민과 적법한 외국인의 욕구를 충족시키고 생활상의 곤란과 문제를 개인적·집단적 지역, 사회적·국가적·국제적 수준에서 예방·보호·치료·회복시킴으로써 그들의 인간다운 생활을 보장하고 사회적 정의를 실현하기 위한 공·사적 제도와 정책 등을 규율하기 위한 제반 법규를 의미한다. 법의 체계는 설정법과 자연법으로 구분되나 사회복지법의 체계는 주로 실정법 체계를 따르고 있다. 자연법이란 자연에서 발견되거나 인간의 이성에서 도출되는 초경험적인 법으로서 민족과 국가, 때와 장소를 초월하여 보편타당성을 갖는다고 인식되는 법으로 실정법이 따라야 할 법 원리이다.

이러한 실정법에 따른 이 책의 특징은 다음과 같다.

첫째, 현대 사회에서 다양하게 표출되는 사회문제는 새로운 복지 수요를 창출하고 있으며, 적극적으로 대응할 수 있는 대인사회 서비스(personal social services)를 위한 분야별, 수준별 전문가 수요가 증가하고 있다. 이에 사회복지 법률 전문직으로서 사회복지사가 갖추어야 할 법적·제도적 지식의 구현에 입각하고 있다.

둘째, 사회복지법제는 타학문 분야의 지원과 관계 속에서 이루어지고 있으므로 공법과 사법, 실체법과 절차법 등 다른 법률과의 관계를 심도있게 다루고 있다.

셋째, 2000년 이후 탄생한 제정법과 함께 사회복지법의 추이에 따라 이 책에 모두 기술하지는 못하였지만 시대적 요청에 의하여 영역에 따라 적절하게 대응하고 있다. 즉, 2004년의 건강가정기본법, 2005년의 저출산·고령사회기본법, 자원봉사활동기본법, 긴급복지지원법, 장애인기업활동촉진법, 2007년의 노인장기요양보험법, 기초노령연금법, 장애인 차별 금지 및 권리구제 등에 관한 법률, 사회적 기업육성법, 2008년의 다문화가족지원법, 2009년의 국민연금과 직역연금 연계에 관한 법률, 2010년의 장애인연금법을 들 수 있다.

넷째, 사회복지사는 사회복지에 관한 전문지식과 기술을 갖추어야 한다. 사회복지사의 전문성을 높이기 위하여 2003년부터 1급은 국가시험에 합격하도록 되어 있다. 우리나라의 경우 사회복지를 경시해 온 국가정책으로 말미암아 아직 사회복지 인력들이 전문직으로서 충분한 인정을 받지 못하고 있는 것이 현실이다. 사회복지법제는 사회복지 과목을 포괄하는 영역으로서 전문직의 속성 가운데 가장 보편적이고 체계적으로 갖추어야 할 영역을 기술하고 있다. 특히 전문직 지식을 선행 학습과 학습 과제란 명칭으로 실제 임상에서 도움을 주는 문제 지향적인 방법으로 제공하고 있다.

다섯째, 최근 수정 변경된 내용의 적용이다. 우리의 모든 법은 현대적인 관점에서 2010년 기준으로 많은 내용이 변경되었다. 예를 들면, 국민연금 가입 기간과 직역연금 재직 기간 합산에 관한 규정, 보험료 징수가 건강보험공단으로 일원화한 점, 산재보험의 업무상 재해 보충, 고용보험의 변경 제도, 의료급여법의 변경(희귀 난치성 질환, 차상위 계층 만성질환자 또는 18세 미만의 아동이 건강보험으로 변경), 긴급복지지원법의 한시법 규정 삭제, 긴급복지지원법에서 외국인 인정 규정 신설과 긴급 지원 내용 변경 등을 들 수 있다.

여섯째, 최신 법제의 도입이다. 법은 수시로 제정, 개정, 수정, 보완, 생성, 폐지되고 있기 때문에 독자의 혼란을 가져오기에 충분하다. 이미 법으로 제정된 법제 중에서 법적 효력을 가지지 못하는 미래 도달하는 법률까지도 반영하고 있다는 점이다. 따라서 앞으로 기본적으로 상당한 기간 동안은 최신서로서 그 영속성을 유지할 수 있게 하였다.

일곱째, 각 법제마다 일목요연하게 장·절로서 체계를 이루고 있으며, 내용에 들어가서는 법조문을 명시하여 필요할 때에는 법제처의 국가 법령 사이트에서 법률과 그 내용, 그리고 헌법재판소, 대법원 등의 판례를 이 책에 문서화하지는 않았지만 조회할 수 있도록 병기하였다.

그러나 집필 후에는 항상 부족함과 함께 전체적인 구도와 영역, 기획 의도의 아이디어와 설계에 대한 기대치에 비하여 아쉬움이 남는다. 이 부분에 대해서는 창의적인 사고와 열린 마음으로 계속 노력할 것이다. 사회복지법제 전문가로서 폭넓은 지식과 기술, 그리고 다양한 학문으로서의 접근이 좀 더 심오한 발전을 가져올 수 있도록 독자 제현과 전문가 여러분의 질타와 채찍을 부탁드린다. 끝으로 촉박한 일정에도 지속적인 관심과 애정으로 출판에 대한 열정을 보여주신 대영문화사 임춘환 사장님에 깊은 감사의 마음을 전한다.

2013년 7월

남한산성에서 저자 김경우

차 례

제 1 장 법과 사회복지법의 개요

선행 학습

1. 한국의 사회복지법은 통일된 (①)으로 체계화된 상태는 아니며 다양한 (②) 법률로 이루어져 있다.
2. 관습법은 (①)에 해당한다.
3. 시행령은 (①)이 발할 수 있는 명령이다.
4. 지방자치단체의 (①) 사무에 대해서는 법률의 위임이 없어도 법령의 범위를 벗어나지 않으면 가능하다.
5. 사법인은 설립이나 운영에 국가의 (①)이 관여하지 않는 법인이다. 공법인은 (②)을 추구하나 사법인은 (③)을 추구한다.
6. 민법에 의하여 설립되는 비영리법인과 상법에 의하여 설립되는 (①)가 사법인에 속한다. 영리법인은 영리를 목적으로 하는 법인으로 (②)·(③)·(④)·(⑤) 등이 이에 해당한다.
7. 시민법의 지도 원리는 ㉠ (①) ㉡ (②) ㉢ (③)의 원리에 있다.
8. 사회복지법인의 재산은 기본재산과 보통재산으로 구분되며 기본재산은 목록과 가액을 (①)에 기재하여야 한다. 기본재산은 (②) 기본재산과 (③) 기본재산으로 구분된다.

제 1 절 법의 의의와 법원

1 법의 의의와 법원

1) 법의 개념

사회가 유지되기 위해서는 사회구성원들의 행동을 규율할 수 있는 준거가 필요하다. 여기서 규범(norm)이란 명령이나 금지와 같은 당위로서 마땅히 하여야 할 것을 말하고, 사회규범이란 개인과 개인 또는 개인과 공동체의 관계를 규율하는 규범이다. 법 또한 사회구성원들을 규정하는 규범의 일종이다. 사회복지법은 주로 인간의 사회복지 활동을 규정하는 법적 규범이다. 따라서 법의 특징은 다음과 같이 요약할 수 있다.

첫째, 법은 사회규범이다. 규범 법칙은 당위 법칙으로 "살인하지 말라", "네 부모를 공경하라"와 같이 도덕, 관습, 종교, 법 등은 사회규범이지만, 법은 현대 사회에서 사람들 사이의 분쟁이나 갈등을 조정·해결하고, 사회를 안정시키며 질서 유지를 위하여 있는 준칙이다.

둘째, 법은 강제규범이다. 19세기 독일의 법학자 예링(Rudolf von Jhering, 1818-1892)은 그의 법사상 이론서인 『권리를 위한 투쟁』(1872)에서 법의 목적은 현실 사회에서 서로의 이익을 위한 투쟁을 통하여 실현된다고 보고, 끊임없이 권리를 확보하는 투쟁이 중요함을 역설함으로써 법의 강제성을 잘 대변하고 있다.

셋째, 법은 문화규범이다. 법이라는 것도 인간이 공동사회를 형성하며 만들게 된 일종의 문화이다.

넷째, 법은 상대적 규범이면서 절대적 규범이다. 법은 사회마다 다르다는 점에서 상대적이며, 동시에 법은 정의를 추구하고 실현하려는 목표에서 절대적이다.

다섯째, 법은 행위규범이다. 법은 사회구성원의 행동 기준을 제시해 주기도 하고, 예측되고 예정된 행동을 할 수 있게 해 준다. 예를 들어 '하여야 하거나 또는 하여서는 안 되거나'에 대한 판단 근거로 사회복지사업법 제6조 시설 설치 방해 금지 조항을 보면 "누구든지 정당한 이유 없이 사회복지시설의 설치를 방해하여서는 아니 된다."

여섯째, 법은 조직규범이다. 법규범을 제정, 적용, 집행을 담당하는 조직과 이 조직을 구성하는 기관에 일정한 권한이 부여되어 있다는 측면에서 법은 조직규범이다.

2) 법의 목적

(1) 사회 정의의 실현

법의 궁극적 목적은 사회 정의(social justice)의 실현에 있다. 사회 정의란 모든 사람에게 기본권이 보장된 상태이고, 사회 내에 불평등이 존재하지 않는 평등한 상태이다. 정의는 공동생활을 하는 사람들에게 권리, 의무, 포상, 제재 등을 배분·부여할 때 자의적인 불평등한 판단을 금지하고 합리적 기준에 따라 공평한 판단을 하는 근거이다.

(2) 법적 안정성의 유지

법은 사람들이 안심하고 사회생활을 할 수 있도록 하기 위하여 존재한다. 법적 안정성을 유지하기 위해서는 첫째, 사람들이 법의 존재 여부와 그 내용을 명확하게 이해할 수 있어야 한다. 둘째, 법은 너무 자주 변경되어서는 아니 된다. 셋째, 법은 실효성이 있어야 한다. 법이 실제로 행해질 수 있어야 사람들이 안심하고 생활할 수 있게 된다. 넷째, 법은 선량한 시민의 의식과 합치되어야 한다.

(3) 사회 질서의 유지

사회 질서란 사회적인 과정이 일관성이 있고, 사회의 각 부분이 각자의 기능을 수행하기 위하여 조화와 균형을 이루는 상태이다. 사회 질서는 사회구성원들에 의하여 자발적으로 이루어지기도 하지만, 법적 강제에 의하여 인위적으로 조성되고 유지되는 경우가 일반적이다. 법이 집행되는 과정에서 벌칙으로 징역, 벌금, 과태료 등을 부과함으로써 질서를 유지할 수 있도록 한다.

3) 법의 분류

이러한 법의 목적에 따라 법을 분류하면 다음과 같다.

(1) 일반법과 특별법

일반법과 특별법을 구별하는 실익은 "특별법은 일반법에 우선한다"는 특별법 우선의 원칙에 있다. 법 적용의 순위를 정하는 일반적 원칙으로서 특별법은 일반법에 우선하여 먼저 적용되고, 특별법에 해당 규정이 없는 경우에 그의 보충으로서 일반법이 적용된다.

사회복지사업에 관해서는 민법보다 사회복지사업을 우선 적용하고, 사회복지 전담공무원의 경우 일반 국민에게 적용되는 법보다도 먼저 지방공무원법이 우선 적용된다. 사회보장기본법과 국민연금법, 국민기초생활보장법, 노인복지법 등 개별적인 사회복지법 사이에는 사회보장기본법이 일반법의 역할을 수행하고, 개별적인 사회복지법은 특별법의 역할을 한다.

법인 조항과 관련해서 민법보다는 사회복지사업법이 우선 적용된다. 사회복지사업법은 아동복지법, 노인복지법, 장애인복지법 등에 대하여 일반법적인 지위를 가지며, 사회보장기본법보다는 다른 사회복지 관련 법률들에 대하여 일반법적 지위를 가진다.

(2) 상위법과 하위법

법규법은 수직적으로 체계화되어 있어서 하위의 법규범은 상위의 법규범을 위반하면 위헌 또는 위법이 되며 최고 상위부터 '헌법-법률-명령-자치법규'의 순으로 지위를 가진다.

(3) 강행법과 임의법

법의 효력이 그 적용에서 절대적인가 아닌가에 따라 강행법과 임의법으로 구별되며, 강행법은 당사자의 의사에 불구하고 법의 적용이 강제되어 효력을 발생하는 법으로 '… 하여야 한다', '… 하여서는 아니 된다' 등이고, 임의법은 당사자의 의사에 따라 법을 적용할 수도, 배제할 수도 있는 법으로 '… 할 수 있다', 또는 '… 노력하여야 한다' 등이다.

(4) 자연법과 실정법

법이 실증적으로 제정법화되었느냐의 여부에 따라 자연법과 실정법으로 구분한다.

자연법은 인간의 본성에 근거하여 인간이 올바른 사회생활을 하는 데 하나의 근본 지침으로 마땅히 그러하여야 한다는 당위법이며, 실정법은 특정 시대나 특정 장소에서 효력을 가지는 법규범(성문법이 일반적이지만 관습법, 판례법처럼 현실적으로 사용되는 불문법도 이에 속함)이다.

(5) 공법과 사법

법의 규율 대상인 생활 관계의 실체에 따라 공법과 사법으로 구분하며, 사법은 민법, 상법이고, 공법은 헌법, 형법, 형사소송법, 행정법 등을 말한다.

그러나 무엇이 공법이고 사법인지를 구분하는 데 여러 학설이 있다.

(6) 시민법과 사회법

시민법은 계급적 봉건제도가 붕괴되면서 개인의 자유와 평등 이념을 구현하는 시민법이 나타났다. 시민법의 지도 원리는 ㉠ 사유재산 원리, ㉡ 계약 자유의 원리, ㉢ 과실 책임(과실에 대한 자기 책임)의 원리에 있다.

그 체제로서 시민법의 원리는 자유방임적 경제 체제를 옹호하고 지탱하였으나 자유방임적 경제 체제는 빈부 격차 등의 사회문제를 드러내게 되면서 시민법은 사회법으로 수정되었다.

사회법의 지도 원리는 ㉠ 사유재산의 사회성(공익성), ㉡ 공정한 계약, ㉢ 무과실 책임의 원리와 같은 집합적 책임의 원리로 수정되었다. 그 체제는 사회법은 자본주의 체제를 전제로 하면서 국민의 공공복지에 의한 생존권 이념을 실현하고자 한 것이다.

(7) 실체법과 절차법

법의 규정 내용에 따라 실체법과 절차법으로 구분한다.

실체법(예: 헌법, 형법, 민법, 상법 등)은 주법이라고도 하는데 권리·의무를 규율하는 법이다. 절차법(예: 형사소송법, 민사소송법, 비송사건절차법, 파산법, 부동산등기법, 호적법 등)은 법률 관계의 실현 과정 내지 권리 의무의 실현 절차를 규율하는 법이다.

2 법원

법의 연원(source of law) 또는 법원(法源)은 법을 형성하는 기관, 법을 구성하는 재료, 법률 지식을 얻는 자료, 법이 존재하는 형식이다. 법이 나타나는 존재 형식으로 크게 성문법과 불문법으로 구분된다.

성문법은 문서로 표현되며, 입법기관에 의하여 일정한 형식과 절차를 거쳐서 공포되는 법이다.

불문법은 문서의 형식으로 표현되지 않는 법으로서 입법기관에 의하여 일정한 절차에 따라 제정·공포되지 않고 존재하므로 비제정법이라고 한다.

사회복지법의 법원이란 사회복지와 관련하여 그 급여 서비스의 내용, 그 서비스를 제공하기 위한 조직과 관리, 감독의 기준이 법률 등에 의하여 어떠한 형식으로 표현되는가 하는 것을 말하는, 사회복지법의 원천과 존재 양식을 의미한다.

1) 법원: 성문법

(1) 헌법

국가의 최고법이면서 국가와 국민 간의 권리·의무에 관한 기본법이다. 헌법은 최상위의 법이고 다른 법규범에 대한 우위를 갖기 때문에 하위법인 법률이나 명령 등이 헌법에 위배되어서는 안 된다. 헌법은 국가의 기본 조직과 작용에 관한 기본법이다.

헌법 제10조는 '인간의 존엄과 가치, 행복추구권'을 규정하고 있으며, 헌법 제34조에는 '인간다운 생활을 할 권리'가 명시되어 있다. 헌법은 사회권 조항이 있으므로 사회복지 법원이다. 헌법에 의하여 비준, 공포된 조약과 일반적으로 승인된 국제법규는 국내에서도 동일한 효력을 가진다. 국제법도 헌법에 위배되어서는 안 된다. 헌법은 사회복지법의 지도 원리로서 역할을 하며, 사회복지법은 헌법의 하위법에 속한다. 헌법은 사회복지에 관한 국가의 의무를 규정하고 있다. 헌법은 복지권을 보장하고 있다.

(2) 법률

법률은 헌법상 입법권을 갖는 국회에서 제정하거나 행정부에서 제출하여 국회의 의결을 거쳐 만들어진 규범이다.

국회에서 의결되고, 대통령이 공포한 법으로 법률은 헌법을 제외하면 가장 큰 형식을 갖고 있고, 헌법을 위배하면 법적 효력이 없으며, 반대로 법률의 규정에 위배되는 명령은 법적 효력이 없게 된다. 사회복지법에는 사회보장기본법, 국민건강보험법, 사회복지사업법, 국민기초생활보장법, 노인복지법, 아동복지법 등이 있다.

(3) 명령

국회의 의결을 거치지 않고 행정부에서 제정한 법규로 명령에는 개별 법률의 시행령(대통령령) 및 시행규칙(총리령, 부령)으로 나눌 수 있다.

사회복지사업법은 국회에서 제정되며, 사회복지사업법 시행령(대통령령)과 사회복지사업법 시행규칙(보건복지가족부령)은 행정부에서 제정된다. 명령은 입법부의 공식적인 심의와 의결 절차를 거치지 않고 제정 또는 개정된다. 내규, 지침, 고시 등은 행정부서 내부에서 제정되어 시행되며, 일반적으로 법규의 성격을 갖지 못한다.

(4) 자치법규

헌법 117조는 "지방자치단체는 주민의 복리에 관한 사무를 처리하고 재산을 관리하며 법령의 범위 안에서 자치에 관한 규정을 제정할 수 있다."고 규정함으로써 지방자치단체에 자치법규의 제정권을 부여하고 있다.

지방자치단체가 법령에 의하여 인정된 자치권의 범위 내에서 제정하는 법규로 자치법규에는 조례와 규칙이 있다. 자치법규는 법령의 범위 내에서 제정되고, 원칙적으로 그 지방자치단체의 지방 내에서만 효력을 가진다. 서울시 조례는 서울지역에서 서울시민을 대상으로, 대전시 조례는 대전지역에서 대전시민을 대상으로 각각의 조례가 효력을 가진다.

조례는 당해 지방자치단체가 관할하는 지역 안에서만 효력을 갖는다. 조례는 새로운 규범을 창조하는 기능을 하며, 법률의 제정을 선도하는 기능이 있다. 조례는 법률을 보완하는 기능이 있으며, 지방자치단체의 적극적인 활동을 촉진하는 기능을 한다. 그러나 국가 전체를 통하여 규율해야 할 사항과 국가 전체 또는 전 국민에게 영향을 미치는 사항은 조례로 제정할 수 없다. 조례가 규칙보다 상위 규범이므로 규칙이 조례를 위반해서는 안 된다. 규칙은 지방의회의 의결 없이 지방자치단체의 장이 정하는 법규범이다. 시·군·구의 조례와 규칙은 시·도의 조례나 규칙에 위반하여서는 안 된다. 지방자치법 제15조 1항에 따라 지방자치단체의 조례는 19세 이상의 주민의 연서로 해당 지방자치단체의 장에게 조례를 제정·개정·폐지할 것을 청구할 수 있다. 따라서 외교·국방·사법·국세 등 국가 존립에 필요한 사무는 지방자치단체가 처리할 수 없도록 규정하고 있어 조례로 제정하는 것은 불가능하다.

(5) 조약과 국제법규

조약은 국가 간 또는 국가와 국제기구 간의 법적 효력이 있는 문서에 의한 합의를 말하며, 국제법규란 우리나라가 당사국이 아닌 조약으로서 국제사회에서 일반적으로 그 규범성이 승인된 것과 국제관습법을 말한다.

헌법은 헌법에 의하여 체결 공포된 조약과 일반적으로 승인된 국제법규는 국내법과 같은 효력을 가진다고 규정하고 있으므로 그것이 국내 행정에 관한 사항을 포함하고 있는 경우에는 행정법원의 법원이 된다. 국회의 동의를 얻은 조약과 승인된 국제법규는 법률과 동일한 효력을 갖는다.

핵확산 금지조약은 흔히 NPT(Nuclear Non-Proliferation Treaty)라고 부른다. 핵확산 금지조약의 정식 명칭은 '핵무기의 불확산에 관한 조약'이다.

조약뿐만 아니라 협정(Agreement), 협약(Convention), 의정서(Protocol), 헌장(Charter, Constitution) 등으로 불리는 것도 포함한다.

2) 법원: 불문법

(1) 관습법

관행에 의하여 발생하는 사회생활의 규범으로 사회인의 사실상의 관행이 계속적이고 일반적으로 행해짐에 따라 법으로서의 효력을 가지는 법이다.

관습법이란 국가나 사회 안에서 일정한 관행이 장기간 계속 행해짐에 따라 사회의 중심 구성원들이 법으로 승인하고 국가가 그 효력을 인정한 것이다(예: 근친상간은 허용되지 않는다. 노인 어른을 공경하여야 한다).

관습법으로 성립하려면, ㉠ 국민(사회 성원) 다수가 관습(관행)을 법이라고 확신하여야 하고(법적 확신), ㉡ 관행의 영속성이 있어야 하며, ㉢ 국가의 법이 승인하여야 한다(관습을 반대하지 말아야 함).

관습법은 법령이 없는 경우에만 성립하는 것이 원칙이며, 법의 보충적인 성격을 가진다.

관습법은 시대에 따라 변동(아동, 아내에 대한 폭력적 지배가 과거에는 처벌되지 않았지만 현재는 처벌)한다.

(2) 판례법

판례의 형태로 존재하는 법으로서 법원이 내리는 판결을 법으로 보는 경우이다. 유사한 사건에 대하여 법원이 동일한 취지의 판결을 반복하여 판례의 방향이 확정됨에 따라 동종 사건에 대하여 사실상의 구속력을 갖게 됨에 따라 형성되는 법이다. 판례법은 법원에서 내린 판결을 의미하며, 상급심 판례와 선판례가 있다. 상급심 판례는 "하급법원은 상급법원의 판례를 따른다"(법원조직법 제8조). 선판례는 동종의 사건에서 재판의 선례를 따르는 것이다.

재판의 판례가 후에 있는 판례에 구속력을 가지므로 판례도 법원이 되며, 사회복지법에서는 판례가 많지 않으나 늘어나고 있다.

(3) 조리법

조리란 건전한 상식으로 판단할 수 있는 자연의 이치, 사물의 이치, 도리, 합리적 원리(예: 물은 높은 곳에서 낮은 곳으로 흐른다. 모든 인간은 언젠가는 죽는다 등)이다.

대부분의 사회구성원이 타당하다고 인정하는 공동생활의 원리로서 건전한 이성과 양심에 따르는 것이다.

조리가 법원의 역할을 하는 이유는 사회 성원 대부분이 인정하는 도리이고 원리이기에 사회복지법 영역에서도 법의 공정한 집행, 명확한 실행 근거 등을 성문법에 법원을 두고 있지만, 사회복지의 현장은 사회의 관행, 조리 등이 엄연히 존재하는 현장이므로 성문법주의를 중심에 두고 있으나 불문법이 보충적 규범으로 작용하고 있다.

3) 법의 효력

법은 사회생활을 규율하는 규범이므로 법의 생명은 그것이 현실 사회에서 실현되는 데 있다. 법이 그 규범 의미대로 실현될 수 있는 상태에 있는 것을 법의 효력이라고 한다. 법규범은 그것이 실현되든 안 되든 '법은 준수되어야 한다'는 당위성을 내포하는데, 이러한 강제성의 근거가 되는 것이 곧 규범에 한정된 객관적 형태를 줄 수 있는 '실정성'이다. 법이 법으로서 현실에 정립되어 현실화될 때 사람은 그 법이 지시하는 것에 따라서 사회생활을 요구받게 된다. 이와 같은 법의 실정에 기초한 규범의 구속성을 법의 타당성이라 한다. 또한 사람들이 그러한 요구에 합치하게 사회생활을 영위하는 것, 즉 법이 수범자(垂範者, Adressat)들에 의하여 현실에서 준수되는 시간적·공간적 현실을 법의 실효성이라고 한다. 즉, 법이 행해진다거나 타당하다고 여기기 위해서는 수범자의 주관에 의하여 승인된다는 주관적 요소와 다른 한편 수범자의 주관적 승인을 통하여 현실로 준수되고 있다는 객관적 요소를 필요로 한다. 그러므로 법의 효력을 담보하는 실정성은 합목적성과 정의의 문제인 타당성, 그리고 인과적 규정의 문제인 실효성과의 불가분리의 관련을 맺고 있다. 법효력의 이러한 특성으로 인하여 법효력의 근거에 관한 이론에는 의미적 존재로서의 법이 지니는 타당성에 중점을 둔 당위적·법률적 효력이론과, 시간적·공간적 실제로서의 법이 지니는 실효성에 중점을 둔 사실적·사회학적 효력이론이 있다.

(1) 시간에 관한 효력

법의 효력은 시행일부터 폐지일까지로, 이 기간을 법의 시행 기간 또는 법의 유효 기간이라 하며, 특별한 규정이 없는 한 법은 공포일로부터 20일이 경과하면 효력이 발생하고, 경우에 따라서는 공포와 동시에 시행하는 법도 있고, 법령에 시행기일을 개별적으로 규정하는 경우도 있다. 사회복지사업법은 2008년 2월 29일에 개정이 되면서 시행일을 법이 공포한 날부터 시행한다. 기초노령연금법은 2007년 4월 25일 제정되었지만, 2008년 1월 1일부터 시행하였다.

(2) 사람에 관한 효력

법이 누구에 대하여 구속력을 가지느냐 하는 법의 적용을 받는 사람의 범위에 관한 것으로 속인주의와 속지주의로 나눈다. 속인주의는 자기 나라 국민을 기준으로 하여 법령이 국내에 있는 국민은 물론이고 국외에 있는 자국민에게도 적용된다는 원칙이다. 속지주의는 영토를 기준으로 하여 법령의 적용 범위가 그 영토 내에 있는 자국민뿐만 아니라 외국인에게도 적용된다는 원칙이다.

현대 사회에서는 법의 적용이 대부분 영토적 개념을 존중하여 속지주의를 원칙으로 하면서 보충적으로 속인주의를 따르고 있으며, 우리의 사회복지법은 대부분 대한민국 국민을 대상으로 하는 속인주의를 따르고 있고, 예외적으로 속지주의가 일부 적용되고 있다.

제 2 절 사회복지법의 개념

1 일반적 개념

일반적으로 사회복지법은 인간다운 삶을 달성시키기 위한 모든 사회적 노력인 사회복지와 사회 속의 인간 행위를 규정하는 사회규범인 법의 합성어이다. 따라서 사회복지법은 사회구성원 다수가 평안하고 만족스러운 상태를 유지하며 살아갈 수 있도록 규정하는 제반 법규를 말한다.

형식적 의미의 사회복지법이란 사회복지법이라는 외적 형식을 갖춘 제반 법규를 개념 규정하는 것으로 주로 각국의 실정법상 사회복지와 연관된 법규의 모든 법을 말한다.

예를 들면, 사회보장기본법, 사회보험법, 사회복지사업법 및 사회복지서비스법, 공공부조법 등과 같이 형식을 갖춘 법규를 가진 법들이 여기에 속한다.

실질적 의미의 사회복지법이란 법적 존재의 형식과 명칭에 관계없이 법규범의 내용, 목적, 기능에 따라 그 법규범에 내재하는 공통된 법 원리나 가치를 담고 있는 법규를 말한다.

실질적 의미는 형식적 의미에다 최저임금법, 보호관찰 등에 관한 법률 등으로 사회복지의 기본 가치에 부합하는 모든 법을 말한다.

실질적 의미의 사회복지법이란 넓은 의미의 사회복지법과 좁은 의미의 사회복지법으로 구분된다.

넓은 의미의 사회복지법이란 현대 사회에서 인간다운 생활을 유지하기 위하여 필요한 물질적·비물질적인 사회 서비스를 제공하는 법률로, 사회보험·공공부조·사회복지 서비스를 포함하는 개념이다.

좁은 의미의 사회복지법이란 사회적 약자들에 대하여 제한적으로 도움을 제공하는 활동과 관련된 법률로, 사회적 약자 혹은 요보호 대상자를 위한 한정적인 제반 사회복지정책 및 사회정책을 의미한다.

2 실정법상의 분류

1) 사회보장기본법에 따른 법의 분류

사회보장기본법에는 사회보험법, 공공부조법, 사회복지서비스법, 그리고 사회복지관련법이 있다.

사회보험법에는 국민연금법, 산업재해보상보험법, 국민건강보험법, 고용보험법 등이 있고, 공공부조법에는 국민기초생활보장법, 의료급여법, 긴급복지지원법 등이 있으며, 사회복지서비스법에는 사회복지사업법, 아동복지법, 노인복지법, 장애인복지법, 영유아보육법, 한부모가족지원법 등이 있다. 그리고 사회복지관련법에는 주택, 교육, 고용 등 관련 법이 있다.

2) 법체계

법은 일정한 조직 체계를 이루고 존재한다.

(1) 자연법

자연법(自然法, natural law)은 인간의 본성에 바탕을 둔 것으로 시간과 공간을 초월하는 초경험적이고 이상적인 영구불변의 효력을 가지는 것이다(예: 살인하지 말라, 도둑질하지 말라). 자연법이 담고 있는 인간 존엄, 자유 등의 기본적인 지침들은 사회복지법에도 그대로 담겨 있고, 그런 면에서 사회복지법의 법원이 되고 있다.

(2) 실정법

실정법(實定法, positive law)은 인간 사회의 질서 유지를 목적으로 사회적 상황에 따라 생성되고 발전되어 온 법이다.

실정법은 입법 절차에 의하여 제정된 성문법이 보통이지만, 불문법인 관습법, 조리같이 현실적으로 행해지고 있는 법도 포함된다. 성문법 중심의 법체계를 가지고 있는 우리나라에서 일반인이 인식하는 법의 형식은 주로 실정법이라고 할 수 있다.

그러나 실정법의 체계가 아무리 빈틈없이 정비되어 있다 하더라도 그 모두가 정당한 법인가 하는 질문이 제기될 수 있다. 이러한 의문을 해결하기 위해서는 실정법의 정당성에 대한 평가 기준이 필요하게 된다. 실정법이 지향하는 보편적 기준을 찾으려는 사상적 흐름을 자연법론이라고 한다. 자연법은 자연의 질서 또는 인간의 이성에 바탕을 둔 보편적이고 항구적인 질서이다. 즉, 시대와 민족, 국가와 사회를 초월하여 타당하게 적용되는 객관적인 질서라고 할 수 있다. 자연법은 실정법을 제정하는 기준이 되는 동시에, 부당한 실정법을 개정하는 기준이 되기도 한다. 따라서, 실정법의 가치나 이념 등은 자연법에 근거를 두고 설정된다고 해도 과언이 아니다.

그런데, 자연법과 실정법은 상호 대립 관계에 있는 것이 아니라, 상호 보완 관계에 있다. 자연법은 실정법을 통하여 그 이념과 정신을 구체화시키고, 실정법의 내용은 자연법에 근거하여 그 타당성을 인정받을 수 있기 때문이다.

① 국내법

국내법(municipal law)이란 한 국가에 의하여 인정되어 그 국가의 주권이 미치는 범위 내에서만 일정한 절차에 따라 효력을 가지는 법을 말한다.

여기서 공법이란 국가적 관계를 규율하는 법으로 헌법, 행정법, 형법, 민사소송법, 형사소송법 등을 말하고, 사법이란 국민 개개인의 이해관계를 규율하는 법으로 민법, 상법 등을 말한다. 사회법은 공법과 사법의 중간적인 특성을 가지는 제3의 법 영역으로 노동법, 경제법, 사회복지법 등이 있다.

② 국제법

국제법(international law)은 국제단체에 의하여 인정되어 국가와 국가 사이에 행하여지는 법이다.

3) 입법

법률을 제·개정하는 입법권은 국회의 권한이다(헌법 제40조). 법치국가에서 법률은 모든 국가작용의 근거가 되기 때문에 법률의 제정·개정 및 폐지는 국회의 가장 중요하고 본질적인 권한이다.

이러한 입법 절차는 다음과 같다.

첫째, 법률안의 발의이다. 법률안의 심의·의결 과정은 국회의 고유 권한이지만 법률안을 제출하는 것은 정부도 할 수 있다. 국회의원은 10인 이상의 발의로 제출하고, 정부는 국무회의의 심의를 거쳐 대통령이 서명하고 국무총리 및 관계 국무위원이 부서하여 국회에 제출하면 심의와 의결 과정을 거치게 된다.

둘째, 법률안이 제출되면 소관 상임위원회에 회부되어 심사를 받고, 심사가 끝나면 본회의에 회부되어 법률안에 대한 심의와 의결이 진행된다.

셋째, 본회의에서 의결이 되면 정부에 이송되어 15일 이내에 대통령이 공포하게 된다. 법률안에 이의가 있으면 대통령은 거부권을 행사하고 재의를 요구하게 된다. 재의 요구된 법률안은 국회 재적의원 과반수의 출석과 출석의원 2/3 이상의 찬성으로 전과 같은 의결을 하면 그 법률안은 법률로서 확정된다.

3 사회복지법의 성격과 구성 요소

1) 사회복지법의 법적 성격

사회복지법은 대한민국의 통일적 법체계 속에서 사회복지 현상을 다루는 국내법규범의 총체이다.

첫째, 사회복지법은 사회복지에 관한 법이다.

둘째, 사회복지법은 사회법이다.

셋째, 사회복지법은 사회복지에 관한 국내법이다.

2) 사회복지법의 구성 요소

(1) 주체

사회복지법상의 행위 주체는 국민의 인간다운 생활을 보장하기 위하여 급여를 제공하는 주체를 말한다. 급여는 실체적 의미의 급여뿐만 아니라 그 급여를 가능하게 하는 급여구조(제도, 시설, 재정, 인적 자원 등)도 포함된다. 이런 의미의 행위 주체는 국가와 전 국민이다.

공공사회복지의 주체는 국가, 지방자치단체, 기타 공공단체가 포함된다. 국민연금공단과 근로복지공단은 특수공법인으로 기타 공공단체에 해당된다. 사회복지공동모금회는 사회복지공동모금회법상 사단법인으로 정하고 있어 민간 사회복지 주체에 해당된다.

기본권의 주체는 국민, 외국인, 법인이다. 기본권은 국민 개개인이 국가 내에서 가지는 원칙적인 법적 지위를 규정하고 있는 것이므로, 자연인으로서의 개인이 원칙적으로 주체가 된다. 국민은 국가의 구성원으로서의 계속적 지위를 가지는 자로서 헌법 제2조에 따른 대한민국의 국적을 가진 모든 자를 의미한다. 헌법 제10조에서는 모든 국민은 인간으로서의 존엄과 가치를 가지며 행복을 추구할 권리를 가지며, 국가는 개인이 가지는 불가침의 기본적 인권을 확인하고 이를 보장할 의무를 진다고 하여 헌법상 기본권의 주체가 국민임을 명백히 규정하고 있다.

외국인에게 인정되는 기본권은 신앙의 자유, 양심의 자유, 사생활 비밀의 자유, 통신의 자유, 재판청구권, 출국의 자유, 영장제도, 국가인권위원회에 대한 제소권 등을 들 수 있다. 그러나 현재 외국인에게 제한적으로 인정되는 기본권은 직업 선택의 자유, 거주·이전의 자유, 재산권의 보장 및 입국의 자유 등이 있다. 현행 헌법은 외국인의 기본권에 대하여 상호주의에 입각하여 외국인은 국제법과 조약이 정하는 바에 따라 그 지위가 보장된다(헌법 제6조)라고 정하고 있다. 또한 외국인 근로자에 대하여 적용을 확대하여 가고 있고 근로3권은 인정되어야 한다는 것이 다수설이다. 외국인은 대한민국의 국적을 갖지 않고 외국 국적을 가진 자이며, 무국적자까지 포함한다.

법인은 그 활동이 궁극적으로 자연인을 위한 목적을 기초로 하기 때문에 특정한 성질에 따라 특정한 범위 내에서 법인의 기본권의 주체성을 인정하고 있다. 헌법

재판소의 견해(헌재 1991. 6. 30 헌바56등)에 따라 기본권의 주체로 보고 있다. 법인의 기본권 주체성 인정 여부를 고찰해 보면 다음과 같다.

① 결단주의적 헌법관에 따르면 기본권은 본질적으로 천부적 자연권이라고 본다. 법인은 실정법에 따라 비로소 권리와 의무의 주체가 되므로 기본권이 인정될 수 없다.

② 독일 기본법: 기본권이 그 성질상 내국법인에 적용될 수 있을 때는 적용된다(제19조 3항).

③ 우리 헌법: 명문의 규정은 없으나 해석상 기본권의 성질에 따라 법인도 그 주체가 될 수 있다.

④ 헌재 판례: 사단, 재단, 영리, 비영리를 막론하고 당연히 성질상 누릴 수 있는 기본권은 보장된다. 침해를 이유로 헌법 소원 심판 청구가 가능하다(90헌마56).

사회복지의 주체는 주로 복지다원주의를 통하여 설명할 수 있다. 사회복지의 주체는 국가, 지방자치단체, 공공기관, 법인, 종교단체 등 다양하게 구성되어 있다. 사회복지는 국민의 인간다운 생활을 보장한다는 취지에 따라 그 공공성이 매우 높기 때문에 그 운영은 공정하게 이루어져야 한다. 따라서 사회복지의 법률 관계를 수행하는 사회복지 주체에 관한 논의는 국민들의 인간다운 생활을 보장함에 그 의의가 있다. 사회복지법에서는 사회복지 주체를 공적 사회복지 주체와 민간 사회복지 주체로 구분할 수 있다.

(2) 적용 대상

사회복지법상의 적용 대상은 좁게는 요보호를 필요로 하는 미자립자들이며, 넓게는 일반 국민, 사회보장기본법·국민기초생활보장법·사회복지사업법 등에 의한 일차적 대상자들이다.

(3) 개입의 문제

사회복지법이 다루려는 것은 국민의 복지를 저해하는 다양한 문제 현상들로서 사망, 장애, 질병, 실업, 저소득, 매춘, 범죄, 정신질환 등 인간다운 생활을 저해하는 모든 것이 해당된다.

사회복지가 개입하려는 문제들은 시대 환경에 따라 변화하는 것으로 성매매 방지 및 피해자 보호 등에 관한 법률, 가정폭력 방지 및 피해자 보호 등에 관한 법률, 일제하 일본군 위안부에 대한 생활안정지원법, 저출산·고령화기본법, 한부모가족지원법 등은 한국 사회의 새로운 현상을 반영한 것이다.

(4) 목적

사회복지법의 목적은 인간다운 생활의 보장에 있다.

첫째, 최저생활 보장이다.

둘째, 사회복지 증진과 복지권 보장이다.

셋째, 소득재분배이다.

넷째, 사회 형평과 통합이다.

(5) 개입 방법

사회복지 개입의 필요성은 사회문제로 인한 욕구의 결핍에서 출발하는데 인간의 욕구는 다양하며, 기본적으로 화폐적 욕구와 비화폐적 욕구로 구별된다. 화폐적 욕구는 소득적 지원에 의하여 해결되며, 비화폐적 욕구는 비금전적이고 심리·사회적이며 의존적 성격을 갖고 있기 때문에 해결이 쉽지 않은 것이 사실이다.

제 3 절 사회복지법과 관련 용어

1 사회보장기본법

"사회보장"이라 함은 질병·장애·노령·실업·사망 등의 사회적 위험으로부터 모든 국민을 보호하고 빈곤을 해소하며 국민생활의 질을 향상시키기 위하여 제공되는 사회보험·공공부조·사회복지 서비스 및 관련 복지제도를 말한다(사회보장기본법 제3조 제1호).

사회보장기본법은 사회보장제도에 관한 기본 사항을 규정하기 위한 법률임과 동시에 사회보장에 관한 다른 개별적 법들의 제·개정 범위와 방향을 정해 준다.

2 사회보험법

"사회보험"이라 함은 국민에게 발생하는 사회적 위험을 보험 방식에 의하여 대처함으로써 국민 건강과 소득을 보장하는 제도이다.

우리나라에서는 연금보험, 국민건강보험, 산재보험, 고용보험, 노인장기요양보험(2008.7.1)을 실시하고 있다.

3 공공부조법

"공공부조"라 함은 국가 및 지방자치단체의 책임하에 생활 유지 능력이 없거나 생활이 어려운 국민의 최저생활을 보장하고 자립을 지원하는 제도이다. 국민기초생활보장법, 의료급여법, 기초노령연금법(시행 2008.1.1), 장애인연금법(시행 2010.7.1) 등이 있다.

공공부조제도는 생활이 곤란한 자에 대한 최저생활 보장과 생활이 곤란한 자의 자립을 조장하는 두 가지 측면의 목적을 가지고 있다.

이를 달성하기 위한 기본 원리로는 ㉠ 생존권 보장의 원리, ㉡ 평등 보장의 원리, ㉢ 최저생활 보장의 원리, ㉣ 보충성의 원리 등이 있다.

4 사회복지사업법

"사회복지사업"이라 함은 아동복지법에서 다문화가족지원법에 이르기까지 법률에 의한 보호·선도 또는 복지에 관한 사업과 사회복지 상담·부랑인 및 노숙인 보호·직업 보도(輔導)·무료 숙박·지역사회복지·의료복지·재가복지·사회복지관 운영 · 정신질환자 및 한센병력자 사회 복귀에 관한 사업 등 각종 복지사업과 이와 관련된 자원봉사 활동 및 복지시설의 운영 또는 지원을 목적으로 하는 사업이다.

5 사회복지서비스법

"사회복지 서비스"라 함은 국가 · 지방자치단체 및 민간 부문의 도움을 필요로 하는 모든 국민에게 상담 · 재활 · 직업 소개 및 지도, 사회복지시설의 이용 등을 제공하여 정상적인 사회생활이 가능하도록 제도적으로 지원하는 것을 말한다.

일반적으로 사회복지 서비스는 개인적 기능과 적응상의 문제가 있는 가족과 개인에게 원조를 제공하는 등 사후적 성격에 초점을 두고 있다. 사회복지 서비스는 내용적으로 경제적 보장과 더불어 비경제적 보장을 내용으로 하고 있으며, 특수적 · 구체적 · 개별적으로 개인이나 가족문제에 대응하는 기능적 특징을 가진다.

6 사회법

사회법은 자본주의 발전 과정에서 노사 대립을 방지하고 노동자의 생존권이 위협받지 않도록 하기 위하여 근로 조건을 개선하고, 산업재해의 무과실 책임주의를 강조하며, 자주적인 노동운동을 보장하여 근로자의 생활 수준을 향상시키거나 자유방임적 경제 질서 하에서 독과점기업의 횡포를 규제하고 조정하기 위하여, 그리고 모든 국민의 기본적 욕구를 충족시키고, 인간다운 삶을 보장하며, 사회 정의를 구현하기 위한 법이다.

협의의 사회법은 사회복지법을 말하며, 광의의 사회법은 노동법, 경제법, 사회복지법을 모두 포함한다.

7 사회복지법

한국의 사회복지법은 통일된 사회복지 법전으로 체계화된 상태는 아니며 다양한 개별 법률로 이루어져 있다. 헌법 제34조 2항에는 "국가는 사회보장 · 사회복지의 증진에 노력할 의무를 진다."라고 규정하고 있다. 사회복지의 개념과 관점이 다양한 만큼 사회복지법에 대한 개념적 정의도 다양하다. 사회복지법은 헌법에 근거한 하위법이며 헌법의 기본권 규정을 구체화한 것이다. 사회복지법은 시민사회의 자유권 중심적 원리와 자본주의의 결합으로 인한 사회적 모순을 해결하는 과정에서 발달한 사회법의 영역에 속하며, 소유권과 계약의 자유에 기반한 사법적 성격과 이에 제한을 가하기 위한 공법적 성격이 혼재되어 있다.

8 법인

사람은 태어나면서부터 법적인 권리와 의무의 주체가 된다. 이렇게 법적인 권리와 의무의 주체가 되는 살아 있는 사람을 법률적 의미에서 자연인(自然人)이라 부른다. 그런데 사람이 아니면서 법인격을 부여받아 법률상 권리와 의무의 주체가 되는 사람의 단체(사단 또는 조합)나 재산(재단)이 있는데 이를 법인(法人)이라고 한다. 여기서 사람의 단체가 법인인 것을 사단법인이라고 하고, 재산이 법인인 것을 재단법인이라고 한다.

그러나 법인은 보는 관점에 따라 공법인과 사법인, 영리법인과 비영리법인, 사단법인과 재단법인, 내국법인과 외국법인 등으로 나뉜다.

비영리법인(사단법인, 재단법인)은 설립 목적이 매우 다양하고, 주무관청도 모두 제각기 다르며, 설립 허가 기준에 적합한 경우에 한하여 정책적인 결정을 하여 설립을 허가하기 때문에 쉽지 않다. 모든 분야의 비영리법인 설립이 어렵지만 특히 교육 분야의 사업을 목적사업으로 하여 설립할 경우에는 더욱 어렵다.

1) 공익법인(사단법인, 재단법인)

사단법인은 일정한 목적을 위하여 사람들이 결합한 단체로서 주무관청의 허가를 받아 설립한 단체를 말한다. 사단법인은 사람이라는 구성원이 필수 요소이고 사단법인의 의사는 회원 총회를 통하여 형성되며, 총회에서 결정하여 주무관청의 승인을 받은 정관에 의하여 운영된다. 사단법인에서 비영리 목적사업과는 별도로 수익사업을 하려고 할 경우에는 감독관청의 승인을 받아야 한다.

재단법인은 특정한 목적에 이용하도록 출연한 재산을 기초로 주무관청의 허가를 받아 설립한 재단을 말한다. 재단법인은 일정한 목적을 위하여 출연한 재산이 필수 요소이고 재단법인의 의사는 설립자의 의사와 이사회에서 결정하여 주무관청의 승인을 받은 정관에 의하여 운영된다.

사단법인과 재단법인은 위의 내용처럼 정의하고 있지만, 쉽게 말하면 사단법인은 사람이 중심이 되고 재단법인은 재산이 중심이 된다고 할 수 있다.

사단법인은 총회를 거쳐 의사 결정이 이루어지며 재단법인은 정관에 따라 이사회에 의하여 의사 결정을 한다. 그렇기 때문에 재단법인이 사단법인에 비하여 비교적 의사 결정이 쉬울 수 있다.

사단법인은 일정한 목적을 위하여 결합한 사람의 단체인 법인을 말하며, 근거법에 따라 민법상의 사단법인, 상법상의 사단법인, 그리고 기타 특별법상의 사단법인 등으로 구별할 수 있으며, 영리 목적에 따라 비영리사단법인과 영리사단법인으로 구별할 수 있으나, 보통은 민법상의 비영리사단법인을 말한다.

재단법인은 일정한 목적에 바쳐진 재산(재단)에 법적 인격이 부여된 법인을 말하며, 민법상 재단법인은 영리 아닌 사업을 목적으로 하여야 한다. 주로 공익(公益)을 목적으로 하는 재단법인이 대부분이지만, 공익에 한하지 않고 비영리사업을 목적으로 하는 것이면 설립이 가능하다. 특별법에 의하여 설립되는 재단법인으로 학교법인, 사회복지법인, 의료법인, 향교재단법인 등이 있다.

2) 영리법인과 비영리법인

영리법인은 영리를 목적으로 하는 법인을 말한다(상법의 적용을 받음).

한 예로 주식회사 ○○○, ○○○주식회사, (주)○○○ 등을 말한다. 비영리법인은 영리를 목적으로 하지 않는 법인을 비영리법인이라 말한다(민법 32조의 적용을 받음).

'영리를 목적으로 하지 않는'이란 학술, 종교, 자선 등 영리가 아닌 사업을 목적으로 하는 것을 말하며, 비영리법인은 목적사업을 하는 데 필요하여 그 본질의 반하지 않는 정도의 영리행위는 할 수 있으나 수익사업을 하여야 할 경우에는 감독관청의 승인을 받아야 한다.

한 예로 사단법인 ○○○○협회, 사) ○○○평가원, (재) ○○○재단, 재단법인 ○○재단 등을 말한다.

3) 업무 제휴 및 제안

비영리법인(사단법인, 재단법인)의 설립이 쉽지 않아 어려움을 겪을 수 있다. 그러므로 공익을 목적으로 하는 사업이 필요할 경우에는 비영리법인과의 제휴를 통하여 소정의 목적을 달성할 수 있다. 사업에 적합한 명칭 및 목적사업이 등재되어 있는 법인을 운영하는 사람과 좋은 교육 프로그램을 운영하면서 생각하고 있는 사업에 활용하고자 비영리법인을 찾아 서로 도움을 추구하고 있다.

9 공법인

공법인은 사법인에 대응하는 용어로 특정한 공공 목적을 위하여 특별한 법적 근거에 따라서 설립된 법인이다. 공법인도 독립된 권리 주체라는 점에서 사법인과 동일하나, 사법인이 사적 목적을 위하여 설립된 법인인 데 대하여 공법인은 특정의 공공 목적을 위하여 설립된 법인이다. 그 결과 공법인은 사법인과는 달리 보통 그 목적이 법률로써 정해져 있고, 목적 달성에 필요한 한도에서 행정권이 부여되고, 공과금(公課金) 면제 등의 여러 특혜가 인정되며, 또한 국가의 특별한 감독을 받고 있다.

사법인은 설립이나 운영에 국가의 공권력이 관여하지 않는 법인으로 많은 점에서 공법인과는 다른 법률적 규율을 받는다. 설립에서 공법인은 공법에 의하나 사법인은 사법에 의하고, 목적면에서 공법인은 공익을 추구하나 사법인은 사익을 추구하고, 설립과 해산의 자유에서 공법인은 그 자유가 인정되지 않으나 사법인은 그 자유가 인정되고, 권리의 성질에서 공법인은 국가적 공권을 가지나 사법인은 개인적 사권을 가진다.

민법에 의하여 설립되는 비영리법인과 상법에 의하여 설립되는 회사가 사법인에 속한다.

영리법인은 영리를 목적으로 하는 법인으로 합명회사・합자회사・주식회사・유한회사 등이 이에 해당한다. 영리법인이란 법인이 수익사업을 영위할 뿐만 아니라, 이윤을 이익배당・잔여재산의 분배 등 어떤 형태로든지 구성원에 귀속시키려는 것을 말한다. 그와같이 영리법인은 구성원의 존재를 전제로 하므로 사단법인에 한하고 재단법인에는 인정되지 않는다. 영리법인은 상행위를 목적으로 하는 상사회사와, 기타 상행위가 아닌 영리행위를 목적으로 하여 설립된 민사회사로 크게 나눌 수 있다.

비영리법인은 영리 아닌 사업을 목적으로 하며(민법 제32조), 비영리사단법인과 비영리재단법인이 있다. 비영리법인은 이윤을 구성원에게 분배하지 않는 한 비영리사업의 목적을 달성하기 위하여 본질에 반하지 않는 정도의 수익행위를 하는 것은 허용된다. 수익행위를 하였을 때에는 그 수익이 반드시 법인의 사업 목적의 수행에 충당되어야 하며, 어떠한 형태로든지 구성원에게 분배되어서는 안 된다.

그러나 비영리법인의 목적이 공익이어야 하는 것은 아니므로, 사회 일반의 이익에 공여하기 위한 사업을 목적으로 하는 비영리공익법인과 그렇지 않은 비영리비공익법인이 있다.

내국법인과 외국법인의 구분이다. 내국법인은 국내법에 의하여 설립되어 국내에 주소를 둔 법인을 말하며, 외국법인은 내국법인이 아닌 법인으로 외국에 주소가 있거나 외국법에 준거하여 설립된 법인을 말한다.

10 사회복지법인

사회복지법인이란 사회복지사업법 제2조의 "사회복지사업"을 행할 목적으로 설립된 법인을 의미한다. 그 종류로는 시설법인과 지원법인으로 나뉘며, 사회복지사업법 제2조의 사회복지시설을 설치·운영할 목적으로 설립된 사회복지법인을 시설법인이라고 하며, 사회복지사업을 지원할 목적으로 설립된 사회복지법인을 지원법인이라고 한다.

1970년 사회복지사업법이 제정 및 실시되기 이전에는 민법 제32조의 비영리법인에 해당하는 사단 또는 재단법인만으로 한정되어 설립되었다. 그러나 사회복지사업법이 제정되면서 사회복지법인은 민법상의 비영리법인과 다른 특별법인으로서의 법인격을 부여받았다. 설립 목적이 사회복지사업의 수행에 있기 때문에 공익성과 공공성이 강조된다. 사회복지법인은 설립 시 재산 출연을 필수 요건으로 한다는 점에서 재단법인의 성격을 지니고 있다. 또한 사업 수행을 위하여 관계 법령에 따라 각종 사회복지시설을 설치·운영할 수 있으며, 운영에 필요한 비용의 전부 또는 일부를 정부로부터 지원받을 수 있다. 사회복지법인의 재산은 기본재산과 보통재산으로 구분되며, 기본재산은 목록과 가액을 정관에 기재하여야 한다. 기본재산은 목적사업용 기본재산과 수익용 기본재산으로 구분된다.

학습 과제

01 사회복지법은 헌법에 근거한 (①)이며 헌법의 기본권 규정을 구체화한 것이다.

02 주민의 권리 제한 또는 의무 부과에 관한 사항이나 벌칙을 정할 때에는 (①)의 위임이 있어야 한다.

03 법률은 국회에서 제정하거나 (①)에서 제출하여 국회의 의결을 거쳐 만들어진다.

04 (①)은 성문법 중 명령에 속하는 것으로 국회의 의결을 거치지 않고 대통령 이하의 행정기관이 제정한 법규이다.

05 행정기관의 내부에서 제정 · 시행되는 내규 · 지침 · (①) 등은 법규의 성격을 갖지 못한다.

06 사회법의 지도 원리는? (3가지) ㉠ (①), ㉡(②), ㉢(③) 원리와 같은 집합적 책임의 원리로 수정되었다. 그 체제는 사회법은 자본주의 체제를 전제로 하면서 국민의 공공복지에 의한 생존권 이념을 실현하고자 한 것이다.

07 재판에서 적용할 성문법, 관습법, 판례법도 없는 경우에는 (①)가 법원으로 사용된다. 보편적으로 성문법주의를 채택하고 있으면서 성문법규에 없는 경우 불문법을 인정하는 국가가 많다.

08 공법인은 특정한 공공 목적을 위하여 특별한 법적 근거에 의하여 설립된 법인으로 사법인에 상대되는 개념으로, 넓은 뜻으로는 (①)와 (②)를 모두 포함한 의미로 사용되고, 좁은 뜻으로는 (③)이고, 가장 좁은 뜻으로는 공공단체 중에서 (④) 이외의 것을 가리키는 의미로 사용된다.

09 공법인은 그 목적에 부합하는 한도 내에서 (①)을 부여할 수 있으며 국가의 특별한 감독, 공과금의 면제 등과 같이 사법인과는 다른 취급을 받는 경우가 많다.

10 법의 (①), 즉 법이 현실적으로 잘 지켜지는가 아닌가라는 측면에서 논의하자면,

법의 강제성, 즉 처벌 때문에 실효성을 갖게 된다고 말할 수도 있을 것이다. 법이 강제성을 가지지 않는 한 그것은 관습과 구분되기 어려울 것이며, 이러한 관습은 법과는 달리 위반 시 처벌되지 않는다.

11 법의 구속력의 근거를 힘과 강제에서만 구한다면 이는 단순한 실효성에 대한 설명은 될지 모르지만, 진정한 (①), 즉 국민이 그 법이 정당하고 이를 믿고 따를 수 있다는 신념을 가진 상태까지 설정하는 의미로서의 법은 설명할 수가 없게 된다. 법이 사회공동체를 유지하기 위한 최소한의 강제성을 띠는 것은 법의 속성이지 법의 구속력의 근거가 될 수는 없다.

12 따라서 법이 사회구성원에게 효력을 갖는 이유는 그것이 (①)을 띠기 때문이 아니라, 사회구성원들이 일반적으로 옳다고 생각하는 (②) 원칙 및 기준을 그 내용으로 하고 있기 때문이다. 이것을 법의 (③)이라고 한다.

정답

선행 학습

1. (① 사회복지법전), (② 개별)
2. (① 불문법)
3. (① 대통령)
4. (① 고유)
5. (① 공권력), (② 공익), (③ 사익)
6. (① 회사) (② 합명회사) · (③ 합자회사) · (④ 주식회사) · (⑤ 유한회사)
7. ㉠ (① 사유재산 원리) ㉡ (② 계약 자유의 원리) ㉢ (③ 과실 책임).
8. (① 정관), (② 목적사업용), (③ 수익용)

학습 과제

01. (① 하위법)
02. (① 법률)
03. (① 행정부)
04. (① 대통령령)
05. (① 고시)
06. ㉠ 사유재산의 사회성(공익성), ㉡ 공정한 계약, ㉢ 무과실 책임의 원리
07. (① 조리)
08. (① 국가), (② 공공단체), (③ 공공단체), (④ 지방자치단체)
09. (① 행정권)
10. (① 실효성)
11. (① 법적 구속성)
12. (① 강제성), (② 보편적인), (③ 타당성)

제 2 장 사회복지법의 발달

선행 학습

1. 여자, 노인 청소년의 복지 향상 의무를 규정하고 있는 헌법은? (①)
2. 시민법의 지도 원리는? (①), (②), (③)이다.
3. 다음 중 법률이 제정된 연도를 입력하시오.
① 사회복지사업법(①), ② 국민연금법(②), ③ 사회보장기본법(③), ④ 사회복지공동모금회법(④), ⑤ 국민기초생활보장법(⑤), ⑥ 긴급복지지원법(⑥), ⑦ 기초노령연금법(⑦), ⑧ 한부모가족지원법(⑧) ⑨ 노인장기요양보험법(⑨)

제 1 절 한국의 사회복지 입법

1 1960년 이전

1) 일제 시대

일본에서 1929년 제정되어 1932년부터 실시하던 구호법을 원용하여 1944년 3월에 조선구호령을 실시하였다.

일제 시대의 사회복지 입법은 1944년의 「조선구호령」 이외에는 특별한 법제를 발견할 수 없다. 일제의 한국에 대한 사회복지정책은 결국 식민지정책의 일부로서 일본에 충성하도록 정치적 목적에서 이루어진 시혜 또는 자선의 의미로 실시되었다. 급여 내용은 생활부조, 의료, 조산, 생업부조, 장제부조 등이 있다.

1944년에 일본 본토에서 1929년부터 실시해 오던 구호법을 한국에도 확대 시행키로 하였던 「조선구호령」은 1961년 「생활보호법」이 제정되기까지 한국의 공공부조의 기본법으로 위치하고 있다.

2) 미군정 하

일제로부터 광복 후 남한은 3년간의 미군정을 실시하였는데 사회복지 입법은 빈곤과 사회적 혼란에 대처하기 위한 구호적·응급적인 대책으로서의 성격을 가지고 있다. 여기서 구호정책과 연관된 사회복지 입법은 다음과 같다.

후생국보 제3호의 C항은 공공구호를 규정하고, 구호의 대상을 규정하고 있다. 구호 내용으로는 식량, 주택, 연료, 의류, 매장으로 분류하였고, 후생국보 3A호는 이재민과 피난민에 대한 구호를 규정, 구호 내용으로는 식량, 의류, 숙사, 연료, 주택 부조, 긴급의료, 매장, 차표 제공 등이며, 후생국보 3C호는 궁민과 실업자에 대한 구호규칙으로서 공공구호로서 거택구호 시 세대 인원에 대한 지급 한도액을 규정하고 있다. 65세 이상, 13세 이하 소아, 가족이나 친척 보호가 없는 자가 대상이다. 그리고 1946년 「아동노동법규」를 발표하여 어린이의 노동을 보호하였으며, 1947년에는 「미성년자노동보호법」을 공포하여 미성년자를 유해, 위험한 직업 또는 노동으로부터 보호하고자 하였다.

3) 1950년대

1948년에 수립된 정부는 많은 외국 원조기관이 물자를 제공하는 것을 효과적으로 배분하여 민생문제를 해결하는 것이 중요한 과제로 등장하였으며, 1952년 후생시설 운영요령 제정으로 시설 운영과 그 지도 감독의 준칙으로 삼았다. 1953년 근로기준법 제정, 1956년 어린이헌장을 제정하여 공포하였다. 1950년대 중반 이후 시기는 국가 사회적인 혼란을 종결하고 외원기관으로부터 유입된 물자를 통하여 빈곤과 고통을 해결해 가는 시기로 볼 수 있다. 미국식 사회사업 개념의 도입으로 새로운 공적 부조제도가 조성되지는 않았으나 공적 부조 방향 설정에 중요한 계기가 되었다. 이 시기에는 헌법(1948.7.17), 군사원호법(1950년), 근로기준법(1953년) 등이 제정되었다.

2 1960~1970년대

1) 시대적 배경

절대 빈곤의 해소와 반공 이념을 중심으로 하여 국력의 배양을 목표로 하며, 경제 개발 위주의 정책은 산업화와 도시화를 촉진, 서울을 비롯한 대도시의 폭발적인 인구 집중 현상을 초래하였다. 그리고 가족 형태가 대가족으로부터 핵가족화 경향이 처음으로 나타나게 되었다.

제4공화국 정부는 제3공화국의 경제정책과 근대화 계획을 계승하여 제3·4차 3개년 계획을 추진함으로써 지속적인 고도 경제 성장을 달성하였으며, 반면에 수출주도형의 고도 경제성장정책의 추구는 저임금·저곡가 정책이 빚은 일부 사회계층의 소외 경향을 가져왔다. 그래서 국민 간의 소득 격차의 심화, 고율의 물가 상승, 지역 간 불균형 개발 등 여러 가지 부작용을 잉태하여 정치적 문제성을 내재하게 되기도 하였다.

제3공화국 제5차 개정 헌법(1962.12.6)에서 사회복지적 의미로 인간다운 생활을 할 권리가 입법 조항으로 신설되었다.

2) 사회복지 입법 내용

제·개정	주요 내용
1959년	공무원연금법 제정, 한국 사회보험법의 효시
1961년	갱생보호법, 군사원호보상법, 윤락행위 등 방지법, 아동복지법, 생활보호법, 고아입양특례법 제정
1962년	선원보험법, 재해구호법 제정
1963년	군인연금법, 산업재해보상보험법, 사회보장에 관한 법률 및 의료보험법 제정
1968년	자활지도에 관한 임시조치법 제정
1970년	사회복지사 입법 제정
1973년	사립학교교원연금법, 국민복지연금법 제정
1977년	의료보호법 실시
1977년	공무원 및 사립학교교원의료보험법 제정 실시

3) 1960~1970년대 사회복지 입법의 특성

첫째, 사회복지 입법을 만들어 시행할 만한 여건이 성숙하지 못하였다는 점이다.

둘째, 사회복지 입법은 형식은 존재하지만 내용이 보잘것없는 사회복지법이라는 것이다.

셋째, 한국 현대 사회복지 입법사에서 기본적인 바탕을 마련한 시기가 되었다.

공무원연금법(1959년 제정, 1960.1.1 시행)은 공무원의 퇴직 또는 사망과 공무로 인한 부상·질병·폐질에 대하여 직접적 급여를 실시함으로써 공무원과 그 유족의 생활 안정과 복리 향상에 기여하였다. 그리고 생활보호법(1961.12.30)은 우리나라 빈곤 구제정책이 정착되고 공공부조사업이 본격적으로 실시되기 시작하였다. 그러나 이 법은 1944년 일제 시대에 제정된 조선구호령과 유사한 측면이 있다. 아동복지법(1961년 제정), 국가유공자 특별원호법(1962년 제정), 재해구호법(1962년 제정), 산업재해보상보험법(1963년 11월 제정), 사회보장에 관한 법률(1963년 11.5 제정)은 사회보험에 의한 제급여와 무상으로 행하는 공적 부조라고 정의였으나 사회보장기본법 제정(1995. 12.30)으로 폐지되었다. 의료보험법(1963.12.16 제정, 1999.2.8 폐지)은 국민의 질병, 부상, 분만 또는 사망 등에 대하여 보험급여를 실시하였다. 시행령을 개정하지도 못하고 정부의 소극적인 태도와 의료계의 반대로 실시가 유보되었다. 기타 주요 법률은 갱생보호법(1961년 제정)으로 보호관찰 등에 관한 법률(1995년 제정)의 전신이 되었다. 그리고 군사원호보상법(1961년), 재해구호법(1962년)의 제정이 있었다.

1970년대에는 다음과 같다. 사회복지사업법(1970.1.1 제정), 국민복지연금법(1973.12.24 제정)은 법 제정 이후 경제적 불황과 사회 현실의 여건 부족을 이유로 그 시행이 10여 년간 보류해 오다가 형식상으로 1988년 시행된 국민연금이 기초가 되었다. 의료보험법(1976.12 전부 개정)으로 공무원, 교직원, 군인을 제외한 500인 이상 사업장 근로자를 대상으로 최초의 강제 적용 방식을 도입한 직장의료보험을 실시하여 사실상 사회보험으로서의 의료보험제도를 도입하였다. 그러나 농어촌지역 주민의 의료보험 가입은 유보되었다. 의료보호법(1977.12.31 제정)은 우리나라 의료보호의 효시로 1961년에 제정된 생활보호법을 근거로 저소득자, 무능력자, 무의탁자 등과 같은 취약계층에 대해 무료 진료 형태의 진료사업을 실시하였다. 그러나 그 수혜 대상이 무능력자로 한정되었다. 그리고 공무원 및 사립학교 교직원의료보험법이 제정(1977.12.31)되어 교직원 및 그 부양가족의 질병, 부상, 분만, 사망 등에 대한 보험급여를 실시하였다.

3 1980년대

1) 시대적 배경

제5공화국(1980.10.27 제8차 개정 헌법)은 1970년대의 유신 체제 하의 잔재를 말끔히 청산하고 기회 균등의 사회 정의에 입각하여 전 국민의 행복이 보장되는 복지사회를 천명하였다.

광주민주화운동 등으로 인한 정통성의 시비로 학생운동과 노동자들의 근로 조건 개선과 기존 노조의 민주화, 신규 노조의 급속한 증대 등으로 정치적 불안이 심화되었다.

산업화와 도시화, 핵가족화, 생활 양식의 현대화 등으로 산업재해, 환경오염, 가족 관계상의 문제, 아동문제, 청소년 비행, 장애인 문제, 노인문제 등 새로운 사회복지적 수요가 대두되었다.

2) 사회복지 입법 내용

제 · 개정	주요 내용
1980년	사회복지사업기금법 제정
1981년	노인복지법, 심신장애인복지법 제정, 아동복리법이 아동복지법으로 전면 개정
1983년	사회복지사업법, 생활보호법 개정
1986년	갱생보호법 개정
1986년	국민복지연금법을 국민연금법으로 개정하여 1988년 시행, 최저임금법 제정하여 1988년 시행
1988년	농어촌지역의료보험 전면 실시, 보호관찰법 제정
1989년	모자복지법 제정
1989년	7월 1일부터 도시지역의료보험 시행되어 의료보험법 시행 12년 만에 전 국민을 대상으로 한 의료보험제도 정착

아동복지법(1981.4.13 전면 개정), 1987년 UN이 세계장애인의 해를 선포하자 우리나라에에서도 심신장애자복지법을 제정(1981년)하였다. 이 법은 1988년 서울 장애인올림픽 개최를 계기로 1989년 장애인복지법으로 전부 개정되었다. 노인복지법(1981년 제정, 1989.12.30 개정)에 65세 이상 노인에 대한 노령수당 지급과 노인복지시설의 범위에 실버양로시설, 유료노인요양시설 및 노인복지주택을 추가하였다. 사회복지사업법(1970년 제정한 사회복지사업을 1983.5.21 일부 개정)은 복지 증진의 책임이 국가와 지방자치단체에 있음을 명문화하고 구법의 사회복지 종사자를 사회복지사로 명칭을 변경하고 사회복지사자격을 3등급으로 구분하였다. 국민연금법(1986.12.31 전부 개정)은 국민의 노령, 폐질 또는 사망에 대하여 연금급여를 실시함으로써 국민의 생활 안정과 복지 증진에 기여함을 목적으로 기존의 국민복지연금법을 전부 개정하여 14년간 휴면기를 끝내고 1988년 본격적으로 실시하였다.

최저임금법(1986.12.31 제정), 의료보험법 개정이 있었는데 1988년 개정은 농어촌지역 확대 실시, 1989년 개정은 도시지역 확대 실시로 전국민 의료보험 체제가 확립되었다. 그리고 장애인복지법(1989.12.20 전부 개정), 사회복지사업기금법(1980.12.31 제정), 생활보호법(1961년 제정된 생활보호법을 1983.12.30 전부 개정), 보호관찰 등에 관한 법률(1988.12.31), 모자복지법(1989.4.1)의 제정이 있었다.

3) 1980년대 사회복지 입법의 특성

기존의 사회복지법의 확대 개편과 사회복지서비스법의 입법화가 이루어졌다.

사회복지사업법의 제정은 사회복지서비스법의 모법으로서 향후 제정될 각종 서비스법을 위한 기틀을 마련하게 되었다.

4 1990년대

1) 시대적 배경

1988년 노태우 정권, 1993년 김영삼 정권, 1998년 김대중 정권이 차례로 평화적

정권 교체를 이룬 시기이다. 국제적으로 신보수주의적 정책 기조가 영·미·일을 거쳐 세계적인 정치경제의 주류로 되면서 한국도 세계시장에 편입되고 정치 기조 역시 유사한 경향을 띠기 시작하였다. IMF 사태는 많은 부문이 소위 '민영화'정책의 조류에 휩쓸려 들어가는 경제위기의 성격이다. 1977년 11월 우리나라는 외환위기로 인하여 대량 실업이 발생하였다. 그러나 대량 실업과 대량 빈곤에 대한 사회안전망은 마련되어 있지 않아 한시적이고 즉흥적인 제도들이 시행되었다. 이러한 문제 해결 방안으로 기존의 생활보호법을 대체하는 국민기초생활보장법을 제정(1999.9.7)하였다. 사회보장기본법 제정(1995.12.30), 사회복지사업법(1992.12.8 전부개정)으로 사회복지 전담공무원에 대한 법적 근거를 마련하였다. 장애인복지법(1999.2.8 전부 개정), 국민의료보험법 제정(1977년), 국민의료보험법 폐지로 국민건강보험법 제정(1999.8.2), 장애인고용 촉진 등에 관한 법률 제정(1990.1.13), 영유아보육법 제정(1991.1.14), 사내근로복지기금법 제정(1991.8.30), 고용보험법 제정(1993.12.27), 성폭력범죄의 처벌 및 피해 보호자 등에 관한 법률 제정(1994.1.5), 갱생보호법 폐지로 보호관찰 등에 관한 법률 제정(1995.1.5), 정신보건법 제정(1995.12.30), 사회복지공동모급회법 제정(1997.3.27), 청소년보호법 제정(1997.3.7), 가정폭력 방지 및 피해자 보호 등에 관한 법률 제정(1997.12.31), 국민의료보험법 제정(1997.12.31)이 이루어졌다.

2) 사회복지 입법 내용

제·개정	주요 내용
1991년	영유아보육법, 청소년기본법 제정
1991년	사회복지사업법 개정(사회복지 전담공무원과 복지사무 전담기구 규정을 마련)
1993년	고용보험법 제정, 1995년 7월 1일 시행
1994년	성폭력범죄의 처벌 및 피해자 보호 등에 관한 법률 제정
1995년	농어민연금의 시행, 사회보장기본법, 정신보건법 제정
1997년	사회복지공동모금법, 청소년보호법, 가정폭력 방지 및 피해자 보호 등에 관한 법률 제정
1999년	국민건강보험법, 국민기초생활보장법 제정

3) 1990년대 사회복지 입법의 특성

1990년대 이후 법제의 내실화와 주변적인 부분에까지 확대, 개편하였다. 여권 신장의 결과 여성들의 복지에 대한 내용이 입법화되었으며, 통합의료보험법인 국민건강보험법(1999년 제정)과 국민기초생활보장법의 제정을 가져왔다.

5 2000년 이후

1) 시대적 배경

2003년 노무현 대통령이 이끄는 참여정부기 출범하였다. 정부는 국가 균형발전과 복지예산의 지방 이양, 저출산·고령사회의 도래로 인한 새로운 사회복지정책의 요청, 청년실업과 비정규직 문제 등의 사회 양극화 문제, 국민연금 등의 문제를 둘러싼 노후 소득보장의 문제 등이 사회복지 입법과 관련하여 주요한 쟁점으로 부각되고 있었다.

2) 사회복지 입법 내용

제·개정	주요 내용
2000.1.12.	사회복지사업법 일부 개정, 사회복지의 날(매년 9월 7일)로 정함(1970.1.1 제정)
2002.12.18.	모부자복지법 개정, 2007.10.17 한부모가족지원법으로 개정
2003.7.30.	사회복지사업법 일부 개정, 지역사회복지협의체 설치, 재가복지 우선 제공 원칙
2004.1.29.	사회복지사업법 일부 개정, 농어촌 주민의 보건복지 증진 도모, 농어촌 주민의 보건복지 증진을 위한 특별법 제정
2004.2.9.	건강가정기본법 제정
2005년	자원봉사활동기본법(2005.8.4 제정), 긴급복지지원법, (2005.12.23 제정), 저출산·고령사회 기본법 제정(2005.5.18. 제정, 2012.5.23 일부 개정)
2007년	노인장기요양보험 제정(2007.4.27), 기초노령연금법 제정(2007.4.25)
2007.10.17.	한부모가족지원법 일부 개정

2008.1.18.	한부모가족지원법 시행
2008.3.21.	다문화가족지원법 제정(다국어 서비스 제공, 다문화가족지원센터 지정)
2010.4.12.	장애인연금법 제정(18세 이상 중증장애인 무기여연금)
2011년	장애인활동 지원에 관한 법률(2011.1.4 제정), 장애아동복지지원법(2011.8.4 제정), 노숙인 등의 복지 및 자립 지원에 관한 법률(2011.6.7 제정)
2011.3.9.	장애인 고용 촉진 및 직업재활법(일부 개정)(1990.1.13 제정)
2011.8.4.	치매관리법 제정
2012.10.22.	아동복지법 일부 개정(1961.12.30 제정)
2013.3.22.	한부모가족지원법 일부 개정
2013.3.23.	마약류 중독자 치료보호 등에 관한 규칙 제정
2013.3.29	국민행복기금 출범

한국에서 복지정책은 개발 시대를 거치면서 상대적으로 관심이 적었다. 한정된 자원으로 압축 성장하기 위하여 복지에 대한 정책 순위는 경제 성장 목표에 밀릴 수밖에 없었다. 그러나 개발 시대를 통하여 세계가 놀랄 만한 수준의 압축 성장을 함으로써 복지정책에 대한 관심이 점차로 증가하였으며, 민주화 과정을 거치면서 빠른 속도로 증가하였다.

경제 성장은 필연적으로 경제적 약자 계층을 낳게 되고, 이 계층에 대한 정치적 관심은 고조될 수밖에 없다. 한국에서 복지정책에 상대적으로 높은 관심은 김대중 정부 시기 동안에 본격적으로 이루어졌고, 노무현 정부 동안에 빠른 속도로 복지 정책에 대한 예산 증가가 이루어졌다. 이후 이명박 정부 동안에도 그 증가 속도는 지속적으로 유지되었다. 이러한 증가 속도를 수치로 살펴보면, 2000년에 전체 예산에서 복지 예산 비중이 약 8% 수준으로 전체 예산 항목 중에서 6번째로 높은 순위였으나, 2013년에는 전체 예산 대비 28% 수준이며, 가장 높은 비중을 차지하고 있다.

박근혜 정부도 복지 확대정책을 정치공약으로 제시하였고, 이를 실현하기 위한 추가적 재원으로 약 135조 원을 조달하기 위하여 고심하고 있다. 정치 경쟁 중에서 제시하였던 복지 공약을 박근혜 대통령은 공약 실현 쪽으로 정책 방향을 잡고 있다.

3) 2000년 이후 사회복지 입법의 특성

한국의 사회복지 입법의 역사는 단절과 굴절의 흔적을 간직하고 있다. 그리고 일본의 법적·행정적 유산과 광복 후 미국 등의 학문적 이론이 한국에 유입되었던 시기이다.

사회복지 입법사는 적용 대상이 선별주의에서 보편주의로 확대되고, 사회복지법의 형성 과정에서 관련 시민이나 단체의 적극적인 활동이 나타나기 시작하였다.

2000년 이후 탈산업화와 세계화 문제, 인구구조의 급격한 변화로 사회복지 법률체계를 좀 더 거시적이고 근본적으로 개정하여야 하는 시기가 요구되고 있었다.

제 2 절 영국의 사회복지 입법

1 구빈법 시대 이전

십자군 시대 이후 영국을 휩쓴 흑사병, 엔클로저 운동(enclosure movement) 등은 농민들을 대거 부랑인으로 내몰았으므로 노동자법은 떠도는 부랑인들 문제를 해결하고 장원(莊園)에서 노동력 부족 문제를 해결하기 위하여 만들었다.

노동 능력이 있는 사람은 고용주가 그를 고용하기 원하면 반드시 받아들이고 그 교구를 떠나지 못하도록 하였다. 시민들은 빈민들에게 구호를 하지 못하도록 규제하여 빈민들이 노동을 할 수밖에 없도록 유도하였다.

이에 따라 첫째, 1388년 빈민법(poor law)의 제정과 빈민구호 최초의 정책으로 1531년 걸인과 부랑인 처벌에 관한 법을 제정하여 헨리 8세가 법령을 공포하였다.

시장과 치안판사는 교구 내에 있는 걸인과 부랑인들을 조사하고 노동 능력이 없는 사람에게는 제한된 구역 안에서만 구걸을 할 수 있게 등록하게 하여 구걸을 허락받고 하도록 하였다. 만약 노동 능력이 있는 사람이 구걸을 하면 강제노역이나 추방하도록 하였다.

둘째, 1536년 건장한 부랑인 및 걸인의 처벌에 관한 법의 제정이다. 종교개혁으로 구호하던 단체들이 재산을 몰수당하면서 종전의 구호 방식이 중단되었다. 정부 후원을 받는 최초의 공공부조가 법으로 제정되었으며, 구빈법의 골격을 형성하게 되었다.

노동 능력이 없는 빈민은 한 곳에 3년 이상 거주하면 교구에 등록하여 보호를 받을 수 있도록 하였으며, 노동 능력이 있는 사람은 노동을 하도록 하고, 빈곤 아동은 도제생활을 하게 함으로써, 이미 구빈법의 모습이 나타나고 있었다.

셋째, 1562년 장인법의 제정으로 임금, 노동 시간, 도제제도를 법으로 명시하고 부랑인들은 중노동하게 하였으며, 12~60세의 걸인을 종으로 고용하는 것을 일반에 허용하게 하였다.

넷째, 1576년 빈민구제법의 제정이다. 이는 강제노역을 규정한 법으로 노동 능력이 있는 사람은 작업장에 보내졌으며, 노동 능력이 없는 사람은 자선원에 입소시켜 보호하고, 나태한 빈민은 교정원에 보내게 하였다.

2 구빈법 시대

1) 1601년 엘리자베스 구빈법

빈곤자를 세 가지 종류로 분류하였다.

첫째, 노동 능력이 없는 빈민(노령자, 만성병자, 맹인, 정신병자)은 구빈원(poorhouse)에 수용하여 구호하였다.

둘째, 노동 능력이 있는 빈민은 교정원, 실제로는 작업장(workhouse)에서 강제노동을 시키고, 거부자는 유치장에 감금, 폭행도 하였다(1722년에는 공식적으로 작업장이 설치됨).

셋째, 요보호 아동은 도제 계약을 실시하였다.

구빈법은 성문화된 이후에도 신구빈법(1834년)이 나오기까지 250여년을 정부책임 하에 시행되어 왔다. 약 1,500여 교구가 지역 내 빈민구호를 자체적 자원으로 해결하였다.

2) 1662년 정주법

원인은 빈민구제를 지역교구의 책임 하에 구빈세를 거두어 구호하고 있는 것으로, 문제는 처우가 나은 교구로 이동이 생기자 상대적으로 빈민자들이 많이 이동해 오는 교구의 재정 부담이 늘어나게 되었으며, 문제 해결책으로 자기 교구 외의 사람에게 정주권을 주지 않도록 법제화하였다. 정주법(定住法, Setllement Act)은 자기 교구 내의 빈민들이 늘어나서 재정 증가를 막기 위한 것으로 빈민들의 교구 이동을 통제하는 수단이 되었다. 그러나 노동력이 부족한 지방에서는 산업 발전을 저해하게 되어 빈민 감독관이 뇌물을 주고 빈민을 이주시키는 문제가 나타나기도 하였다.

3) 1696년 작업장법(브리스톨 작업장)

개혁론자들은 빈민을 억압하기보다는 네덜란드의 구빈원처럼 산업에 빈민들을 투입하여 산업에 적극 활용하여 유익을 찾으려 하였다. 그 결과 작업장은 몇 가지 유형으로 만들어졌다.

① 이윤 추구형 작업장
② 형벌형 작업장
③ 구호 억제형 작업장: 작업장 수용은 공포의 상징이므로 수용되지 않기 위하여 열심히 일하여 구제 요구를 억제시키고자 함. 1722년의 내치불법(Knatchbull's Act)을 만드는 데 영향을 줌.
④ 수용형 작업장
⑤ 의식개조형 작업장
⑥ 보호치료형 작업장

4) 1722년 내치불법(공공작업장법, 작업장조사법, 작업장시험법)

지역 단위의 공식적인 작업장을 설치하여 원외구호를 폐지하였다. 노동 능력이 있는 사람들은 작업장에 수용시켜 원내구호를 하였다.

수용을 거부하면 구제명부에서 지우고 구제 자격을 박탈하였다. 당국이 직접 운영하거나 하청, 작업장을 부랑 억제와 이윤 획득 양쪽을 위하여 활용하도록 하였다.

위탁받은 자들은 주로 상인들, 최저비용으로 작업장을 유지하려다 보니 강압적이고 더 가혹한 작업장이 되었고, 공포의 집, 악의 원천으로 비난을 받았다.

구빈 대상자는 명찰이 부착된 구분된 옷을 입고 있었다.

작업장이 설치된 목적은 ① 노동 능력이 있는 구호 대상자를 작업장에 수용하여 일을 시킴으로써 구호비용을 줄이려는 것, ② 작업장의 조건을 가혹하게 하여 잠재적으로 공적 부조를 받아보려는 구호 잠재층을 억제하려는 것이었다.

빈곤을 개인적 결함으로 보고 가혹하게 하였는데 구빈원(救貧院, poorhouse)은 실제로 빈곤한 자를 향한 인도주의적인 면이 내포되어 있었고, 작업장(workhouse)에 수용된 노동 능력이 있는 사람들에게는 사실상 비인도적이고 사회문제가 되었다.

5) 1782년 길버트법

길버트법(Gilbert's Act)은 교구연합(敎區聯合)을 만들어 행정구를 확대하고 빈민 행정의 합리화와 빈민 처우의 개선 등을 목적으로 마련되었다. 악명 높은 1722년의 작업장 운영에 대한 개선운동으로 교구연합을 통하여(1834년이 되면 900개 교구가 67개 연합을 결성) 효율적인 구빈행정을 도모하였다. 교구연합은 유급 사무원을 채용(사회사업가의 모태)하였다. 노동 능력이 있는 근면한 빈민들에게는 자신의 집에서 공공부조를 받을 수 있게 하는 원외구호를 시행(거택보호제도의 효시)하였다. 종전까지의 강압적인 작업장의 개선을 가져왔고, 노동 능력이 있는 빈민에게 직업을 알선하고 노동의 수입으로 생활이 부족하면 보충하여 임금 보조를 해 주었다. 작업장은 노동 능력이 있는 빈민을 무조건 수용하던 종전의 방식을 탈피하여 노동 능력이 매우 부족한 자들의 보호시설로 변화하였다. 빈민의 노동 의사를 묻고 원외구호를 하는 인도주의적인 구빈제도로 평가된다.

6) 1795년 스핀햄랜드법

(1) 배경

영・프전쟁(1793~1815)은 생활을 더 피폐하게 하였고, 밀값 폭등・인구 증가・흉작은 영국을 더욱 곤경에 처하게 하였다. 전쟁에서 부상당하여 돌아온 상이군인들은 가족들과 함께 구빈원에 수용되는 것을 꺼려하였고 집에서 구호받기를 원하였다.

(2) 내용

1795년 5월 버크셔의 스핀햄랜드(Speenhamland)에서 임금보충제(최저임금 보조) 방안을 사용하여 가족 크기에 비례하여 일정 수준의 소득이 보장되도록 하였다.

고용주가 주는 임금이 최저 임금에 미달하면 빈민구호기금에서 보전해 주었다. 분명 좋은 의도에서 시작하였으나 고용주들은 의도적으로 노동자들의 임금을 낮게 책정하였고 임금의 부족 부분을 기금에서 보전하다보니 기금이 고갈되어 결국 제도는 실패하였다. 고용주들의 저임금이 합리화되고 노동자들은 고용주가 주는 임금이 작아도 어차피 기금에서 보전하여 최저 임금에 맞추어 주다보니 노동 동기가 저하되고 생산성은 낮아지게 되었다.

(3) 역사적 의의

인도주의적이고 자비적인 제도였으며, 빈민구제에서 낙인을 제거할 수 있었다. 가족 수가 크면 더 구호의 양이 커지게 되었다(가족 수에 연동하여 소득 보장).

구제를 가족의 크기에 비례해서 과학적으로 산정하여 현금을 지급하고, 빈민을 죄인시하지 않는 철학을 기본으로 임금보조제가 제도로 정착할 수 있도록 하고, 사회철학의 변화를 일으킴으로써 사회 안정에 기여할 수 있게 하였다.

그러나 자립 의지가 저하되고 노동 동기의 저하를 가져오면서 생산성 결여로 이어져 오늘날 무조건적인 복지 지원이 노동 동기의 저하를 가져온다는 생생한 역사적 증거가 되었다.

근로연계복지(workfare)를 주장하는 자들은 스핀햄랜드법(Speenhamland Act)을 통하여 근로연계 복지가 왜 필요한지를 보여주는 증거라고 주장하였다.

맬서스(Robert Malthus)는 이 제도가 인구 증가를 부추긴다고 비판하였는데 식구 수가 많은 노동자들이 유리하게 되어 있어서 조기 결혼과 다산을 하게 된다는 것이다.

결론적으로 스핀햄랜드제도는 빈민들을 위한 최소한의 소득 보장을 통하여 사회안전망으로 시행되었지만 노동자와 빈민들을 더 황폐하게 만들었다.

3 신구빈법

1) 신구빈법(1834)의 사회적 배경

첫째, 산업혁명과 구빈법의 파탄에 있다. 구빈법은 중세봉건주의 아래서 맞는 제도였는데 자본주의 하에서는 맞지가 않았다.

둘째, 구빈세의 증대와 세제의 불공평이다. 산업혁명은 제조업 관련 분야에서 부(富)를 창출했는데도 구빈세는 토지·주택 소유자들에게 부과되어 상대적으로 제조업을 통하여 부를 축적한 사람들이 구빈세 부담이 적었다는 사실이다.

셋째, 스핀햄랜드제도의 모순에 있다. 결국은 노동자를 위한 제도가 아닌 고용주를 위한 제도가 되었다.

넷째, 행정조직의 결함과 개혁의 곤란이다. 구빈행정의 책임을 전국적인 조직인 빈민 감독관에게 부여하는 중앙집권적인 기구를 확립하였으나, 지방자치 존중이라는 영국 특유의 전통으로 유명무실하게 되었다는 점이다.

2) 신구빈법의 내용

왕립조사위원회가 만들어졌고, 6개의 건의문을 내놓았으며, 그 내용은 다음과 같다.

① 스핀햄랜드제도 하에서 시행되었던 임금보충제를 폐지하였다.

② 노동 능력이 있는 신청자는 모두 작업장 구호를 적용하였다(결국 작업장 제도로 되돌아감).

③ 병자, 노인, 허약자, 어린아이가 딸린 과부에 한하여 원외구호를 제공하였다.

④ 여러 교구의 구호행정을 하나의 구빈법 조합으로 묶어 조정하였다(종전의 15,000개 지역 단위를 600개로 묶어 구빈연합을 만듦).

⑤ 구호의 수준은 그 지역사회에서 노동으로 일하는 노동자의 최하위 임금보다 낮게 책정하였다(열등 처우의 원칙).

⑥ 구빈행정을 통제하는 중앙기구를 설치하였다.

4 자선조직과 인보관

1) 자선조직협회

(1) 설립 배경

구빈법이 제대로 빈민구제를 하지 못하는 상황 속에서 중산층은 자선사업에 참여하는 것이 자신의 사회적 지위를 상승시키는 방편이고 유행으로 생각하는 풍조가 생겼다.

1861년 런던에는 640개의 자선단체가 있었고 연 수입이 250만 파운드로 런던에서 공공자금으로 빈민구제에 지출하는 금액보다 많았다. 그럼에도 단체들은 공동원칙도 없고 단결되지도 못하였으며, 단체 간에 경쟁과 대립까지 발생하게 되자 이를 조직화하기 위한 노력 끝에 1869년 자선조직협회(Charity Organization Society: COS)가 결성되었다.

(2) 실천 방침

첫째, 곤궁한 개인 중 자존심이 있고 보호받을 가치가 있는 빈민에게는 친절하게 성의를 가지고 대우하고 그 밖의 사람들에게는 공공기관에서 억압적인 방법으로 취급할 것과 둘째, 구호 실시에서 중복을 피하고 개인의 필요에 대하여 신중하게 조사하여 대처하도록 하였다. 셋째, 질병과 같이 빈곤을 초래할 수 있는 특정한 형태의 개인적 문제를 가진 사람들을 돕고 태만·음주·낭비자에 대한 지원은 거부하도록 하고, 넷째, 불행의 완화와 구호의 남용을 방지하기 위하여 무보수로 시간과 노력을 제공할 것을 지침으로 하였다.

(3) 목적

설립 목적은 첫째, 중복 구빈을 없애기 위하여 여러 자선활동을 조정하고 빈민의 환경에 대한 조사와 적절한 원조를 제공하려는 것으로 중복 구빈을 피하기 위하여 연락기관이 설치되었는데 이는 최초의 지역사회 조직사업이다. 둘째, 빈민에 대한 철저한 환경조사는 나중에 가족사회사업 또는 개별사회사업으로 발전하였으며, 그리고 자조의 윤리를 따르는 데 있다.

(4) COS의 운영 방법

첫째, 자선조직협회와 구빈법 간의 협력은 원조 대상을 구분하여 원조 대상을 구제할 만한 가치가 있는 빈민에 한정(구빈법과 동일)한다는 것이다. 구제 가치 있는 빈민은 장애인, 고아, 비자발적 실업자 등과 같이 어려울 때를 대비해서 노력을 하였지만 여전히 불행에 빠져 있는 사람들이다. 구제 가치 없는 빈민인 게으른 자, 타락한 자, 주벽이 있는 자들에 대해서는 자선의 제공을 거부하고 구빈법의 열등처우의 원칙에 맡기도록 하였다.

둘째, 자선단체 간의 협력은 지구위원회를 통하여 이루어지고 있었다. 위원회는 각 자선협회와 개인에게 정보 교환의 수단을 제공하고, 구제가 중복되는 것을 방지하고, 원조에 적절한 기관에 신청서를 전달하기 위하여 각 케이스에 대한 조사를 명확히 하고 걸식을 억제하였다.

셋째, 신청 케이스의 면접과 조사는 지구위원회에서 고용한 유급 사무직원에 의하여 실시되었다.

2) 인보관운동

(1) 설립 배경

인보관운동(Settlement Movement)은 런던 동쪽의 옥스퍼드대학교 출신의 바네트(Samuel Barnet) 목사와 젊은 졸업생들에 의하여 전개되었다.

1884년 토인비 홀(Toynbee Hall)을 만들었으며, 가난한 노동자들의 안정과 변화를 위하여 중·상류 계급의 젊은 청년과 여성들이 지역 주민들의 삶 속에 들어가 함께 생활하며 지역변화(개혁)운동을 일으키게 되었다.

인보관은 중상류층의 의식 있는 젊은이들이 특권과 신분의 포기하고 가난한 자에게 섬김과 봉사를 하였던 운동으로, 지역사회의 문화적·도덕적·지적 수준을 높일 것이라는 믿음을 가지고 어린이 보호, 건강 클리닉, 과학, 문화, 예술, 댄스 등을 가르치며 활동하였다.

(2) 목적

바네트 목사는 초대 관장(1884~1906)으로 활동을 하였고, 베버리지(William Beveridge, 1879-1963)는 1903~1907년까지 부관장으로 일하였다.

인보관은 3대 목적을 가지고 있었다.

첫째, 빈곤한 사람들의 교육과 문화를 발전시키자는 것이다.

둘째, 빈곤한 사람들의 생활환경에 관한 정보와 긴밀한 사회적 욕구의 파악에 있었다.

셋째, 사회 및 건강문제, 그리고 사회 입법에 대한 일반 국민들의 관심을 촉구하였다.

인보관 사업의 기본 목적은 빈민들과 교육받은 계층 간의 상호 교류를 증진시키는 일이고, 이러한 공동 활동과 연구를 통하여 서로 문화를 공유하자는 것이다. 지역 사람들에게 폭넓은 교육 기회를 제공하고 강좌와 집단토의에 참여함으로써 가르치는 사람과 배우는 사람 간의 협조와 배움을 나누는 환경을 증진시키는 데 있었다.

(3) 자선조직협회와 인보관운동 비교

COS와 인보관운동은 영국에서 발생하여 미국으로 넘어가서 사회복지 실천의 양대 세력으로 경쟁하며 발전을 계속하였다. 모두 사회문제를 해결하려는 인식을 가지고 활동하였으나 실천 방법, 사업 목적, 내용, 결과 등이 다르게 나타나게 되었다.

표 2-1 자선조직협회와 인보관운동의 비교

구분	자선조직협회(COS)	인보관운동(Settlement Movement)
공통점	동일한 사회문제에 대처하기 위하여 활동	
문제 원인	개인적 원인(게으름, 나태 등)	사회환경이 원인
사상 바탕	사회진화론적 사상에 동조	자유주의와 급진주의 사상에 동조
참여자들	주로 상류층이나 상류층에 가까운 자들(부인들)	교육을 받은 종류층(젊은 대학생들)
문제 접근 방법	빈민 개조, 처한 상황의 역기능 수정	빈민과 함께 생활, 빈민 동정, 기존 사회 질서 비판
문제 해결 방법	우월적 위치에서 방문하여 조사, 권면, 훈계	실용주의적, 실현 가능한 것을 실천하려 함
역점 활동	자선기관 간의 역할 조정, 서비스 조정 역점	실제 서비스에 역접, 야간학교, 공중목욕탕 등
변화 목표	개인 원조 및 변화	지역사회 개혁, 기독교사회복음화운동과 연결
주된 인물	험프리(미), 리치먼드(미)	바네트(영), 애덤스(미)
발전과 영향	개별사회사업으로 발전	소련 등장 이후 보수화된 미국 내에서 진보 성향의 인보관운동은 결국 사라짐(1930년대)

1900년대 이후에는 ① 노령연금법(1908년), ② 국민보험법(1911년), ③ 실업보험(1921년), ④ 미망인 고아 노령 갹출연금법(1925년), ⑤) 지방정부법(1929년), 지방정부법에 의하여 구빈법이 실질적으로 폐지되고 공적 부조가 확립되어 구빈법 체제는 종결하게 되었다.

1934년 실업법에 이어 1942년 베버리지보고서가 채택되었다.

베버리지의 3대 가정은 다음과 같다.

① 15세까지의 아동을 대상으로 한다.

② 사회의 전 구성원이 이용할 수 있는 포괄적인 보건의료 서비스를 제공한다.

③ 고용의 유지, 즉 대량실업의 방지를 목적으로 한다.

복지 비용의 부담은 ① 국가, ② 고용주, ③ 노동자가 부담하는 3자 부담을 주장하였고, 사회의 5대악을 ① 궁핍(결핍, 빈곤), ② 질병, ③ 무지, ④ 불결(비위생), ⑤ 나태로 규정하고 이를 해결하고자 하였다.

베버리지가 제창한 사회보장 여섯 가지 원칙은 ① 충분한(적절성) 급여, ② 정액급여, ③ 정액 갹출, ④ 행정책임(관리책임)의 통합, ⑤ 대상의 포괄성, ⑥ 분류화 등이다.

베버리지보고서는 없던 정책을 새롭게 만든 것이 아니라 산발적으로 흩어져 있던 사회복지제도들을 재정비하여 제시한 것이다. 이전에 부자들의 전유물처럼 여겨지던 복지라는 액세서리를 이제는 모든 국민이 함께 기여하고 받으면서 함께 만들어감으로써 궁핍과 질병 등에서 자유롭게 하려는 것으로 국가가 책임을 지고 국민의 최저생활을 보장해 주는 사회보장제도로 재탄생시켰다는 점에서 높이 평가된다.

5 1900년대 이후

1) 노령연금법

2007년 4월 25일 신규 제정된 법으로 2008년 1월부터 65세 이상 노인 중에서 재산과 소득이 낮은 저소득 노인의 노후소득 지원제도이다.

2) 국민보험법

1911년 제정된 영국 최초의 사회보험법이다. 전국 단일 국가 보험 형태로, 국민보험법의 제정 이면에는 당시 자유당정권의 사회개혁사상이 반영되었다.

3) 실업보험법

1921년 국민보험법을 개정하여 제정한 것이다.

4) 실업법

1929년 시작된 대공황으로 실업보험에 가입하지 않은 자의 구제가 문제되자 영국 정부는 1934년 실업법을 새로 제정하여 실업보험제도와 실업부조제도를 새로이 만들었다. 실질적으로 현대적 의미의 공공부조제도의 시작이었다.

5) 가족수당법

1945년 제정되어 15세 미만의 부양아동, 재학 중인 15~18세의 아동, 15세 이상의 비근로 아동들이 있는 경우 가족수당과 아동소득공제를 제공하였다.

6) 국민보험 산업재해법

1946년에 제정되어 균일하게 기여하고 최저생활 수준 이하의 연금을 균일하게 지급받도록 규정하였다.

제 3 절 미국의 사회복지법 형성 과정

1 자선조직과 인보관

거틴(Humphreys Gurteen) 목사가 버팔로에서 최초의 COS를 설립하였고(1877년), 리치먼드(Mary E. Richimond)에 의하여 더욱 발전되면서 사회적 조사와 진단을 구체화한 형태로 발전하였다.

COS의 제일 중요한 기능은 무차별로 주는 것을 제거하고 구걸을 억제하는 것으로 원조할 만한 가치가 있는 가치가 있는 자들을 선별하여 이중으로 자선을 받는 것을 막기 위한 노력을 하였다.

COS가 현대 사회사업에 미친 영향은 지대하였다.

첫째, 빈곤의 책임을 개인에게만 돌리지 않고 사회적 책임을 강조하였다.

둘째, 자의적이고 선발적인 구제사업을 조정·합리화하였다.

셋째, 방문구제를 통하여 현대적 의미의 사회사업방법론을 확립하였다.

넷째, 자선활동을 전문적 사회사업으로 발전시킨 것도 COS의 영향이었다.

1) 미국의 인보관

미국에서는 애덤스(Jane Adams)가 영국을 방문하여 토인비 홀의 활동에 감명을 받고 1889년 시카고에 헐 하우스(Hull House)를 설립하였다.

애덤스는 평화주의자로 사회개혁가로 활발한 운동을 펼치면서 성과를 거두기도 하지만 당시의 복고파와 애국자들은 헐 하우스를 급진주의의 온상이며 파괴적인 네트워크의 중요한 고리로 생각하였고, 애덤스는 위험한 여성으로 여겨져 배척도 받았다. 헐 하우스는 여성운동, 노동운동의 거점 역할을 하면서 사회 변혁에 앞장서게 되었다.

인보관은 사회개혁을 주도하는 입장에서 활동을 활발히 전개하고 공헌을 하였으나 당시에 소련의 등장과 함께 정치적으로 미국이 보수화되면서 정치권의 견제를 받았고 점차 힘을 잃게 되었다.

이후 자선조직의 실천 개념들이 미국의 복지를 주도하는 주류가 되는 것으로 역사는 흘러간다.

2) 인보관과 자선조직의 흐름 비교

미국은 영국의 제도들을 수입하여 사용하고 있던 관계로 1900년대 후반부에는 오히려 영국이 수입하는 입장이 되었지만 영국의 제도와 비슷한 빈민구호제도가 작동하였다.

인보관운동은 애덤스에 의하여 도입 전파되었다. 시카고에 헐 하우스가 만들어지고 지역사회 변화운동을 활발히 전개하였다. 그러나 1917년 소련의 등장으로 미국 내의 정치권이 보수화 경향을 띠면서 애덤스의 지역사회 변화운동은 좌파라는 의심을 받게 되고, 1930년대에 들어가면서 역사의 무대에서 사라지게 되었다.

자선조직협회(COS)는 거틴에 의하여 도입, 리치먼드에 의하여 크게 발전하였다. 리치먼드의 『사회진단』(1917)이 출판되면서 사회복지 실천의 새 지평을 열었다. 개별사회사업에 강점을 가지고 성장하였으며 유급 종사자를 고용한 것도 자선조직 활동에서 나타난 것이다.

인보관운동과 자선조직협회는 미국 내에서 경쟁을 하며 발전을 하지만, 1930년대의 미국 내 정치적 상황과 맞물리면서 인보관운동이 사라지고 개별사회사업 성향의 운동이 이어지며 발전을 하였다. 따라서 미국의 사회사업이 개별사회사업에 강세를 띠며 성장하게 되는 역사적 바탕이 되었다.

3) 사회보장법

사회보장법(Social Security Act, 1935)은 강제적 사회보험과 공적 부조를 양축으로 한다.

사회보장법은 두 가지 보호 체계를 만들었다.

첫째, 연방사회보험제도로서 연방정부로부터 기금을 충당해 은퇴자, 유족 및 요보호자에게 직접 지급하는 제도이고, 둘째, 공공부조제도로서 재정은 연방정부에서 충당하지만 그 행정은 주나 지방에서 담당하는 것이었다.

사회보장법에 나타난 사회보험과 공적 부조 프로그램은 다음과 같다.

① 사회보험

㉠ 고령자 및 유족보험, ㉡ 실업수당, ㉢ 근로수당: 주 사회보험

② 공공부조

㉠ 고령자부조(Old-Age Assistance: OAA), ㉡ 맹인부조(Aid to Blind) 및 장애인부조, ㉢ 요보호아동부조(Aid to Dependent Children: ADC)가 1950년에 '부양가족아동부조(Aid to Families with Dependent Children: AFDC)'로 바뀌면서 어머니들도 포함되었고, 주관 부서도 건강교육복지부로 이동하였다. 1996년의 복지개혁이 나타나기까지 지속되었다. ㉣ 모자복지법

4) 미국 복지의 대명사 ADC와 개혁 흐름

요보호아동부조(ADC)는 가난한 홀어머니 밑에 살고 있는 어린 자녀를 위하여 만든 소득보장 프로그램으로 출발하였다. 1961년에 한 부모까지 포함시키는 부양가족아동부조(AFDC)로 바뀌었다. 처음에는 수급자가 많지 않을 것이라 예상하였는데 1960년대 이후 급격히 늘어났으며, 이혼 증가와 혼외출산의 증가가 원인이 되었다.

5) 미국 복지의 대명사 AFDC와 개혁 흐름

미국 복지는 AFDC를 어떻게 개혁할 것인가를 고민하였던 역사이다. 원래는 기혼 여성이 홀로 자녀를 양육하는 경우를 돕기 위하여 만든 것인데 사회가 변화하면서 수급자 다수를 미혼모가 차지하는 상황이 되었고 수급자 절대 다수가 복지에 의존하는 양상을 보였다.

수급자 과반수가 일생 중 10년 이상을 AFDC 수급자로 살고 있었다. 복지 의존에 대한 사회적 비판이 거세졌고, 결국 1996년 복지개혁을 통하여 AFDC를 폐지하고 한시적인 급여(5년)와 근로 의무를 골격으로 하는 '빈곤가족을 위한 일시부조(Temporary Assistance for Needy Families: TANF)'로 대체되어 명실상부한 강력

한 근로 연계 복지를 추진하는 제도 장치를 완비하게 되었다.

「개인책임과 근로기회조정법(Persnal Responsibility & Work Reconciliation Act: PRWRA)」이라는 법적인 틀을 바탕으로 개혁을 하였다.

PRWORA의 내용과 특징은 다음과 같다.

첫째, AFDC를 폐지하고 TANF로 대체

둘째, TANF 수급 기간은 평생 60개월(5년)을 초과할 수 없음.

셋째, 공공부조에 관한 모든 권한과 책임을 주정부에 넘김.

넷째, TANF 소요 예산은 연방정부가 포괄교부금 방식으로 지급

다섯째, TANF의 수급권은 누구에게도 인정되지 않음.

AFDC에서는 미국 시민이면 누구나 신청할 수 있고 권리(수급권)를 가질 수 있었지만, TANF에서는 권리는 없어지고 계약의 개념이 도입되었다. 일정한 조건을 충실히 이행할 것에 동의하고 그렇게 하는 사람에게만 복지급여가 주어졌으며, 이행하지 않으면 급여 삭감이나 박탈을 하였다.

여섯째, 육아와 보육에 대한 지원을 확대하였다.

연방정부는 수급자의 취업에 걸림돌이 되는 육아와 보육문제를 해결하기 위하여 보육개발기금을 설치하였다.

2 국가 형태의 변화

사회복지법의 역사적 형성 과정을 이해하기 위해서는 시민법과 시민법을 수정한 사회법의 원칙을 비교하여 숙지할 필요가 있다.

신흥 부르주아 계급은 전통적인 신분 질서를 타파하고, 자유·평등·박애의 이념을 내걸고 새로운 시민사회와 시민국가를 형성하였으며, 시민국가는 개인의 자유로운 경제활동을 보장받기 위하여 법 앞에서 만인의 평등을 강조하였다. 하지만 자본주의 경제가 독점화되면서 극심한 불평등과 빈곤문제가 발생하게 되자 국가가 새로운 국면의 조정자로서 등장하였다. 이에 법치주의가 서서히 약화되고 행정부의 재량권, 유연성 및 정책에 관한 강조가 이루어졌다.

1) 시민법 출현 배경

중세 봉건사회의 타파로 18세기 말~19세기 초 자본주의 사회가 성립되고 시민법이 출현하였다.

프랑스혁명, 영국의 시민혁명, 산업혁명 등의 결과로 시민사회가 출현하게 되었으며, 시민사회의 질서를 이끌어나갈 법체계가 필요하게 되었다.

2) 시민법의 형성

시민법은 시민사회를 전제로 하여 출현한 법이다. 이는 기본적으로 보편적인 상품 교환 사회이며, 상품 교환 과정에서 나타나는 시민 개개인의 권리와 의무를 보장하는 법체계가 곧 시민법인 것이다.

3) 시민법의 인간관

시민법에서 상정한 새로운 인간형은 이윤 추구와 타산으로 일관하는 상인상(商人像)을 따라 조형되었다. 대단히 이기적일 뿐 아니라 자기의 이익을 추구하는 데에 아주 영리한 개인으로서 스스로 잘 이해하고 있는 이익만을 추구하며, 그리하여 모든 사회적 구속으로부터 자유롭고 법률적 구속에 대해서는 단지 자신이 이해하고 있는 자기의 이익에 따라 그것을 참기 때문에 그에 복종하는 인간형이 설정된 것이다. 이와 같은 인간관을 바탕으로 형성된 근대 자본주의 시민사회의 법을 시민법이라 한다.

4) 시민법의 개념

현실 생활의 세계에서 자유, 평등, 독립의 인간관계에 고유한 법규범의 체계로서, 역사적으로는 자본주의 경제사회의 초기 역사적 단계, 즉 중산적(中産的) 생산자층이 지배적 구성원이었던 사회의 산물인 것이다. 이러한 시민법의 원칙은 주로 사법 영역에서 발전하였다.

5) 시민법의 주요 원리

첫째, 사유재산권 존중의 원칙이다.

① 각 개인의 사유재산권에 대한 절대적 지배를 인정하고 국가나 개인은 이에 간섭하거나 제한을 가할 수 없다.

② 가진 자와 가지지 못한 자의 구별이 생기고, 소유권 승인에 어떠한 이해관계도 가지지 못하는 계급이 형성되면서, 상호 계약의 정당성이 상실되었다.

③ 불평등 계약이 발생됨으로써 노동자의 빈곤과 실업 등의 사회문제가 발생하였다.

둘째, 사적 자치의 원칙(계약 자유의 원칙)이다.

① 사법상의 법률 관계에서 개인의 자유로운 의사에 의하여 발생하는 것

② 생산 수단을 소유하지 못하고 오로지 자신의 육체적 노동력에 의존해야 하는 무산계급이 형성되면서, 자본주의가 독점자본주의 단계로 이행하는 과정에서 사회적 불평등 현상이 심화

셋째, 과실 책임의 원칙이다.

① 개인이 타인에게 준 손해에 대하여 그 행위가 고의 또는 과실에 기인하는 경우에만 손해 배상 책임을 지고, 그렇지 않을 경우 어떠한 책임도 지지 않음.

② 빈민을 포함한 사회적 약자에 대하여 자기 책임에 충실하지 못한 존재로 낙인을 찍으며, 시민권의 소유자로서의 자격까지 박탈하는 결과

6) 시민법의 한계

독점자본 단계에 들어서면서 노동은 자본과 갈등, 대립 관계를 형성한다.

자유란 가진 자들의 전유물이며 노동계급에게는 생존을 유지해야 하는 자유밖에는 남지 않는다.

7) 사회법과 사회복지법의 등장

사회법은 시민사회의 자유권 중심적 원리와 자본주의의 결합으로 인한 사회적 모순을 해결하는 과정에서 발달한 법의 영역이다.

사회법은 시민의 자유권과 보장을 기본으로 하는 공법 또는 사법 영역과 다른 성격을 지닌다. 사회법은 시민의 자유를 보장하는 사법의 원리인 소유권 절대의 원칙과 계약 자유의 원칙에 공법적인 제한을 가할 수 있도록 한 것이다. 사법이 공법화되어 가는 과정에서 중간적인 법 영역인 사회법이 발달하였다.

사회법의 성격은 다음과 같다.

첫째, 계약의 공정성이다.

① 계약 자유의 원칙을 수정하고 계약의 공정성을 기하기 위함(노동법).

② 노동자와 그 가족의 생존권 확보(사회보장법)

둘째, 소유권의 사회성이다.

① 정치 권력의 개입을 긍정하고 국가가 국민경제의 건전성을 보존하고 복지 증진을 위하여 경제를 통제하기 위한 경제법 제정이다.

② 소득의 재분배를 통하여 상대적으로 가진 자의 소유권 및 재산권을 통제하는 사회복지법 제정이다.

셋째, 무과실책임이다.

① 과거에는 빈곤이 개인의 책임이었으나, 사회법 하에서는 빈곤 역시 사회의 책임임을 인정한다.

② 자기 책임의 원칙을 수정하여 사회의 책임임을 인정하는 사회법은 사회보장법, 사회복지서비스법을 중심으로 전개된다.

8) 시민법과 사회법의 관계

첫째, 조화론적 관점이다.

둘째, 갈등론적 관점이다.

사회권은 자본주의에서 자연스럽게 나타나는 경제적 불평등에 대한 시정 노력의 결과로 보고 사회를 지나치게 일면적이고 단선적으로 이해하고 있다.

셋째, 변증법적 관점이다. 사회법은 시민법에 대하여 역사적 연속성을 공유하나, 대립적인 속성을 띠고 있다.

학습 과제

01 베버리지보고서의 원칙을 기술하시오. (5가지)

①________________, ②________________, ③________________,

④________________, ⑤________________,

02 영국개정빈민법(1834)의 원칙에 대하여 기술하시오. (4가지)

①________________, ②________________,

③________________, ④________________,

03 영국에서 구빈법 체제를 실질적으로 완전히 종식시킨 법은? (①)

04 최초롤 빈민구제의 책임을 교회가 아닌 지방정부가 지도록 한 영국의 빈민법은?

(①)

정답

선행 학습

1. (① 현행 헌법인 제9차 개정 헌법(1987))
2. (① 계약 자유의 원칙), (② 사유재산 불가침의 원칙), (③ 과실에 대한 자기 책임의 원칙)
3. ① 사회복지사업법 ① (1970), ② 국민연금법(② 1986), ③ 사회보장기본법(③ 1995.12.30), ④ 사회복지공동모금회법(④ 1997.3.27), ⑤ 국민기초생활보장법(⑤ 1999.9.7), ⑥ 긴급복지지원법(⑥ 2005.12.23), ⑦ 기초노령연금법(⑦ 2007.4.25), ⑧ 한부모가족지원법(⑧ 2007, 10.17), ⑨ 노인장기요양보험법(⑨ 2007.4.27)

학습 과제

01. ① 정액급여의 원칙: 모든 국민에게 평등하게 최저한도의 소득 보장

② 정액 기여의 원칙: 보험료는 소득의 많고 적음에 관계없이 균일하게 갹출한다는 원칙

③ 행정 통합의 원칙: 사회보장의 모든 행정 운영을 통합한다는 원칙

④ 충분성(적절성)의 원칙: 급여의 종류와 수준이 최소한의 인간다운 생활을 영위하는 데 적절해야 한다는 원칙

⑤ 포괄성의 원칙: 사회보장의 모든 분야에서

급여가 고르게 이루어져야 한다는 원칙

02. ① 원외구제 금지의 원칙: 노약자, 질병자 등 예외적인 경우에만 원외구제를 허용하고 원칙적으로 원내구제를 실시하였다. 원내구제를 위한 작업장을 활용하였다.

② 열등 처우의 원칙: 정상적인 노동을 권장하기 위하여 구제의 수준을 최하급 극빈 독립노동자의 생활 수준보다 낮은 수준에서 정하였다.

③ 작업장 심사의 원칙: 빈곤 처우의 지나친 다양성과 자격조사에 따른 부패를 해소하기 위하여 단순조사를 실시하고 이를 통하여 구제 적용의 다양성과 불확실성을 배제하였다.

④ 전국 균일 처우의 원칙: 피구제자에게 주어지는 구제는 중앙행정기관인 빈민법위원회에 의하여 전국적으로 통일되었다.

03. (① 국민부조법)

04. (① 1601년 구빈민법)

제 3 장 사회복지법상 수급권

선행 학습

1. 사회권의 법적 성격에서 구체적 권리는 국민연금 수급권처럼 구체적 소송을 통하여 권리를 실현할 수 있으므로 (①)이 가장 강하다.
2. 추상적 권리는 구체적이지는 않지만 법적인 권리로서 인정받는 권리이다. 프로그램 규정적 권리는 정부의 (①)에 따라 반사적으로 누릴 수 있는 권리이다.
3. 인간다운 생활의 보장이라는 사회복지법의 가장 중요한 기본 원리인 생존권을 최초로 명문화한 실정 헌법은? (①)
4. 사회복지법의 기본 원리로서 사회권에 관한 설명으로 사회권 보장은 자본주의 체제를 유지하는 범위 내에서 (①) 평등을 보장하려는 것이다.
5. 헌법은 사회권적 기본권에 대하여 인간다운 생활을 할 권리, 교육을 받을 권리, (①)에 대한 권리, 근로3권, 환경권 등을 규정하고 있다.

제 1 절 사회복지급여 수급권 개념

1 시민사회와 사회복지법의 출현

사회복지제도가 보편적 제도로서 자리 잡은 것은 20세기에 들어와서 자본주의 발달과 시민사회의 성숙, 그리고 2차에 걸친 세계대전의 경험과 민주주의의 고귀함이 역사적으로 혼합되면서 나타난 소산이다.

사회복지제도의 실천이 사회복지법에 의거한 것이라면, 결국 사회보장제도 혹은 사회복지제도의 일반화와 보편화의 배경에는 사회복지법의 생성과 발전이 놓여 있다는 사실은 당연하다.

시민사회의 사상적·이념적 특징은 개인의 생활을 존중하고 자유를 중시한다는 점이다. 경제적으로는 자본주의를 토대로 한 반면 법질서는 사법 중심의 시민법에 있다. 국가는 개개인의 사생활에 가능한 한 개입하지 않는 이른바 야경국가의 성격을 띤 국가 형태가 지배적이었다.

이러한 시민사회에서 개인의 생활문제나 사회문제는 거의 대부분 개인적이 측면에서 그 원인과 해결책을 모색하는 관념이 지배적이었다. 그러므로 이러한 시대에 사회복지의 특징은 구빈법적인 억압의 요소를 지니기 일쑤이며, 사회복지의 대상은 소수의 빈민이나 취약계층에 한정하여 주어졌다. 또한 시민사회의 법적 자유는 형식적·추상적인 것으로 되어 경제적 불평등을 증대시키고, 노동자계층은 자유의 이름으로 부자유를 강제당하게 되었다.

시민사회의 발달에 따라 이러한 원리는 당연히 변화할 수밖에 없었다. 시민사회는 우선 경제 체제와 법 체제의 관리 속에서 여러 가지 모순과 사회적 문제를 낳게 되고, 이의 해결을 도모하는 과정에서 오늘날의 사회복지법이 출현하고 사회복지제도가 발전된 것으로 생각할 수 있다.

한편 18, 19세기를 거치면서 시민사회의 이념은 집단주의 혹은 사회민주주의로, 경제 체제는 독점자본주의나 수정자본주의 체제로, 법체제는 공법 또는 사회법으로, 이에 따라 개인의 권리는 사회권, 혹은 생존권이 중시되는 상황으로 변모하였다. 동시에 국가 형태의 측면에서는 국가가 개인의 사생활에 적극적으로 개입하여 불평등을 해소하고, 국민 모두의 복지를 증진시키려는 복지국가에로 전환하는 역사적 경향을 가져왔다.

결론적으로 사회복지법은 시민사회의 발전에 따른 결과로 생겨난 것이며, 국민의 생존 혹은 생활에 필요한 여러 가지 조건의 확보를 국가에 대하여 요구할 수 있는 권리인 생존권 혹은 복지권(사회권)을 핵심으로 삼고 있다고 볼 수 있다.

사회권이란 사회적으로 생존하는 인간으로서의 개인이 자신의 생존이나 생활의 유지 및 발전에 필요한 조건 들을 확보해 줄 것을 국가에 요구하는 국민의 권리이다.

국가가 지배자로서 국민에 대하여 강제할 수 있는 권리는 국가적 공권이다. 사회권은 사회적으로 생존하는 인간으로서 개인이 자신의 생존이나 생활 유지 및 발전에 필요한 조건들을 확보해 줄 것을 국가에 요구하는 국민의 권리이다.

사회권은 국민이 생존을 유지하거나 생활을 향상시켜 인간다운 생활을 하기 위하여 국가에 대하여 적극적인 배려를 요구할 수 있는 권리로 생존권이라고도 불린다. 또한 오늘날 사회권은 종종 복지권이라고도 불리고 있다. 사회권이 헌법으로 규정된 것은 1919년 바이마르헌법에서부터 시작된다. 우리 헌법도 사회권을 헌법상에 규정하고 있다. 제10조는 인간으로서의 존엄과 가치 및 행복을 추구할 권리를 규정하고 있고, 제34조에서는 인간다운 생활을 할 권리를 규정하고 있다. 사회보장수급권은 사회보장기본법 하에서 사용되는 유사 용어이다.

내용상으로 사회권은 생존권, 복지권, 사회보장 수급권의 내용을 포함하고 있다.

생존으로서의 복지권(사회권)은 사회주의적 생존권으로 개인의 생존 욕망(인간으로서의 존엄과 가치, 인간다운 생활) 충족시키기 위하여 사유재산주의를 부정하고 특히 생산 수단을 공유화함으로써 모두의 노동을 통해 생존권을 실질적으로 실현하려는 사회주의 국가에서 추구하는 생존권이다.

반면에 개량주의적 생존권은 사유재산제도를 사회의 기본 질서로 인정하고, 다만 그로 인하여 파생되는 문제점을 해결하고 개선해 나감으로써 생존권을 실현하려는 자본주의 국가에서 추구되는 생존권이다. 복지권은 국민들의 기본적인 권리의 하나로서 시민권의 역사적 발달과 더불어 시민의 욕구과 투쟁에 의하여 획득한 권리이다.

마셜(Alfred Marshall, 1842-1924)은 시민권이 공민권·정치권·사회권으로 구성되어 있다고 지적하고 이 가운데 사회권을 복지권이라고 하였다. 복지권의 범위 확대는 요보호자에서 전국민으로 확대되어야 한다.

2 헌법상 생존권적 기본권과 사회복지급여 수급권

기본권이란 국민이 향유하는 기본적인 권리로서 헌법에 의하여 보장되는 권리를 말한다. 여기서 인권이란 인간이 인간이기 때문에 당연히 갖는 생래적 자연권을 말한다. 기본권은 천부인권 사상의 권리뿐만 아니라 실정법에 의하여 비로소 형성되거나 구체화되는 권리까지도 포함하는 포괄적인 권리라고 할 수 있다. 이러한 기본권의 특성에는 보편성, 전국가성, 고유성, 항구성, 불가침성 등이 있다.

이러한 기본권의 성격은 다음과 같다.

첫째, 주관적 공권이다. 이는 기본권을 국민이 국가 권력에 대하여 가지는, 즉 개개인이 일정한 권리로서 가지는 공법상 권리이다.

둘째, 자연권성이다. 자연권성은 시대와 장소를 초월해서 인간이 가지는 권리라는 타당성을 인정한다. 기본권이 자연권인가 실정권인가에 대하여 견해가 엇갈리고 있으나 현행 헌법은 자연권설에 기초하고 있다. 자연권은 생래적 권리, 천부인권을 말한다. 실정권은 헌법에 규정되어야 비로소 권리가 된다고 보는 학설이다.

셋째, 기본권의 이중성이다. 기본권은 주관적으로는 개인을 위한 대(對)국가적 공권을 의미하지만 객관적으로는 국가의 기본적 법질서성을 동시에 가진다.

헌법에서 최초로 생존권의 이념을 규정한 것은 1919년 독일의 바이마르(Weimar)헌법이다. 생존권은 바이마르헌법에서 최초로 보장된 이래 헌법이 이를 규정하였다. 바이마르헌법 제151조는 "경제생활의 질서는 각인으로 하여금 인간다운 생활을 보장하는 것을 목적으로 한다."고 규정하였다.

우리나라 헌법 제10조의 존엄과 가치, 제34조의 인간다운 생활, 제34조 2항의 국가는 사회보장, 사회복지 증진에 노력할 의무를 진다. 헌법 제32조의 모든 국민은 근로의 권리를 가진다, 헌법 제119조의 소득분배 관련 등에서 생존권에 관한 규정을 두고 있다. 이 생존권은 그 내용과 성격이 다양하지만 그 목적은 개인의 생존을 보장하기 위하여 국가가 적극적으로 개인 생활에 개입하며 그 구체적 내용은 공공정책이나 사회복지정책을 통하여 실천하게 된다는 것이다. 그 구체적 생존권의 보장 방식은 헌법의 하위법인 각종 법률이나 명령, 규칙 등에 의거한 행정행위에 달려 있다는 의미이다.

그러나 헌법상에 규정된 생존권 조항의 법적 효력, 즉 헌법상에 생존권 조항이 갖는 하위 법령들과의 관계와 그 내용은 생존권의 실현에 관건이 되므로 그 성격을 규명하는 작업이 매우 중요한 일로 남아 있다. 헌법상의 생존권 조항을 둘러싼 법적 성격 논쟁은 크게 프로그램 규정설과 법적 권리설로 나뉘며, 다시 법적 권리설은 추상적 권리설과 구체적 권리설로 분리되고 있다.

프로그램 규정설에 따르면, 생존권은 국가의 사회정책적 목표와 강령을 선언한 것에 불과하므로 국가가 그 권리의 실현에 필요한 입법이라든가 시설을 하지 않는 한 그에 관한 헌법 규정만으로는 국가에 대한 구체적 청구권이 인정되지 아니하며, 그 입법의 태만을 헌법 위반이라 하여 법원의 법령심사권을 통하여 시정할 수 없다고 한다.

법적 권리설에 의한 추상적 권리설은 생존권은 비록 추상적일지라도 법적 권리이며 또 국가의 의무 이행이 재판에 의하여 강제될 수 없을지라도 국가의 생존권 보장의 의무는 헌법에 의거한 법적 의무라고 한다. 이 추상적 권리설은 현재 우리나라의 다수설이다.

법적 권리설 중 구체적 권리설에 따르면 생존권에 관한 헌법 규정은 그 규정을 구체화하는 입법이 존재하지 않는 경우에도 현실적 효력을 갖는 규정이고, 완전한 권리로서 생존권을 보장하는 것이라고 한다. 따라서 국가의 생존권 실현에 관한 부작위는 현실적 · 구체적 권리의 침해가 되어, 국민은 국가의 '부작위위헌확인소송' 또는 '작위의무화소송(의무이행소송)'을 제기할 수 있다고 한다.

사회보장 · 사회복지 방법의 구체적인 표현은 헌법의 하위법인 생활보호법에서부터 아동복지법, 노인복지법, 장애인복지법, 모자복지법, 의료보험법, 국민연금법 등 사회복지법 전체를 통하여 실천되고 있는 셈이다. 그러므로 모든 사회복지법에 규정되어 있는 사회복지 서비스를 받을 권리, 즉 수급권은 헌법에 명시되어 있는 생존권, 혹은 협의의 복지권을 실현함으로써 궁극적으로는 현대 자본주의 사회에서 스스로 자신의 생활을 유지하지 못하는 사회적 취약계층을 포함하여 모든 국민이 인간다운 생활을 보장하게 하는 수단이라고 할 수 있다. 이런 점에서 사회복지법상의 수급권과 헌법상의 생존권은 내적으로 상호 연결되어 있다.

제 2 절 사회복지급여 수급권의 규범적 구조

1 규범적 구조의 의의와 분류

생존권을 실현하기 위한 권리로서 사회복지 서비스를 받을 권리, 즉 수급권의 내용은 어떠한가. 여기에 대해서는 역사적으로 특정 국가의 발달 정도나 정치 · 경제·사회·문화적 성숙도에 따라 수급권의 내용과 실현 방식이 다르다고 볼 수 있다. 한마디로 말하자면, 국가의 발전 정도가 앞선 나라일수록 수급권의 내용과 구조 또한 발전하고 다양하다는 사실이다. 또한 시간이 흐름에 따라 계속해서 수급권의 구조와 형식이 발전해 가고 있으며, 복지 대상자의 니즈(needs)는 시대의 흐름과 사회 변화에 따라 새롭게 생겨나거나 변화하고 있다. 사회복지법상 수급권의 규범적 구조란 이러한 수급권의 내용과 형식을 체계적으로 정리하는 것을 의미한다.

규범적 구조의 분류는 사회복지 서비스 수급권의 내용과 구조에 대하여 많은 학자가 각기 다른 관점에서 여러 가지 견해를 제시하고 있다.

사회복지법과 관련되는 사회복지급여 수급권의 규범적 구조는 다음과 같다. 헌법상의 기본적 인권으로서 수급권, 사회보험 청구권, 실체적 권리, 공적 부조 청구권(사회복지급여청구권), 사회복지 조치 청구권, PR 및 정보 제공 요구 권리, 사회복지법상 수속 전 단계 상담 및 조언을 요구할 권리, 수급권의 수속적 권리, 사회복지 이용 권리, 수속 단계 신청, 조사, 수급권의 유무, 내용의 결정, 급부 실시에 이르는 수속 과정이 권리 보장에 적절하게 진행될 것을 요구하는 권리, 사회복지급여 쟁송권, 절차적 권리 사회복지행정 참여권, 사회복지 입법 청구권 등이 있다.

사회복지 수급권은 사회복지법상 급여 및 서비스를 받을 수 있는 권리이다. 국가는 법률에 따라 개인들에게 급여 및 서비스를 제공하고, 개인은 국가에 대하여 급여 및 서비스를 청구할 수 있는 권리를 가지는 데 이를 수급권이라고 한다.

2 사회복지급여 수급권의 규범

1) 실체적 권리

헌법상의 생존권 규정을 이어받아 이를 실현시키려는 구체적인 사회복지법이 제정되었을 때 국민들이 당해 사회복지법에 의거하여 실제적인 사회복지급여를 청구할 수 있는 구체적인 권리를 사회복지급여 청구권, 즉 실체적 권리라고 한다. 모든 국민에게 인간다운 생활을 유지하도록 보장하기 위한 헌법상의 권리를 구체화하는 입법이 제정되었을 때 국민이 해당 법률에 따라 현실적인 급여를 청구할 수 있는 권리로 복지급여청구권을 말한다. 이때에 포함되는 내용은 수급 요건(자격), 수급권자, 급여 수준, 수급 기준, 급여의 종류, 재정 조달, 전달 체계, 수급권의 보호와 제한 등이다. 이 모든 내용은 국민이 사회생활을 직접 할 수 있도록 생활상의 문제를 해결하여 인간다운 생활을 유지할 수 있게 하는 데 목적이 있다.

사회복지급여 청구권은 사회복지법의 체계와 연관하여 복지급여 청구권은 다음 청구권으로 구성된다.

① 각종 사회보험률에 따른 사회보험 청구권
② 공적 부조 법률에 따른 공적부조 청구권
③ 사회복지서비스법에 의거한 사회복지 조치 청구권
④ 관련 복지제도 급여 청구권

2) 수속적 권리

수속적 권리란 사회복지급여를 받기 위하여 적절한 절차에 참가하는 권리, 불평등하게 취급당하지 않을 권리, 하자 없는 재량행사를 청구하는 권리 등을 의미한다. 즉, 사회복지급여를 받기 위하여 급여청구권 실현을 위한 일련의 수속 과정이 본래의 수급권 보장의 목적에 알맞게 진행되어야 할 것을 요구하는 권리를 말한다.

수속적 권리의 내용은 편의상 수속 전 단계와 수속 단계로 나누어서 살펴볼 수 있다. 수속 전 단계에서의 권리에는

① 사회복지 법률에 의한 권리와 의무에 대하여 국민들을 깨우치기 위하여 그 수단으로서 TV, 라디오, 광고지, 신문, 포스터, 영화 등에 의한 PR 등의 정보 제공 등을 요구할 수 있는 권리
② 상담 및 조언을 요구할 수 있는 권리
③ 그 수단으로서 각종 사회복지기관을 이용할 수 있는 권리 등이 포함된다.
   급여정보권, 상담권, 적법 진행보장권 등이 있다.

수속 단계에서의 권리는 이 단계를 다시 신청 단계, 조사 단계, 결정 단계, 실시 단계로 세분하고, 각 단계 과정마다 인간의 존엄성, 생명, 자유, 행복 추구의 권리, 사생활 존중 등의 권리를 포함하여 사회복지 대상자가 적절하게 취급되어야 하는 권리를 말한다.

3) 절차적 권리

절차적 권리란 실체적 권리를 보장하고 실현하거나 이것과 연관된 의무의 이행 또는 강제를 구체적으로 실현하는 절차와 관계되는 권리를 말함이다. 절차적 권리에 속하는 수급권의 내용에는 사회복지급여 쟁송권, 사회복지행정 참여권, 사회복지 입법 청구권 등이 포함된다.

① 사회복지급여 쟁송권
② 사회복지행정 참여권
③ 사회복지입법 청구권

사회복지급여 쟁송권이란 실체적 권리인 사회복지급여 청구권이 위법 또는 부당한 행정기관의 조치에 의하여 침해되었을 때 이의 구제를 신청하는 권리를 의미한다. 사회복지급여 쟁송권은 행정심판의 행정적 구제와 행정소송을 통한 사법적 구제가 있다.

사회복지행정 참여권이란 사회복지행정 과정에 사회복지 대상자나 국민이 참여할 권리를 의미한다.

마지막으로 사회복지입법 청구권이란 생존권 보장을 위한 사회복지급부를 제공하는 구체적인 법률이 제정되지 않았거나, 또는 제정되었더라도 그 법률이 생존권 실현에 불충분한 경우에 사회복지 입법을 추진하거나 그 개정을 청구할 수 있는 권리를 말한다.

사회복지 수급권의 기본적 구조는 다음과 같다.

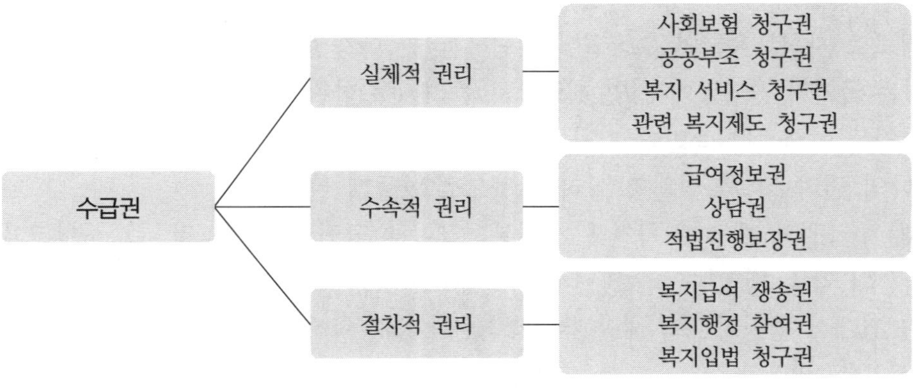

3 수급권의 보호와 제한

1) 사회복지급여 수급권의 취약성

사회복지급여 수급권은 기본적 권리의 하나로서 파악된다고 할지라도 그 실현을 위해서는 여전히 장애 요소가 존재한다. 우리나라의 경우 헌법에 명시되어 있는 생존권 조항과 하위법인 생활보호법이나 아동복지법 등에서 사회복지급여 수급권에 대한 규정이 있음에도 불구하고 사회복지급여 수급권이 하나의 기본적 권리로서 인정받지 못하는 취약성은 어디에 있는지 알아본다.

첫째, 헌법상의 규정을 하나의 프로그램 규정으로 인식하고 있으며, 따라서 사회복지급여 수급권은 국가 행정행위의 반사적 이익으로 파악하기 때문이다.

둘째, 수급권의 내용상 특성으로 사회복지급여 수급권이 권리로서 취약성을 지닐 수밖에 없는 이유는 사회복지급여 수급권 내용 자체에서 찾아볼 수 있다. 법은 항상 보수성을 지니며 현실 사회의 표준화된 사항을 중시하는 특성에서 사회복지급여는 항상 유동적이고 개별적이며, 계량화·표준화가 쉽지 아니한 성격을 대상으로 하는 것이므로 그만큼 권리성이 약화되는 점을 지니게 된다.

셋째, 사회복지급여 수급권의 권리성의 이중성으로 사회복지급여 수급권의 법적 성격에서 볼 때 이것이 갖는 사적 측면의 존재가 권리성을 어렵게 하고 있다. 사회복지급여 수급권은 자기의 생활 유지라고 하는 수급자의 사적 이익에 관한 측면이 대(對)사회적 청구권으로서의 생존권의 공적 성격과 불가분하게 결합되어 있다.

그러므로 사회복지급여 수급권이 지닌 이러한 이중성으로 인하여 사적 측면에 대해서는 국가가 끊임없이 개인 책임으로 돌리려는 한편, 공적 측면으로는 사회복지행정의 급여행정적 측면이 지닌 재량권의 소극적 특성이 사회복지급여 수급권을 하나의 권리로서 확립되기 어려운 것으로 만들게 된다.

넷째, 수급권과 행정 조치인데 사회복지급여 수급권과 행정조직, 즉 사회복지행정기관의 각종 행정행위와 관련하여 권리로서의 허약성이다.

이런 점에서 행정기관의 재량권이 적절하게 실행되어야 하고 사회복지 전문인력의 배치를 위한 법적·제도적 장치 또한 요구되고 있다. 현재 우리나라의 실정에서 이러한 측면에서 볼 때, 사회복지 전문인력의 배치와 자격, 임용, 교육, 훈련, 그리고 사회복지 전달 체계의 개선 등에 대한 재검토가 요구된다고 하겠다.

2) 사회복지급여 수급권의 보호

사회복지급여를 받을 권리는 사회권으로서 이미 여러 나라에서 하나의 권리로서 인정하고 있으며, 이에 따라 구체적 법률을 통하여 사회복지급여가 국민들에게 제공되는 성격과 함께 사회권(생존권)으로서 공적 권리로서의 이중성을 지니고 있다. 그러므로 국가는 수급권을 가진 개인의 생활을 보장하는 목적으로 이들에 대한 특별한 보호를 필요로 하는 것이다. 국가는 개인의 권리 실현에 장애가 되는 요소를 제거할 뿐만 아니라 적극적으로 권리 실현을 할 수 있도록 원조를 하게 된다.

(1) 수급권의 처분 · 압류의 금지

사회복지급여 수급권자는 자기가 가지고 있는 사회복지급여 수급권을 타인에게 양도하거나 또는 담보로 제공할 수 있는가, 또한 사회복지급여 수급권자의 채권자는 자기 채무자의 사회복지급여 수급권을 압류할 수 있으며 또는 수급권자에 대한 자기의 채무와 상계할 수 있는가?

우리나라의 경우 사회복지급여 수급권은 독일 사회법에서처럼 통일된 규정은 없으나, 개별 규정에 의거하고 있고, 규정이 없더라도 일반적으로 수급권의 금지가 이루어지고 있다고 볼 수 있다.

사회복지급여 수급권을 실제로 수급권자에게 직접 귀속시켜야 할 개인적 · 사회적 필요성에서 압류 · 양도 · 담보 제공 등을 금지시킨 것과 동일한 이유에서 상계도 금지됨은 당연하다.

(2) 조세, 기타 공과의 금지

각종 사회복지급여에 대하여 각국의 사회복지 입법례에서는 거의 공통적으로 조세나 기타의 공과금을 금지하고 있다. 이것은 사회복지급여를 통하여 최소한의 삶을 영위하게 하는 데 목적이 있으므로, 조세나 기타 공과금을 부과하는 것은 바람직하지 않기 때문이다.

(3) 불이익 변경의 금지

사회복지급여가 결정된 경우, 그것은 일종의 기득권적인 성격을 지니므로 정당한 이유 없이 불이익하게 변경될 수 없다. 이러한 규정은 가능한 한 피보호자인 사회복지급여 수급자를 보호하려는 취지에서 만들어진 내용으로 생각된다.

4 사회복지급여 수급권의 제한

1) 수급권 제한의 의의

사회복지급여 수급권은 스스로 사회생활을 유지할 수 없는 상태에 처한 사회적 약자에게 인간다운 생활을 영위할 수 있도록 하는 사회복지의 제도적 장치로서 구체적으로 실현된다. 그러므로 사회복지급여가 마땅히 필요한 상태, 즉 요보호 상태가 사회복지 수급권자(요보호자)의 책임으로 돌릴 수 있는 행위로 인하여 발생하거나 또는 그로 인하여 그 상태가 악화되거나 또는 호전되는 것을 방해할 때, 또는 사회복지급여 지급에 필요한 여러 가지 협조 의무에 응하지 않는 경우에도 사회적 보호만을 고려하여 그에게 사회복지급여를 지급하여야 하는가의 문제가 대두된다. 이와같이 사회복지급여 수급권의 제한은 여러 가지 사정이 있을 경우, 수급을 받을 권리가 타당하고 정의로움에 반대된다는 인식을 하게 될 때 형식적으로 수급요건이 있다고 보여지는 경우에도 급여를 행하지 않는 것을 의미한다.

2) 사회복지급여 제한의 일반 원칙

(1) 과잉 사회복지급여의 제한 및 금지

사회복지급여는 급여 대상자(요보호 대상자)가 스스로 자신의 생활을 영위하는 것을 목표로 하고 있으며, 또 바로 그 상태에서 급여 지급을 종결하게 된다. 즉, 사회복지급여는 언제나 수급권을 유지할 수 있도록 원조한다. 그것은 개인의 자율적이고 자기 결정적인 생활을 유지케 함으로써, 스스로 인간으로서의 존엄성을 유지·확보케 하는 데 기여함을 목적으로 하고 있기 때문이다. 그러므로 사회복지 급여 수준과 내용은 수급권자의 자립 조장에 기여할 수 있도록 적정한 것이어야 한다. 따라서 사회복지급여 내용은 너무 적지도 많지도 않아야 하며, 중복된 급여를 지양하여야 한다.

(2) 사회복지급여의 남용 금지

사회복지급여는 그 가정에 상부상조의 정신에 입각한 위험공동체를 깔고 있다. 현실적으로 사회복지급여는 국민의 세금이나 사회보험 기여금 등에 의존하고 있으므로 이러한 공동체의 다른 구성원들에게 부당하게 불이익을 가져오는 행위가 배제되어야 한다. 그러므로 사회복지급여 수급권자는 사회복지 수급 조건에 따른 의무를 성실하게 이행함은 물론, 사회복지 수급 사유 및 조건을 인위적으로 직접·간접으로 발생케 하거나, 연기시키는 행위 등에 대하여 마땅히 사회복지급여 수급권을 제한·금지당하게 된다.

(3) 사회복지급여의 악용 제한

사회복지급여를 지급받기 위한 목적으로 고의로 사회복지급여 지급 사유를 발생시킬 경우, 사회복지급여 수급권을 제한하는 것이 통례로 되어 있다. 그뿐만 아니라 고의 범죄행위에 의한 경우도 똑같이 취급하는 것이 보통이다.

3) 사회복지급여 수급권 제한의 구체적 사유

(1) 고의행위에 의한 수급권의 제한

현재 사회복지급여 수급권자이거나 혹은 아니라도 특정의 고의적 행위를 통하여 사회복지 수급권을 가지게 될 경우 이에 대하여 수급권을 제한한다. 고의행위에 의한 수급권의 제한 내용에는 다시 다음과 같이 세분할 수 있다.

① 목적 있는 자해행위

사회복지급여를 지급받기 위한 목적에서 사회복지급여 지급 사유를 고의로 발생시킨 행위(목적 있는 자해행위)이다.

② 고의의 범죄행위

사회복지급여 지급 사유가 수급권자의 고의적인 범죄행위 수행으로 인하여 발생한 경우 수급권의 발생을 배제한다.

③ 고의행위

- 고의로 사회복지급여 지급 사유의 원인이 되는 사유를 발생시킬 경우(소위 고의의 사고) 사회복지급여 수급권을 배제하고 있다.
- 고의로 사회복지급여 지급 사유를 발생시킨 경우: 가장 일반적으로 사용되고 있는 사회복지급여 수급권 발생의 배제 사유이다.
- 고의로 요양에 관한 지시에 따르지 아니할 경우: 수급권자이거나 수급권자로 될 수 있는 자가 고의로 요양 지시에 따르지 아니함으로써 장애로 사망하거나 장애를 악화시키고 그 회복을 방해한 때에는 적극적으로 그 사유를 발생시킨 경우와 마찬가지로 사회복지급여를 배제한다.

④ 과실 있는 행위

오늘날 과실에 의한 행위가 사회복지급여 수급권 발생의 제한 사유가 되는 경우는 극히 드물다. 그것이 비록 배제 사유가 된다 하더라도, 다만 중과실에 한하는 것이 보통이다.

⑤ 부정 급여자에 대한 급여 제한

사기 또는 기타의 부정한 행위에 의하여 사회복지급여를 받았거나 받고자 할 때에는 그 벌칙으로 일정 기간 동안(일본의 건강보험은 6개월 이내, 우리나라 의료보험법은 3개월 이내의 기간) 당해 사회복지급여를 전부 또는 일부를 제한한다.

(2) 사회복지급여의 병급 금지 또는 조정

사회복지급여 수급 사유에 대하여 중복 급여를 제한하거나 다른 사회복지법 체계를 통하여 이미 수급받은 사유와 연관하여 수급권자의 권리를 실현시키는 것으로서 보상 및 배상과 연관되는 경우가 많다. 이것은 수급권자가 동일 급여 수급 사유에 대하여 중복 수급을 하거나 민법 또는 다른 법과의 연관에서 이중으로 보상 또는 배상함으로써 사회적 형평의 원칙에 위배되는 것을 방지한다.

5 사회복지법상의 권리구제

1) 권리구제의 일반 사항

수급권자인 국민은 국가를 대상으로 구체적 소송을 통하여 법으로 정해진 권리를 구제받을 수 있는데 사회보장에 관한 권리구제는 행정소송의 대상이 된다. 사회보험급여 등에 관한 이의 신청은 각 공단에 처분 통지받은 날로부터 90일 이내에 이의신청을 하면 된다. 국민기초생활보장법은 60일 이내이다.

2) 권리구제기관

(1) 산재보험법

권리구제의 심사청구는 근로복지공단, 재심사청구는 노동부 내의 산업재해보상보험심사위원회이다.

(2) 국민건강보험법

권리구제의 이의신청은 둘로 나뉘며, 먼저 가입자의 자격, 보험료 및 급여 등에 대해서는 국민건강보험관리공단에서 관장하고, 요양급여 비용 및 요양급여의 적정성에 대한 평가 등은 건강보험심사평가원에서 관장하고 있다.

심사청구는 보건복지부 내의 건강보험분쟁조정위원회에서 관장한다.

(3) 국민연금법

권리구제의 심사청구는 국민연금관리공단, 재심사청구는 보건복지부 내의 국민건강재심사위원회에서 관장한다.

(4) 고용보험법

권리구제의 심사청구는 지방노동청의 고용보험심사관, 재심사청구는 노동부 내의 고용보험심사위원회에서 관장한다.

(5) 국민기초생활보장법

권리구제의 전심 절차는 2회에 걸쳐 이의신청을 할 수 있다. 1차는 시장・군수・구청장을 거쳐 시・도지사에게 이의신청을 할 수 있으며, 2차는 시・도지사를 거쳐 보건복지부 장관에게 이의신청을 할 수 있다.

제 3 절 사회복지법의 해석과 분류

사회복지법의 연구 목적은 사회복지법을 연구하여 사회복지의 실천에 공헌하려 함에 있다.

1 법학의 연구 방법

① 법철학: 법의 본질 추구, 법의 이상 또는 이념을 분명히 하여 법학의 방법론을 확립하는 데 있다.

② 법사학: 법의 역사적 변천 과정 연구, 현행법의 성격과 기능, 의미를 명확히 파악, 법칙성을 발견하는 데 있다.

③ 법사회학: 법 현상을 역사적・사회적 현상으로 보고 그 인과적 방법에 따라 법의 성립, 발전, 소멸을 고찰하여 새로운 법칙성의 발견에 있다. 사회복지 현실에서 사회복지법이 어떻게 발생하고 어떻게 존재하고 어떻게 작용하는가에 관심을 둔다.

④ 비교법학: 두 개 이상의 사회 또는 국가의 법제도를 비교하는 법학연구 방법, 사회복지법의 비교법학적 연구, 입법 과정, 법 이념, 법철학, 법의 역사적 발전 과정, 법의 적용과 해석에 있다.

⑤ 법정책학: 입법정책을 연구의 주요 대상으로 법과 정책결정에 관한 제반 학문적 지식 및 그것과 관련된 제반 기법을 탐구하는 데 있다.

⑥ 판례연구: 판례, 사회복지법의 실제 해석과 적용, 어떤 사회적·경제적 배경에서 특정 판결이 이루어졌는가를 연구한다.

⑦ 법해석학: 법규범으로 정립된 실정법의 해석과 적용에 관한 법규, 국가나 사회의 사회복지에 관한 정책 의지와 목표를 정확히 파악할 수 있게 한다. 사회복지 법규 해석—사회복지법의 내용, 의미 또는 한계 등—을 설명하고, 사회복지에 관한 정책 의지나 목표를 명확하게 표현하는 것이다.

2 사회복지법의 분류

1) 상위법 우선의 원칙

헌법>법>시행령(대통령령)>시행규칙 (부령)>자치법규(조례>규칙), 행정규칙(고시, 공시, 공고, 예규>관습에 따른다.

헌법은 국가의 기본법으로 다른 법의 상위법에 있다.

헌법 규정을 위반한 하위법은 위헌 법률이 되며 그 효력이 상실된다.

2) 신법 우선의 원칙

신법 우선은 법률 개정으로 인하여 개정 이전의 법과 내용이 배치될 경우, 부칙에 제한 내용을 설명하지 않은 이상은 당연히 개정법을 적용한다.

3) 일반법과 특별법

법은 법 적용 및 효력의 범위에 따라서 일반법과 특별법으로 구별된다.

일반법은 법 적용 및 효력의 범위가 넓은 법(아동 입양에 관한 아동복지법)이고, 특별법은 제한된 영역에서 적용되는 법(입양 촉진 및 절차에 관한 법)이다.

법이 적용되는 사람 기준으로는 일반 국민에게 적용되는 법으로 국민건강보험법이 있고, 특정 신분에 적용되는 법으로 의료급여법이 있다.

법이 적용되는 사항 범위를 기준으로 하여 일반적 사항에 적용되는 법으로 사회복지사업법이 있고, 특별한 사항에 적용되는 법으로는 노인복지법이 있다.

법이 적용되는 지역적 범위 기준으로 특별법 우선의 원칙에 의하여 노인복지법은 사회복지사업법에 우선하여 적용된다.

4) 강행법과 임의법

강행법은 법률행위 당사자의 의사 여하와 관계없이 적용하며 공법(헌법, 행정법, 형법)이 이에 속하고, 임의법은 법률행위 당사자의 의사로 적용이 배제될 수 있는 법으로 사법(민법, 상법)이 있다.

3 법의 목적과 법원(法源)에 의한 분류

1) 상위법과 하위법

법규법은 수직적으로 체계화되어 있어서 하위의 법규범은 상위의 법규범을 위반하면 위헌 또는 위법이 된다. 최고 상위부터 '헌법-법률-명령-자치법규'의 순으로 된다.

사회복지법들도 수직적 체계로 헌법은 국가의 기본법으로 다른 법들의 상위법이다.

헌법 규정을 위반한 하위 법률은 위헌 법률로 그 효력이 상실된다.

2) 일반법과 특별법

특별법 우선의 원칙에 따라 특별법은 일반법에 우선하여 적용하고, 특별법에 해당 규정이 없는 경우에 일반법을 적용한다.

법인 조항과 관련해서 민법보다는 사회복지사업법이 우선 적용된다. 사회복지사업법은 아동복지법, 노인복지법, 장애인복지법 등에 대하여 일반법적인 지위를 가진다. 사회보장기본법보다는 다른 사회복지 관련 법률들에 대하여 일반법적 지위를 가진다.

3) 강행법과 임의법

법의 효력이 그 적용에 절대적인가 아닌가에 따라 강행법과 임의법으로 구별한다.

강행법은 당사자의 의사에 불구하고 법의 적용이 강제되어 효력을 발생하는 법으로 '… 하여야 한다', '… 하여서는 아니 된다' 등이다.

임의법은 당사자의 의사에 따라 법을 적용할 수도, 배제할 수도 있는 법으로 '… 할 수 있다', 또는 '… 노력하여야 한다' 등이다.

공법인 헌법, 행정법, 형법은 강행법에 해당되고, 사법인 민법, 상법은 임의법에 해당된다.

4) 원칙법과 예외법

원칙법은 일정한 사항에 대하여 일반적으로 적용되는 법이고, 예외법은 일정한 사항에 관하여 특별한 사정이 있는 경우 그 예외를 인정하는 법이다.

원칙법의 사례는 사회복지사업법 제34조 제2항에서 "국가 또는 지방자치단체 외의 자가 시설을 설치·운영하고자 하는 때에는 보건복지부령이 정하는 바에 의하여 시장, 군수, 구청장에게 신고하여야 한다."는 부분은 사회복지시설의 설치 주체에 관한 원칙법이다.

예외법은 "폐쇄명령을 받고 1년이 경과하지 아니한 자는 시설의 설치, 운영 신고를 할 수 없다"라는 단서 부문이 이에 해당한다.

5) 신법과 구법

신법은 새로 제정된 법, 신법은 구법을 폐지하고 적용되는 것이고, 구법은 신법에 의하여 폐지되는 법으로 신법의 시행 시기와 구법의 종료 시기에서는 상호 불일치가 존재한다.

불일치를 해결하기 위하여 신법에 경과 규정 또는 부칙을 두고 있다.

4 법의 효력

1) 시간에 관한 효력

법의 효력은 시행일부터 폐지일까지로 이 기간을 법의 시행 기간 또는 법의 유효 기간이라 한다. 특별한 규정이 없는 한 법은 공포일로부터 20일이 경과하면 효력이 발생하고, 경우에 따라서는 공포와 동시에 시행하는 법도 있고, 법령에 시행기일을 개별적으로 규정하는 경우도 있다. 사회복지사업법은 2008년 2월 29일에 개정이 되면서 시행일을 법이 공포한 날부터 시행하고 있다.

기초노령연금법은 2007년 4월 25일 제정되었지만, 2008년 1월 1일부터 시행하고 있다.

2) 사람에 관한 효력

법이 누구에 대하여 구속력을 가지느냐 하는 법의 적용을 받는 사람의 범위에 관한 것으로 속인주의(屬人主義)와 속지주의(屬地主義)로 구분된다.

속인주의는 자기 나라 국민을 기준으로 하여 법령이 국내에 있는 국민은 물론이고 국외에 있는 자국민에게도 적용된다는 원칙이고, 속지주의는 영토를 기준으로 하여 법령의 적용 범위가 그 영토 내에 있는 자국민뿐만 아니라 외국인에게도 적용된다는 원칙이다. 현대 사회에서는 법의 적용이 대부분 영토적 개념을 존중하여 속지주의를 원칙으로 하면서 보충적으로 속인주의를 따른다. 우리의 사회복지법은 대부분 대한민국 국민을 대상으로 하는 속인주의를 따르고 있고, 예외적으로 속지주의가 일부 적용되고 있다.

5 사회복지법의 적용

1) 법의 적용

사회복지법의 적용이란 사회복지법의 내용을 사회복지 현상의 구체적인 사실 관계에 실현시키는 것으로 법은 성질상 일반적 추상적 규범 내용으로서 표현되기 때문에 어떤 구체적인 사실에 대하여 법률 효과가 발생하려면 법의 적용이라는 과정을 거치게 된다.

2) 사실 확정의 방법

법 적용은 사실 관계가 확정되어야 한다. 사실 관계의 확정이란 법의 적용을 받게 될 사실이 존재하는가, 그리고 어떤 형태로 존재하는가를 확정하고 있다. 여기서 사실 존재의 주장, 근거가 되는 것이 증거이다.

3) 법규범의 발견

확정된 구체적 사실에 적용될 법규범을 찾는 일로서 성문법주의를 채택한 한국은 성문 법규에 의하여 쉽게 달성한다. 관심 있는 사회복지적 사실에 사회복지의 성문법들을 적용한다. 이에는 사회보장기본법, 산업재해보상보험법, 사회복지사업법, 장애인복지법 등이 있다. 이들은 구체적 타당성, 법적 안정성, 양자와의 관계, 그리고 구체적 타당성과 법적 안정성이 조화를 이루고 있다.

6 법 해석 방법

법 해석은 법의 적용을 통하여 일반적이고 추상적인 법 규정의 의미를 분명하게 밝히는 것이다.

1) 유권 해석

국가기관에 의하여 법규정의 의미 · 내용을 명확히 하는 것을 말하며, 이 해석은 당해 기관 내에서 공적 구속력을 가지므로 유권 해석이라고 한다. 해석에는 어떤 국가기관에 의한 해석이냐에 따라 입법 해석(법령 용어 해석), 사법 해석(재판 해석), 행정 해석(행정관청에 의한 해석)이 있다.

2) 학리 해석과 문리 해석

학리 해석(개인의 학리적 사고 기초)은 일반 사인, 특히 법률 전문가에 의하여 법이론을 기반으로 하는 학리 사고에 기초하여 법규의 의미 내용을 밝히는 것이다.

문리 해석은 법규의 문자와 문장의 문법적 의미를 말하고, 논리 해석은 법규의 문법적 의미에 얽매이지 않고 논리적 법칙에 따라 법규 의미를 확정한다.

7 사회복지법의 개념

일반적 개념으로 사회복지(인간다운 삶을 달성하기 위한 모든 사회적 노력)와 법(사회 속의 인간의 행위를 규정하는 사회규범)을 말한다.

사회복지법은 사회구성원 다수가 평안하고 만족스러운 상태를 유지하며 살아갈 수 있도록 규정하는 제반 법규이다. 넓은 의미의 사회복지법은 전 국민의 물질적 · 정신적 · 사회적 기본 욕구를 해결함으로써 인간다운 생활을 영위케 하는 제반 사회적 서비스와 관련된 법률이다.

좁은 의미의 사회복지법은 사회적 약자들에 대하여 제한적으로 도움을 제공하는 활동과 관련된 법률이다.

1) 실정법상의 분류

사회보장기본법에 따른 법의 분류이다. 여기서 실정법이란 국가 권력에 의하여 강제되어 그 효력이 보장된 법규범, 경험적 사실에 관한 명제가 아니라 신념이나 이상에 관하여 서술한 당위명제이다.

(1) 사회보험법

국민연금법, 산업재해보상보험법, 국민건강보험법, 고용보험법 등이 있다.

(2) 공공부조법

국민기초생활보장법, 의료급여법, 긴급복지지원법 등이 있다.

(3) 사회복지서비스법

사회복지사업법, 아동복지법, 노인복지법, 장애인복지법, 영유아보육법, 한부모가족지원법 등 사회복지 관련 법, 주택, 교육, 고용 등 관련 법이 있다.

2) 사회복지법의 체계

법체계는 법은 일정한 조직 체계를 이루고 존재한다.

(1) 자연법

시간과 공간을 초월하는 영구 불변의 초경험적이고 이상적인 법이다. 모든 시대와 장소에 적용될 수 있는 영구 불변의 법으로, 실정법의 지침이 되기도 한다.

(2) 실정법

인간 사회의 질서 유지를 목적으로 사회적 상황에 따라 생성되고 발전되어 온 법으로 국가에 의하여 제정되며, 과거에 시행되었거나 현재에 시행되고 있는 법을 말한다.

① 국내법

한 국가에 의하여 인정되어 그 국가의 주권이 미치는 범위 내에서만 일정한 절차에 따라 효력을 가지는 법으로 공법, 사법, 사회법이 있다.

공법은 국가적 관계를 규율하는 법으로 헌법, 행정법, 형법, 민사소송법, 형사소송법 등이고, 사법은 국민 개개인의 이해관계를 규율하는 법으로 민법, 상법 등이며, 사회법은 공법과 사법의 중간적인 특성을 가지는 제3의 법 영역으로 노동법, 경제법, 사회복지법 등을 말한다.

② 국제법

국제단체에 의하여 인정되어 국가 간의 관계를 규율하는 법이다.

국제법은 국경선에서 또는 국가와 국가 사이에 있는 바다에서 적용되는 법이 아니라, 국가의 행동을 규율하고, 국제사회의 바람직한 목적을 달성하기 위한 공통의 질서라고 보는 것이 타당하다. 그런 측면에서 국제법은 국가가 지켜야 하는 법이고, 이는 우리나라도 예외는 아니다. 우리나라가 지켜야 하고, 또 지켜내야 하는 법이 국제법이라는 의미에서 국제법은 우리나라의 법이라는 말이 되는 것이다. 이와 관련하여 우라나라 헌법 제6조를 보면, "헌법에 의하여 체결 공포된 국제조약과 일반적으로 승인된 국제법규는 국내법과 같은 효력을 갖는다." 이 규정의 의미는 국제조약과 일반적으로 승인된 국제법규, 즉 국제법은 우리나라 국내에 적용되는 법으로서, 우리나라 법의 일부를 구성하게 됨을 밝히는 것으로 우리나라가 국제법인 국제조약을 체결하게 되면, 해당 조약을 지켜야 함을 의미한다.

사회복지에 관한 국제적 선언으로는 인권선언문(1793년), 대서양헌장(1941년), 필라델피아선언(1944년), 세계인권선언(1948년), 사회보장헌장(1961년), 유럽사회보장 법전(1964년) 등이 있다. 그리고 ILO의 국제사회복지 조약으로는 첫째, 사회보장 최저 기준에 관한 조약(1952, No.102), 둘째, 사회보장 내 외국인 균등대우조약(1962년 조약 채택), 셋째, 업무재해조약 및 질병・노령・유족급여조약이 있다. ILO는 1964년에는 업무재해조약을, 1967년에는 질병・노령・유족급여조약을 채택하였다. 조약은 비준 시 비준국 간에 강제성을 띠게 되지만 권고는 강제성이 없는 기준 설정 문서의 성격만을 갖는다.

학습 과제

01 사회권적 기본권의 규범적 권리 가운데 사회보장 수급권의 실체적 권리는 구체적으로 복지급여를 청구할 수 있는 권리로 사회보험청구권, 공공부조청구권, (①) 등이 있다. 여기서 복지급여정보권이나 복지상담권은 (②) 권리에 해당되고, 복지입법청구권이나 복지급여쟁송권은 (③) 권리에 해당한다.

02 인권과 시민권 등의 개념이 헌법적으로 표현된 것이 기본권이다. 다음 물음에 답하시오.

(1) 학문과 예술의 자유는 (①)에 속한다.

(2) 청원권, 재판청구권, 국가배상청구권, 국가보상청구권 등은 (②) 기본권에 속한다.

(3) 인간의 존엄성과 가치, 행복추구권 등은 (③) 기본권에 속한다.

(4) 재산권, 직업 선택의 자유, 소비자의 권리는 (④) 기본권이다.

03 사회보장 책임 주체의 처분에 이의가 있는 경우 심사청구를, 이에 불복하는 경우 재심사청구를 할 수 있도록 규정하고 있는데, 최초 심사는 (①)으로서의 성격을, 재심사는 (②)으로서의 성격을 갖는다. 이러한 심사청구제도를 두는 목적은 무엇인가? (5가지)

①________ ②________ ③________ ④________ ⑤________

04 국가가 지배자로서 국민에 대해 강제할 수 있는 권리는 국가적 공권이다. (①)은 사회적으로 생존하는 인간으로서 개인이 자신의 생존이나 생활 유지 및 발전에 필요한 조건들을 확보해 줄 것을 국가에 요구하는 국민의 권리이다.

정답

선행 학습

1. (① 권리성)
2. (① 재정 형편)
3. (① 독일의 바이마르헌법)
4. (① 실질적)
5. (① 근로)

학습 과제

01. (① 사회서비스청구권) (② 수속적) (③ 절차적)
02. (1) (① 자유권적 기본권 또는 정신적 자유권)
    (2) (② 청구권적)
    (3) (③ 포괄적)
    (4) (④ 경제적)
03. (① 이의신청), (② 행정심판)
    목적 5가지
    ① 행정의 적법성, 타당성에 대한 자율적 자기통제 혹은 감독
    ② 사법 기능의 보완을 통한 국민권리구제
    ③ 행정의 능률 보장을 통한 절차의 간소화
    ④ 사법 기능의 보완을 통한 국민권리구제
    ⑤ 사법 비용 부담 감소 등이다.
04. (① 사회권)

제 4 장 한부모가족지원법 · 사회복지사 등 처우 및 지위 향상을 위한 법률 · 긴급복지지원법 · 가정폭력 방지 및 피해자 보호 등에 관한 법률

선행 학습

1. 여성가족부 장관은 한부모가족 지원을 위한 정책 수립에 활용하기 위하여 (①)마다 한부모가족에 대한 실태조사를 실시하고 그 결과를 공표하여야 한다(제6조).
2. 한부모가족 복지시설에서 보호기관(제4조 제6호)이란 이 법에 따른 보호를 행하는 (①)를 말한다.
3. 가정폭력 방지 및 피해자 보호 등에 관한 법률에서 보호시설의 종류 중 단기 보호시설은 피해자 등을 (①)개월의 범위에서 보호하는 시설이고, 장기보호시설은 피해자 등에 대하여 (②)의 범위에서 자립을 위한 주거 편의 등을 제공하는 시설이다.
4. 보호시설의 종류에서 외국인 보호시설은 (①)가 대한민국 국민인 외국인 피해자 등을 (②)년의 범위에서 보호하는 시설
5. 긴급복지지원법의 목적은 생계 곤란 등의 (①)에 처하여 도움이 필요한 사람을 신속하게 지원함으로써 이들이 (①)에서 벗어나 건강하고 인간다운 생활을 하게 함을 목적으로 한다(제1조).
6. 사회복지공제회는 그 목적을 달성하기 위하여 어떤 사업을 하는가? (제6조) (5가지)
   ①__________ ②__________ ③__________ ④__________ ⑤__________
7. 공제회는 그 목적을 달성하기 위하여 필요한 범위에서 (①)을 할 수 있다. 이 법에 따른 공제회의 사업에 대하여는 보험업법을 적용하지 아니한다.
8. 사회복지공제회에서 공제사업에 필요한 자금은 어떻게 조성하는가?(제7조) (4가지)
   ①__________ ②__________ ③__________ ④__________

제 1 절 한부모가족지원법

1 목적 및 대상

1) 목적

1989년 4월 1일 제정된 한부모가족지원법은 한부모가족이 건강하고 문화적인 생활을 영위할 수 있도록 함으로써 한부모가족의 생활 안정과 복지 증진에 이바지함을 목적으로 한다(제1조).

2) 대상

첫째, 국가와 지방자치단체 및 국민(제2조)

국가와 지방자치단체는 한부모가족의 복지를 증진할 책임을 지며, 한부모가족의 권익을 보호하기 위하여 노력하여야 한다. 모든 국민은 한부모가족의 복지 증진에 협력하여야 한다.

둘째, 한부모가족의 책임과 권리(제3조)

한부모가족의 모 또는 부는 임신과 출산 및 양육을 사유로 합리적인 이유 없이 교육 · 고용 등에서 차별을 받지 아니한다. 한부모가족의 모 또는 부와 아동은 그가 가지고 있는 자산과 노동 능력 등을 최대한으로 활용하여 자립과 생활 향상을 위하여 노력하여야 한다.

보호 대상자는 아동을 양육하는 모자가족 또는 부자가족 중 여성가족부령으로 정하는 자로 한다(제5조). 보호 대상자의 범위는 여성가족부 장관이 매년 보호 대상자의 최저생계비 · 소득 수준 및 재산 정도 등을 고려하여 보호의 종류별로 정하는 기준에 해당하는 한부모가족으로 한다(시행규칙 제3조).

여기서 "아동"이란 18세 미만(취학 중인 경우에는 22세 미만을 말한다)의 자를 말한다(제4조 제5호).

보호 대상자 중 아동의 연령을 초과하는 자녀가 있는 한부모가족의 경우 그 자녀를 제외한 나머지 가족구성원을 보호 대상자로 한다.

셋째, 보호 대상자 특례(제5조의2)는 다음과 같다.

① 출산 후 아동을 양육하지 아니하는 미혼모가 공동생활 가정을 이용할 때

② 아동과 그 아동을 양육하는 조부 또는 조모

③ 국내 체류 외국인 중 대한민국 국민과 혼인하여 대한민국 국적의 아동을 양육하고 있는 사람으로서 대통령령이 정하는 사람이 보호 대상자에 해당될 때

3) 한부모가족지원법의 발달

제 · 개정(시행)	주요 내용
1989.4.1. (1989.7.1.)	법률 제4121호 「모자복지법」 제정
2002.12.18. (2003.6.19.)	「모 · 부자복지법」 일부 개정 - 법명을 「모 · 부자복지법」으로 변경 - 배우자를 상실한 여성, 노동 능력을 상실한 배우자를 가진 여성, 미혼여성 등 여성이 세대주인 모자가정에서 같은 조건의 남성이 세대주인 부자가정에 대하여도 지원하도록 함.
2006.12.18. (2007.3.29.)	「모 · 부자복지법」 일부 개정 - 외국인 배우자와 대한민국 국민과 혼인하여 대한민국 국적의 아동을 양육하고 있는 자도 이 법에 따른 보호 대상자가 되도록 함. - 미혼모시설을 미혼모자시설로 변경하여 아동에 대한 보호 · 양육이 이루어질 수 있도록 함. - 공동 생활 가정 설치
2007.10.17. (2008.1.18.)	「한부모가족지원법」 일부 개정 - 법명을 「한부모가족지원법」으로 변경 - 자녀가 취학 중인 때에는 22세 미만까지 확대하여 지원 - 조손가족의 경우도 이 법에 따른 보호 대상자로 함.
2010.5.17. (2010.8.18.)	「한부모가족지원법」 일부 개정 - 한부모가족복지시설이 정당한 사유 없이 한부모가족의 입소 보호 수탁을 거부한 경우 100만 원 이하의 벌금에 처하던 것을 300만 원 이하의 과태료로 전환
2011.4.12. (2012.1.1.)	한부모가족지원법」 일부 개정 - 청소년 한부모의 정의 규정 및 한부모가족에 대한 책임과 교육받을 권리에 관한 규정 신설 - 지원 대상 한부모가족의 범위 확대

	- 복지급여의 대상 확대 및 의무화 - 한부모가족 복지 서비스 지원 강화 - 한부모가족복지시설의 개편 및 입양기관을 운영하는 자의 미혼모자시설 운영 금지
2012.2.1. (2012.8.2.)	「한부모가족지원법」 일부 개정 - 조사 및 관계 기관에 대한 자료 요청의 근거 신설 - 여성가족부 장관은 자녀양육비 산정을 위한 '자녀양육비 가이드라인'을 마련하여 법원이 이혼 판결 시 활용할 수 있도록 노력하여야 함.
2013.3.22. (2013.9.23.)	- 국가와 지방자치단체는 한부모가족에 대한 사회적 편견과 차별 예방 - 사회구성원이 한부모가족을 존중할 수 있도록 교육 및 홍보 등 필요한 조치 - 한부모가족의 권익을 증진하고 한부모가족에 대한 사회의 관심과 이해를 높이려는 것임.

2 급여 및 재정

1) 복지급여 신청 시 금융정보, 신용정보, 보험정보 제공 동의(제11조)

2) 복지급여의 실시(제12조 제1항)

생계비, 아동교육지원비, 아동양육비(5세 이하 아동 및 청소년 한부모가 아동 양육 시 추가적인 복지급여 실시), 기타 대통령령이 정하는 비용이다.

3) 복지자금의 대여(제13조 제1항)

사업에 필요한 자금, 아동교육비, 의료비, 주택자금, 기타 대통령령이 정하는 한부모가족의 복지를 위하여 필요한 자금의 대여적인 복지급여 실시, 기타 대통령령이 정하는 비용이다.

4) 고용의 촉진(제14조 제1항)

5) 고용 지원 연계(제14조의2 제1항)

6) 가족 지원 서비스의 실시(제17조)

아동의 양육 및 교육 서비스, 부양 서비스, 가사 서비스, 가족 관계 증진 서비스, 법률상담 및 소송대리 등 법률구조 서비스, 그 밖에 대통령령이 정하는 가족 지원 서비스이다.

7) 청소년 한부모(24세 이하의 모 또는 부)에 대한 교육 지원(제17조의2)

국가나 지방자치단체는 청소년 한부모가 학업을 할 수 있도록 청소년 한부모의 선택에 따라 학적 유지를 위한 지원, 교육비 지원, 검정고시 지원 등을 할 수 있다.

8) 자녀양육비 이행 지원(제17조의3)

여성가족부 장관은 자녀양육비 산정을 위한 자녀양육비 가이드라인을 마련하여 법원이 이혼 판결 시 적극 활용할 수 있도록 노력하여야 한다.

9) 공공시설에 매점 및 설치, 시설 우선 이용(제15조 및 제16조)

10) 국민주택의 분양 및 임대(제18조)

11) 실태조사(제6조)

여성가족부 장관은 한부모가족 지원을 위한 정책 수립에 활용하기 위하여 3년마다 한부모가족에 대한 실태조사를 실시하고 그 결과를 공표하여야 한다.

12) 비용(제25조)

국가나 지방자치단체는 대통령령으로 정하는 바에 따라 한부모가족 복지사업에 드는 비용을 보조할 수 있다.

3 전달 체계 및 위원회

1) 한부모가족 복지시설

보호기관(제4조 제6호)이란 이 법에 따른 보호를 행하는 국가나 지방자치단체를 말한다.

2) 시설의 종류(제19조)

(1) 모자가족 복지시설

기본생활 지원, 공동생활 지원, 자립생활 지원으로 구분하며, 모자가족에게 일정 기간 동안 주거를 지원한다.

(2) 부자가족 복지시설

기본생활 지원, 공동생활 지원, 자립생활 지원으로 구분하며, 부자가족에게 일정 기간 동안 주거를 지원한다.

(3) 미혼모가족 복지시설

미혼모자가족과 출산미혼모 등에게 기본생활 지원과 공동생활 지원으로 하나 이상의 편의를 제공하는 시설이다.

(4) 일시지원복지시설

배우자가 있으나 배우자의 물리적·정신적 학대로 아동의 건전한 양육이나 모의 건강에 지장을 초래할 때 지원하는 시설이다.

(5) 한부모가족복지상담소

한부모가족에 대한 위기·자립 상담 또는 문제 해결 지원 등을 목적으로 하는 시설이다.

3) 설치 및 폐지

국가나 지방자치단체는 한부모가족 복지시설을 설치할 수 있다. 그 외의 자는 특별자치도지사·시장·군수·구청장에게 신고하여야 한다. 청소년 한부모가 입소를 요청하는 경우에는 우선 입소를 위한 조치를 취하여야 한다(제20조).

한부모가족 복지시설을 폐지하거나 운영을 일시적으로 중단하려면 여성가족부령이 정하는 바에 따라 미리 특별자치도지사·시장·군수·구청장에게 신고하여야 한다(제21조).

4 권리구제 및 벌칙

1) 권리구제

보호 대상자 또는 그 친족이나 그 밖의 이해관계인은 이 법에 따른 복지 급여 등에 대하여 이의가 있으면 그 결정을 통지받은 날부터 90일 이내에 서면으로 해당 복지실시기관에 심사를 청구할 수 있다.

복지실시기관은 심사 청구를 받으면 30일 이내에 이를 심사·결정하여 청구인에게 통보하여야 한다(제28조).

2) 벌칙

(1) 5년 이하의 징역 또는 3천만 원 이하의 벌금

금융정보 등을 사용 또는 누설한 사람(제29조 제1항)

(2) 3년 이하의 징역 또는 2천만 원 이하의 벌금

복지급여 대상자 관련 자료 등을 사용 또는 누설한 사람(제2항)

(3) 1년 이하의 징역, 500만 원 이하의 벌금, 구류 또는 과료

거짓이나 그 밖의 부정한 방법으로 복지급여를 받거나 타인으로 하여금 복지급여를 받게 한 자(제4항)

3) 과태료

300만 원 이하의 과태료는 다음과 같다(제30조).

① 정당한 사유 없이 수탁을 거부한 자

② 정당한 이유 없이 제23조 제1항에 따른 보고를 하지 않거나 거짓으로 한 자 또는 조사·검사를 거부하거나 기피한 자

제 2 절 사회복지사 등의 처우 및 지위 향상을 위한 법률

1 목적 및 대상

1) 목적

2011년 3월 30일 제정된 이 법은 사회복지사 등에 대한 처우를 개선하고 신분

보장을 강화하여 사회복지사 등의 지위를 향상하도록 함으로써 사회복지 증진에 이바지하는 것을 목적으로 한다(제1조).

2) 대상

대상으로서 사회복지사 등이란 다음 어느 하나에 해당하는 법인 등에서 사회복지사업에 종사하는 자를 말한다(제2조).

① 사회복지사업법 제16조에 따라 사회복지사업을 행할 목적으로 설립된 사회복지법인

② 사회복지사업법 제2조에 따라 사회복지사업을 행할 목적으로 설치된 사회복지시설

③ 그 밖에 대통령령으로 정하는 사회복지 관련 단체 또는 기관

3) 사회복지사 등에 대한 처우 개선과 신분 보장

국가와 지방자치단체는 사회복지사 등의 처우를 개선하고 복지를 증진함과 아울러 그 지위 향상을 위하여 적극적으로 노력하여야 한다.

국가와 지방자치단체는 사회복지사 등의 보수가 사회복지 전담공무원의 보수 수준에 도달하도록 노력하여야 한다.

보건복지부 장관과 지방자치단체의 장은 사회복지사 등의 보수 수준 및 지급 실태 등에 관하여 3년마다 조사하여야 한다.

사회복지사 등은 사회복지법인 등의 운영과 관련된 위법·부당행위 및 그 밖의 비리 사실 등을 관계 행정기관과 수사기관에 신고하는 행위로 인하여 징계 조치 등 신분상 불이익이나 근무 조건상 차별을 받지 아니한다(제3조).

이 법은 2011년 3월 30일 제정되고, 2012년 1월 1일 시행되었다.

2 전달 체계 및 위원회

1) 사회복지공제회의 설립

사회복지사 등은 생활 안정과 복지 증진을 도모하기 위하여 보건복지부 장관의 인가를 받아 사회복지공제회를 설립할 수 있다. 공제회는 법인으로 하고, 주된 사무소는 서울특별시에 둔다(제4조).

공제회의 정관 기재 사항은 대통령령으로 정하고, 정관의 변경은 대의원회의 의결을 거쳐 보건복지부 장관의 인가를 받아야 한다.

공제회 회원이 될 수 있는 자는 다음 각 호의 어느 하나에 해당하는 자로 한다.

① 제2조에 해당하는 자로서 사회복지사

② 제2조에 해당하는 자로서 대통령령으로 정하는 자

2) 사회복지공제회의 목적

공제회는 그 목적을 달성하기 위하여 다음의 사업을 한다(제6조).

① 회원에 대한 공제급여의 지급

② 사회복지시설의 안전·화재 등에 대한 공제사업

③ 자금 조성을 위한 사업

④ 회원의 복지·후생을 위한 사업

⑤ 제1호부터 제4호까지의 사업에 부대되는 사업 중 정관으로 정하는 사업공제회는 그 목적을 달성하기 위하여 필요한 범위에서 수익사업을 할 수 있다. 이 법에 따른 공제회의 사업에 대하여는 보험업법을 적용하지 아니한다.

3) 재원

공제사업에 필요한 자금은 다음 어느 하나에 해당하는 재원으로 조성한다(제7조).

① 회원이 납입하는 공제료

② 정부 또는 지방자치단체 외의 자의 출연금
③ 공제사업의 운영으로 발생하는 수익금
④ 그 밖의 수입금

제 3 절 긴급복지지원법

1 목적 및 대상

1) 목적

2011년 3월 30일 제정된 이 법은 생계 곤란 등의 위기 상황에 처하여 도움이 필요한 사람을 신속하게 지원함으로써 이들이 위기 상황에서 벗어나 건강하고 인간다운 생활을 하게 함을 목적으로 한다(제1조).

2) 대상

이 법에서 "위기 상황"이란 본인 또는 본인과 생계 및 주거를 같이하고 있는 가구 구성원이 다음 각 호의 어느 하나에 해당하는 사유로 인하여 생계 유지 등이 어렵게 된 것을 말한다(제2조).

① 주소득자가 사망, 가출, 행방불명, 구금시설에 수용되는 등의 사유로 소득을 상실한 경우
② 중한 질병 또는 부상을 당한 경우
③ 가구 구성원으로부터 방임 또는 유기되거나 학대 등을 당한 경우
④ 가정폭력을 당하여 가구 구성원과 함께 원만한 가정생활을 하기 곤란하거나 가구 구성원으로부터 성폭력을 당한 경우
⑤ 화재 등으로 인하여 거주하는 주택 또는 건물에서 생활하기 곤란하게 된 경우
⑥ 그 밖에 보건복지부 장관이 정하여 고시하는 사유가 발생한 경우

3) 기본 원칙

① 이 법에 따른 지원은 위기 상황에 처한 사람에게 일시적으로 신속하게 지원하는 것을 기본 원칙으로 한다(제3조).

② 「재해구호법」, 「국민기초생활보장법」, 「의료급여법」, 「사회복지사업법」, 「가정폭력 방지 및 피해자 보호 등에 관한 법률」, 「성폭력 방지 및 피해자 보호 등에 관한 법률」 등 다른 법률에 따라 이 법에 따른 지원 내용과 동일한 내용의 구호·보호 또는 지원을 받고 있는 경우에는 이 법에 따른 지원을 하지 아니한다(시행 2013.1.23).

4) 국가 및 지방자치단체의 책무

① 국가 및 지방자치단체는 위기 상황에 처한 사람을 찾아내어 최대한 신속하게 필요한 지원을 하도록 노력하여야 한다.

② 국가 및 지방자치단체는 이 법에 따른 지원 후에도 위기 상황이 해소되지 아니하여 계속 지원이 필요한 것으로 판단되는 사람에게는 다른 법률에 따른 구호·보호 또는 지원을 받을 수 있도록 노력하여야 한다.

③ 국가 및 지방자치단체는 제2항에 따른 구호·보호 또는 지원이 어렵다고 판단되는 경우에는 민간기관·단체와의 연계를 통하여 구호·보호 또는 지원을 받을 수 있도록 노력하여야 한다(제4조).

5) 긴급 지원 대상자

이 법에 따른 지원 대상자는 위기 상황에 처한 사람으로서 이 법에 따른 지원이 긴급하게 필요한 사람(이하 "긴급 지원 대상자"라 한다)으로 한다(제5조).

외국인에 대한 특례로서 국내에 체류하고 있는 외국인 중 대통령령으로 정하는 사람이 긴급 지원 대상자(제5조)에 해당하는 경우에는 긴급 지원 대상자가 된다(제5조의2).

2 급여 및 재정

1) 긴급 지원의 종류 및 내용

이 법에 따른 지원의 종류 및 내용은 다음과 같다(제9조).

(1) 금전 또는 현물 등의 직접 지원

① 생계 지원: 식료품비·의복비 등 생계 유지에 필요한 비용 또는 현물 지원
② 의료 지원: 각종 검사 및 치료 등 의료 서비스 지원
③ 주거 지원: 임시거소(臨時居所) 제공 또는 이에 해당하는 비용 지원
④ 사회복지시설 이용 지원: 「사회복지사업법」에 따른 사회복지시설 입소(入所) 또는 이용 서비스 제공이나 이에 필요한 비용 지원
⑤ 교육 지원: 초·중·고등학생의 수업료, 입학금, 학교운영지원비 및 학용품비 등 필요한 비용 지원
⑥ 그 밖의 지원: 연료비나 그 밖에 위기 상황의 극복에 필요한 비용 또는 현물 지원

(2) 민간기관·단체와 연계 등의 지원

「대한적십자사조직법」에 따른 대한적십자사, 「사회복지공동모금회법」에 따른 사회복지공동모금회 등의 사회복지기관·단체와의 연계 지원

(3) 상담·정보 제공, 그 밖의 지원

구체적인 지원 기준·방법 및 절차 등에 관하여 필요한 사항은 대통령령으로 정한다.

시장·군수·구청장은 사회복지시설 이용 지원을 하는 경우 관할 사회복지시설의 장에게 지원을 요청할 수 있다. 이 경우 지원 요청을 받은 사회복지시설의 장은 정당한 사유가 없으면 해당 시설의 입소 기준에도 불구하고 긴급 지원 대상자가 제10조에 따른 기간에 그 시설을 이용할 수 있도록 조치하여야 한다.

제10조의 경우 긴급 지원은 1개월간의 생계 유지 등에 필요한 지원으로 한다.

다만, 시장·군수·구청장이 긴급 지원 대상자의 위기 상황이 계속된다고 판단하는 경우에는 1개월씩 두 번의 범위에서 기간을 연장할 수 있다.

(4) 긴급 지원의 기간 등

① 제9조 제1항 제1호 가목·다목·라목 및 바목에 따른 긴급 지원은 1개월간의 생계 유지 등에 필요한 지원으로 한다. 다만, 시장·군수·구청장이 긴급 지원 대상자의 위기 상황이 계속된다고 판단하는 경우에는 1개월씩 두 번의 범위에서 기간을 연장할 수 있다(제10조).

② 제9조 제1항 제1호 나목에 따른 지원은 위기 상황의 원인이 되는 질병 또는 부상을 검사·치료하기 위한 범위에서 한 번 실시하며, 같은 호 마목에 따른 지원도 한 번 실시한다.

③ 시장·군수·구청장은 제1항 및 제2항에 따른 지원에도 불구하고 위기 상황이 계속되는 경우에는 제12조에 따른 긴급지원심의위원회의 심의를 거쳐 지원을 연장할 수 있다. 이 경우 제9조 제1항 제1호 가목·라목 및 바목에 따른 지원은 제1항에 따른 지원 기간을 합하여 총 6개월을 초과하여서는 아니 되고, 같은 호 다목에 따른 지원은 제1항에 따른 지원 기간을 합하여 총 12개월을 초과하여서는 아니 되며, 같은 호 나목 및 마목에 따른 지원은 제2항에 따른 지원 횟수를 합하여 총 두 번을 초과하여서는 아니 된다(개정 2012.10.22).

④ 제3항에 따른 지원 연장에 관한 긴급지원심의위원회의 심의 시기 및 절차는 보건복지부령으로 정한다(개정 2010.1.18).

2) 긴급 지원 비용 분담

국가 및 지방자치단체는 긴급 지원 업무를 수행하기 위하여 필요한 비용을 분담하여야 한다(제17조).

이 법에 따라 긴급 지원 대상자에게 지급되는 금전 또는 현물은 압류할 수 없다. 또한 긴급 지원 대상자는 이 법에 따라 지급되는 금전 또는 현물을 생계 유지 등의 목적 외의 다른 용도로 사용하기 위하여 양도하거나 담보로 제공할 수 없다(제18조).

3 전달 체계 및 위원회

1) 긴급지원기관

① 이 법에 따른 지원은 긴급 지원 대상자의 거주지를 관할하는 시장(「제주특별자치도 설치 및 국제자유도시 조성을 위한 특별법」 제17조 제2항에 따른 행정시장을 포함)·군수·구청장(자치구의 구청장)이 한다. 다만, 긴급 지원 대상자의 거주지가 분명하지 아니한 경우에는 제7조에 따른 지원 요청 또는 신고를 받은 시장·군수·구청장이 한다.

② 위의 단서에도 불구하고 거주지가 분명하지 아니한 사람에게 제7조에 따른 지원 요청 또는 신고가 특정 지역에 집중되는 경우에는 보건복지부령으로 정하는 바에 따라 긴급지원기관을 달리 정할 수 있다.

③ 시장·군수·구청장은 이 법에 따른 긴급지원사업을 수행할 담당공무원을 지정하여야 한다(제6조).

2) 지원 요청 및 신고

① 긴급 지원 대상자와 친족, 그 밖의 관계인은 구술 또는 서면 등으로 관할 시장·군수·구청장에게 이 법에 따른 지원을 요청할 수 있다.

② 누구든지 긴급 지원 대상자를 발견한 경우에는 관할 시장·군수·구청장에게 신고하여야 한다.

③ 다음 어느 하나에 해당하는 사람은 진료·상담 등 직무 수행 과정에서 긴급 지원 대상자가 있음을 알게 된 경우에는 관할 시장·군수·구청장에게 이를 신고하고, 긴급 지원 대상자가 신속하게 지원을 받을 수 있도록 노력하여야 한다.

㉠ 「의료법」에 따른 의료기관의 종사자

㉡ 「유아교육법」, 「초·중등교육법」 및 「고등교육법」에 따른 교원

㉢ 「사회복지사업법」에 따른 사회복지시설의 종사자 및 같은 법 제8조에 따라 위촉된 복지위원

㉣ 「국가공무원법」 및 「지방공무원법」에 따른 공무원(제7조)

3) 현장 확인 및 지원

① 시장·군수·구청장은 에 따른 지원 요청 또는 신고를 받거나 위기 상황에 처한 사람(제7조)을 찾아낸 경우에는 지체 없이 긴급지원 담당공무원으로 하여금 긴급 지원 대상자의 거주지 등을 방문하여 위기 상황을 확인하여야 한다.
② 시장·군수·구청장은 위기 상황을 확인하기 위하여 필요한 경우에는 관할 경찰관서, 소방관서 등 관계 행정기관의 장에게 협조를 요청할 수 있다. 이 경우 관계 행정기관의 장은 정당한 사유가 없으면 그 요청에 따라야 한다.
③ 시장·군수·구청장은 위 현장 확인 결과 위기 상황의 발생이 확인된 사람에 대하여는 지체 없이 지원의 종류 및 내용(제9조)을 결정하여 지원을 하여야 한다.
④ 제1항에 따라 현장을 확인하는 긴급지원 담당공무원은 권한을 표시하는 증표를 지니고 이를 관계인에게 내보여야 한다(제8조).

지원을 요청할 때 또는 긴급지원 담당공무원이 위기 상황을 확인할 때에 그 긴급 지원 대상자 및 가구 구성원은 자료 또는 정보의 제공에 대하여 동의한다는 서면을 제출하여야 한다(제8조의 2).

4) 담당기구 설치 등

보건복지부 장관은 위기 상황에 처한 사람에게 상담·정보 제공 및 관련 기관·단체 등과의 연계 서비스를 제공하기 위하여 담당기구를 설치·운영할 수 있다(제11조).

시장·군수·구청장은 긴급지원사업을 원활하게 수행하기 위하여 「사회복지사업법」 제7조의2에 따른 지역사회복지협의체를 통하여 사회복지·보건의료 관련 기관·단체 간의 연계·협력을 강화하여야 한다.

5) 긴급지원심의위원회

다음 사항을 심의·의결하기 위하여 시(「제주특별자치도 설치 및 국제자유도시 조성을 위한 특별법」 제15조 제2항에 따른 행정시를 포함)·군·구(자치구)에 긴급지원심의위원회를 둔다.

① 제10조 제3항에 따른 긴급 지원 연장 결정

② 제14조 제1항에 따른 긴급 지원의 적정성 심사

③ 제15조 제1항에 따른 긴급 지원의 중단 또는 지원 비용의 환수 결정

④ 그 밖에 긴급지원심의위원회의 위원장이 회의에 부치는 사항

긴급지원심의위원회는 위원장 1명을 포함한 15명 이내의 위원으로 구성하며, 위원장은 시장·군수·구청장이 되고, 위원은 다음 각 호의 어느 하나에 해당하는 사람 중에서 시장·군수·구청장이 임명하거나 위촉한다. 이 경우 사회보장에 관한 학식과 경험이 있는 사람과 비영리민간단체에서 추천한 사람이 2분의 1 이상 되도록 구성하여야 한다.

긴급지원심의위원회는 긴급 지원 대상자가 「국민기초생활보장법」 또는 「의료급여법」에 따른 수급권자로 결정된 경우에는 제1항에 따른 심사를 하지 아니할 수 있다.

시장·군수·구청장은 제1항에 따른 심사 결과 긴급 지원 대상자에 대한 지원이 적정하지 아니한 것으로 결정된 경우에도 긴급지원 담당공무원의 고의 또는 중대한 과실이 없으면 이를 이유로 긴급지원 담당공무원에 대하여 불리한 처분이나 대우를 하여서는 아니 된다.

4 권리구제 및 벌칙

1) 이의신청

① 반환명령에 이의가 있는 사람은 그 처분을 고지받은 날부터 30일 이내에 해당 시장·군수·구청장을 거쳐 특별시장·광역시장·도지사·특별자치도지

사에게 서면으로 이의신청할 수 있다. 이 경우 시장·군수·구청장은 이의신청을 받은 날부터 10일 이내에 의견서와 관련 서류를 첨부하여 시·도지사에게 송부하여야 한다(제8조 제3항에 따른 결정이나 제15조 제1항 또는 제2항).

② 시·도지사는 제1항에 따른 송부를 받은 날부터 15일 이내에 이를 검토하고 처분이 위법·부당하다고 인정되는 때는 시정, 그 밖에 필요한 조치를 하여야 한다(제16조).

2) 벌칙

제13조 제7항을 위반한 사람은 3년 이하의 징역 또는 1천만 원 이하의 벌금에 처한다(제19조).

[참고] 제13조 7항: 긴급지원 담당공무원 또는 긴급지원 담당공무원이었던 사람은 제2항 또는 제3항에 따라 얻은 정보와 자료를 이 법에서 정한 지원 목적 외에 다른 용도로 사용하거나 다른 사람 또는 기관에 제공하여서는 아니 된다.

제 4 절 가정폭력 방지 및 피해자 보호 등에 관한 법률

1 목적 및 대상

1) 목적

1997년 12월 31일 제정된 이 법은 가정폭력을 예방하고 가정폭력의 피해자를 보호·지원함을 목적으로 한다(제1조).

2) 대상

이 법에서 사용하는 용어의 뜻은 다음과 같다(제2조).

① "가정폭력"이란 「가정폭력 범죄의 처벌 등에 관한 특례법」 제2조 제1호의 행위를 말한다.
② "가정폭력행위자"란 「가정폭력 범죄의 처벌 등에 관한 특례법」 제2조 제4호의 자를 말한다.
③ "피해자"란 가정폭력으로 인하여 직접적으로 피해를 입은 자를 말한다.
④ "아동"이란 18세 미만인 자를 말한다.

3) 가정폭력 실태조사

① 여성가족부 장관은 3년마다 가정폭력에 대한 실태조사를 실시하여 그 결과를 발표하고, 이를 가정폭력을 예방하기 위한 정책 수립의 기초자료로 활용하여야 한다.
② 가정폭력 실태조사의 방법과 내용 등에 필요한 사항은 여성가족부령으로 정한다(제4조의 2).

2 급여 및 재정

1) 가정폭력 예방교육의 실시

국가기관, 지방자치단체 및 「초·중등교육법」에 따른 각급 학교의 장, 그 밖에 대통령령으로 정하는 공공단체의 장은 가정폭력의 예방과 방지를 위하여 필요한 교육을 실시하고 그 결과를 여성가족부 장관에게 제출하여야 한다(제4조의 3).

2) 아동의 취학 지원

국가나 지방자치단체는 피해자나 피해자가 동반한 가정 구성원 (「가정폭력 범죄의 처벌 등에 관한 특례법」 제2조 제2호의 자 중 피해자의 보호나 양육을 받고 있는 자)이 아동인 경우 주소지 외의 지역에서 취학(입학·재입학·전학 및 편입학을 포함한다. 이하 같다)할 필요가 있을 때에는 그 취학이 원활히 이루어지도록 지원하여야 한다(제4조의 4).

3) 피해자에 대한 불이익처분의 금지

피해자를 고용하고 있는 자는 누구든지 「가정폭력 범죄의 처벌 등에 관한 특례법」에 따른 가정폭력 범죄와 관련하여 피해자를 해고(解雇)하거나 그 밖의 불이익을 주어서는 아니 된다(제4조의 5).

4) 긴급전화센터의 설치 · 운영 등

여성가족부 장관 또는 특별시장 · 광역시장 · 도지사 · 특별자치도지사는 피해자의 신고 접수 관련 기관 · 시설과의 연계, 피해자에 대한 긴급한 구조의 지원 및 상담 업무 등을 수행하기 위하여 긴급전화센터를 설치 · 운영하여야 한다. 이 경우 외국어 서비스를 제공하는 긴급전화센터를 따로 설치 · 운영할 수 있다(제4조의 6).

5) 상담소의 설치 · 운영

국가나 지방자치단체는 가정폭력 관련 상담소를 설치 · 운영할 수 있다(제5조).

국가나 지방자치단체 외의 자가 상담소를 설치 · 운영하려면 특별자치도지사 · 시장 · 군수 · 구청장에게 신고하여야 한다.

상담소의 설치 · 운영 기준, 상담소에 두는 상담원의 수와 신고 절차 등에 필요한 사항은 여성가족부령으로 정한다. 상담소의 업무는 가족폭력을 신고받거나 이에 관한 상담에 응하는 일, 경찰관서 등으로부터 인도받은 피해자 등의 임시 보호, 가족폭력의 예방과 방지에 관한 교육 및 홍보, 그 밖에 가정폭력과 그 피해에 관한 조사연구 등이다(제6조).

3 전달 체계 및 위원회 혹은 사회복지 서비스

1) 보호시설의 설치

국가나 지방자치단체는 가정폭력 피해자 보호시설을 설치·운영할 수 있다(제7조).

「사회복지사업법」에 따른 사회복지법인(이하 "사회복지법인"이라 한다)과 그 밖의 비영리법인은 시장·군수·구청장의 인가(認可)를 받아 보호시설을 설치·운영할 수 있다.

보호시설에는 상담원을 두어야 하고, 보호시설의 규모에 따라 생활지도원, 취사원, 관리원 등의 종사자를 둘 수 있다.

보호시설의 설치·운영의 기준, 보호시설에 두는 상담원 등 종사자의 직종(職種)과 수(數) 및 인가 기준(認可基準) 등에 필요한 사항은 여성가족부령으로 정한다(전문 개정 2007.10.17).

2) 보호시설의 종류

보호시설의 종류는 다음과 같다(제7조의2).

① 단기보호시설: 피해자 등을 6개월의 범위에서 보호하는 시설
② 장기보호시설: 피해자 등에 대하여 2년의 범위에서 자립을 위한 주거 편의(住居便宜) 등을 제공하는 시설
③ 외국인 보호시설: 배우자가 대한민국 국민인 외국인 피해자 등을 2년의 범위에서 보호하는 시설
④ 장애인보호시설: 「장애인복지법」의 적용을 받는 장애인인 피해자 등을 2년의 범위에서 보호하는 시설

단기보호시설의 장은 그 단기보호시설에 입소한 피해자 등에 대한 보호 기간을 여성가족부령으로 정하는 바에 따라 3개월의 범위에서 한 차례만 연장할 수 있다.

3) 보호시설의 입소 대상 등

보호시설의 입소 대상은 피해자 등으로서 다음 어느 하나에 해당하는 경우로 한다(제7조의 3).

① 본인이 입소를 희망하거나 입소에 동의하는 경우
② 「장애인복지법」 제2조에 따른 지적장애인이나 정신장애인, 그 밖에 의사 능력이 불완전한 자로서 가정폭력행위자가 아닌 보호자가 입소에 동의하는 경우
③ 「장애인복지법」 제2조에 따른 지적장애인이나 정신장애인, 그 밖에 의사 능력이 불완전한 자로서 상담원의 상담 결과 입소가 필요하나 보호자의 입소 동의를 받는 것이 적절하지 못하다고 인정되는 경우

위 제7조 제2항에 따라 인가받은 보호시설의 장은 제1항에 따라 보호시설에 입소한 입소자의 인적 사항 및 입소 사유 등을 시장・군수・구청장에게 지체없이 보고하여야 하며, 제1항 제3호에 해당하는 자를 입소시킨 경우에는 지체 없이 관할 시장・군수・구청장의 승인을 받아야 한다.

4) 보호시설의 퇴소

제7조의3에 따라 보호시설에 입소한 자는 본인의 의사 또는 같은 조 제1항 제2호에 따라 입소 동의를 한 보호자의 요청에 따라 보호시설을 퇴소할 수 있으며, 보호시설의 장은 입소한 자가 다음 어느 하나에 해당하는 경우에는 퇴소를 명할 수 있다(제7조의 4).

① 보호의 목적이 달성된 경우
② 보호 기간이 끝난 경우
③ 입소자가 거짓이나 그 밖의 부정한 방법으로 입소한 경우
④ 보호시설 안에서 현저한 질서문란 행위를 한 경우

5) 보호시설에 대한 보호비용 지원

국가나 지방자치단체는 보호시설에 입소한 피해자나 피해자가 동반한 가정 구성원의 보호를 위하여 필요한 경우 다음과 같이 보호비용을 보호시설의 장 또는

피해자에게 지원할 수 있다. 다만, 보호시설에 입소한 피해자나 피해자가 동반한 가정 구성원이 「국민기초생활보장법」 등 다른 법령에 따라 보호를 받고 있는 경우에는 그 범위에서 이 법에 따른 지원을 하지 아니한다(제7조의 5).

① 생계비, ② 아동교육지원비, ③ 아동양육비, ④ 직업훈련비, 그 밖에 대통령령으로 정하는 비용

위 제1항에 따른 보호비용의 지원 방법 및 절차 등에 필요한 사항은 여성가족부령으로 정한다.

6) 보호시설의 업무

보호시설은 피해자 등에 대하여 다음 각 호의 업무를 행한다. 다만, 피해자가 동반한 가정 구성원에게는 제1호 외의 업무 일부를 하지 아니할 수 있고, 장기보호시설은 피해자 등에 대하여 제1호부터 제5호까지에 규정된 업무(주거 편의를 제공하는 업무는 제외한다)를 하지 아니할 수 있다(제8조).

① 숙식의 제공

② 심리적 안정과 사회 적응을 위한 상담 및 치료

③ 질병 치료와 건강관리(입소 후 1개월 이내의 건강검진을 포함한다)를 위한 의료기관에의 인도 등 의료 지원

④ 수사기관의 조사와 법원의 증인 신문(證人訊問)에의 동행

⑤ 법률구조기관 등에 필요한 협조와 지원의 요청

⑥ 자립자활교육의 실시와 취업정보의 제공

⑦ 다른 법률에 따라 보호시설에 위탁된 사항

그리고 사법경찰관리는 가정폭력 범죄의 신고가 접수된 때에는 지체없이 가정폭력의 현장에 출동하여야 하며, 조사 또는 질문을 하는 사법경찰관리는 피해자, 신고자, 목격자 등이 자유롭게 진술할 수 있도록 가정폭력 행위자로부터 분리된 곳에서 조사하는 등 필요한 조치를 하여야 한다.

4 벌칙

1) 벌칙

다음 어느 하나에 해당하는 자는 1년 이하의 징역 또는 500만 원 이하의 벌금에 처한다(제20조).

① 제5조 제2항 · 제7조 제2항 또는 제8조의3 제2항에 따른 신고를 하지 아니하거나 인가를 받지 아니하고 상담소 · 보호시설 또는 교육훈련시설을 설치 · 운영한 자

② 제12조에 따른 업무의 정지 · 폐지 또는 시설의 폐쇄 명령을 받고도 상담소 · 보호시설 또는 교육훈련시설을 계속 운영한 자

③ 제16조에 따른 비밀 엄수의 의무를 위반한 자

2) 양벌 규정

법인의 대표자나 법인 또는 개인의 대리인, 사용인, 그 밖의 종업원이 그 법인 또는 개인의 업무에 관하여 제20조의 위반행위를 하면 그 행위자를 벌하는 외에 그 법인 또는 개인에게도 해당 조문의 벌금형을 과(科)한다. 다만, 법인 또는 개인이 그 위반행위를 방지하기 위하여 해당 업무에 관하여 상당한 주의와 감독을 게을리하지 아니한 경우에는 그러하지 아니하다(제21조).

3) 과태료

① 다음 어느 하나에 해당하는 자에게는 300만 원 이하의 과태료를 부과한다.
  - 정당한 사유 없이 제11조 제1항에 따른 보고를 하지 아니하거나 거짓으로 보고한 자 또는 조사 · 검사를 거부하거나 기피한 자
  - 제17조에 따른 유사 명칭 사용 금지를 위반한 자

② 위의 과태료는 대통령령으로 정하는 바에 따라 여성가족부 장관 또는 시장 · 군수 · 구청장이 부과 · 징수한다(제22조).

학습 과제

01 가정폭력 방지 및 피해자 보호 등에 관한 법률에서 보호시설의 종류 중 장애인보호시설은 장애인복지의 적용을 받는 장애인인 피해자 등을 (①)년의 범위에서 보호하는 시설을 말한다.

02 피해자를 고용하고 있는 자는 누구든지 「가정폭력 범죄의 처벌 등에 관한 특례법」에 따른 가정폭력 범죄와 관련하여 피해자를 (①)하거나 그 밖의 (②)을 주어서는 아니 된다(제4조의 5).

03 긴급복지지원법의 목적은 생계 곤란 등의 (①)에 처하여 도움이 필요한 사람을 신속하게 지원함으로써 이들이 (②)에서 벗어나 건강하고 인간다운 생활을 하게 함을 목적으로 한다(제1조).

04 긴급 지원의 종류 및 내용에서 어떤 지원을 설명하고 있는가?

① 식료품비 · 의복비 등 생계 유지에 필요한 비용 또는 현물 지원은?

② 각종 검사 및 치료 등 의료 서비스 지원은?

③ 임시거소(臨時居所) 제공 또는 이에 해당하는 비용 지원은?

④ 「사회복지사업법」에 따른 사회복지시설 입소(入所) 또는 이용 서비스 제공이나 이에 필요한 비용 지원은?

05 여성가족부 장관은 한부모가족 지원을 위한 정책 수립에 활용하기 위하여(①)마다 한부모가족에 대한 실태조사를 실시하고 그 결과를 공표하여야 한다(제6조).

06 한부모가족 복지시설의 종류(제19조)를 입력하시오. (5가지)

①________, ②________, ③________, ④________, ⑤________,

07 사회복지공제회의 설립(제4조)에 관한 내용이다. 사회복지사 등은 (①)과 (②)을 도모하기 위하여 보건복지부 장관의 인가를 받아 사회복지공제회를 설립할 수

있다. 공제회는 (③)으로 하고, 주된 사무소는 서울특별시에 둔다.

08 사회복지공제회의 정관 기재 사항은 (①)으로 정하고, 정관의 변경은 대의원회의 의결을 거쳐 (②)의 인가를 받아야 한다.

09 사회복지 공제회 회원이 될 수 있는 자는 누구인가? (2가지)

①________, ②________

정답

선행 학습

1. (① 3년)
2. (① 국가나 지방자치단체)
3. (① 6개월) (① 2년)
4. (① 배우자), (② 2)년
5. (① 위기 상황), (② 위기 상황)
6. ① 회원에 대한 공제급여의 지급
   ② 사회복지시설의 안전 · 화재 등에 대한 공제사업
   ③ 자금 조성을 위한 사업
   ④ 회원의 복지·후생을 위한 사업
   ⑤ 위 사업에 부대되는 사업 중 정관으로 정하는 사업
7. (① 수익사업)
8. ① 회원이 납입하는 공제료
   ② 정부 또는 지방자치단체 외의 자의 출연금
   ③ 공제사업의 운영으로 발생하는 수익금
   ④ 그 밖의 수입금

학습 과제

01. (① 2)년
02. (① 해고) (② 불이익)
03. (① 위기 상황) (② 위기 상황)
04. (① 생계 지원), ② (의료 지원), ③ (주거 지원), ④ (사회복지시설 이용 지원)
05. (① 3년)
06. ① 모자가족복지시설(기본생활 지원, 공동생활 지원, 자립생활 지원)
    ② 부자가족복지시설(기본생활 지원, 공동생활 지원, 자립생활 지원)
    ③ 미혼모가족 복지시설(기본생활 지원, 공동생활 지원)
    ④ 일시지원 복지시설
    ⑤ 한부모가족 복지상담소
07. (① 생활 안정) (② 복지 증진) (③ 법인)
08. (① 대통령령) (② 보건복지부 장관)
09. ① 제2조에 해당하는 자로서 사회복지사
    ② 제2조에 해당하는 자로서 대통령령으로 정하는 자

제 5 장 사회보장기본법 · 사회복지사업법

선행 학습

1. 사회보장법상 공공부조 및 관계 법령에서 정하는 일정 소득 수준 이하의 국민에 대한 사회 서비스에 드는 비용의 전부 또는 일부는 (①)와 (②)가 부담한다.
2. 사회보장제도의 운영과 관련하여 국가와 지방자치단체가 사회보장제도를 운영할 때에는 국민의 다양한 복지 욕구를 효율적으로 충족시키기 위하여 (①)과 (②)을 높여야 한다.
3. 보건복지부 장관은 관계 중앙행정기관의 장과 협의하여 사회보장에 관한 기본계획을 (①)년마다 수립하여야 한다.
4. 일반적으로 일정한 법률상의 이유에 의하여 특정인에게 자기가 출연한 재산의 반환을 청구할 수 있는 권리이다. 제3자의 불법행위에 의하여 피해를 입은 국민이 그로 인하여 사회보장 수급권을 가지게 된 경우 사회보장제도를 운영하는 자는 불법행위의 책임이 있는 자에 대하여 (①)을 행사할 수 있다.
5. 사회복지사업법상 사회복지 서비스를 필요로 하는 보호 대상자에 대한 서비스 제공에 대하여 답하시오.
   (1) 보호 대상자에 대한 서비스 제공은 (①)로 제공하는 것을 원칙으로 한다.
   (2) 사회복지 서비스를 필요로 하는 사람과 그 (②), 그 밖의 관계인은 관할시장 · 군수 · 구청장에게 보호 대상자에 대한 사회복지 서비스의 제공을 신청할 수 있다.
   (3) 시장 · 군수 · 구청장은 보호 대상자에 대하여 서비스 제공을 실시하기로 결정하였을 때에는 필요한 경우 (③)의 의견을 들어 보호 대상자별 서비스 제공 계획을 작성하여야 한다.

제 1 절 사회보장기본법

1 목적 및 대상

1) 목적

사회정책이란 사회적 요구에 대한 서비스로서, 사회문제에 대한 대책과 사회적 평등과 보장을 증진시키려는 정부의 역할이다. 사회정책을 실현하기 위한 제도는 사회봉사, 사회보장, 사회계획, 사회사업, 조세정책, 노동정책을 말한다.

사회보장법은 그 근거가 되는 사회보장 사상 내지 사회보장 정책에 따라 다의적이며, 사회보장법은 형식적으로는 사회보장제도에 관련된 법의 총체를 말한다. 이념적으로는 생존권을 직접적이며 구체적으로 실현하는 법체계이며, 실질적으로는 국민의 사회보장의 권리 및 이를 실현해야 할 국가의 의무 관계를 규정한 법체계이다.

1995년 12월 30일 제정된 사회보장기본법은 사회보장에 관한 국민의 권리와 국가 및 지방자치단체의 책임을 정하고 사회보장정책의 수립·추진과 관련 제도에 관한 기본적인 사항을 규정함으로써 국민의 복지 증진에 이바지하는 것을 목적으로 한다.

2) 대상

사회보장의 기본 이념은 모든 국민이 다양한 사회적 위험으로부터 벗어나 행복하고 인간다운 생활을 향유할 수 있도록 자립을 지원하며, 사회 참여와 자아 실현에 필요한 제도와 여건을 조성하여 사회 통합과 행복한 복지사회를 실현하는 것을 기본 이념으로 한다.

사회보장법에서 사용하는 용어를 정리하면 다음과 같다.

사회보장이란 출산, 양육, 실업, 노령, 장애, 질병, 빈곤 및 사망 등의 사회적 위험으로부터 모든 국민을 보호하고 국민 삶의 질을 향상시키는 데 필요한 소득·서비스를 보장하는 사회보험, 공공부조, 사회 서비스를 말한다.

사회보험이란 국민에게 발생하는 사회적 위험을 보험의 방식으로 대처함으로써 국민의 건강과 소득을 보장하는 제도를 말한다.

공공부조란 국가와 지방자치단체의 책임 하에 생활 유지 능력이 없거나 생활이 어려운 국민의 최저생활을 보장하고 자립을 지원하는 제도를 말한다.

사회 서비스란 국가·지방자치단체 및 민간 부문의 도움이 필요한 모든 국민에게 복지, 보건의료, 교육, 고용, 주거, 문화, 환경 등의 분야에서 인간다운 생활을 보장하고, 상담, 재활, 돌봄, 정보의 제공, 관련 시설의 이용, 역량 개발, 사회 참여 지원 등을 통하여 국민의 삶의 질이 향상되도록 지원하는 제도를 말한다.

평생사회안전망이란 생애주기에 걸쳐 보편적으로 충족되어야 하는 기본 욕구와 특정한 사회 위험에 의하여 발생하는 특수 욕구를 동시에 고려하여 소득·서비스를 보장하는 맞춤형 사회보장제도를 말한다.

다른 법률과의 관계에서 보장에 관한 다른 법률을 제정하거나 개정하는 경우에는 이 법에 부합되도록 하여야 한다.

따라서 사회보장 성격의 네 가지 관점은 다음과 같다.

첫째, 경제 질서이다. 사회보험과 공공부조로 사회적 불평등의 시정과 완화에 기여하는 소득재분배 기능이다.

둘째, 국가 업무로서의 사회보장이다. 국가 통치와 위기관리 수단이며 자본주의 체제의 유지에 있다.

셋째, 사회운동의 성격이다. 빈곤으로부터 해방을 위한 사회운동, 계급 투쟁, 사회개량의 노력을 말한다.

넷째, 사상으로서 사회보장이다. 생존권, 생활권을 실현하고 보장하기 위한 목적으로 각국의 헌법에서 사회복지를 하나의 이념으로 보고 있다.

그리고 사회보장의 여섯 가지 원칙은 다음과 같다.

첫째, 보편성의 원칙으로 모든 국민을 대상으로 한다.

둘째, 통일성의 원칙에 의한 사회보장 전달 체계이다.

셋째, 민주성의 원칙으로 참가이다. 정책 결정 및 시행 과정의 공익대표자 및 이해관계인의 참여에 있다.

넷째, 연대성의 원칙이다. 개인, 사회, 국가 관계에 의한 연대에 있다.

다섯째, 형평성의 원칙으로 사회보장급여 수준 및 비용 부담에 있다.

여섯째, 연계성과 전문성의 원칙으로 사회보장의 유기적 연결과 전문인력 양성에 있다.

3) 주체와 권한

① 국가와 지방자치단체는 모든 국민의 인간다운 생활을 유지·증진하는 책임을 가지며, 국가와 지방자치단체는 사회보장에 관한 책임과 역할을 합리적으로 분담하여야 한다.

② 국가와 지방자치단체는 국가 발전 수준에 부응하고 사회환경의 변화에 선제적으로 대응하며 지속 가능한 사회보장제도를 확립하고 매년 이에 필요한 재원을 조달하여야 한다.

③ 국가는 사회보장제도의 안정적인 운영을 위하여 중장기 사회보장 재정 추계를 격년으로 실시하고 이를 공표하여야 한다.

국가와 지방자치단체는 가정이 건전하게 유지되고 그 기능이 향상되도록 노력하여야 한다.

그리고 모든 국민은 관계 법령에서 정하는 바에 따라 사회보장급여에 필요한 비용의 부담, 정보의 제공 등 국가의 사회보장정책에 협력하여야 한다.

국내에 거주하는 외국인에게 사회보장제도를 적용할 때에는 상호주의의 원칙에 따르되, 관계 법령에서 정하는 바에 따른다(제8조). 사회보장에 관한 권리로 사회복지법은 대한민국 국민을 대상으로 하는 속인주의를 원칙으로 하고 있으나 예외적으로 사회보장 협정 등을 체결한 경우 외국인도 대상이 되는 속지주의가 적용대상이 된다.

국가와 지방자치단체는 최저생계비와 최저 임금 등을 고려하여 사회보장급여의 수준을 결정하여야 한다.

3) 사회보장기본법의 발달

제·개정	주요 내용
1963.11.5.	「사회보장에 관한 법률」이 국가재건최고회의를 통과하여 제정(법률 제1437호)

1995.12.30.	사회보장기본법은 우리나라의 경제, 사회의 발전 수준과 국민의 복지 욕구에 부합하는 사회보장제도를 확립
2005.1.27.	일부 개정-사회보장심의위원회가 확대되었으며 구성이 부위원장 2인에서 3인으로, 위원 수가 20인에서 30인 이내로 확대
2008.2.29.	정부조직법의 개정으로 인해 재정경제부가 기획재정부, 교육인적자원부가 교육과학기술부, 보건복지부가 보건복지가족부 그리고 보건복지부로 변경
2010.1.18.	위원장은 국무총리가 되고 부위원장은 기획재정부 장관 및 보건복지부 장관이 된다.

(1) 1963. 11. 5

4·19 혁명이라는 시대적 격변을 거치면서 국민들의 민생 안정과 경제적 생활 보장을 위한 명목상으로나마 사회보장제도의 확립을 위하여 「사회보장에 관한 법률」이 국가재건최고회의를 통과하여 제정되었는데 당시의 이 법은 전문 7개조의 상징적 의미로서 존재하였고, 사회보장사업에 대한 담당 부처를 명확히 명시하지 않아 사회보장사업의 일원화가 이루어지지 못하였다. 이에 따라 1995년 「사회보장에 관한 법률」이 폐지되고 「사회보장기본법」이 제정되었다.

(2) 1995. 12. 30

「사회보장기본법」은 우리나라의 경제, 사회의 발전 수준과 국민의 복지 욕구에 부합하는 사회보장제도를 확립하여 국민 복지의 증진을 도모하기 위하여 제정되었으며, 「사회보장기본법」은 헌법과 개별 사회복지법 사이에서 중개자로서의 역할과 법의 성격상 개별 사회복지법에 비하여 일반법적인 성격을 가진다.

(3) 2005. 1. 27

사회보장심의위원회가 확대되었으며, 구성이 부위원장 2인에서 3인으로, 위원 수가 20인에서 30인 이내로 확대되었고, 주요 시책 추진 실적 평가제도가 도입되었다.

(4) 2008. 2. 29

정부조직법의 개정으로 인하여 재정경제부가 기획재정부, 교육인적자원부가 교육과학기술부, 보건복지부가 보건복지가족부 그리고 보건복지부로 변경되었다.

(5) 2010. 1. 18

위원장은 국무총리가 되고, 부위원장은 기획재정부 장관 및 보건복지부 장관이 된다. 그리고 2013년 3월 23일 타법 개정으로 정부조직법 전부 개정이 이루어졌다. 여기서 제21조 제1항 중 교육과학기술부 장관, 행정안전부 장관이 교육부 장관, 안전행정부 장관으로, 국토해양부 장관이 국토교통부 장관으로 바뀌었다.

2 급여 및 재정

1) 급여

사회보장을 받을 권리를 사회보장 수급권이라고 하는데 모든 사회복지법상의 사회보장 수급권을 인정하는 것이 아니라 관계 법령이 정하는 바에 따라 사회보장 수급권을 인정하고 있다(제9조). 사회보장 수급권의 범위, 내용 등에 대한 기준을 사회보장기본법에서 규정해 주어야 함에도 개별 법률에 맡기고 있어 기본법으로서의 역할에 충실하지 못한 부분도 있다.

사회보장급여의 신청은 어떻게 하는가? 사회보장급여를 받으려는 사람은 관계 법령에서 정하는 바에 따라 국가나 지방자치단체에 신청하여야 한다. 다만, 관계 법령에서 따로 정하는 경우에는 국가나 지방자치단체가 신청을 대신할 수 있다. 사회보장급여를 신청하는 사람이 다른 기관에 신청한 경우 그 기관은 지체 없이 이를 정당한 권한이 있는 기관에 이송하여야 한다. 이 경우 정당한 권한이 있는 기관에 이송된 날을 사회보장급여의 신청일로 본다(제11조).

사회보장 수급권의 보호와 제한은 어떻게 이루어지느가? 사회보장 수급권은 관계 법령에서 정하는 바에 따라 다른 사람에게 양도하거나 담보로 제공할 수 없으며, 이를 압류할 수 없다(제12조).

사회보장 수급권의 제한 등에 있어서 사회보장 수급권은 제한되거나 정지될 수 없다. 다만, 관계 법령에서 따로 정하고 있는 경우에는 그러하지 아니하다.

위의 단서에 따라 사회보장 수급권이 제한되거나 정지되는 경우에는 제한 또는 정지하는 목적에 필요한 최소한의 범위에 그쳐야 한다(제13조).

사회보장 수급권의 포기는 사회보장 수급권을 정당한 권한이 있는 기관에 서면으로 통지하여 포기할 수 있다.

사회보장 수급권의 포기는 취소할 수 있다.

위 내용에도 불구하고 사회보장 수급권을 포기하는 것이 다른 사람에게 피해를 주거나 사회보장에 관한 관계 법령에 위반되는 경우에는 사회보장 수급권을 포기할 수 없다(제14조).

불법행위에 대한 구상에서 제3자의 불법행위로 피해를 입은 국민이 그로 인하여 사회보장 수급권을 가지게 된 경우 사회보장제도를 운영하는 자는 그 불법행위의 책임이 있는 자에 대하여 관계 법령에서 정하는 바에 따라 구상권(求償權)을 행사할 수 있다(제15조).

2) 재정

비용 부담(제280조)은 다음과 같다.

① 사회보장 비용의 부담은 각각의 사회보장제도의 목적에 따라 국가 · 지방자치단체 및 민간 부문 간에 합리적으로 조정되어야 한다.

② 사회보험에 소요되는 비용은 사용자 · 피용자 및 자영업자가 부담하는 것을 원칙으로 하되 관계 법령이 정하는 바에 따라 국가가 그 비용의 일부를 부담할 수 있다.

③ 공공부조 및 관계 법령이 정하는 일정 소득 수준 이하의 국민에 대한 사회서비스에 소요되는 비용의 전부 또는 일부는 국가 및 지방자치단체가 이를 부담한다.

④ 부담 능력이 있는 국민에 대한 사회 서비스에 소요되는 비용은 그 수익자가 부담함을 원칙으로 하되, 관계 법령이 정하는 바에 따라 국가 및 지방자치단체가 그 비용의 일부를 부담할 수 있다.

국가와 지방자치단체의 책임(제5조 4항)에 따라 국가는 사회보장제도의 안정적인 운영을 위하여 중장기 사회보장 재정 추계를 격년으로 실시하고 이를 공표하여야 한다고 하였다. 이에 따라 사회보장 재정 추계(시행령 제2조)는 보건복지부 장관이 사회보장기본법에 따른 사회보장 재정 추계(財政推計)를 위하여 재정 추계를 실시하는 해의 3월 31일까지 사회보장위원회(제20조)의 심의를 거쳐 재정 추계 세부지침을 마련하여야 한다. 이 경우 재정 추계 세부지침에는 재정의 세부 범위, 추계 방법, 추진 체계, 공표 방법 · 절차 등이 포함되어야 한다.

보건복지부 장관은 위의 재정 추계 세부지침에 따라 추계를 실시하는 해의 9월 30일까지 재정 추계를 하고, 그 결과를 위원회의 심의를 거쳐 같은 해 10월 31일까지 관계 중앙행정기관의 장에게 통보하여야 한다.

관계 중앙행정기관의 장은 재정 추계 결과를 바탕으로 정책개선안을 마련하여 같은 해 12월 31일까지 보건복지부 장관에게 제출하여야 하며, 보건복지부 장관은 제출받은 정책개선안을 종합하여 이를 추계 실시 해의 다음 해 3월 31일까지 위원회에 보고하여야 한다(시행령 제2조).

3 전달 체계 및 위원회

1) 기본계획

사회보장 기본계획은 보건복지부 장관이 관계 중앙행정기관의 장과 협의하여 사회보장 증진을 위하여 사회보장에 관한 기본계획을 5년마다 수립하여야 한다.

기본계획에는 다음 사항이 포함되어야 한다(제16조).

① 국내외 사회보장 환경의 변화와 전망
② 사회보장의 기본 목표 및 중장기 추진 방향
③ 주요 추진 과제 및 추진 방법
④ 필요한 재원의 규모와 조달 방안
⑤ 사회보장 관련 기금 운용 방안
⑥ 사회보장 전달 체계
⑦ 그 밖에 사회보장 정책의 추진에 필요한 사항

기본계획은 사회보장위원회와 국무회의의 심의를 거쳐 확정한다. 기본계획 중 대통령령으로 정하는 중요한 사항을 변경하려는 경우에도 같다(제16조).

다른 계획과의 관계에서도 기본계획은 다른 법령에 따라 수립되는 사회보장에 관한 계획에 우선하며 그 계획의 기본이 된다(제17조).

연도별 시행계획의 수립 · 시행에서 보건복지부 장관 및 관계 중앙행정기관의 장은 기본계획에 따라 사회보장과 관련된 소관 주요 시책의 시행계획을 매년 수립 · 시행하여야 하며, 관계 중앙행정기관의 장은 수립한 소관 시행계획 및 전년도의 시행계획에 따른 추진 실적을 대통령령으로 정하는 바에 따라 매년 보건복지부 장관에게 제출하여야 한다. 보건복지부 장관은 제출받은 관계 중앙행정기관 및 보건복지부 소관의 추진 실적을 종합하여 성과를 평가하고, 그 결과를 사회보장위원회에 보고하여야 하며, 보건복지부 장관은 따른 평가를 효율적으로 하기 위하여 이에 필요한 조사 · 분석 등을 전문기관에 의뢰할 수 있다.

시행계획의 수립 · 시행 및 추진 실적의 평가 등에 필요한 사항은 대통령령으로 정한다(제18조).

사회보장에 관한 지역계획의 수립 · 시행 등에 관하여 특별시장 · 광역시장 · 특별자치시장 · 도지사 또는 특별자치도지사 · 시장(「제주특별자치도 설치 및 국제자유도시 조성을 위한 특별법」에 따른 행정시장 포함) · 군수 · 구청장(자치구의 구청장)은 관계 법령으로 정하는 바에 따라 사회보장에 관한 지역계획을 수립 · 시행하여야 한다.

지역계획은 기본계획과 연계되어야 하며 지역계획의 수립 · 시행 및 추진 실적의 평가 등에 필요한 사항은 대통령령으로 정한다(제19조).

2) 사회보장위원회

사회보장에 관한 주요 시책을 심의 · 조정하기 위하여 국무총리 소속으로 사회보장위원회를 두며, 그 위원회는 다음 사항을 심의 · 조정한다.

① 사회보장 증진을 위한 기본계획
② 사회보장 관련 주요 계획
③ 사회보장제도의 평가 및 개선
④ 사회보장제도의 신설 또는 변경에 따른 우선순위
⑤ 둘 이상의 중앙행정기관이 관련된 주요 사회보장정책
⑥ 사회보장급여 및 비용 부담

⑦ 국가와 지방자치단체의 역할 및 비용 분담

⑧ 사회보장의 재정 추계 및 재원 조달 방안

⑨ 사회보장 전달 체계 운영 및 개선

⑩ 사회보장 통계

⑪ 사회보장 정보의 보호 및 관리

⑫ 그 밖에 위원장이 심의에 부치는 사항

위원장은 확정된 기본계획과 위의 사항에 관하여 심의・조정한 결과를 관계 중앙행정기관의 장과 지방자치단체의 장에게 통지하여야 한다.

위원회의 구성에서 위원회는 위원장 1명, 부위원장 2명과 교육부 장관, 안전행정부 장관, 고용노동부 장관, 여성가족부 장관, 국토교통부 장관을 포함한 30명 이내의 위원으로 구성한다.

원장은 국무총리가 되고, 부위원장은 기획재정부 장관 및 보건복지부 장관이 된다.

위원회의 위원은 다음 어느 하나에 해당하는 사람으로 한다.

첫째, 대통령령으로 정하는 관계 중앙행정기관의 장

둘째, 다음 사람 중에서 대통령이 위촉하는 사람이다.

① 근로자를 대표하는 사람

② 사용자를 대표하는 사람

③ 사회보장에 관한 학식과 경험이 풍부한 사람

④ 변호사 자격이 있는 사람

위원의 임기는 2년으로 한다. 다만, 공무원인 위원의 임기는 그 재임 기간으로 하고, 대통령이 위촉하는 위원이 기관・단체의 대표자 자격으로 위촉된 경우에는 그 임기는 대표의 지위를 유지하는 기간으로 한다.

보궐위원의 임기는 전임자 임기의 남은 기간으로 한다.

위원회를 효율적으로 운영하고 위원회의 심의 사항을 전문적으로 검토하기 위하여 위원회에 실무위원회를 두며, 실무위원회에 분야별 전문위원회를 둘 수 있다.

3) 사회보장 정책 방향과 제도의 운영

(1) 사회보장 정책의 기본 방향

평생사회안전망의 구축·운영을 위하여 국가와 지방자치단체는 모든 국민이 생애 동안 삶의 질을 유지·증진할 수 있도록 평생사회안전망을 구축하여야 하며, 국가와 지방자치단체는 평생사회안전망을 구축·운영함에 있어 사회적 취약계층을 위한 공공부조를 마련하여 최저생활을 보장하여야 한다(제22조).

사회 서비스 보장을 위하여 국가와 지방자치단체는 모든 국민의 인간다운 생활과 자립, 사회 참여, 자아 실현 등을 지원하여 삶의 질이 향상될 수 있도록 사회 서비스에 관한 시책을 마련하고, 국가와 지방자치단체는 사회 서비스 보장과 제24조에 따른 소득보장이 효과적이고 균형적으로 연계되도록 하여야 한다(제23조).

(2) 사회보장제도의 운영

운영 원칙은 다음과 같다.

첫째, 국가와 지방자치단체가 사회보장제도를 운영할 때에는 이 제도를 필요로 하는 모든 국민에게 적용하여야 한다.

둘째, 국가와 지방자치단체는 사회보장제도의 급여 수준과 비용 부담 등에서 형평성을 유지하여야 한다.

셋째, 국가와 지방자치단체는 사회보장제도의 정책 결정 및 시행 과정에 공익의 대표자 및 이해관계인 등을 참여시켜 이를 민주적으로 결정하고 시행하여야 한다.

넷째, 국가와 지방자치단체가 사회보장제도를 운영할 때에는 국민의 다양한 복지 욕구를 효율적으로 충족시키기 위하여 연계성과 전문성을 높여야 한다.

다섯째, 사회보험은 국가의 책임으로 시행하고, 공공부조와 사회 서비스는 국가와 지방자치단체의 책임으로 시행하는 것을 원칙으로 한다. 다만, 국가와 지방자치단체의 재정 형편 등을 고려하여 이를 협의·조정할 수 있다(제25조).

비용의 부담은 누가 하는가? 사회보장 비용의 부담은 각각의 사회보장제도의 목적에 따라 국가, 지방자치단체 및 민간 부문 간에 합리적으로 조정되어야 하며, 사회보험에 드는 비용은 사용자, 피용자(被傭者) 및 자영업자가 부담하는 것을 원칙으로 하되, 관계 법령에서 정하는 바에 따라 국가가 그 비용의 일부를 부담할 수 있다. 공공부조 및 관계 법령에서 정하는 일정 소득 수준 이하의 국민에 대한 사회 서비스에 드는 비용의 전부 또는 일부는 국가와 지방자치단체가 부담한다.

그러나 부담 능력이 있는 국민에 대한 사회 서비스에 드는 비용은 그 수익자가 부담함을 원칙으로 하되, 관계 법령에서 정하는 바에 따라 국가와 지방자치단체가 그 비용의 일부를 부담할 수 있다(제28조).

사회보장 전달 체계의 구축은 다음과 같다.

국가와 지방자치단체는 모든 국민이 쉽게 이용할 수 있고 사회보장 급여가 적시에 제공되도록 지역적·기능적으로 균형잡힌 사회보장 전달 체계를 구축하여야 하며, 국가와 지방자치단체는 사회보장 전달 체계의 효율적 운영에 필요한 조직, 인력, 예산 등을 갖추어야 한다. 그리고 국가와 지방자치단체는 공공 부문과 민간 부문의 사회보장 전달 체계가 효율적으로 연계되도록 노력하여야 한다(제29조).

사회보장급여의 관리에서 국가와 지방자치단체는 국민의 사회보장 수급권의 보장 및 재정의 효율적 운용을 위하여 다음에 관한 사회보장급여의 관리 체계를 구축·운영하여야 한다.

① 사회보장 수급권자의 권리구제
② 사회보장급여의 사각지대 발굴
③ 사회보장급여의 부정·오류 관리
④ 사회보장급여의 과오 지급액의 환수 등 관리

보건복지부 장관은 사회 서비스의 품질 기준 마련, 평가 및 개선 등의 업무를 수행하기 위하여 필요한 전담기구를 설치할 수 있으며, 전담기구 설치·운영 등에 필요한 사항은 대통령령으로 정한다(제30조).

4 권리구제

위법 또는 부당한 처분을 받거나 필요한 처분을 받지 못함으로써 권리 또는 이익의 침해를 받은 국민은 국민은 「행정심판법」에 따른 행정심판을 청구하거나 「행정소송법」에 따른 행정소송을 제기하여 그 처분의 취소 또는 변경 등을 청구할 수 있다(제39조).

제 2 절 사회복지사업법

1 목적 및 대상

1) 목적

1970년 1월 1일 제정된 사회복지사업법은 사회복지사업에 관한 기본적 사항을 규정하여 사회복지를 필요로 하는 사람에 대하여 인간의 존엄성과 인간다운 생활을 할 권리를 보장하고 사회복지의 전문성을 높이며, 사회복지사업의 공정·투명·적정을 도모하고, 지역사회복지의 체계를 구축함으로써 사회복지의 증진에 이바지함을 목적으로 한다(개정 2012.1.26).

(1) 기본 이념

기본 이념은 다음과 같다.

첫째, 사회복지를 필요로 하는 사람은 누구든지 자신의 의사에 따라 서비스를 신청하고 제공받을 수 있다.

둘째, 사회복지법인 및 사회복지시설은 공공성을 가지며 사회복지사업을 시행하는 데 공공성을 확보하여야 한다.

셋째, 사회복지사업을 시행하는 데 있어서 사회복지를 제공하는 자는 사회복지를 필요로 하는 사람의 인권을 보장하여야 한다(제1조의 2).

사회복지사업법에 따라 복지 업무에 종사하는 사람은 그 업무를 수행할 때에 사회복지를 필요로 하는 사람을 위하여 인권을 존중하고 차별 없이 최대로 봉사하여야 한다(제5조).

시설 설치의 방해 금지에 관하여 누구든지 정당한 이유 없이 사회복지시설의 설치를 방해하여서는 안 되며, 시장(「제주특별자치도 설치 및 국제자유도시 조성을 위한 특별법」에 따른 행정시장 포함)·군수·구청장(자치구의 구청장)은 정당한 이유 없이 사회복지시설의 설치를 지연시키거나 제한하는 조치를 하여서는 아니 된다.

(2) 사회복지사업법의 특징

사회복지사업법의 특징은 다음과 같다.

첫째, 사회복지사업법의 급여는 금전적·물질적 급여보다는 비금전적·비물질적 급여를 내용으로 한다. 즉, 보호, 선도 또는 복지에 관한 사업, 상담, 사회복귀, 자원봉사, 시설사업의 운영 및 지원을 말한다. 이것은 경제적 욕구에 대한 개입이라기보다 비물질적·심리사회적 욕구의 해결을 목적으로 한다.

둘째, 급여적 욕구의 해결은 사회복지 전문가의 전문적 개입과 실천이 필수적이다. 이를 위하여 사회복지사업은 사회복지사의 자격제도와, 사회복지 공공행정을 위한 사회복지 전담공무원제도를 규정하고 있다.

셋째, 사회복지사업은 대상자별(아동, 노인, 장애인, 성폭력 피해자 등), 문제별(심리사회, 질병, 소득, 범죄, 학대 등), 접근 방법(비금전적 방법, 금전적 방법, 지원적 방법 등)으로 분류하고 있다.

넷째, 사회복지사업은 위 규정에 명시한 사업만을 말하지 않는다. 사회복지 서비스는 국가·지방자치단체 및 민간 부문의 도움을 필요로 하는 모든 국민에 대하여 상담, 재활, 직업 소개 및 지도, 사회복지시설의 이용 등을 제공하여 정상적인 사회생활이 가능하도록 제도적으로 지원하는 것이다(제2조 6호).

2) 기본 용어

사회복지사업법에서 사용하는 용어의 뜻은 다음과 같다.

"사회복지사업"이란 다음 항목의 법률에 따른 보호·선도(善導) 또는 복지에 관한 사업과 사회복지 상담, 직업 지원, 무료 숙박, 지역사회복지, 의료복지, 재가복지(在家福祉), 사회복지관 운영, 정신질환자 및 한센 병력자의 사회 복귀에 관한 사업 등 각종 복지사업과 이와 관련된 자원봉사활동 및 복지시설의 운영 또는 지원을 목적으로 하는 사업을 말한다.

사회복지사업법에서 사회복지사업으로서의 25개 관련 법률은 다음과 같다.

㉮	국민기초생활보장법, 아동복지법, 노인복지법
㉯	장애인복지법, 한부모가족지원법, 영유아보육법
㉰	성매매 방지 및 피해자 보호 등에 관한 법률, 정신보건법, 성폭력 방지 및 피해자 보호 등에 관한 법률

㉣	입양특례법, 일제하 일본군 위안부 피해자에 대한 생활안정 지원 및 기념사업 등에 관한 법률, 사회복지공동모금회법
㉤	장애인·노인·임산부 등의 편의 증진 보장에 관한 법률, 가정폭력 방지 및 피해자 보호 등에 관한 법률, 농어촌 주민의 보건복지 증진을 위한 특별법
㉥	식품기부 활성화에 관한 법률, 의료급여법, 기초노령연금법
㉦	긴급복지지원법, 다문화가족지원법, 장애인연금법
㉧	장애인활동 지원에 관한 법률, 노숙인 등의 복지 및 자립 지원에 관한 법률, 보호관찰 등에 관한 법률, 장애아동복지지원법

① "지역사회복지"란 주민의 복지 증진과 삶의 질 향상을 위하여 지역사회 차원에서 전개하는 사회복지를 말한다.
② 사회복지법인이란 사회복지사업을 할 목적으로 설립된 법인을 말하며, 사회복지시설이란 사회복지사업을 할 목적으로 설치된 시설을 말한다.
③ 사회복지관이란 지역사회를 기반으로 일정한 시설과 전문인력을 갖추고 지역 주민의 참여와 협력을 통하여 지역사회의 복지문제를 예방하고 해결하기 위하여 종합적인 복지 서비스를 제공하는 시설을 말한다.
④ 사회복지 서비스란 국가·지방자치단체 및 민간 부문의 도움을 필요로 하는 모든 국민에게 상담, 재활, 직업 소개 및 지도, 사회복지시설의 이용 등을 제공하여 정상적인 사회생활이 가능하도록 제도적으로 지원하는 것을 말한다.
⑤ 보건의료 서비스란 국민의 건강을 보호·증진하기 위하여 보건의료인이 하는 모든 활동을 말한다(제2조).

다른 법률과의 관계에서는 사회복지사업의 내용 및 절차 등에 관하여 법률에 특별한 규정이 있는 경우를 제외하고는 이 법에서 정하는 바에 따른다.

3) 사회복지사업법의 발달

사회복지사업법은 사회복지사업에 대한 기본적인 사항을 규정하여 공정한 운영을 기함으로써 사회복지의 증진을 도모하기 위하여 제정되었다.

제 · 개정	주요 내용
1970.1.1.	법률 제2191호 「사회복지사업법」 제정. 사회복지법인을 설립하고자 하는 자는 보건사회부 장관의 인가, 사회복지시설의 설치 · 운영은 국가 · 지방자치단체 및 시 · 도지사의 허가를 받은 사회복지법인 또는 보건사회부 장관의 허가를 받은 법인에 한정
1992.12.8.	일선행정기관에 사회복지 전담공무원을 두는 법적 근거 마련, 시 · 군 · 구에는 복지사무 전담기구를 설치, 사회복지사업의 범위를 확대, 조정
1997.8.22.	사회복지사 1급은 국가시험에 합격한 자, 시설 설치 · 운영을 허가제를 신고제로 변경, 개인도 동 시설을 설치 · 운영 가능
2000.1.12.	사회복지사업 종사자의 활동 장려, 사회복지의 날을 제정
2002.12.18.	남성이 세대주인 부자 가정에 대하여도 지원
2003.7.30.	시 · 군 · 구에 지역사회복지협의체 설치
2006.3.24.	식품 기부를 활성화
2007.10.17.	모부자복지법이 한부모가족지원법으로 변경
2007.12.14.	사회복지 업무의 전자적 처리를 위한 근거 규정 마련
2011.8.4.	「사회복지사업법」 일부 개정－출소자의 갱생보호사업을 사회복지사업에 포함
2012.1.26. (2012.8.5.)	「사회복지사업법」 일부 개정－사회복지사업의 인권 보호 강화－사회복지법인 임원의 자격 요건 강화
2012.5.23.	사회복지사 등의 처우 및 지위 향상을 위한 법률 [시행 2012.11.24] [법률 제11442호, 일부 개정]
2012.8.7.	일부 개정, 사회복지법인 및 사회복지시설 재무 · 회계 규칙
2012.10.22.	사회복지공동모금회법 일부 개정
2013.6.4. (2014.6.5.)	시설 운영자가 의무적으로 가입하여야 하는 보험에 현행 화재로 인한 손해배상 책임 외에 안전사고로 인한 보호 대상자에 대한 손해배상 책임을 추가함으로써 여러 가지 사고에 대한 시설 운영자의 손해배상 책임을 강화하려는 것임.

(1) 1970. 1. 1

사회복지사업에 대한 기본적인 사항을 규정한 사회복지사업은 생활보호법 · 아동복리법 · 윤락행위 등 방지법 등에 의한 보호사업 · 복지사업 · 선도사업 · 복지시설의 운영 등을 목적으로 하는 사업으로 하였고, 사회복지사업을 목적으로 하는 사회복지법인을 설립하고자 하는 자는 보건사회부 장관의 인가를 받도록 하였다. 그리고 사회복지시설의 설치 · 운영은 국가 · 지방자치단체 및 시 · 도지사의 허가를 받은 사회복지법인 또는 보건사회부 장관의 허가를 받은 기타의 법인에 한정하였다.

(2) 1992. 12. 8

사회복지행정의 전문성과 효율성을 높이기 위하여 일선행정기관에 사회복지 전담공무원을 두는 법적 근거를 마련하여 시 · 군 · 구에는 복지사무 전담기구를 설치할 수 있도록 하였으며, 사회복지사업의 범위를 확대, 조정하였다.

(3) 1997. 8. 22

사회복지사의 전문성을 제고하기 위하여 사회복지사 1급은 국가시험에 합격한 자로 하였으며, 시설 설치 · 운영을 허가제를 신고제로 변경하고, 개인도 동 시설을 설치 · 운영할 수 있도록 하였다. 또한 사회복지법인과 시설 운영의 투명성을 보장할 수 있도록 제도적 장치를 강화하고, 자원봉사 활동을 지원할 수 있는 법적 근거를 마련하였으며, 사회복지시설에 대한 평가제도를 도입하였다.

(4) 2000. 1. 12

국민의 사회복지에 대한 이해를 증진하고 사회복지사업 종사자의 활동을 장려하기 위하여 사회복지의 날을 제정, 사회복지시설의 장은 화재로 인한 손해배상 책임의 이행을 위하여 그 시설에 대하여 화재보험에 가입하도록 하였다.

(5) 2002. 12. 18

모자가정에 대해서만 국가 등이 경제적 · 사회적 지원을 하도록 하고 있으나, 앞으로는 이를 확대하여 같은 조건의 남성이 세대주인 부자 가정에 대하여도 지원하게 되었다.

(6) 2003. 7. 30

시 · 군 · 구에 지역사회복지협의체를 설치하도록 하고, 사회복지사업에 관한 중요 사항과 지역사회 복지계획을 심의하도록 하였으며, 지역사회복지를 효율적으로 실시하기 위하여 시 · 도 및 시 · 군 · 구 지역사회 복지계획을 수립 · 시행하고 결과를 평가할 수 있도록 하였으며, 재가복지 서비스를 우선하여 제공하도록 하고, 재가복지 서비스를 담당하는 가정봉사원을 양성하도록 하였다.

(7) 2006. 3. 24

식품 기부를 활성화하고 기부된 식품을 생활이 어려운 자에게 지원하는 법률이 사회복지사업에 포함되었다.

(8) 2007. 10. 17

모부자복지법이 한부모가족지원법으로 변경되었다.

(9) 2007. 12. 14

사회복지 업무의 전자적 처리를 위한 근거 규정 마련을 통한 복지 업무의 효율성 및 접근성을 높이려 하였고, 사회복지사의 자질 향상을 위한 보수교육의 근거를 마련하고, 시장·군수·구청장이 수립하는 지역복지계획에 사회복지시설에 종사하는 자의 처우 개선에 관한 사항을 포함하도록 규정하였으며, 지방자치단체 간 협약에 따른 사회복지시설의 지도·감독에 대한 규정을 마련하였다.

(10) 2008. 2. 29

정부조직법 개정에 따라 보건복지부(장관)를 보건복지가족부(장관)로 개정하였으며, 현재(2013년)는 보건복지부로 재개정되었다.

(11) 2009. 6. 9(2009. 12. 1)

기초노령연금법, 긴급복지지원원법, 다문화가족지원법, 통합전산망 구축 및 운영 과정에서 발생하는 정보 유출, 오용 및 남용 금지하고 이에 대한 벌칙을 마련하였다.

(12) 2010. 1. 18

보건복지가족부를 보건복지부로 개정하였다.

(13) 2011. 6. 7(2012. 6. 8)

노숙인 등의 복지 및 자립 지원에 관한 법률은 노숙인 등에 대한 지원 체계를 통합하고 주거, 급식, 의료 등 복지 서비스 제공과 민간단체와의 협력 사항을 국가와 지방자치단체의 책임으로 건전한 사회 복귀를 도모하려는 것이다.

(14) 2011. 8. 4(2011. 8. 4)

「사회복지사업법」의 일부 개정이다.

- 출소자의 갱생보호사업을 사회복지사업에 포함시켜 사회적·재정적 지원을 받도록 함.
- 사회복지법인의 설치·운영 등에 관한 보건복지부 장관의 사무를 시·도지사에게 이양
- 농어촌 지역 등의 지역 특성과 시설 분포 등을 고려하여 사회복지시설을 통합하여 설치할 수 있는 근거를 마련

(15) 2011. 8. 4(2012. 8. 5)

입양특례법의 제명 변경으로 국내외 입양 모두 법원의 허가를 받도록 하며, 친생 부모에게 양육에 관한 충분한 상담 및 양육 정보를 제공하는 등 부모의 직접 양육을 지원한다. 그리고 아동이 출생일부터 1주일이 지나고 나서 입양 동의가 이루어지도록 하는 한편, 양자가 된 사람에게 자신에 대한 입양정보 접근권을 부여하고, 국내 입양의 우선 추진 의무화 등을 규정함으로써 아동의 권익과 복지를 증진하려는 것이다.

(16) 2012. 1. 26(2012. 8. 5)

「사회복지사업법」의 일부 개정이다.

- 사회복지사업의 인권 보호 강화-사회복지법인 임원의 자격 요건 강화 등
- 사회복지법인 및 시설 임직원 결격 사유 확대 및 직무 집행정지 사유 신설
- 사회복지법인 및 시설 관리 감독 강화-사회복지법인 및 시설의 운영 개선
- 사회복지시설 서비스 최저 기준 마련, 시설 운영자는 최저 기준 이상으로 서비스 수준을 유지하도록 함.

2 급여 및 재정

1) 재정

(1) 보조금

국가 또는 지방자치단체는 사회복지사업을 수행하는 자 중 대통령령이 정하는 자에 대하여 필요한 비용의 전부 또는 일부를 보조할 수 있으며, 보조금은 목적 이외의 용도에 사용할 수 없다. 그리고 부정한 방법 및 사업 목적 외의 용도로 사용하였을 경우 국가 또는 지방자치단체는 보조금의 반환을 명할 수 있다(제42조).

위에서 대통령령으로 정하는 자란 다음 어느 하나에 해당하는 자를 말한다.

① 사회복지법인

② 사회복지사업을 수행하는 비영리법인

③ 사회복지시설 보호 대상자를 수용하거나 보육·상담 및 자립 지원을 하기 위하여 사회복지시설을 설치·운영하는 개인(시행령 제20조).

법에 따라 비용을 징수하고자 하는 때에는 그 산출 근거를 명시하여 서면으로 통지하여야 한다. 다만, 그 혜택을 받은 본인이 「국민기초생활보장법」에 따른 수급자인 경우에는 그 비용을 징수하지 아니한다.

위 규정에 의한 비용의 징수 방법 및 절차 등에 관하여 필요한 사항은 보건복지부령으로 정한다.

(2) 지원금

보건복지부 장관은 시·도지사 및 시·군·구청장에게 사회복지사업의 수행에 필요한 비용을 지원할 수 있다(제43조).

비용의 징수에 대하여 복지 조치에 필요한 비용을 부담한 지방자치단체의 장, 기타 시설을 운영하는 자는 혜택을 받은 본인 또는 부양 의무자로부터 비용의 전부 또는 일부를 징수할 수 있다(제44조).

후원금의 관리에 대하여 사회복지법인의 대표이사와 시설의 장은 후원금의 수입·지출 내용과 관리에 명확성이 확보되도록 하여야 한다(제45조).

2) 재산

법인은 사회복지사업의 운영에 필요한 재산을 소유하여야 하며, 법인의 재산은 기본재산과 보통재산으로 구분된다.

(1) 재산의 구분 및 범위

재산의 구분 및 범위는 법(제23조)의 규정에 의한 법인의 기본재산은 다음에 해당하는 재산으로 하고, 그 밖의 재산은 보통재산으로 한다(시행규칙 제12조).

① 부동산

② 정관에서 기본재산으로 정한 재산

③ 이사회의 결의에 의하여 기본재산으로 편입된 재산

위의 규정에 의한 기본재산은 다음과 같이 목적사업용 기본재산과 수익용 기본재산으로 구분한다. 다만, 시설의 설치·운영을 목적으로 하지 아니하고 사회복지사업을 지원하는 것을 목적으로 하는 법인에 있어서는 이를 구분하지 아니할 수 있다.

① 목적사업용 기본재산: 법인이 사회복지시설(이하 "시설"이라 한다) 등을 설치하는 데 직접 사용하는 기본재산

② 수익용 기본재산: 법인이 그 수익으로 목적사업의 수행에 필요한 경비를 충당하기 위한 기본재산

기본재산의 기준으로 법(제23조)에 따라 시설의 설치·운영을 목적으로 하는 법인은 기본재산을 갖추어야 한다(제13조).

시설 거주자를 보호하기 위한 시설은 다음 구분에 따라 상시 10명 이상의 시설 거주자를 보호할 수 있는 목적사업용 기본재산을 갖추어야 한다. 다만, 법에서 10명 미만의 소규모 시설을 따로 정하고 있는 경우에는 해당 법률에 의한 시설의 설치 기준에 해당하는 목적사업용 기본재산을 갖추어야 한다.

(2) 장기 차입 금액의 허가

보건복지부령이 정하는 금액 이상이라 함은 장기 차입하고자 하는 금액을 포함한 장기차입금의 총액이 기본재산 총액에서 차입 당시의 부채 총액을 공제한 금액

의 100분의 5에 상당하는 금액 이상을 말한다(제23조 제3항 제2호). 위 규정에 의한 금액을 장기 차입하고자 하는 경우에는 장기차입허가신청서에 다음 서류를 첨부하여 시·도지사에게 제출하여야 한다.

① 이사회 회의록 사본 1부

② 차입 목적 또는 사유서(차입 용도를 포함한다) 1부

③ 상환계획서 1부

재산취득 보고로서 법인은 매년 1월 말까지 전년도의 재산 취득 상황을 시·도지사에게 보고하여야 한다(시행규칙 제16조).

(3) 잔여재산 및 수익사업

잔여재산 처리에서 해산한 법인의 잔여재산은 정관이 정하는 바에 의하여 국가 또는 지방자치단체에 귀속되며 국가 또는 지방자치단체에 귀속된 재산은 사회복지사업에 사용하거나 유사한 목적을 가진 법인에게 무상으로 대부하거나 무상으로 사용·수익하게 할 수 있다. 다만, 해산한 법인의 이사 본인 및 그와 특별한 관계에 있는 자가 이사로 있는 법인에 대하여는 그러하지 아니하다(제27조).

수익사업으로 법인은 목적사업의 경비에 충당하기 위하여 필요한 때에는 법인의 설립 목적 수행에 지장이 없는 범위 안에서 수익사업을 할 수 있으며, 수익사업으로부터 생긴 수익을 법인 또는 그가 설치한 사회복지시설의 운영 외의 목적에 사용할 수 없다. 그리고 수익사업에 관한 회계는 법인의 다른 회계와 구분(법인회계, 시설회계, 수익사업회계)하여 계리한다(제28조).

3 전달 체계 및 위원회

1) 지역사회복지 계획의 수립·시행

시장·군수·구청장은 지역 주민 등 이해관계인의 의견을 들은 후 지역사회복지협의체의 심의를 거쳐 해당 시·군·구의 지역사회 복지계획을 수립하고 이를 시·도지사에게 제출하여야 한다. 이 경우 지역보건법(제3조 제1항)에 따른 지역보

건 의료계획 및 사회보장기본법(제20조)에 따른 사회보장 증진을 위한 장기 발전 방향과 연계되도록 하여야 한다.

시·도지사는 위의 시·군·구의 지역사회 복지계획을 종합·조정하여 사회복지위원회의 심의를 거쳐 시·도의 지역사회 복지계획을 수립하고 이를 보건복지부 장관에게 제출하여야 한다. 이 경우 지역보건법(제3조 제2항)에 따른 지역보건의료계획 및 「사회보장기본법」(제20조)에 따른 사회보장 증진을 위한 장기 발전 방향과 연계되도록 하여야 한다.

그리고 지역복지계획의 수립 방법 및 수립 시기 등에 관하여 필요한 사항은 대통령령으로 정한다(제15조의 3). 지역복지계획에는 지역복지계획의 내용으로 다음 사항이 포함되어야 한다(제15조의 4).

① 복지 수요의 측정 및 전망에 관한 사항
② 사회복지시설 및 재가복지의 장기·단기 공급 대책에 관한 사항
③ 인력·조직 및 재정 등 복지자원의 조달 및 관리에 관한 사항
④ 사회복지 전달 체계에 관한 사항
⑤ 사회복지 서비스 및 보건의료 서비스의 연계 제공 방안에 관한 사항
⑥ 지역사회복지에 관련된 통계의 수집 및 정리에 관한 사항
⑦ 사회복지시설에 종사하는 사람의 처우 개선에 관한 사항
⑧ 그 밖에 대통령령으로 정하는 사항

지역복지계획의 시행에 대하여 시·도지사 또는 시장·군수·구청장은 보건복지부령으로 정하는 바에 따라 지역복지계획을 시행하여야 한다.

2) 사회복지위원회

사회복지사업에 관한 중요 사항과 지역사회 복지계획을 심의하거나 건의하기 위하여 특별시·광역시·도·특별자치도에 사회복지위원회를 두며, 사회복지위원회의 위원은 다음 어느 하나에 해당하는 사람 중에서 특별시장·광역시장·도지사·특별자치도지사가 임명하거나 위촉한다.

① 사회복지 또는 보건의료에 관한 학식과 경험이 풍부한 사람
② 사회복지법인의 대표자

③ 사회복지사업을 하는 비영리법인 또는 단체의 대표자
④ 사회복지를 필요로 하는 사람의 이익 등을 대표하는 사람
⑤ 지역사회복지협의체의 대표자
⑥ 공익단체(비영리민간단체 지원법, 비영리민간단체)에서 추천한 사람
⑦ 사회복지공동모금회법에 따른 사회복지공동모금지회에서 추천한 사람

사회복지위원회의 조직·운영에 필요한 사항은 보건복지부령으로 정하는 바에 따라 해당 시·도의 조례로 정한다(제7조 사회복지위원).

3) 지역사회복지협의체

관할지역의 사회복지사업에 관한 중요 사항과 지역사회 복지계획을 심의하거나 건의하고, 사회복지·보건의료 관련 기관·단체가 제공하는 사회복지 서비스 및 보건의료 서비스의 연계·협력을 강화하기 위하여 특별자치도 또는 시(제주특별자치도 설치 및 국제자유도시 조성을 위한 특별법」에 따른 행정시 포함)·군·구(자치구)에 지역사회복지협의체를 둔다(제7조의 2).

지역사회복지협의체의 위원은 다음 어느 하나에 해당하는 사람 중에서 특별자치도지사 또는 시장·군수·구청장이 임명하거나 위촉한다.

① 사회복지 또는 보건의료에 관한 학식과 경험이 풍부한 사람
② 사회복지사업을 하는 기관·단체의 대표자
③ 보건의료사업을 하는 기관·단체의 대표자
④ 공익단체에서 추천한 사람
⑤ 사회복지 업무 또는 보건의료 업무를 담당하는 공무원

지역사회복지협의체의 업무를 효율적으로 수행하기 위하여 지역사회복지협의체에 실무협의체를 두며, 지역사회복지협의체 및 실무협의체의 조직·운영에 필요한 사항은 보건복지부령으로 정하는 바에 따라 시·군·구의 조례(「제주특별자치도 설치 및 국제자유도시 조성을 위한 특별법」에 따른 행정시의 경우에는 특별자치도의 조례)로 정한다.

지역사회복지협의체의 위원에 대하여는 사회복지위원회는 "지역사회복지협의체"로 본다(제7조의 2).

또한 복지위원제도이다. 시장·군수·구청장은 읍·면·동의 사회복지사업을 원활하게 수행하기 위하여 읍·면·동 단위로 복지위원을 위촉하여야 하며, 복지위원은 명예직으로 하되, 예산의 범위에서 수당을 지급할 수 있으며, 복지위원의 자격, 직무, 위촉 절차 등에 관하여 필요한 사항은 보건복지부령으로 정하는 바에 따라 시·군·구의 조례로 정한다(제8조).

4) 사회복지 전담공무원

사회복지 전담공무원에 대하여 사회복지사업에 관한 업무를 담당하게 하기 위하여 시·도, 시·군·구 및 읍·면·동 또는 복지사무 전담기구(제15조)에 사회복지 전담공무원을 둘 수 있으며, 복지 전담공무원은 사회복지사 자격을 가진 사람으로 하며, 그 임용 등에 필요한 사항은 대통령령으로 정한다.

그리고 복지 전담공무원은 그 관할지역에서 사회복지를 필요로 하는 사람 등에 대하여 항상 그 생활 실태 및 가정환경 등을 파악하고, 사회복지에 관하여 필요한 상담과 지도를 하며, 관계 행정기관과 사회복지시설을 설치·운영하는 자는 복지 전담공무원의 업무 수행에 협조하여야 하며, 국가는 복지 전담공무원의 보수 등에 드는 비용의 전부 또는 일부를 보조할 수 있다(제14조).

5) 사회복지법인

사회복지법인을 설립하려는 자는 대통령령으로 정하는 바에 따라 시·도지사의 허가를 받아야 하며, 허가를 받은 자는 법인의 주된 사무소의 소재지에서 설립 등기를 하여야 한다(제16조).

그리고 법인의 정관에는 다음 사항이 포함되어야 한다(제17조).

① 목적
② 명칭
③ 주된 사무소의 소재지
④ 사업의 종류
⑤ 자산 및 회계에 관한 사항

⑥ 임원의 임면(任免) 등에 관한 사항
⑦ 회의에 관한 사항
⑧ 수익을 목적으로 하는 사업이 있는 경우 그에 관한 사항
⑨ 정관의 변경에 관한 사항
⑩ 존립 시기와 해산 사유를 정한 경우에는 그 시기와 사유 및 남은 재산의 처리 방법
⑪ 공고 및 공고 방법에 관한 사항

법인이 정관을 변경하려는 경우에는 시·도지사의 인가를 받아야 한다. 다만, 보건복지부령으로 정하는 경미한 사항의 경우에는 그러하지 아니하다.

임원의 경우 법인은 대표이사를 포함한 이사 7명 이상과 감사 2명 이상을 두어야 한다. 법인은 이사 정수의 3분의 1 이상을 다음 어느 하나에 해당하는 기관이 어느 하나에 해당하는 사람 중 2배수로 추천한 사람 중에서 선임하여야 한다(개정 2012.1.26).

① 사회복지위원회
② 지역사회복지협의체

이사회의 구성에 있어서 대통령령으로 정하는 특별한 관계에 있는 사람이 이사 현원(現員)의 5분의 1을 초과할 수 없다.

이사의 임기는 3년으로 하고 감사의 임기는 2년으로 하며, 각각 연임할 수 있다.

외국인인 이사는 이사 현원의 2분의 1 미만이어야 한다.

법인은 임원을 임면하는 경우에는 보건복지부령으로 정하는 바에 따라 지체 없이 시·도지사에게 보고하여야 한다.

학습 과제

01 사회보장 수급권은 양도·담보·(①)할 수 없다.

02 사회보장제도의 운영 원칙은? (5가지)

①________, ②________, ③________, ④________, ⑤________.

03 사회복지법인은 시·도지사의 (①)를 받아야 한다.

04 사회복지법인은 대표이사를 포함한 이사(①)인 이상을 두어야 하며, 이사의 임기는 3년이다.

05 사회복지법인 또는 사회복지시설에 종사하는 사회복지사는 연간 (①)시간 이상의 보수교육을 받아야 한다.

06 사회복지시설의 장은 (①)해야 하며, 운영위원회는 시설 운영에 관한 사항들을 심의하지만 의결 기능은 없다.

07 사회복지시설의 수용 인원은 대통령령에서 규정한 예외 시설을 제외하고는 (①)명을 초과할 수 없다.

정답

선행 학습

1. (① 국가), (② 지방자치단체)
2. (① 연계성) (② 전문성)
3. (① 5)
4. (① 구상권)
5. (① 현물), (② 친족), (③ 지역사회복지협의체)

학습 과제

01. (① 압류)
02. ① 보편성의 원칙, ② 형평성의 원칙, ③ 민주성의 원칙, ④ 효율성·연계성 및 전문성의 원칙, ⑤ (공공성)의 원칙
03. (① 허가)
04. (① 7)

05. (① 8)시간
06. (① 상근)
07. (① 300)

제 6 장 고용보험법 · 산업재해보상보험법

선행 학습

1. 고용보험법상 적용 제외 근로자는?
   (1)____________, (2)____________, (3)____________, (4)____________
2. 외국인 근로자는 고용보험법상 (①)이나 취업활동 체류 자격을 가진 경우 고용보험법의 적용을 받을 수 있다.
3. 고용보험법에 대한 대상으로 1개월간 소정 근로 시간이 (①)시간 미만인 자는 적용되지 않는다.
4. 고용보험법에서 급여의 하한선은 (①)상의 금액이다.
5. 고용보험법에서 구직급여는 (①)일의 대기 기간을 둔다.
6. 고용보험법에서 출산 전후 휴기 기간은 출산 전후(①)개월이다.
7. 산업재해보상보험법은 (①)이 관장한다.
8. 산업재해보상보험법의 급여는 업무와 재해 사이에 상당한 (①)가 있는 경우에 대하여 보상한다.
9. 산업재해보상보험법의 급여는 근로자를 사용하는 (①) 사업 또는 (②)에 적용된다.
10. 산업재해보상보험법의 급여에서 요양급여를 받는 근로자가 2년이 지나도 상태가 지속되면 휴업급여 대신 (①)을 받는다.
11. 산업재해보상보험법의 급여에서 근로자의 보험급여를 받을 권리는 (①)하여도 소멸되지 아니한다.

제 1 절 고용보험법

1 목적 및 대상

1) 목적

1993년 12월 27일 제정된 고용보험법은 고용보험의 시행을 통하여 실업의 예방, 고용의 촉진 및 근로자의 직업 능력의 개발과 향상을 꾀하고, 국가의 직업 지도와 직업 소개 기능을 강화하며, 근로자가 실업한 경우에 생활에 필요한 급여를 실시하여 근로자의 생활 안정과 구직 활동을 촉진함으로써 경제·사회 발전에 이바지하는 것을 목적으로 한다(제1조).

이 법에서 사용하는 용어의 뜻은 다음과 같다(제2조)(개정 2011.7.21).

① 여기서 피보험자란 다음에 해당하는 자를 말한다.

첫째, 「고용보험 및 산업재해 보상보험의 보험료 징수 등에 관한 법률」에 따라 보험에 가입되거나 가입된 것으로 보는 근로자

둘째, 보험료 징수법에 따라 고용보험에 가입하거나 가입된 것으로 보는 자영업자를 말한다.

② "이직(離職)"이란 피보험자와 사업주 사이의 고용 관계가 끝나게 되는 것을 말한다.

③ "실업(失業)"이란 근로의 의사와 능력이 있음에도 불구하고 취업하지 못한 상태에 있는 것을 말한다.

④ "실업의 인정"이란 직업안정기관의 장이 제43조에 따른 수급 자격자가 실업한 상태에서 적극적으로 직업을 구하기 위하여 노력하고 있다고 인정하는 것을 말한다.

⑤ "보수"란 「소득세법」 제20조에 따른 근로소득에서 대통령령으로 정하는 금품을 뺀 금액을 말한다. 다만, 휴직이나 그 밖에 이와 비슷한 상태에 있는 기간 중에 사업주 외의 자로부터 지급받는 금품 중 고용노동부 장관이 정하여

고시하는 금품은 보수로 본다.

⑥ “일용근로자”란 1개월 미만 동안 고용되는 자를 말한다.

2) 대상

근로자를 사용하는 모든 사업 또는 사업장(이하 “사업”이라 한다)에 적용하며 단, 산업별 특성 및 규모 등을 고려하여 대통령령이 정하는 사업에 대하여는 적용하지 아니한다(제8조).

국민기초생활보장법상 자활근로자(제113조의2), 국민기초생활보장법(제15조 제1항 제4호)에 따라 자활을 위한 근로 기회를 제공하기 위한 사업은 이 법의 적용을 받는 사업으로 한다. 그리고 고용보험법상의 근로자는 「근로기준법」에 따른 근로자를 말한다.

적용제외 사업(시행령 제2조)은 농·임·어업, 수렵업 중 법인이 아닌 자가 상시 4명 이하의 근로자를 사용하는 사업과 가사 서비스업 등이다.

적용 제외 근로자(제10조)는 다음과 같다.

① 65세 이상인 자: 고용 안정, 직업 능력 개발 사업의 경우에는 예외

② 소정(소정) 근로 시간이 대통령령이 정하는 시간 미만인 자

③ 「국가공무원법」과 「지방공무원법」에 따른 공무원. 다만, 대통령령으로 정하는 바에 따라 별정직 공무원, 「국가공무원법」(제26조의5) 및 「지방공무원법」(제25조의5)에 따른 임기제 공무원의 경우는 본인의 의사에 따라 고용보험(제4장에 한한다)에 가입할 수 있다(제10조)(시행 2013.12.12).

④ 사립학교 교직원 연금법의 적용을 받는 자

⑤ 그 밖에 대통령령으로 정하는 자이다.

보험 관계 성립 및 소멸(제9조)은 보험료징수법이 정하는 바에 따른다.

3) 고용보험법의 발달

제·개정	주요 내용
1993.12.27. (1995.7.1.)	법률 제4664호 「고용보험법」 제정

1996.12.30. (1997.1.1.)	「고용보험법」 일부 개정: 고용보험 적용 대상 연령 제한, 고용안정사업 및 직업 능력 개발사업 실시 사업주 등에 대한 지원 범위 확대
1998.2.20. (1998.3.1.)	「고용보험법」 일부 개정 - 1일 최저 구직 급여액을 최저 임금액의 70퍼센트가 되도록 함. - 특별한 실업대책이 필요하다고 인정되는 경우 구직급여의 지급 기간을 60일의 범위 내에서 연장할 수 있도록 함. - 임금액의 1천분의 30의 범위 내에서 고용보험료율을 결정할 수 있도록 함. - 실직자가 구직급여를 지급받을 수 있는 최저 지급 기간을 60일로 상향 조정
1998.9.17. (1998.10.1.)	고용보험법」 일부 개정 - 적용 대상에서 제외되었던 3월 이내의 기간 동안 고용되는 단기 고용근로자를 1월로 단축하여 단기 고용근로자의 범위를 확대 - 이직 시 퇴직금 등으로 고액의 금품을 지급받은 자에 대하여는 직업안정기관에 실업을 신고한 날부터 3월간은 구직급여의 지급을 유예할 수 있도록 함.
2001.8.14. (2001.11.1.)	「고용보험법」 일부 개정 - 남녀고용평등법의 규정에 의한 출산 전후 휴가급여와 근로자의 육아휴직급여를 고용보험에서 지급할 수 있도록 근거 규정 마련
2002.12.30. (2004.1.1.)	「고용보험법」 일부 개정: 일용근로자도 적용, 일용근로자가 구직급여를 받기 위한 수급 요건을 정함. - 구직급여를 지급하지 않는 대기 기간을 14일에서 7일로 하향 조정함, 정당한 사유 없이 실업의 인정을 받지 못한 경우 그 기간에 대한 구직급여는 지급하지 아니하도록 함. 조기 재취직수당을 안정된 직장에 재취직하는 경우뿐 아니라 영리를 목적으로 사업을 영위하는 경우에도 지급하도록 함.
2003.12.31. (2005.1.1.)	「고용보험법」 일부 개정 - 고용보험의 성립・소멸 및 보험료 징수 등에 관한 규정을 삭제하고 「고용보험 및 산업재해보상보험의 보험료 징수 등에 관한 법률」과 관련되는 규정 정비
2005.5.31. (2006.1.1.)	「고용보험법」 일부 개정 - 유산・사산 휴가를 받은 경우에도 급여 지급
2005.12.7. (2006.1.1.)	「고용보험법」 일부 개정: 고용안정사업과 직업 능력 개발사업의 통합 운영 - 고용보험사업의 지원 대상 확대(65세 이상인 자, 고용보험 피보험자 또는 피보험자이었던 자가 아닌 실업자) - 육아휴직급여 신청 기한 연장(육아휴직 종료 후 12월) - 부정행위 신고자 포상제도 도입, 자영업자에 대한 고용보험 임의가입제도 도입
2007.5.11. (2007.5.11.)	「고용보험법」 전부 개정 - 구직급여의 수급자격 제한에 관한 규정을 직접 법률에서 정하도록 함. - 보험사업의 전면적 시행에 어려움이 예상되거나 보험사업의 수행 방식을 미리 검증할 필요가 있는 경우에 시범사업을 실시할 수 있는 근거 마련 - 법 문장의 표기의 한글화 및 복잡한 문장 체계의 정리, 간결화

2007.12.21. (2008.6.22.)	「고용보험법」 일부 개정: -배우자 출산휴가 규정 신설, -육아기 근로시간 단축 규정 신설, -일·가정 양립지원 기반 조성 규정 신설
2008.3.21. (2008.3.21.)	「고용보험법」 일부 개정: -별정직 및 계약직 공무원의 경우 본인의 의사에 따라 고용보험에 가입 가능, -구직급여 수급자가 직업 능력 개발훈련을 받는 경우 지급하는 훈련연장급여의 지급 수준을 구직급여의 100분의 100으로 인상
2008.12.31. (2008.12.31.)	「고용보험법」 일부 개정: -고용보험위원회 신설 -고용보험사업의 평가 근거 마련 -직업 능력 개발 훈련을 받는 저소득 계층에 대한 생계비 대부 조항 신설
2010.1.27. (2011.1.1.)	「고용보험법」 일부 개정: -고용보험 및 산업재해보상보험의 보험료 산정 기준을 임금에서 다른 사회보험과 같이 소득세 과세 대상 근로소득으로 통일
2011.7.21. (2012.2.2.)	「고용보험법」 일부 개정: -근로자를 사용하지 않거나 50인 미만 근로자 사용 자영업자가 희망하는 경우 실업급여에 가입 가능, 육아휴직 대신 근로 시간 단축 -근로자에게 육아기 근로 시간 단축 급여 신설 -자활급여 수급자에 대하여 고용보험 적용
2013.6.4. (2013.6.4.)	-65세 이상인 자에 대하여 실업급여 적용을 획일적으로 제외 -앞으로는 65세 이후 새롭게 고용되거나 자영엽을 개시한 자만 고용보험 중 실업급여 적용 제외 -고용보험에 가입되어 있던 피보험자가 65세 이후에 이직한 경우에도 실업급여 지급

2 급여 및 재정

1) 급여

(1) 고용 안정·직업 능력 개발사업

고용 안정·직업 능력 개발사업의 실시에 대하여 고용노동부 장관은 피보험자 및 피보험자였던 자, 그 밖에 취업할 의사를 가진 자에 대한 실업의 예방, 취업의 촉진, 고용 기회의 확대, 직업 능력 개발·향상의 기회 제공 및 지원, 그 밖에 고용 안정과 사업주에 대한 인력 확보를 지원하기 위하여 고용 안정·직업 능력 개발사업을 실시한다. 고용노동부 장관이 고용 안정·직업 능력 개발사업을 실시할 때에는 근로자의 수, 고용 안정·직업 능력 개발을 위하여 취한 조치 및 실적 등 대통령령으로 정하는 기준에 해당하는 기업을 우선적으로 고려하여야 한다.

고용 안정·직업 능력 개발사업은 다음과 같다.

고용 창출의 지원(제20조), 고용 조정의 지원(제21조), 지역 고용 촉진(제22조) 및 노령자 등의 고용 촉진 지원(제23조), 건설 근로자 등의 고용 안정 지원(제24조), 고용 안정과 취업 촉진(제25조, 제26조), 사업주에 대한 직업 능력 개발 훈련의 지원(제27조), 피보험자 등에 대한 직업 능력 개발 지원(제29조), 직업 능력 개발 훈련 시설에 대한 지원(제30조), 직업 능력 개발의 촉진(제31조), 건설근로자 등의 직업 능력 개발 지원(제32조), 고용정보의 제공 및 고용 지원 기반 구축(제33조), 지방자치단체 등에 대한 지원(제34조)

(2) 실업급여

실업은 근로의 의사와 능력이 있음에도 불구하고 취업하지 못한 상태(제2조 제3호)이며, 이직은 피보험자와 사업주 사이에 고용 관계가 끝나게 되는 것(제2조 제2호)을 말한다.

실업급여는 고용보험의 3대 사업의 하나로 근로자가 실직한 경우 일정 기간 동안 급여를 지급하여 실직자 및 그 가족의 생활 안정을 도모하고 자신의 능력과 적성에 맞는 새로운 직장에 재취업할 수 있도록 지원하는 제도이다.

(3) 구직급여

취업촉진수당으로는 조기재취업 수당, 직업 능력 개발수당, 광역 구직활동비, 이주비를 말한다. 실업급여의 연장은 피보험자로서 65세 전에 이직한 자가 그 이직과 관련하여 실업한 상태에서 65세가 되면 실업급여의 적용을 연장한다(제39조).

구직급여의 수급 요건(제40조)으로서 구직급여는 이직한 피보험자가 다음 요건을 모두 갖춘 경우에 지급한다.

① 이직일 이전 18개월간 피보험 단위 기간이 통산 180일 이상 일정한 양의 보험료 납부 기록이 있어야 신청 자격 획득

② 근로의 의사와 능력이 있음에도 불구하고 취업하지 못한 상태에 있을 것으로 지속적으로 노동시장 참여를 위하여 노력하고 있어야 함.

③ 이직 사유(제58조)에 따른 수급 자격의 제한 사유에 해당하지 아니할 것이며, 자발적 실업은 수급 자격을 박탈한다.

④ 재취업을 위한 노력을 적극적으로 할 것
⑤ 수급 자격 인정 신청일 이전 1개월 동안의 근로 일수가 10일 미만일 것
⑥ 최종 이직일 이전 기준 기간의 피보험 단위 기간 180일 중 다른 사업에서 수급 자격의 제한 사유에 해당하는 사유로 이직한 사실이 있는 경우에는 피보험 단위 기간 중 90일 이상을 일용근로자로 근로하였을 것 등이다.

기준 급여일수로는 구직급여의 수급 자격과 관련된 이직일의 다음날부터 계산하기 시작하여 12개월 내에 하나의 수급 자격에 따라 구직급여를 지급받을 수 있는 날은 대기 기간이 끝난 다음날부터 계산하기 시작하여 피보험 기간과 연령에 따라(제50조 제1항) 소정 급여 일수를 한도로 하여 지급한다(제48조 제1항).

[별표 1] 구직급여의 소정 급여 일수(제50조 제1항 관련)

구분		피보험 기간				
		1년 미만	1년 이상 3년 미만	3년 이상 5년 미만	5년 이상 10년 미만	10년 이상
이직일 현재 연령	30세 미만	90일	90일	120일	150일	180일
	30세 이상 50에 미만	90일	120일	150일	180일	210일
	50세 이상 및 장애인	90일	150일	180일	210일	240일

비고: 장애인이란 「장애인 고용 촉진 및 직업재활법」에 따른 장애인을 말한다.

하나의 수급 자격에 따라 구직급여를 지급받을 수 있는 날(이하 "소정 급여 일수"라 한다)은 대기 기간이 끝난 다음날부터 계산하기 시작하여 피보험 기간과 연령에 따라 별표 1에서 정한 일수가 되는 날까지로 한다.

구직급여에는 훈련연장급여(제51조), 개별연장급여(제52조), 특별연장급여(제53조)가 있으며, 급여의 제한은 훈련 거부 등으로 인한 수급 제한(제60조)이나 부정행위 등에 따른 제한(제61조)이 있다.

반환명령(제62조)으로는 구직 거짓이나 부정한 방법으로 구직급여를 지급받은 자는 전부 또는 일부 반환을 명할 수 있다.

사업주의 거짓된 신고·보고 또는 증명으로 인한 것이면 구직급여받은 자와 사

업주가 연대하여 책임을 진다.

수급 자격자 또는 수급 자격이 있었던 자에게 잘못 지급된 구직급여가 있으면 그 지급 금액을 징수할 수 있다.

상병급여(제63조)로서 실업신고 이후 질병・부상 또는 출산으로 취업이 불가능하여 실업의 인정을 받지 못한 날에 대하여는 수급 자격자의 청구에 의하여 구직급여일액에 해당하는 금액을 구직급여에 갈음하여 지급할 수 있다.

취업촉진수당은 구직급여를 받고 있는 근로자가 빠른 시일 내에 새로운 직장을 구하는 것을 도와주기 위하여 지급하는 급여이다.

취업촉진수당의 종류에는 ① 조기재취업 수당(제64조), ② 직업 능력 개발 수당(제65조), ③ 광역 구직활동비(제66조), ④ 이주비(제67조) 등이 있다.

취업촉진수당의 급여 제한(제68조)으로는 거짓이나 그 밖의 부당한 방법으로 실업급여를 받았거나 받으려고 한 자에게는 급여를 받은 날 또는 받으려 한 날부터의 취업촉진수당을 지급하지 아니한다.

(4) 자영업자에 대한 실업급여

자영업자인 피보험자의 실업급여 종류는 구직급여와 취업촉진 수당(제37조)에 따르되, 연장급여(제51조부터 제55조)와 조기재취업 수당(제64조)은 제외한다(제69조의 2).

구직급여의 수급 조건은 폐업한 자영업자인 피보험자가 다음 요건을 모두 갖춘 경우에 지급한다.

① 폐업일 이전 24개월간 자영업자인 피보험자로서 갖춘 피보험 단위 기간이 통산(通算)하여 1년 이상일 것

② 근로의 의사와 능력이 있음에도 불구하고 취업을 하지 못한 상태에 있을 것

③ 폐업 사유가 제69조의 7에 따른 수급 자격의 제한 사유에 해당하지 아니할 것

④ 재취업을 위한 노력을 적극적으로 할 것 등이다.

구직급여일액은 수급 자격자의 기초일액에 100분의 50을 곱한 금액으로 하며(제69조의 5), 소정 급여 일수는 실업의 신고일부터 계산하기 시작하여 7일간은 대기 기간으로 보아 구직급여를 지급하지 아니하므로(제49조) 대기 기간이 끝난 다음날부터 계산하기 시작하여 피보험 기간에 따라 정한 일수가 되는 날까지로 한다

(제69조의 6).

(5) 육아휴직급여 등

「남녀고용 평등과 일·가정 양립 지원에 관한 법률」(제19조)에 따른 육아휴직사업주는 만6세 이하의 초등학교 취학 전 자녀(입양한 자녀를 포함)를 양육하기 위하여 휴직을 신청하는 경우 이를 허용하여야 한다. 육아휴직급여를 지급받으려는 사람은 육아휴직을 시작한 날 이후 1개월부터 육아휴직이 끝난 날 이후 12개월 이내에 신청하여야 한다. 다만, 해당 기간에 대통령령으로 정하는 사유로 육아휴직급여를 신청할 수 없었던 사람은 그 사유가 끝난 후 30일 이내에 신청하여야 한다(신설 2011.7.21).

고용노동부 장관은 「남녀고용 평등과 일·가정 양립 지원에 관한 법률」 제19조에 따른 육아휴직을 30일(근로기준법 제74조에 따른 출산전후 휴가 기간 90일과 중복되는 기간은 제외) 이상 부여받은 피보험자 중 다음의 요건을 모두 갖춘 경우에 육아휴직급여를 지급한다(제70조).

① 육아휴직을 시작한 날 이전에 제41조에 따른 피보험 단위 기간이 통산하여 180일 이상일 것

② 같은 자녀에 대하여 피보험자인 배우자가 30일 이상의 육아휴직을 부여받지 아니하거나 「남녀고용 평등과 일·가정 양립 지원에 관한 법률」(제19조의2)에 따른 육아기 근로 시간 단축을 30일 이상 실시하지 아니하고 있을 것 등이다.

휴직급여는 육아휴직 개시일을 기준으로 근로기준법에 따라 산정한 월 통상임금의 100분의 40에 해당되는 금액으로 한다(시행령 제95조).

(6) 출산전후 휴가급여

출산전후 휴가급여에 대하여 고용노동부 장관은 「남녀고용 평등과 일·가정 양립 지원에 관한 법률」(제18조)에 따라 피보험자가 「근로기준법」(제74조)에 따른 출산전후 휴가 또는 유산·사산휴가를 받은 경우로서 다음의 요건을 모두 갖춘 경우 지급한다(제75조).

① 휴가가 끝난 날 이전에 피보험 기간 통산하여 180일 이상

② 휴가를 시작한 날 이후 1개월부터 휴가가 끝난 날 이후 12개월 이내에 신청하여야 하며, 다만 그 기간에 대통령령으로 정하는 사유로 출산전후 휴가급여 등을 신청할 수 없었던 자는 그 사유가 끝난 후 30일 이내에 신청하여야 한다.

출산전후 휴가일은 90일로 확대되었으며 산후휴가를 최소 45일 사용이 가능하다.

급여액은 근로기준법의 통상임금에 해당하는 금액으로 지급하며, 우선 지원 대상기업(90일 고용보험기금)과 대규모 기업(30일 고용보험기금, 60일은 기업에서 지급)이 다르다.

2) 재정(비용)

(1) 보험료

이 법에 따른 보험사업에 드는 비용을 충당하기 위하여 징수하는 보험료와 그 밖의 징수금에 대하여는 보험료징수법으로 정하는 바에 따른다(제6조 제1항).

보험료 등의 고지 및 수납과 보험료 등의 체납관리는 고용노동부 장관의 위탁을 받아 국민건강보험공단이 행한다(보험료징수법 제4조).

(2) 고용보험료

고용 안정·직업 능력 개발사업의 보험료 및 실업급여의 보험료는 각각 그 사업에 드는 비용에 충당한다. 다만, 실업급여의 보험료는 육아휴직 급여 및 출산전후 휴가 급여 등에 드는 비용에 충당할 수 있다(제6조 제2항).

자영업자인 피보험자로부터 징수된 고용 안정·직업 능력 개발사업의 보험료 및 실업급여의 보험료는 각각 자영업자인 피보험자를 위한 사업에 드는 비용에 충당한다(제3항).

국고의 부담(제5조)으로 고용노동부 장관은 보험사업에 필요한 재원에 충당하기 위하여 고용보험기금을 설치한다. 기금은 보험료와 이 법에 따른 징수금·적립금·기금운용 수익금과 그 밖의 수입으로 조성한다(제78조).

기금은 다음 용도에 사용하여야 한다(개정 2008.3.21, 2012.2.1).

① 고용 안정·직업 능력 개발사업에 필요한 경비

② 실업급여의 지급
③ 육아휴직 급여 및 출산전후 휴가급여 등의 지급
④ 보험료의 반환
⑤ 일시차입금의 상환금과 이자
⑥ 이 법과 「보험료징수법」에 따른 업무를 대행하거나 위탁받은 자에 대한 출연금
⑦ 그 밖에 이 법의 시행을 위하여 필요한 경비로서 대통령령으로 정하는 경비와 사업의 수행에 딸린 경비

위의 사항에 따른 출연금의 지급 기준, 사용 및 관리에 관하여 필요한 사항은 대통령령으로 정한다.

3 전달 체계 및 위원회

1) 고용보험위원회

고용보험은 고용노동부 장관이 관장(제3조)하며, 실제적으로 업무 담당하는 기관은 근로복지공단과 고용노동부의 지방관서이다. 근로복지공단 및 각 지사는 사업장 관리, 고용보험 사무조합 업무를 담당하며 고용센터는 피보험자 신고, 실업급여 등의 각종 지원 업무를 담당한다.

「고용보험법」 및 「보험료징수법」의 시행에 관한 주요 사항 심의를 위하여 고용노동부에 고용보험위원회(제7조)를 둔다.

위원은 위원장(고용노동부 차관)을 포함한 20명 이내의 위원으로 구성되며, 위원은 근로자를 대표하는 사람, 사용자를 대표하는 사람, 공익을 대표하는 사람, 정부를 대표하는 사람으로 구성된다.

위원회의 위원장은 고용노동부 차관이 되고, 위원은 다음 각 호의 사람 중에서 각각 같은 수(數)로 고용노동부 장관이 임명하거나 위촉하는 사람이 된다. 그리고 위원회는 심의 사항을 사전에 검토·조정하기 위하여 위원회에 전문위원회를 둘 수 있다.

위원회 및 전문위원회의 구성·운영과 그 밖에 필요한 사항은 대통령령으로 정한다.

위원회는 다음 각 사항을 심의하며 심의 내용은 다음과 같다.

① 보험제도 및 보험사업의 개선에 관한 사항
② 「보험료징수법」에 따른 보험료율의 결정에 관한 사항
③ 보험사업의 평가에 관한 사항(제11조의2)
④ 기금 운용 계획의 수립 및 기금의 운용 결과에 관한 사항(제81조)
⑤ 그 밖에 위원장이 보험제도 및 보험사업과 관련하여 위원회의 심의가 필요하다고 인정하는 사항

4 권리구제

1) 심사와 재심사

권리구제에 대한 심사와 재심사(제87조)에서 심사청구는 피보험 자격의 취득·상실에 대한 확인, 실업급여 및 육아휴직급여와 출산전후 휴가급여 등에 관한 처분에 이의가 있는 자는 고용보험심사관에서 심사청구를 할 수 있다.

재심사청구는 심사청구 결정에 이의가 있는 고용보험심사위원회에 재심사를 청구할 수 있다. 심사의 청구는 같은 항의 확인 또는 처분이 있음을 안 날부터 90일 이내에, 재심사의 청구는 심사청구에 대한 결정이 있음을 안 날부터 90일 이내에 각각 제기하여야 한다.

고용보험심사관(제89조)제에 대하여 피보험 자격의 취득·상실에 관한 확인, 실업급여 및 육아휴직급여와 출산전후 휴가급여 등에 관한 처분에 이의가 있는 자가 청구한 심사를 행하기 위하여 고용보험심사관을 둔다.

2) 고용보험심사위원회

피보험 자격의 취득·상실에 대한 확인, 제4장의 규정에 따른 실업급여 및 육아

휴직급여와 출산전후 휴가급여 등에 관한 처분에 대하여 청구한 심사 결정에 이의가 있는 자가 청구한 재심사를 하기 위해 고용노동부에 고용보험심사위원회를 둔다(제87조).

심사위원회는 근로자를 대표하는 자 및 사용자를 대표하는 자 각 1명 이상을 포함한 15명 이내의 위원으로 구성하며 위원 중 2명은 상임위원으로 한다.

재심사의 청구는 원처분 등을 행한 직업안정기관의 장을 상대방으로 한다.

심리에 대하여 심사위원회는 재심사의 청구를 받으면 그 청구에 대한 심리 기일(審理期日) 및 장소를 정하여 심리 기일 3일 전까지 당사자 및 그 사건을 심사한 심사관에게 알려야 한다.

당사자는 심사위원회에 문서나 구두로 그 의견을 진술할 수 있다.

심사위원회의 재심사청구에 대한 심리는 공개한다. 다만, 당사자의 양쪽 또는 어느 한쪽이 신청한 경우에는 공개하지 아니할 수 있다. 심사위원회는 심리조서(審理調書)를 작성하여야 한다.

당사자나 관계인은 심리조서의 열람을 신청할 수 있으며, 위원회는 당사자나 관계인이 열람 신청을 하면 정당한 사유 없이 이를 거부하여서는 아니 된다.

제 2 절 산업재해보상보험법

1 목적 및 대상

1) 목적

1963년 11월 5일 제정된 산업재해보상보험법은 산업재해보상보험 사업을 시행하여 근로자의 업무상 재해를 신속하고 공정하게 보상하며, 재해근로자의 재활 및 사회 복귀를 촉진하기 위하여 이에 필요한 보험시설을 설치·운영하고, 재해 예방과 그 밖에 근로자의 복지 증진을 위한 사업을 시행하여 근로자 보호에 이바지하는 것을 목적으로 한다(제1조).

2) 적용 범위

적용 범위는 근로자를 사용하는 모든 사업(제6조)으로 적용 단위는 사업 또는 사업장이다.

당연가입자는 대통령령으로 정하는 사업을 제외한 근로자를 사용하는 모든 사업 또는 사업자의 사업주이며, 임의가입자는 산재보험법 적용 제외 사업의 사업주도 근로복지공단의 승인을 얻어 가입한다.

특례가입자는 ① 국외사업(제121조 제1항), ② 해외파견자(제122조 제1항), ③ 현장실습생(제123조 제1항), ④ 중소기업 사업주에 대한 특례(제124조 제1항) 50명 미만의 근로자를 사용하는 사업주(시행령 제122조 제1항), ⑤ 특수 형태 근로자에 대한 특례(제125조), ⑥ 국민기초생활보장법상 수급자에 대한 특례(제126조), 보험급여 수급자는 사업주가 보험 가입자가 되지만 보험급여의 수급자는 업무상 재해를 당한 근로자가 된다.

3) 대상

보험사고는 업무상 재해는 업무상의 사유에 따른 근로자의 부상, 질병, 신체장해 또는 사망을 말한다(제5조 제1호).

업무상 사고나 업무상 질병 사유 중 하나로 부상, 질병 또는 장해가 발생하거나 사망하면 업무상의 재해로 본다(제37조 제1항).

업무상 재해는 업무 기인성과 업무 수행성을 모두 충족시켜야 하는데 업무 기인성은 업무 수행과 재해 사이에 상당한 인과관계가 있어야 하며, 업무 수행성은 사용자의 지배 또는 관리 하에 이루어지는 당해 근로자의 업무 수행 및 그에 수반되는 통상정인 활동 과정에서 재해의 원인이 발생하여야 한다. 업무상의 개념이 너무 엄격하며 업무상 재해의 구체적인 인정 기준은 대통령령으로 정한다(제37조 제3항).

3) 산업재해보상보험법의 발달

제·개정(시행)	주요 내용
1963.11.5. (1964.1.1.)	법률 제1438호 「산업재해보상보험법」 제정
1983.12.31. (1984.4.1.)	「산업재해보상보험법」 일부 개정 - 사업주의 고의 또는 중대한 과실로 인한 산업재해 시 보험금의 일부를 사업주로부터 징수하던 제도 폐지 - 보험 가입 대상 사업체의 증가에 따른 징수 업무의 간소화
1994.12.22. (1995.5.1.)	「산업재해보상보험법」 전부 개정 - 정부에서 관리·운영하던 일선 업무를 노동부 산하 근로복지공단에 위탁 - 「산업재해보상보험특별회계법」 및 「산업재해보상보험업무 및 심사에 관한 법률」을 이 법으로 통합 및 정비
1997.8.28. (1998.1.1.)	「산업재해보상보험법」 일부 개정 -현장 실습생과 해외진출 근로자에게 적용 확대, 연체금 징수 및 연금 지급 방법 등 보완
1999.12.31. (2000.7.1.)	「산업재해보상보험법」 일부 개정 -보험급여의 최고·최저 보상한도를 설정 등으로 급여 수준의 형평성 제고 -간병급여 등 새로운 보험급여의 신설 -중·소기업사업주에 대한 적용 확대 -1인 이상 사업장 적용, 전 사업장 확대
2003.12.31. (2005.1.1.)	「산업재해보상보험법」 일부 개정 -산업재해보상보험의 성립·소멸 및 보험료 징수 등에 관한 규정을 삭제(산업재해보상보험과 고용보험의 보험료를 통합 징수하기 위한 「고용보험 및 산업재해보상보험의 보험료 징수 등에 관한 법률」의 제정 때문) -「고용보험 및 산업재해보상보험의 보험료 징수 등에 관한 법률」과 관련되는 규정 정비
2007.12.14. (2008.7.1.)	「산업재해보상보험법」 전부 개정 -산재근로자에 대한 의료·재활 서비스는 확충하되 산재 근로자 및 의료기관의 요양관리는 합리화하여 산재 근로자의 직업·사회 복귀를 촉진 -저소득·재활근로자에 대한 보호를 강화하되 산재 근로자 간 보험급여의 형평성과 합리성 강화 -보험급여 결정 등에 관한 심사청구·재심사 청구의 전문성 및 공정성을 강화하려는 것임. -4개 특수 형태 근로자(골프장 캐디, 학습지 교사, 레미콘 기사, 보험설계사)에 대하여 산재보험 적용
2009.10.9. (2010.4.10.)	「산업재해보상보험법」 일부 개정 -산업재해보상보험심의위원회를 「산업안전보건법」 제7조의 산업안전보건정책심의위원회와 통합하여, 그 명칭을 산업재해보상보험 및 예방심의위원회로 바꾸고, 산업재해의 예방과 보상 체계를 종합적으로 심의할 수 있도록 함.

2010.1.27. (2010.1.27.)	「산업재해보상보험법」 일부 개정 - 한국산재의료원 폐지(근로복지공단에 통합함) - 산업재해보상보험의 징수 업무를 국민건강보험공단에 위탁하여 수행토록 함.
2010.5.20. (2010.11.21.)	「산업재해보상보험법」 일부 개정 - 진폐근로자에게 휴업급여와 상병보상연금을 지급하지 않고 요양 여부와 관계없이 기초연금을 포함한 진폐보상연금을 지급하는 것으로 변경 - 보험급여 등을 부당하게 지급받은 자를 신고한 사람에 대한 포상금 지급 근거를 마련
2012.12.18. (2012.12.18.)	- 성차별적 요소를 없애기 위하여 유족보상연금 수급 자격자의 범위에서 남자 배우자에 대한 연령 제한을 삭제 - 유족의 생활 안정을 도모하기 위하여 자녀 또는 손자녀 등에 대한 유족보상연금 수급 자격자 연령 범위를 18세 미만에서 19세 미만까지 연장

2 급여 및 재정

1) 급여

(1) 급여의 종류와 산정

급여의 종류와 산정은 다음과 같다.

요양급여(제40조)는 업무상의 사유로 부상을 당하거나 질병에 걸린 경우 근로자에게 지급하는 급여로 의료기관 상급기관 적용이 가능하고 건강보험 우선 적용이 가능하다.

휴업급여(제52조)는 업무상의 사유로 부상을 당하거나 질병에 걸린 근로자에게 요양으로 취업하지 못한 기간에 대하여 지급한다.

장해급여(제57조)는 업무상의 사유로 부상을 당하거나 질병에 걸려 치유된 후 신체 등에 장해가 있는 경우 근로자에게 지급, 장해 등급에 따라 지급한다.

유족급여(제62조)는 근로자가 업무상의 사유로 사망한 경우 유족에게 지급한다.

상병보상연금(제66조)은 요양급여를 받는 근로자가 요양을 시작한 지 2년이 지난 날 이후에 해당되는 상태가 계속되면 휴양급여 대신 그 근로자에게 지급한다.

장의비(제71조)는 업무상의 사유로 사망한 경우에 장제를 지낸 유족에게 지급한다.

간병급여(제61조)는 요양급여를 받은 자 중 의학적으로 상시 또는 수시로 간병이 필요하여 실제로 간병을 받는 자에게 지급한다.

직업재활급여(제72조)는 장해급여를 받은 자 중 취업을 위하여 직업훈련이 필요한 자에게 직업훈련 수당 등을 지급하는 급여로 2007년 개정 시 신설되었다.

(2) 보험급여 산정 기준

보험급여의 산정 기준(제5조 제2호)에서 요양급여와 같은 현물급여를 제외하고는 현금급여를 제공하는 경우가 많으며, 피해 근로자의 임금, 통상임금 및 평균 임금 등이 급여 산정을 위하여 사용된다.

보험급여 지급의 제한(제83조 제1항)은 첫째, 요양 중인 근로자가 정당한 사유 없이 요양에 관한 지시를 위반하여 부상・질병 또는 장해 상태를 악화시키거나 치유를 방해한 경우, 둘째, 장해보상연금 수급권자가 제59조에 따른 장해 등급 재판정 전에 재해 등 고의로 장해 상태를 악화시킨 경우이다.

(3) 다른 법에 의한 보상이나 배상과의 관계

수급권자가 이법에 따라 보험급여를 받았거나 받을 수 있으면 보험 가입자는 동일한 사유에 대하여 「근로기준법」에 따른 재해보상 책임이 면제된다(제80조 제1항). 수급권자가 동일한 사유로 이 법에 따른 보험급여를 받으면 보험 가입자는 그 금액의 한도 내에서 「민법」이나 그 밖의 법령에 따른 손해배상의 책임이 면제된다(제2항).

구상권(제87조)으로서 근로복지공단은 제3자의 행위에 따른 재해로 보험급여를 지급한 경우에는 그 급여액의 한도 안에서 급여를 받은 자의 제3자에 대한 손해배상청구권을 대위한다.

(4) 고용노동부와 근로복지공단

보험사업은 고용노동부 장관이 관장한다(제2조 제1항).

(1) 근로복지공단

고용노동부 장관의 위탁을 받아 이 법의 목적을 달성하기 위한 사업을 효율적으로 수행하기 위하여 근로복지공단을 설립한다(제10조).

근로복지공단의 사업 수행(제11조)은 다음과 같다.

① 보험 가입자와 수급권자에 관한 기록의 관리·유지
② 「보험료징수법」에 따른 보험료와 그 밖의 징수금의 징수
③ 보험급여의 결정과 지급
④ 보험급여 결정 등에 관한 심사 청구의 심리·결정
⑤ 산업재해보상보험 시설의 설치·운영
⑥ 업무상 재해를 입은 근로자 등의 요양 및 재활
⑦ 재활보조기구의 연구개발·검정 및 보급
⑧ 근로자의 복지 증진을 위한 사업
⑨ 그 밖에 정부로부터 위탁받은 사업

공단은 법인으로 하며 공단의 주된 사무소 소재지는 정관으로 정한다. 공단은 필요하면 정관으로 정하는 바에 따라 분사무소를 둘 수 있다.

2) 재정(비용)

(1) 보험료의 부담

보험료와 그 밖의 징수금은 「보험료징수법」이 정하는 바에 따른다(제4조).

사업부 부담 산재보험료는 사업주가 경영하는 사업의 임금 총액에 같은 종류의 사업에 적용되는 산재보험료율을 곱한 금액이며 산재보험료율은 매년 6월 30일 현재 과거 3년 동안의 보수 총액에 대한 산재보험급여 총액의 비율을 기초로 한다.

(2) 국고 부담

회계연도마다 예산의 범위에서 보험사업의 사무 집행에 드는 비용을 일반회계에서 부담하여야 한다. 국가는 회계연도마다 예산의 범위에서 보험사업에 드는 비용의 일부를 지원할 수 있다(제3조).

(3) 산업재해보상보험 및 예방기금

고용노동부 장관은 보험사업, 산업재해 예방 사업에 필요한 재원을 확보, 보험급여에 충당하기 위하여 산업재해보상보험 및 예방기금을 설치한다(제95조).

3 전달 체계 및 위원회

1) 산업재해보상보험 및 예방심의위원회

산업재해보상보험 및 예방에 관한 주요 사항을 심의하기 위하여 고용노동부에 산업재해보상보험 및 예방심의위원회를 두며, 위원회는 근로자를 대표하는 자, 사용자를 대표하는 자 및 공익을 대표하는 자로 구성하되, 그 수는 각각 같은 수로 한다.

위원회는 그 심의 사항을 검토하고, 위원회의 심의를 보조하게 하기 위하여 위원회에 전문위원회를 둘 수 있다. 위원회 및 전문위원회의 조직·기능 및 운영에 필요한 사항은 대통령령으로 정한다.

심의 사항은 다음과 같다.

① 요양급여의 범위나 비용 등 요양급여의 산정 기준에 관한 사항
② 산재보험료율의 결정에 관한 사항
③ 산업재해보상보험 및 예방기금의 운용계획 수립에 관한 사항
④ 산업안전 보건 업무와 관련되는 주요 정책 및 같은 법 제8조에 따른 산업재해 예방에 관한 중·장기 기본계획
⑤ 그 밖에 고용노동부 장관이 산업재해보상보험사업 및 산업안전·보건 업무에 관하여 심의에 부치는 사항(시행령 제3조)

4 권리구제

산업재해보상보험 심사제도는 심사청구와 재심사청구가 있다. 심사청구는 근로복지공단의 산업재해보상보험 심사위원회에서 한다(제103조). 여기서 심사청구를 심의하기 위하여 공단에 관계 전문가 등으로 구성되는 산업재해 보상보험심사위원회를 둔다. 그리고 재심사청구는 심사청구 결정에 이의가 있을 때에 고용노동부의 산업재해보상보험 재심사위원회에 다시 재심사를 청구할 수 있도록 하고 있다(제106조).

학습 과제

01 피보험 자격의 취득·상실에 대한 확인, 규정에 따른 실업급여 및 육아휴직급여와 출산전후 휴가급여 등에 관한 처분에 대하여 청구한 심사 결정에 이의가 있는 자가 청구한 재심사를 하기 위해 고용노동부에 (①)를 둔다(제87조).

02 심사위원회는 근로자를 대표하는 자 및 사용자를 대표하는 자 각 1명 이상을 포함한(①)명 이내의 위원으로 구성하며 위원 중 (②)명은 상임위원으로 한다.

03 “보수”란 「소득세법」 제20조에 따른 근로소득에서 (①)으로 정하는 금품을 뺀 금액을 말한다. 다만, 휴직이나 그 밖에 이와 비슷한 상태에 있는 기간 중에 사업주 외의 자로부터 지급받는 금품 중 고용노동부 장관이 정하여 고시하는 금품은 보수로 본다.

04 “일용근로자”란 (①)개월 미만 동안 고용되는 자를 말한다.

05 (①)(제40조)는 업무상의 사유로 부상을 당하거나 질병에 걸린 경우 근로자에게 지급하는 급여로 의료기관 상급기관 적용 가능. 건강보험 우선 적용이 가능하다.

06 고용보험의 구직급여 수급 자격이 제한되는 경우는? (4가지)

①__________, ②__________, ③__________, ④__________

07 외국인 근로자는 고용보험법 적용 (①)이나 취업활동 체류 자격을 가진 경우 고용보험법의 적용을 받을 수 있다.

08 근로복지공단은 (①)의 위탁을 받아 사업을 효율적으로 수행하기 위하여 설립한 기관이다.

09 산업재해보상보험의 장해급여는 장해 등급 (①)에 따라 장해보상연금(②) 또는 장해보상일시금(③)으로 한다.

10 산업재해보상보험법에서 보험급여의 수급권자가 사망한 경우에 그 수급권자에게 지급하여야 할 보험급여로서 아직 지급되지 아니한 보험급여가 있으면 그 수급권자의 (①)의 청구에 따라 그 보험급여를 지급한다.

11 수급권자자가 산업재해보상보험법에 따라 보험급여를 받았거나 받을 수 있으면 보험 가입자는 동일한 사유에 대하여 근로기준법에 따른 (①)이 면제된다.

정답

선행 학습

1. (1) 65세 이상인 자, (2) 1개월간 소정 근로 시간이 60시간 미만인 자, (3) 취업활동 체류 자격을 가진 외국인, (4) 별정 우체국 직원
2. (① 적용 제외 근로자)
3. (① 60)
4. (① 최저임금법)
5. (① 7)일
6. (① 3)
7. (① 고용노동부 장관)
8. (① 인과관계)
9. (① 모든) (② 사업장)
10. (① 상병보상연금)
11. (① 퇴직)

학습 과제

01. (① 고용보험심사위원회)
02. (① 15), (② 2)
03. (① 대통령령)
04. (① 1)
05. (① 요양급여)(제40조)는 업무상의 사유로 부상을 당하거나 질병에 걸린 경우 근로자에게 지급하는 급여로 의료기관 상급기관 적용 가능. 건강보험 우선 적용이 가능하다
06. ① 형법 또는 직무 관련 법률을 위반해 금고 이상의 형을 선고하는 경우
    ② 전직 또는 자영업을 하기 위하여 이직한 경우
    ③ 사업에 막대한 지장을 초래하거나 재산상 손해를 끼친 경우
    ④ 직무 관련법 위반으로 금고 이상의 형을 선고받고 사업주의 권고로 이직한 경우
07. (① 제외 근로자)
08. (① 고용노동부 장관)
09. (① 1급~14급), (② 1급에서 7급 해당자), (③ 1급~14급, 모든 등급)
10. (① 유족)
11. (① 재해보상 책임)

제 7 장 국민연금법 · 국민건강보험법

선행 학습

1. 국민연금제도의 관리·운영은 국가가 관장함으로써 제도의 (①)과 (②)을 도모한다.
2. 사업장 가입자가 아닌 자로서 18세 이상 60세 미만인 자는 (①)이다.
3. 가입 기간이 10년 미만인 자가 60세가 된 때, 가입자 또는 가입자였던 자가 사망하였으나 유족연금에 해당되지 아니한 경우, 국적을 상실하거나 국외로 이주한 때에는 (①)에 해당되는 경우이다.
4. 국민연금 가입자의 구분은 (①), (②), (③) 및 (④)로 구분한다.
5. 국민건강보험에서 직장 가입자(제6조 제2항)는 모든 사업장의 (①) 및 (②)와 공무원 및 교직원을 말한다.
6. 지역 가입자(제6조 제3항)는 가입자 중 (①)와 그 (②)를 제외한 가입자를 말한다.
7. 국민건강보험제도의 주관은 (①)(제2조)이며, 보험자는 (②)(제13조)이다.

제 1 절 국민연금법

1 목적 및 대상

1) 목적

1973년 12월 24일 제정된 국민복지연금법은 1986년 전부 개정으로 1988년 그 명칭이 국민연금법으로 시행되었다. 국민연금법은 국민의 노령, 장애 또는 사망에 대하여 연금급여를 실시함으로써 국민의 생활 안정과 복지 증진에 이바지하는 것을 목적으로 한다(제1조).

2) 대상

(1) 대상

가입 대상(제6조)은 국내에 거주하는 18세 이상 60세 미만의 국민이다.

가입 대상 제외자는 다음과 같다.

① 공무원연금법, 군인연금법 및 사립학교교직원연금법을 적용받는 공무원, 군인 및 사립학교 교직원 등이거나

② 노령연금의 수급권을 취득한 자 중 60세 미만의 특수직종 근로자

③ 그리고 조기 노령연금의 수급권을 취득한 자이다.

(2) 가입자의 종류

가입자의 종류는 사업장 가입자, 지역 가입자, 임의 가입자 및 임의계속 가입자로 구분된다(제7조).

첫째, 사업장 가입자(제8조)이다. 사업장에 고용된 근로자와 사용자로서 국민연금에 가입된 자(제3조 제1항 제6호)로 사업의 종류, 근로자의 수 등을 고려하여 대통령령이 정하는 사업장이다(당연적용 사업장)의 18세 이상 60세 미만의 근로자와 사용자는 당연히 사업장 가입자가 된다.

둘째, 지역 가입자(제9조)이다. 사업장 가입자가 아닌 자로서 18세 이상 60세 미만인 자이다. 지역 가입자 가입 제외 대상자는 다음과 같다.

① 국민연금 가입 대상 제외자의 배우자로 별도 소득이 없는 자 등

② 퇴직연금 등 수급권자

③ 18세 이상 27세 미만인 자로 학생이거나 군복무로 소득이 없는 자

④ 국민기초생활보장법에 따른 수급자

⑤ 1년 이상 행방불명된 자

셋째, 임의 가입자(제10조)이다.

사업장 가입자와 지역 가입자에 해당되는 자 외의 자로서 18세 이상 60세 미만인 자는 국민연금공단에 가입신청서를 제출하는 경우 임의 가입자가 될 수 있다.

보건복지부령이 정하는 바에 따라 국민연금공단에 신청하여 탈퇴할 수 있다(시행규칙 제5조).

넷째, 임의계속 가입자(제13조)이다.

국민연금 가입 기간이 20년 미만인 가입자로서 60세가 된 자 또는 대통령령으로 정하는 직종에 종사하거나 종사하였던 근로자로서 노령연금 수급권을 취득한 자 또는 특례노령연금수급권을 취득한 자는 65세가 될 때까지 국민연금공단에 가입 신청서를 제출하면 임의계속 가입자가 될 수 있다.

3) 자격 상실과 자격 기간 계속

(1) 자격 상실

그에 해당되는 날의 다음 달에 자격 상실에는 사망, 국적 상실 또는 국외 이주, 60세가 된 때, 사업장 가입자가 사용 관계가 끝난 날이다.

그리고 그날에 자격 상실은 국민연금 가입 대상 제외자에 해당된 날이나 지역 가입자가 사업장 가입자의 자격을 취득한 날이다(제12조).

(2) 가입 기간 계산

가입 기간은 월 단위로 계산하며, 가입자의 자격을 취득한 날이 속하는 달의 다음 달부터 자격을 상실한 날의 전날이 속하는 달까지로 한다. 연금보험료를 내지 않은 기간은 산입하지 아니한다(제17조). 노령연금 수급 시 군복무 기간 추가 산입(제18조) 시는 6개월이며, 노령연금 수급 시 2명 이상의 자녀가 있는 경우 추가 산입(제19조)에서 2명인 경우 12개월, 3명 이상인 경우 12개월에 2명을 초과하는 자녀 1명마다 18개월을 추가로 가입 기간에 산입한다.

2 급여 및 재정

1) 급여의 종류

연금 급여(매월 지급)		일시금 급여	
노령연금	노후 소득보장을 위한 급여(국민연금의 기초가 되는 급여)	반환 일시금	연금을 받지 못하거나 더 이상 가입할 수 없는 경우 청산적 성격으로

장애연금	장애로 인한 소득 감소에 대비한 급여		지급하는 급여
유족연금	가입자의 사망으로 인한 유족의 생계 보호를 위한 급여	사망 일시금	유족연금 또는 반환일시금을 받지 못할 경우 장제보조적·보상적 성격으로 지급하는 급여

구분	수급 요건	급여 수준
노령연금	가입 기간 20년 이상, 60세에 도달한 자(65세 미만이면 소득이 없는 경우에 한함)	기본연금액(100%) + 부양가족연금액
	가입 기간 10년 이상 20년 미만으로 60세에 도달한 자(65세 미만이면 소득이 없는 경우에 한함)	가입 기간 10년의 경우 • 기본연금액의 50% + 부양가족연금액 • 가입 기간 1년 증가 시마다 기본연금액의 5%를 증액
	노령연금 수급권자가 대통령령이 정하는 소득이 있는 업무에 종사하면 60세 이상 65세 미만(특수직종 근로자는 55세 이상 60세 미만의 기간)인 경우	가입 기간 10년, 60세인 경우 • 완전 또는 감액노령연금액(부양가족연금액 제외)×50% • 연령 1세 증가 시마다 기본연금액의 10%를 증액 • 가입 기간 1년 증가 시마다 기본연금액의 5%를 증액 ※ 부양가족연금액은 지급되지 않음.

2) 노령연금(61조~66조)

구분	수급 요건	급여 수준
조기 노령연금	가입 기간 10년 이상, 연령 55세 이상인 자가 소득 있는 업무에 종사하지 아니하고, 60세 도달 전에 청구한 경우	가입 기간 10년, 55세인 경우 • 기본연금의 50%×70% + 부양가족연금액 • 가입 기간 1년 증가 시마다 기본연금액의 5%를 증액 • 수급 개시 연령 1세 증가 시마다 기본연금액의 6%를 증액
분할 연금	가입 기간 중 혼인 기간이 5년 이상인 노령연금 수급권자의 배우자가 60세 이상이 된 경우	• 배우자이었던 자의 노령연금액 • (부양가족연금액 제외) 혼인 기간에 해당하는 연금액의 1/2

3) 장애연금(67~68조)

<table>
<tr><th>수급 요건</th><th>장애 등급</th><th>급여 수준</th></tr>
<tr><td rowspan="4">가입 중에 발생한 질병 또는 부상으로 완치 후에도 장애가 있는 자
※ 초진일로부터 1년 6개월 경과 후에도 완치되지 아니한 경우는 그 1년 6개월이 경화한 날을 기준으로 장애 정도 결정
다만, 1년 6개월 경과일에 장애 등급에 해당되지 아니한 자가 60세 전에 악화된 경우 청구일을 기준으로 장애 정도 결정</td><td>1급</td><td>기본연금액 100% + 부양가족연금액</td></tr>
<tr><td>2급</td><td>기본연금액 80% + 부양가족연금액</td></tr>
<tr><td>3급</td><td>기본연금액 60% + 부양가족연금액</td></tr>
<tr><td>4급</td><td>기본연금액 225% (일시보상금)</td></tr>
</table>

4) 유족연금(72조 및 74조)

<table>
<tr><th rowspan="2">급여 요건</th><th colspan="2">급여 수준</th></tr>
<tr><th>가입 기간</th><th>연금액</th></tr>
<tr><td rowspan="3">■ 다음의 자가 사망한 때
-노령연금 수급권자
-가입 기간 10년 이상인 가입자이었던 자
-가입자
-장애 등급 2급 이상의 장애연금 수급권자
■ 가입 기간 10년 미만인 가입자이었던 자가 가입 중에 발생한 질병이나 부상 또는 그 부상으로 인한 질병으로 가입 중 초진일 또는 가입자 자격 상실 후 1년 이내의 초진일로부터 2년 이내에 사망한 때</td><td>10년 미만</td><td>기본연금액 40% + 부양가족연금액</td></tr>
<tr><td>10년 이상
20년 미만</td><td>기본연금액 50% + 부양가족연금액</td></tr>
<tr><td>20년 이상</td><td>기본연금액 60% + 부양가족연금액</td></tr>
</table>

(1) 유족연금(제72조 및 74조)

① 유족연금 순위

가입자 또는 가입자였던 자가 사망 시 그에 의하여 생계를 유지하고 있던 사람들 중 순위에 따른 최우선 순위자에게만 지급 배우자, 자녀(19세 미만이거나 장애 등급 2급 이상인 자), 부모(60세 이상이거나 장애 등급이 2급 이상인 자) 등의 순서에 따름(제73조).

② 유족연금 수급권의 소멸

수급권자의 사망, 배우자인 수급권자의 재혼, 자녀나 손자녀의 수급권자가 다른 사람에게 입양되거나 파양된 때 등(제75조 제1항)

③ 반환일시금

그동안 납부한 보험료에 대통령령이 정한 이자를 더해서 일시금으로 지급되는 급여(제77조)

④ 반환일시금에 해당되는 경우

가입 기간이 10년 미만인 자가 60세가 된 때, 가입자 또는 가입자였던 자가 사망하였으나 유족연금에 해당되지 아니한 경우, 국적을 상실하거나 국외로 이주한 때(제1항)

⑤ 연금액의 산정

국민연금액은 지급 사유에 따라 기본연금액과 부양가족연금액을 기초로 산정(제50조 제2항)

⑥ 기본연금액

균등 부분 급여: 연금수급 전 3년간의 평균 소득월액을 평균한 금액에 비례, 소득 비례 부분 급여: 자신의 가입 기간 동안의 평균소득에 비례(제51조)

⑦ 부양가족연금액

노령연금, 장애연금(장애 등급 1~3급) 및 유족연금의 수급권자에게 기본연금액에 추가하여 지급되는 가족수당 성격의 급여배우자: 연 15만 원, 18세 미만 또는 장애 등급 2급 이상에 해당하는 자녀, 60세 이상 또는 장애 등급 2급 이상에 해당하는 부모: 연 10만 원(제52조)

⑧ 연금액의 최고한도(제53조)

국민연금액은 지급 사유에 따라 기본연금액과 부양가족연금액을 기초로 산정(제50조 제2항)

제 2 절 국민건강보험법

1 목적 및 대상

1) 목적

1998년 2월 8일 제정된 이 법은 국민의 질병·부상에 대한 예방·진단·치료·재활과 출산·사망 및 건강 증진에 대하여 보험급여를 실시함으로써 국민보건을 향상시키고 사회보장을 증진함을 목적으로 한다(제1조)(시행 2000.1.1).

2) 대상

자격 요건은 국내에 거주하는 국민으로서 적용 제외 대상자가 아닌 사람은 일단 자격 요건을 갖는다(제5조).

피부양자(제5조 제2항)는 다음과 같다.

① 직장 가입자에 의하여 주로 생계를 유지하는 자로서 보수 또는 소득이 없는 자
② 직장 가입자의 배우자
③ 직장 가입자의 직계존속(배우자 직계존속 포함)
④ 직장 가입자의 직계비속(배우자의 직계비속 포함) 및 그 배우자
⑤ 직장 가입자의 형제, 자매

적용 제외 대상자(제5조 제1항)는 「의료급여법」에 따른 의료급여 대상자, 「독립유공자 예우에 관한 법률」 및 「국가유공자 등 예우 및 지원에 관한 법률」에 의하여 의료 보호를 받는 자이다.

3) 가입자의 종류와 자격 상실

(1) 가입자의 종류

여기서 근로자와 사용자의 정의(제3조)는 다음과 같다.

근로자는 직업의 종류와 관계없이 근로의 대가로 보수를 받아 생활하는 사람(법인의 이사와 그 밖의 임원을 포함한다)으로서 공무원 및 교직원을 제외한 사람을 말한다. 사용자란 근로자가 소속된 사업장의 사업주, 공무원에 소속된 기관의 장으로 대통령령이 정한 사람, 교직원이 소속된 사립학교를 설립·운영하는 자를 말한다.

직장 가입자(제6조 제2항)는 모든 사업장의 근로자 및 사용자와 공무원 및 교직원을 말한다.

지역 가입자(제6조 제3항)는 가입자 중 직장 가입자와 그 피부양자를 제외한 가입자를 말한다. 그리고 외국인에 대한 특례(제109조)에 의하면 정부는 외국 정부가 사용자인 사업장의 근로자의 건강보험에 관하여 외국 정부와의 합의에 따라 이를 따로 정할 수 있으며, 국내에 체류하고 있는 재외국민 또는 외국인으로서 대통령령이 정하는 사람은 이 법의 적용을 받는 가입자 또는 피부양자가 된다.

(2) 가입자의 자격 취득과 상실

자격 취득의 시기(제8조)에 있어서 가입자는 국내에 거주하게 된 날에 직장 가입자 또는 지역 가입자의 자격을 얻는다. 해당되는 날에 자격을 얻는 경우가 있다.

자격 변동의 시기(제9조)는 지역 가입자가 적용 대상 사업장의 사용자로 되거나 또는 근로자·공무원 또는 교직원으로 사용된 날, 직장 가입자가 다른 적용 대상 사업장의 사용자로 되거나 근로자 등으로 사용된 날, 직장 가입자인 근로자 등이 그 사용 관계가 끝난 날의 다음날이거나 그리고 직장 적용 대상 사업장에 자격 변동(제7조 제2호)에 따른 사유가 발생한 날의 다음날이나, 지역 가입자가 다른 세대로 전입한 날이 자격 변동 시기이다.

자격 상실의 시기(제10조)는 다음과 같이 사망한 날의 다음날, 국적을 잃은 날의 다음 날, 국내에 거주하지 아니하게 된 날의 다음 날, 직장 가입자의 피부양자가 된 날, 수급권자가 된 날, 건강보험의 적용을 받고 있던 자로서 유공자 등 의료보호 대상자가 되어 건강보험의 적용 배제 신청을 한 날이 자격 상실 시기이다.

3) 국민건강보험법의 발달

제·개정(시행)	주요 내용
1963.12.16. (1964.3.17.)	「의료보험법」 제정
1976.12.22. (1977.1.1.)	「의료보험법」 전부 개정 -500인 이상 사업장 강제 적용
1977.12.31. (1978.7.1.)	「공무원, 군인 및 사립학교 교직원 대상 특수직 의료보험법」 제정
1987.12.13. (1988.1.1.)	일부 개정 -1988.1.1. 농어촌 지역 주민 의료보험 실시 -1989.7.1. 도시 지역 주민, 자영업자 의료보험 실시로 전국민 의료보험화
1999.2.8. (2000.1.1.)	법률 제5854호 「국민건강보험법」 제정 -목적에 건강진단과 재활 및 예방까지 포함됨. -국민건강보험공단 단일 보험자 운영
2000.12.29. (2001.7.1.)	「국민건강보험법」 일부 개정 -5인 미만 사업장 근로자들을 직장 가입자로 편입
2003.9.29. (2004.4.30.)	「국민건강보험법」 일부 개정 -국민건강보험법상의 요양기관에 한국희귀의약품센터 포함
2006.12.30. (2007.7.1.)	「국민건강보험법」 일부 개정 -「국민건강보험 재정건전화특별법」 만료에 따라 동법에서 규정하고 있는 주요 사항을 이 법에서 규정 -보험료 부과 기준이 되는 표준보수월액 및 부과표준소득의 등급제 폐지 -취약계층에 대한 보험료 경감 확대
2008.3.28. (2008.3.28.)	「국민건강보험법」 일부 개정 -새로이 건강보험이 적용되는 사업장이 되거나 기존의 적용 대상 사업장에서 적용 제외 사업장이 되는 경우 사업장 신고를 의무화 -요양기관에 대한 업무정지처분의 효과가 요양기관을 양수한 자에게도 승계되도록 함 -행정처분이 확정된 요양기관 중 허위 청구로 인하여 행정처분을 받은 요양기관에 대하여 그 처분과 관련된 사항을 공표하는 제도를 마련함. -허위 또는 부당한 방법으로 보험급여 비용을 지급받은 요양기관을 신고한 자에 대하여 포상금을 지급할 수 있는 법적 근거를 신설함.
2009.5.21. (2011.1.1.)	「국민건강보험법」 일부 개정 -사회보험(국민건강보험, 국민연금, 고용보험, 산재보험)료 징수 업무를 국민건강보험공단으로 일원화

2011.12.31. (2012.9.1.)	「국민건강보험법」 전부 개정 －의료자원관리의 효율성을 확보하고 요양급여 비용의 누수를 방지하기 위하여 요양기관에 대하여 그 시설・장비・인력 현황 신고 의무를 부과하고, 미신고 또는 거짓 신고 시 과태료를 부과할 수 있도록 함. －직장 가입자에 대하여 보수월액 보험료 외에 보수를 제외한 다른 소득을 기준으로 산정하는 소득월액 보험료를 징수하는 근거를 두고, 소득월액 보험료 신설에 따른 관련 규정을 정비 －건강보험제도의 안정적 운영을 위하여 건강보험재정에 대한 정부 지원 규정의 유효기간을 2016년 12월 31일까지로 연장
2013.5.22. (2013.5.22.)	－요양급여 비용 계약 체결의 시기 조정(제45조 제3항) －명의를 대여하여 요양기관을 개설한 자에 대한 부당이득 징수(제57조 제2항 신설) －보험료 납부 기한 연장제도에 대한 법적 근거 마련(제78조 제2항 신설) －임의 계속 가입 신청 기한 연장(제110조) －건강보험증 부정 사용 처벌 강화(제115조 제2항 제5호 신설, 현행 제119조 제1항 및 제2항 삭제)

2 급여 및 재정

1) 요양급여와 요양비 지급

요양급여는 가입자 및 피부양자의 질병・부상・출산 등에 대하여 진찰・검사, 약제・치료 재료의 지급, 처치・수술, 기타의 치료, 예방・재활, 입원, 간호, 이송 등을 제공하는 급여이다(제41조).

요양급여는 다음의 요양기관에서 행한다(제40조).

① 의료법에 의한 의료기관
② 약사법에 의하여 등록된 약국
③ 약사법에 의하여 설립된 한국희귀의약품센터
④ 지역보건법에 의한 보건소, 보건의료원 및 보건지소
⑤ 농어촌 등 보건의료를 위한 특별조치법에 의하여 설치된 보건진료소 전문요양기관 인정(제42조)

요양비 지급(제44조 제1항)은 보건복지부령이 정하는 긴급 기타 이유 등으로 요양기관 이외에 곳에서 요양을 받는 경우 요양급여에 상당하는 금액을 가입자 또는 피부양자에게 지급한다.

기타 급여는 다음과 같다.

첫째, 건강검진(제52조 제1항)이다. 공단은 가입자 및 피부양자에 대하여 질병의 조기 발견과 그에 따른 요양급여를 하기 위하여 건강검진을 실시한다.

건강검진에는 일반건강검진, 암검진, 영유아검강검진이 있다.

둘째, 부가급여(제50조)로 법에 규정한 요양급여 이외에 대통령령이 정하는 바에 의하여 장제비·상병수당 기타의 급여를 실시할 수 있다. 부가급여는 임신·출산 진료비로 한다(시행령 제25조 제1항).

셋째, 장애인에 대한 특례(제51조 제1항)는 장애인복지법에 의하여 등록한 장애인인 가입자 및 피부양자에게는 보장구에 대하여 급여를 할 수 있다.

2) 요양기관 시설·장비·인력 현황에 대한 신고 의무

신고 의무(제43조)에 의하면 의료자원관리의 효율성을 확보하고 요양급여 비용의 누수를 방지하기 위함이며, 요양기관은 제47조에 따라 요양급여비용을 최초로 청하는 때에 요양기관의 시설·장비 및 인력 등에 대한 현황을 건강보험심사평가원에 신고하여야 한다(2011년 12월 개정).

업무정지 명령 및 포상금 등에 관한 규정에 의하면 보건복지부 장관은 요양기관이 속임수나 그 밖의 부당한 방법으로 보험자·가입자 및 피부양자에게 요양급여 비용을 부담하게 한 경우에는 1년의 범위에서 그 요양기관에 업무 정지를 명할 수 있으며, 업무 정지 처분의 효과는 요양기관을 양수한 자에게도 승계된다(제98조). 공단은 속임수나 그 밖의 부당한 방법으로 보험급여 비용을 지급받은 요양기관을 신고한 사람에게 포상금을 지급할 수 있다(제104조).

3) 수급권의 제한과 보호

(1) 급여의 제한

급여의 제한(제53조 제1항)은 다음과 같다.

① 고의 또는 중대한 과실로 인한 범죄행위에 그 원인이 있거나 고의로 사고를 일으킨 경우
② 고의 또는 중대한 과실로 공단이나 요양기관의 요양에 관한 지시에 따르지 아니한 경우
③ 고의 또는 중대한 과실로 제55조에 따른 문서와 그 밖의 물건의 제출을 거부하거나 질문 또는 진단을 거부한 경우
④ 업무상 또는 공무로 생긴 질병・부상・재해로 인하여 다른 법령에 따른 보험급여나 보상(報償) 또는 보상(補償)을 받게 되는 경우

그리고 다른 법령에 따라 국가 또는 지방자치단체로부터 보험급여에 상당하는 급여를 받거나 보험급여에 상당하는 비용을 지급받게 되는 경우에는 그 한도 내에서 보험급여를 하지 아니한다(제2항).

또한 세대 단위의 보험료를 일정 기간 이상 체납한 지역 가입자의 경우 보험료 완납할 때까지 보험급여를 실시하지 않을 수 있다(제3항).

마지막으로 보험료를 체납한 직장 가입자의 경우 본인의 귀책 사유로 체납한 경우 완납할 때까지 보험급여를 실시하지 않을 수 있다(제4항).

(2) 수급권의 보호와 구상권

수급권의 보호(제59조) 내용은 보험급여를 받을 권리는 양도 또는 압류할 수 없다.

구상권(제58조)으로는 제3자의 행위로 인한 보험급여 사유가 생겨 가입자 또는 피부양자에게 보험급여를 한 경우에는 그 급여에 들어간 비용의 한도에서 그 제3자에게 권리를 얻는다. 이 경우에 보험급여를 받은 사람이 제3자로부터 이미 손해배상을 받은 경우에는 공단은 그 배상액 한도에서 보험급여를 하지 아니한다.

4) 재정

국고 지원(제92조 제1항)으로 국가가 매년 예산의 범위 안에서 당해 연도 보험료 예상 수입액의 100분의 14에 해당하는 금액을 국고에서 지원한다(2016년 12월 31일까지).

(1) 보험료 부담과 납부

보험료의 부담(제69조)은 다음과 같다.

① 직장 가입자

보수월액 보험료는 제70조에 따라 산정한 보수월액에 제73조 제1항 또는 제2항에 따른 보험료율을 곱하여 얻은 금액이다.

소득월액보험료는 제71조에 따라 산정한 소득월액에 제73조 제1항 또는 제2항에 따른 보험료율의 100분의 50을 곱하여 얻은 금액으로, 직장 가입자 본인이 50/100, 근로자인 경우 소속 사업장의 사업주 50/100, 공무원인 경우: 소속된 국가 또는 지방자치단체 50/100, 교직원인 경우는 소속 학교경영기관 30/100이고, 국가는 20/100이다.

② 지역 가입자

지역 가입자 월별 보험료액은 세대 단위로 산정하되, 보험료 부과 점수×보험료 부과 점수당 금액으로 가입자가 속한 세대의 지역 가입자 전원이 연대하여 부담한다.

보험료의 납부는 다음과 같다.

① 직장 가입자

- 2011년 12월 개정된 법에 의하면 다음 구분에 따라 각각 정한 자가 납부한다(제77조 제1항)

첫째, 보수월액 보험료는 사용자, 이 경우 사업자의 사용자가 2명 이상인 때에는 그 사업장의 사용자는 해당 직장 가입자의 보험료를 연대하여 납부한다.

둘째, 소득월액 보험료는 직장 가입자에 있어 사용자는 보수월액 보험료 중 직장 가입자가 부담하여야 하는 그 달의 보험료액을 그 보수에서 공제하여 납부하여야 한다. 직장 가입자에게 공제액을 통지하여야 함(제77조 제3항).

② 지역 가입자

가입자가 속한 세대의 지역 가입자 전원이 연대하여 납부한다. 다만 소득·재산·생활 수준·경제활동 참가율 등을 고려하여 대통령령으로 정하는 기준에 해당하는 미성년자는 납부 의무를 부담하지 아니한다(제77조 제2항).

(2) 보험료 면제 및 경감

보험료의 면제 및 경감은 다음과 같다.

보험료의 면제는 첫째, 직장 가입자는 국외 업무 종사, 현역병, 전환 복무된 사람 및 무관 후보생, 교도소, 그 밖에 이에 준하는 시설에 수용되어 있는 경우(제74조 제1항)에 해당된다.

둘째, 지역 가입자는 위의 사유 이외에 소득활동에 종사하지 않는 것이 명백하다고 인정되는 경우에 그 가입자가 속한 세대의 보험료 산정함에 있어 가입자의 소득을 제외한다(제2항).

보험료의 경감의 경우는 다음의 어느 하나에 해당하는 가입자 중 보건복지부령이 정하는 가입자에 대하여는 그 가입자 또는 그 가입자가 속한 세대의 보험료의 일부를 경감할 수 있다.

① 섬·벽지(僻地)·농어촌 등 대통령으로 정하는 지역에 거주하는 사람

② 65세 이상인 사람, 「장애인복지법」에 따라 등록한 장애인, 「국가유공자 등 예우 및 지원에 관한 법률」에 따른 국가유공자, 휴직자, 그 밖에 생활이 어렵거나 천재지변 등의 사유로 보험료를 경감할 필요가 있다고 보건복지부 장관이 정하여 고시하는 사람

(3) 보험료의 납부 기한

보험료의 납부 의무가 있는 자는 가입자에 대한 그 달의 보험료를 그 다음달 10일까지 납부하여야 한다. 다만 직장 가입자의 소득월액 보험료 및 지역 가입자의 보험료는 보건복지부령으로 정하는 바에 따라 분기별로 납부할 수 있다(제78조).

(4) 공단의 체납 또는 결손처분 자료의 제공

공단은 종합신용정보 집중기관이 체납 또는 결손처분 자료의 제공을 요구할 때에는 그 자료를 제공할 수 있다(제81조의 2).

3 전달 체계 및 위원회

국민건강보험제도의 주관은 보건복지부 장관(제2조)이며, 보험자는 국민건강보험공단(제13조)이다.

1) 국민건강보험공단의 업무

국민건강보험공단의 업무는 다음과 같다(제14조 제1항).

① 가입자 및 피부양자의 자격관리
② 보험료 및 징수금의 부과·징수
③ 보험급여의 관리 등
④ 가입자 및 피부양자의 건강의 유지와 증진을 위하여 필요한 예방사업
⑤ 자산의 관리·운영 및 증식사업
⑥ 의료시설의 운영
⑦ 건강보험에 관한 교육훈련 및 홍보
⑧ 건강보험에 관한 조사연구 및 국제 협력
⑨ 이 법에서 공단의 업무로 정하고 있는 사항
⑩ 「국민연금법」, 「고용보험 및 산업재해보상보험의 보험료 징수 등에 관한 법률」
⑪ 「임금채권보장법」, 「석면피해구제법」에 따라 위탁받은 업무
⑫ 그 밖에 이 법 또는 다른 법령에 따라 위탁받은 업무
⑬ 그 밖에 건강보험과 관련하여 보건복지부 장관이 필요하다고 인정한 업무

2) 관계위원회

(1) 건강보험심사평가원

요양급여 비용을 심사하고, 요양급여의 적정성을 평가하기 위해 설립하였다. 요양급여의 적정성 평가 업무를 독립적으로 수행하기 위함이다(제62조).

(2) 건강보험정책심의위원회

요양급여의 기준, 요양급여 비용에 관한 사항, 직장 가입자의 보험료율, 지역 가입자의 보험료 부과 점수당 금액, 그 밖에 건강보험에 관한 주요 사항으로서 대통령령으로 정하는 사항을 심의·의결하기 위해 보건복지부 장관 소속으로 건강보험정책심의위원회를 둔다(제4조).

건강보험정책심의위원회는 다음과 같이 보건복지부 차관인 위원장을 포함한 25명의 위원으로 구성된다.

① 근로자단체 및 사용자단체가 추천하는 각 2명
② 시민단체(비영리민간단체지원법에 따른 비영리민단단체를 말한다), 소비자단체
③ 농어업인단체 및 자영업장단체가 추천하는 각 1명
④ 의료계를 대표하는 단체 및 약업계를 대표하는 단체가 추천하는 8명
⑤ 대통령령으로 정하는 중앙행정기관 소속 공무원 2명
⑥ 국민건강보험공단의 이사장 및 건강보험심사평가원 원장이 추천하는 각 1명
⑦ 건강보험에 관한 학식과 경험이 풍부한 4명

(3) 재정운영위원회

요양급여 비용의 계약 및 보험료의 결손 처분 등 보험재정과 관련된 심의·의결하기 위하여 공단에 재정위원회를 둔다. 위원 구성은 다음과 같다(제33조).

① 직장 가입자를 대표하는 위원 10명(노동조합과 사용자단체에서 추천하는 각 5명)
② 지역 가입자를 대표하는 위원 10명(대통령령으로 정하는 바에 따라 농어업인 단체·도시자영업자단체 및 시민단체에서 추천하는 사람)
③ 공익을 대표하는 위원 10명(대통령령으로 정하는 관계 공무원 및 건강보험에 관한 학식과 경험이 풍부한 사람)

(4) 건강보험분쟁조정위원회

제88조에 따른 심판청구를 심리·의결하기 위하여 보건복지부에 35명으로 구성된 건강보험분쟁위원회를 둔다(제89조).

4 권리구제 및 벌칙

1) 권리구제

(1) 이의신청

공단에 이의신청은 가입자 및 피부양자의 자격, 보험료 등 보험급여 또는 보험급여 비용에 관한 공단의 처분에 이의가 있는 자(제87조 제1항)가 신청한다.

심사평가원에 이의신청은 요양급여 비용 및 요양급여의 적정성에 대한 평가 등에 관한 심사평가원의 처분에 이의가 있는 공단·요양기관 기타의 자(제2항)가 신청하며, 이의신청은 처분이 있는 날로부터 90일 이내에 문서로 해야 한다.

심판청구(제88조)는 공단 또는 심사평가원이 행한 이의신청 결정에 불복이 있는 자는 건강보험분쟁조정위원회에 심판청구를 할 수 있다.

(2) 행정소송

공단 또는 심사평가원의 처분에 이의가 있는 자와 이의신청 또는 심판청구에 대한 결정에 불복이 있는 자는 「행정소송법」이 정하는 바에 따라 행정소송을 제기할 수 있다(제90조).

2) 벌칙

(1) 징역 또는 벌금

3년 이하의 징역 또는 3천만 원 이하의 벌금은 대행청구단체의 종사자로서 거짓, 그 밖에 부정한 방법으로 요양급여 비용의 청구를 한 자이다(제115조).

1년 이하의 징역 또는 1천만 원 이하의 벌금

① 요양기관이 대행청구단체가 아닌 자로 하여금 요양급여비용의 심사 청구를 대행하게 한 경우

② 사용자가 고용한 근로자가 이 법에 의한 직장 가입자로 되는 것을 방해하거나 그가 부담하는 부담금의 증가를 기피할 목적으로 정당한 사유 없이 근로자의 승급 또는 임금 인상을 하지 아니하거나 해고, 기타 불이익적인 조치를

한 경우

③ 업무정지 처분의 효과 규정을 어긴 요양기관의 개설자

④ 공단, 심사평가원 및 대행 청구단체에 종사하였던 사람 또는 종사하고 있는 사람이 그 업무상 알게 된 비밀을 누설한 경우

(2) 과태료

① 가입자 및 피부양자 또는 가입자 및 피부양자였던 자가 자격을 잃은 후 자격을 증명하던 서류를 사용하여 보험급여를 받은 때에는 그 급여에 상당하는 금액 이하(제119조 제1항)

② 건강보험증 또는 신분증명서의 양도·대여나 그 밖의 부정한 사용을 통하여 보험급여를 받은 자에게는 그 보험급여에 상당하는 금액 이하의 과태료를 부과한다(제2항).

③ 업무 정지를 받았거나 업무정지처분의 절차가 진행 중인 자는 행정처분을 받은 사실 또는 행정처분절차가 진행 중인 사실을 보건복지부령으로 정하는 바에 따라 양수인 또는 합병 후 존속하는 법인에 지체 없이 통지하여야 하는데 이를 위반한 자에게 500만 원 이하의 과태료를 부과한다(제3항).

④ 100만 원 이하의 과태료(제4항): 제7조를 위반하여 신고를 하지 아니하거나 거짓으로 신고한 사용자나 제43조 제1항 및 제2항을 위반하여 신고를 하지 아니하거나 거짓으로 신고한 자이다.

학습 과제

01 분할연금은 요건을 모두 갖추게 된 때부터(①) 이내에 청구하여야 한다.

02 분할연금의 수급 조건으로 배우자의 가입 기간 중의 혼인 기간만 해당되는 그 혼인 기간이 5년 이상인 자가 어떤 요건을 갖추면 분할연금을 받을 수 있는지 그 조건을 기술하시오.

①____________, ②____________, ③____________

03 국민연금의 운용(제102조)의 용도에 대하여 기술하시오. (7가지)

①________, ②________, ③________, ④________

⑤________, ⑥________, ⑦________

04 요양급여의 기준, 요양급여 비용에 관한 사항, 직장 가입자의 보험료율, 지역 가입자의 보험료 부과 점수당 금액, 그 밖에 건강보험에 관한 주요 사항으로서 대통령령으로 정하는 사항을 심의·의결하기 위하여 보건복지부 장관 소속으로 (①)를 둔다.

05 국민건강보험법에서 요양급여 비용 및 요양급여의 적정성 평가 등에 관한 심사평가원의 처분에 이의가 있는 공단, 요양기관 또는 그 밖의 자는 심사평가원에 (①)을 할 수 있다.

06 심사평가원에 이의신청은 처분이 있음을 안 날로부터 (①)일 이내에 문서로 하여야 하며 처분이 있음을 안 날로부터 180일을 지나면 제기하지 못한다. 다만 정당한 사유로 그 기간에 이의신청을 할 수 없었음을 소명한 경우에는 그러하지 아니하다.

07 이의신청에 대한 결정에 불복하는 자는 (①)에 심판청구를 할 수 있다.

08 국민건강보험공단의 업무에 대하여 기술하시오. (8가지)

①__________, ②__________, ③__________, ④__________

⑤__________, ⑥__________, ⑦__________, ⑧__________

정답

선행 학습

1. (① 영속성) (② 안정성)
2. (① 지역 가입자).
3. (① 반환일시금)
4. (① 사업장 가입자), (② 지역 가입자), (③ 임의 가입자) 및 (④ 임의계속 가입자)
5. (① 근로자) (② 사용자)
6. (① 직장 가입자), (② 피부양자)
7. (① 보건복지부 장관), (② 국민건강보험공단)

학습 과제

01 (① 3년)

02 ① 배우자와 이혼하였을 때, ② 배우자였던 사람이 노령연금 수급권자일 것, ③ 60세가 되었을 것

03 ① 대통령령으로 정하는 금융기관에 대한 예입 및 신탁, ② 공공사업 위한 공공 부문에 대한 투자, ③ 자본시장과 금융투자업에 관한 법률에 따른 증권 매매 및 대여, ④ 금융투자상품 지수에 관한 파생상품시장에서의 거래, ⑤ 복지사업 및 대여사업, ⑥ 기금의 본래 사업 목적을 수행하기 위한 재산 취득 및 처분, ⑦ 그 밖에 기금 증식을 위하여 대통령령으로 정하는 사업

04 (① 건강보험정책심의위원회)

05 (① 이의신청)

06 (① 90)

07 (① 건강보험분쟁조정위원회)

08 ① 가입자 및 피부양자의 자격관리, ② 보험급여 관리, ③ 가입자 및 피부양자의 건강 유지와 증진을 위하여 필요한 예방사업, ④ 보험급여 비용의 지급, ⑤ 자산관리 · 운영 및 증식사업, ⑥ 의료시설의 운영, ⑦ 건강보험에 관한 교육훈련 및 홍보, ⑧ 건강보험에 관한 조사연구 및 국제 협력

제 8 장 노인장기요양보험법 · 기초노령연금법 · 노인복지법

선행 학습

1. 장기요양보험료는 국민건강보험법에서 산정한 보험료에서 건강보험료의 경감에 따라 비용을 공제한 금액에 (①)을 곱하여 신청한 금액을 징수하게 되어 있다. 장기요양보험료는 (②)에 따라 차등하여 징수한다.
2. 장기요양기관을 설치 운영하고자 하는 자는 시설 인력을 갖추고 시 · 군 · 구청장에게 신고하여야 하며, 소재지 관할 구역으로 하는 시장· 군수· 구청장으로부터 (①)을 받아야 한다.
3. 재가급여에는 방문요양, 방문목욕, 방문간호, (①), 단기보호 등이 포함된다.
4. 등급 판정에 따른 장기요양 인정의 유효 기간은 최소 (①)년으로 한다.
5. 기초노령연금은 다른 (①)과 동시에 수령할 수 있으며, 수급권자가 국외로 이주한 경우에는 수급권을 상실한다.
6. 기초노령연급법에서 본인 및 배우자가 모두 연금을 지급받을 경우 (①)의 연금액에 대하여 (②)을 감액하여 지급한다.
7. 재가노인복지시설(제38조)에서 가정에서 일상생활을 영위하고 있는 노인(재가노인)으로서 신체적 · 정신적 장애로 어려움을 겪고 있는 노인에게 필요한 각종 편의를 제공하여 지역사회 안에서 건전하고 안정된 노후를 영위하도록 하는 서비스는? (①)
8. 노인복지시설의 종류를 입력하시오.
   ①________ ②________ ③________ ④________ ⑤________.
9. 노인복지법이 정하고 있는 재가노인 복지시설의 종류는?
   ①__________ ②__________ ③__________ ④__________.

제1절 노인장기요양보험법

1 목적 및 대상

1) 목적

고령이나 노인성 질병 등의 사유로 일상생활을 혼자서 수행하기 어려운 노인 등에게 제공하는 신체활동 또는 가사활동 지원 등의 장기요양급여에 관한 사항을 규정하여 노후의 건강 증진 및 생활 안정을 도모하고 그 가족의 부담을 덜어줌으로써 국민의 삶의 질을 향상하도록 함을 목적으로 한다(제1조).

장기요양급여(제2조 제2호)는 6개월 이상 동안 혼자서 일상생활을 수행하기 어렵다고 인정되는 자에게 신체활동·가사활동의 지원 또는 간병 등의 서비스나 이에 갈음하여 지급하는 현금 등을 말한다(제15조 2항 참조).

2) 기본 원칙과 장기요양 기본계획

(1) 기본 원칙

장기요양급여의 적정 제공(제1항), 재가급여의 우선 제공(제3조 제2항), 장기요양급여의 의료 서비스와 연계 제공(제3항)의 원칙이다.

(2) 장기요양 기본계획

보건복지부 장관은 노인 등에 대한 장기요양급여를 원활하게 제공하기 위하여 5년 단위로 다음 사항이 포함된 장기요양 기본계획을 수립·시행한다(제6조).

① 연도별 장기요양급여 대상 인원 및 재원 조달 계획

② 연도별 장기요양기관 및 장기요양 전문인력 확충 방안

③ 그 밖에 노인 등의 장기요양에 관해 대통령령으로 정하는 사항

지방자치단체의 장은 장기요양 기본계획에 따라 세부시행계획을 수립·시행하여야 한다.

3) 대상

첫째, 노인 등으로서 65세 이상의 노인 또는 65세 미만의 자로서 치매·뇌혈관성 질환 등 대통령령으로 정하는 노인성 질병을 가진 자를 말한다.

둘째, 보험 가입자로서 장기요양보험의 가입자는 「국민건강보험법」에 따른 건강보험의 가입자로 한다(제7조).

셋째, 신청 자격은 장기요양 인정을 신청할 수 있는 자는 노인 등으로서 다음의 어느 하나에 해당하는 자격을 갖추어야 한다(제12조).

① 장기요양보험 가입자 및 그 피부양자

② 「의료급여법」에 따른 수급권자(제2조 제1호)

3) 노인장기요양보험법의 발달

제·개정	주요 내용
2007.4.27. (2008.7.1.)	법률 제8403호 「노인장기요양보험법」 제정
2009.3.18. (2009.9.19.)	「노인장기요양보험법」 일부 개정, 외국인 근로자 제외 신청 시 제외 규정 마련
2009.5.21. (2009.5.21.)	「노인장기요양보험법」 일부 개정, 도서·벽지·농어촌 등 일정 지역에 거주하는 자에 대하여 장기요양급여, 그리고 본인 일부 부담금의 100분의 50을 감경할 수 있는 법적 근거 마련
2010.3.17. (2010.3.17.)	「노인장기요양보험법」 일부 개정 ① 장기요양기관의 장에게 장기요양급여 제공 자료 기록·관리 의무 부여 ② 폐업 또는 휴업할 경우 장기요양급여 제공 자료를 공단으로 이관 ③ 「국민기초생활보장법」에 따른 수급자를 100분의 50 감경 대상에서 제외하여 본인 일부 부담금 면제 대상 규정에 따르도록 함. ④ 공단의 업무에 장기요양기관의 설치 및 운영 추가 ⑤ 장기요양기관은 설치하는 목적에 필요한 최소한의 범위에서 설치·운영함.
2011.12.31. (2012.9.1.)	국민건강보험법 전부 개정 법률

2 급여 및 재정

1) 급여(수급자)

(1) 수급자 판정

신청 자격 요건을 충족하고 6개월 이상 동안 혼자서 일상생활을 수행하기 어렵다고 인정하는 경우 심신 상태 및 장기요양이 필요한 정도 등으로 대통령령으로 정하는 등급 판정 기준에 따라 장기요양급여를 받을 자(수급자)로 판정하게 된다(제15조 제2항).

(2) 등급 판정 기준

① 장기요양 1등급: 심신의 기능 상태 장애로 일상생활에서 전적으로 다른 사람의 도움이 필요한 자로서 장기요양 인정 점수가 95점 이상인 자

② 장기요양 2등급: 심신의 기능 상태 장애로 일상생활에서 상당 부분 다른 사람의 도움이 필요한 자로서 장기요양 인정 점수가 75점 이상 95점 미만인 자

③ 장기요양 3등급: 심신의 기능 상태 장애로 일상생활에서 부분적으로 다른 사람의 도움이 필요한 자로서 장기요양 인정 점수가 55점 이상 75점 미만인 자(시행령 제7조 제1항)

④ 장기요양 인정 점수: 장기요양이 필요한 정도를 나타내는 점수로서 보건복지부 장관이 정하여 고시하는 심신의 기능 저하 상태를 측정하는 방법에 따라 산정한다(제2항).

(3) 급여

급여의 유형은 다음과 같다.

장기요양급여(제23조)는 다음과 같다.

① 재가급여(제1항 제1호): 방문요양, 방문목욕, 방문간호, 주·야간보호, 단기보호, 기타 재가급여이다.

② 시설급여(제1항 제2호): 장기요양기관이 운영하는 노인복지법 제34조에 따른 노인의료복지시설 등에 장기간 입소하여 신체활동 지원 및 심신 기능의 유

지·향상을 위한 교육·훈련 등을 제공한다.

③ 특별현금급여(제1항 제3호): 도서벽지 지역 등 요양시설이 없어 불가피하게 가족 등으로부터 요양을 받은 경우 지원되는 현금급여 등이다. 이에는 가족요양비, 특례요양비, 요양병원간병비 등이 있다.

(4) 급여의 제한 등

첫째, 중복 수급 금지이다(시행규칙 제17조).

수급자는 재가급여, 시설급여 및 특별현금급여를 중복하여 받을 수 없다. 다만 가족요양비 수급자 중 기타 재가급여를 받는 경우에는 그러하지 아니하다.

동일한 시간에 방문요양, 방문목욕, 방문간호, 주·야간보호 또는 단기보호급여를 두 가지 이상 받을 수 없다.

둘째, 장기요양급여 수급자이다. 공단은 장기요양급여를 받고 있거나 받을 수 있는 자가 다음에 해당하는 경우 급여를 중단하거나 제공하지 아니하여야 한다(제29조 제1항).

① 거짓이나 부정한 방법으로 장기요양을 받은 경우

② 고의로 사고를 발생하도록 하거나 본인의 위법행위에 기인하여 장기요양 인정을 받은 경우

③ 공단은 장기요양을 받고 있는 자가 정당한 사유 없이 자료 제출 거부 및 보고 및 검사(제60조 또는 제61조)에 응하지 않거나 답변 거절 시 급여의 전부 또는 일부를 제공하지 아니하게 할 수 있다(제2항).

셋째, 구상권이다(제44조).

공단은 제3자의 행위로 인한 장기요양급여의 제공 사유가 발생하여 수급자에게 장기요양급여를 행한 때 그 급여에 사용된 비용의 한도 안에서 그 제3자에 대한 손해배상의 권리를 얻는다. 공단은 장기요양급여를 받은 자가 제3자로부터 손해배상을 받은 때 손해배상액의 한도 안에서 장기요양급여를 행하지 않는다.

2) 재정(비용)

(1) 장기요양보험료

장기요양보험료는 국민건강보험법에 따른 "건강보험료"와 통합하여 징수한다

(제8조).

장기요양보험료의 산정(제9조)은 국민건강보험법에 따라 산정한 보험료액에서 같은 법의 경감 또는 면제되는 비용을 공제한 금액에 장기요양보험료율을 곱하여 산정한 금액으로 한다.

(2) 국가의 부담

국가는 매년 예산의 범위 안에서 장기요양보험료 예상 수입액의 20/100에 상당하는 금액을 공단에 지원한다(제58조 제1항).

국가와 지방자치단체는 의료급여 수급권자의 장기요양급여 비용, 의사 소견서 발급 비용, 방문간호지시서 발급 비용 중 공단이 부담하여야 할 비용, 관리운영비의 전액을 부담한다(제2항).

(3) 본인 일부 부담금

재가급여의 경우 당해 장기요양급여 비용의 15%, 시설급여의 경우 20%를 수급자가 부담하도록 한다(제40조).

3 전달 체계 및 위원회

전달 체계 및 위원회는 다음과 같다.

전달 체계의 관리운영기관으로 장기요양사업의 관리운영기관은 국민건강보험공단으로 한다(제48조).

1) 위원회

(1) 장기요양위원회

보건복지부 장관 소속으로 다음의 사항을 심의하기 위해 장기요양위원회를 둔다(제45조).

① 장기요양보험료율

② 가족요양비, 특례요양비 및 요양병원 간병비의 지급 기준
③ 재가 및 시설 급여 비용
④ 그 밖에 대통령령으로 정하는 주요 사항

(2) 등급판정위원회

장기요양 인정 및 장기요양 등급 판정 등을 심의하기 위하여 공단에 장기요양등급판정위원회를 둔다. 시 · 군 · 구 단위로 설치한다(제52조).

(3) 장기요양심사위원회

공단은 장기요양심사위원회를 구성하여 이의신청사건을 심의하게 하여야 한다(제55조).

(4) 등급판정위원회

장기요양 인정 및 장기요양 등급 판정 등을 심의하기 위하여 공단에 장기요양등급판정위원회를 둔다. 시 · 군 · 구 단위로 설치한다(제52조).

(5) 장기요양심사위원회

공단은 장기요양심사위원회를 구성하여 이의신청사건을 심의하게 하여야 한다(제55조).

(6) 장기요양기관

장기요양기관의 지정 및 설치로 장기요양기관을 설치 · 운영하고자 하는 자는 소재지를 관할 구역으로 하는 시장 · 군수 · 구청장으로부터 지정을 받아야 한다(제31조).

재가급여 중 어느 하나 이상에 해당하는 장기요양급여를 제공하고자 하는 자는 시설 및 인력을 갖추어 재가장기요양기관을 설치하고 시장 · 군수 · 구청장에게 이를 신고하여야 한다(제32조).

장기요양기관의 의무(제35조)로서 장기요양기관은 수급자로부터 장기요양급여 신청을 받은 때 장기요양급여의 제공을 거부하여서는 아니 된다.

장기요양기관의 폐업 등(제36조)에 관하여 장기요양기관은 폐업하거나 휴업하고자 하는 경우 폐업이나 휴업 예정일 전 30일까지 시장·군수·구청장에게 신고하여야 한다.

장기요양기관의 지정 취소(제37조)는 ① 거짓이나 부정한 방법으로 지정을 받은 경우, ② 시설 및 인력의 지정 기준에 적합하지 않은 경우, ③ 장기요양급여를 거부한 경우이다.

4 권리구제

1) 이의신청

장기요양 인정·장기요양 등급·장기요양급여·부당이득·장기요양급여 비용 또는 장기요양보험료 등에 관한 공단의 처분에 이의가 있는 자는 공단에 이의신청을 할 수 있다(제55조 제1항).

처분이 있는 날로부터 90일 이내에 문서로 해야 한다(제2항). 그리고 공단에서 장기요양심사위원회를 구성하여 심의하게 하여야 한다(제3항).

2) 심사청구

이의신청 결정에 불복하는 자는 결정처분을 받은 날로부터 90일 이내에 장기요양심판위원회에 심사청구를 할 수 있다(제56조 제1항). 장기요양심판위원회는 보건복지부 장관 소속으로 둔다(제2항).

3) 행정소송

공단의 처분에 이의가 있는 자와 이의신청 또는 심사청구에 대한 결정에 불복하는 자는 행정소송법이 정하는 바에 따라 행정소송을 제기할 수 있다(제57조).

제 2 절 기초노령연금법

1 목적 및 대상

1) 목적

2007년 4월 25일 제정된 이 법은 노인이 후손의 양육과 국가 및 사회의 발전에 이바지해 온 점을 고려하여 생활이 어려운 노인에게 기초노령연금을 지급함으로써 노인의 생활 안정을 지원하고 복지를 증진함을 목적으로 한다(제1조).

2) 대상

(1) 연금 지급 대상

65세 이상인 자로서 소득 인정액이 대통령령으로 정하는 금액 이하인 자에게 연금을 지급한다(제3조).

(2) 선정 기준액

선정 기준액은 노인가구의 소득·재산 수준과 생활 실태, 물가상승률 등을 고려하여 전년도 11월 1일까지 보건복지부 장관이 결정·고시하는 금액으로 한다(시행령 제2조 제1항). 배우자가 있는 노인 가구의 선정 기준액은 배우자가 없는 노인 가구의 선정 기준액에 100분의 160을 곱한 금액으로 한다(제2항). 선정 기준액은 매년 1월 1일부터 다음 연도 12월 31일까지 적용한다(제3항).

3) 기초노령연금법의 발달

제·개정(시행)	주요 내용
2007.4.25. (2008.1.1.)	법률 제8385호 「기초노령연금법」 제정

2007.7.27. (2008.1.1.)	「기초노령연금법」 일부 개정 –기초노령연금액을 「국민연금법」 제51조 제1항 제1호에 따른 평균 소득월액의 100분 10으로 2028년까지 단계적으로 상향 조정 –2009년 1월 1일 당시 수급자가 65세 이상인 자 중 100분의 70 수준이 되도록 함 –부부가 모두 기초노령연금을 지급받는 경우 각 연금액의 감액 비율을 20%로 상향 조정 –병급 제한에 대한 규정 삭제
2011.3.30. (2011.7.1.)	「기초노령연금법」 일부 개정 –보건복지부 장관 또는 지방자치단체의 장이 관계 기관의 장에게 요청할 수 있는 자료에 교정시설·치료감호시설에 수용 중인 자의 수용 개시 및 석방 정보를 포함 –연금의 지급 정지 요건을 교정시설 또는 치료감호시설에 수용 중인 기간으로 변경하여 가석방 기간과 집행유예 기간 제외
2011.7.14. (2011.7.14.)	법률 제10854로 금융실명 거래 및 비밀 보장에 관한 법률 일부 개정

2 급여 및 재정

1) 급여

(1) 연금액

첫째, 연금 지급액에 대한 기본 시책이다. 국가 및 지방자치단체는 연금이 기초노령연금법의 목적에 따라 노인의 생활 안정을 지원하고 복지를 증진하는 데 필요한 수준이 되도록 최대한 노력하여야 하며, 이에 따른 필요한 비용을 부담할 수 있도록 재원을 조성하여야 한다(제4조).

둘째, 연금액(제5조)은 「국민연금법」 제51조 제1항 제1호에 따른 금액의 100분의 5에 해당하는 액수로 한다. 소득인정액과 연금액을 합한 금액이 대통령령이 정하는 금액 이상인 경우에는 대통령령이 정하는 바에 따라 연금액의 일부를 감액하여 지급할 수 있다.

본인 및 그 배우자가 모두 연금을 지급받는 경우에는 각각의 연금액에 대하여 100분의 20을 감액한다.

연금의 신청(제6조)은 연금 수급 희망자 또는 그 친족, 그 밖의 관계인은 보건복지부 장관 또는 지방자치단체의 장에게 급여를 신청할 수 있다.

(2) 연금의 지급 기간 등

첫째, 연금의 지급 기간 및 지급 시기(제8조)이다.

연금은 수급권자로 결정된 경우 연금을 신청한 날이 속하는 달부터 수급권이 소멸한 날이 속하는 달까지 매월 정기적으로 지급한다. 지급 정지의 사유가 발생할 때에는 사유가 발생한 날이 속하는 달의 다음달부터 사유가 소멸한 날이 속하는 달까지 이를 지급하지 아니한다.

둘째, 지급 정지(제10조)이다.

수급자가 금고 이상의 형을 선고 받고 교정시설 또는 치료감호시설에 수용 중인 기간 동안에는 연금의 지급을 정지한다.

셋째, 수급권의 상실(제11조)이다. 사망한 때, 국적을 상실하거나 국외로 이주한 때, 제3조에 따른 수급 요건에 해당하지 아니하게 된 때이다.

그리고 부당이득의 환수(제16조)이다.

보건복지부 장관 또는 지방자치단체의 장은 수급권이 없는 자가 연금을 지급받은 경우에는 대통령령으로 정하는 바에 따라 지급액을 징수하여야 한다. 국세 또는 지방세 체납처분의 예에 따라 징수한다. 시효는 5년이다.

2) 재정

(1) 비용의 부담

국가 또는 지방자치단체는 다음의 구분에 따라 연금을 부담한다. 국가는 지방자치단체의 노인 인구 비율 및 재정 여건 등을 고려하여 100분의 40 이상 100분의 90 이하의 범위 안에서 대통령령이 정하는 비율을 부담한다. 국가가 부담한 금액을 차감한 액수에 대하여는 시·도 및 시·군·구가 상호 분담하되, 그 부담 비율은 노인 인구 비율 및 재정 여건 등을 고려하여 시·도의 조례로 정하고, 미리 보건복지부 장관과 협의하여야 한다(제19조).

(2) 조세 및 그 밖의 공과금 감면

지급받은 연금에 대하여는 「조세특례제한법」, 그 밖의 법률 또는 지방자치단체의 조례로 정하는 바에 따라 조세와 그 밖의 공과금을 감면한다(제20조).

3 전달 체계 및 위원회

첫째, 보건복지부 및 지방자치단체(제21조 제1항)에의 권한에 관한 사항으로 보건복지부 장관의 권한은 그 일부를 대통령령이 정하는 바에 따라 특별시장·광역시장·도지사 또는 특별자치도지사 또는 시장·군수·구청장에게 위임할 수 있다.

둘째, 국민연금공단(제21조 제2항)에 관한 사항인데 보건복지부 장관 또는 지방자치단체의 장의 업무 중 다음의 사항은 대통령령으로 정하는 바에 따라 국민연금법에 따른 국민연금공단으로 위탁할 수 있다.

① 연금 신청의 접수
② 소속 공무원이 행하는 조사·질문에 관한 업무 지원
③ 이의신청의 접수
④ 수급권 상실 사유 신고의 접수
⑤ 기초노령연금 정보 시스템의 구축·운영에 관한 사항
⑥ 그 밖에 대통령령으로 정하는 수급자 관리 지원 등에 관한 사항

4 권리구제 및 벌칙

1) 권리구제

수급권자의 자격 인정, 그 밖에 이 법에 따른 처분에 이의가 있는 자는 보건복지부 장관 또는 지방자치단체의 장에게 이의신청을 할 수 있다(제15조).

2) 벌칙

금융정보를 다른 사람에게 제공하거나 누설한 자는 5년 이하의 징역 또는 3천만 원 이하의 벌금에 처한다.

신용정보 또는 보험정보를 다른 사람에게 제공하거나 누설한 자는 3년 이하의 징역 또는 2천만 원 이하의 벌금에 처한다.

거짓 및 부정한 방법으로 연금을 지급받은 자는 1년 이하의 징역 또는 500만 원 이하의 벌금에 처한다(제22조).

3) 과태료

정당한 사유 없이 조사에 필요한 서류나 자료를 제출하지 않았거나 거짓 자료 제출 또는 조사·질문을 거부·방해 또는 기피하거나 거짓 답변을 한 자에게는 20만 원 이하의 과태료를 부과한다. 정당한 사유 없이 수급권 상실 사유 발생 시 신고를 하지 아니한 자에게는 10만 원 이하의 과태료를 부과한다(제23조).

제 3 절 노인복지법

1 목적 및 대상

1) 목적

1981년 6월 5일 제정된 이 법은 노인의 질환을 사전 예방 또는 조기 발견하고 질환 상태에 따른 적절한 치료·요양으로 심신의 건강을 유지하고, 노후의 생활안정을 위하여 필요한 조치를 강구함으로써 노인의 보건 복지 증진에 기여함을 목적으로 한다(제1조).

2) 대상

① 노인에 대해서는 정확히 명시되어 있지는 않다.
② 대부분 65세 이상의 노인을 개별 항에서 법의 대상자로 명시하고 있다.

3) 노인복지법의 발달

제·개정(시행)	주요 내요
1981.6.5. (1981.6.5.)	법률 제3453호 「노인복지법」 제정
1993.12.27. (1994.6.28.)	「노인복지법」 일부 개정 - 민간기업체나 개인도 유료노인복지시설을 설치, 운영할 수 있음. - 재가복지사업 실시
1997.8.22. (1998.5.23.)	「노인복지법」 전부 개정 - 65세 이상의 일정한 자에게 경로연금 지급 - 노인지역봉사기관, 노인취업알선기관의 지원 근거 규정 - 국가또는 지방자치단체가 치매노인에 대한 연구·예방사업 및 노인재활요양사업 실시 - 인전문요양시설·유료노인전문요양시설 및 노인전문병원 설치할 수 있음.
2004.1.29. (2004.7.30.)	「노인복지법」 일부 개정 - 노인 학대 예방 및 노인 학대 긴급전화 설치 - 노인보호전문기관 설치 - 의료인, 노인복지시설의 장 또는 종사자 등 노인 학대 신고 의무 규정 명시
2007.4.25. (2008.1.1.)	「노인복지법」 일부 개정, 타법 개정 - 기초노령연금법 시행으로 노인복지법에 규정되어 있던 경로연금제도와 관련된 조항을 삭제
2007.8.3. (2008.8.4.)	「노인복지법」 일부 개정 - 노인장기요양보험에 대비여 노인복지시설의 무료·실비 및 유료 구분 삭제 - 요양보호사 자격제 도입 - 홀로 사는 노인 지원 규정 마련 - 실종 노인을 보호할 경우 신고 규정 마련 - 60세 미만의 자에게 노인복지주택 분양·임대 금지, 위반 시 벌칙 부과
2010.1.25. (2010.4.26.)	「노인복지법」 일부 개정 - 요양보호사 자격시험제도 도입하고, 자격시험 도입에 따른 결격 사유와 자격 취소 사유에 관한 규정 마련 - 요양보호사 교육기관 운영제도를 현행 "신고제"에서 "지정제"로 변경

2011.4.7. (2011.10.8.)	「노인복지법」 일부 개정 －노인일자리사업을 수행하는 노인일자리 전담기관을 노인인력개발기관, 노인일자리 지원기관 및 노인취업알선기관으로 구별하고 해당 기관의 업무를 규정
2011.6.7. (2011.12.8.)	「노인복지법」 일부 개정 －노인전문병원을 「의료법」 상의 요양병원으로 일원화 －노인복지시설로서의 기능과 역할이 미약한 노인휴양소를 폐지 －실종 노인에 대한 빠른 발견과 안전한 복귀 등을 위한 근거 규정을 보강 －노인 학대 사례에 대한 관련 법규를 강화
2013.4.23. (2013.4.23.)	노인복지법 개정에 따른 노인복지법시행규칙 시행 －관계 중앙행정기관의 장이 유료 노인복지시설의 장과 그 종사자 등 노인 학대 신고 의무자에게 자격 취득 교육이나 보수교육을 하는 경우 노인 학대 예방 및 신고 의무와 관련되는 노인복지법이 개정됨에 따라 신고 요령 등 포함하는 법률에서 위임된 사항 규정

2 급여 및 재정

1) 급여: 보건복지 조치

(1) 노인 사회 참여 지원

노후에도 지역봉사활동 기회와 근로 능력이 있는 노인에게 취업의 기회를 보장받을 수 있도록 국가가 지원하여야 함을 강조하고 있으며, 여기에는 디음과 같은 지원이 이루어지고 있다(제23조).

① 노인지역 봉사기관, 직종 개발, 취업 알선기관 등에 대한 지원

② 노인일자리 전담기관(제23조의2)

③ 노인인력 개발기관: 노인일자리개발・보급사업, 조사사업, 교육・홍보 및 협력사업, 프로그램 인증・평가사업 등을 지원하는 기관

④ 노인일자리 지원기관: 지역사회 등에서 노인일자리의 개발・지원, 창업・육성 및 노인에 의한 재화의 생산・판매 등을 직접 담당하는 기관

⑤ 노인취업 알선기관: 노인에게 취업 상담 및 정보를 제공하거나 노인일자리를 알선하는 기관

(2) 생업 지원

국가 또는 지방자치단체, 기타 공공단체가 설치·운영하는 공공시설 안에 식료품·사무용품·신문 등 일상생활용품의 판매를 위한 매점이나 자동판매기의 설치를 허가 또는 위탁할 때에는 65세 이상자의 신청이 있는 경우 이를 우선적으로 반영하여야 한다(제25조).

(3) 경로우대

65세 이상 노인에 대하여 공공시설 및 교통 이용료를 할인해 준다(제26조).

(4) 건강진단 등

65세 이상의 노인에 대하여 건강진단과 보건교육 실시할 수 있다(제27조).

홀로 사는 노인에 대하여 방문요양 서비스 등의 서비스와 안전 확인 등의 보호조치를 취하여야 한다(제27조의 2).

(5) 상담과 입소 등의 조치

노인복지 실시기관은 노인에 대한 복지를 도모하기 위하여 필요하다고 인정한 때에는 관계 공무원이나 노인복지상담원으로 하여금 상담·지도를 하게 한다.

노인주거시설, 재가노인복지시설, 노인의료복지시설에 입소시키거나 입소를 위탁한다(제28조).

(6) 노인재활 요양사업

국가 또는 지방자치단체는 신체적·정신적으로 재활요양을 필요로 하는 노인을 위한 재활요양사업을 실시할 수 있다(제30조).

(7) 노인 실태조사

보건복지부 장관은 노인의 보건 및 복지에 관한 실태조사를 3년마다 실시한다(제5조).

(8) 노인 학대

노인 학대란 노인에 대하여 신체적, 정신적, 정서적, 성적 폭력 및 경제적 착취 또는 가혹행위를 하거나 유기 또는 방임을 하는 것을 말한다(제1조의 2 제4호).

금지행위(제39조의 9)는 다음과 같다.

㉠ 신체에 폭행을 가하거나 상해를 입히는 행위

㉡ 성적 수치심을 주는 성폭행·성희롱 등의 행위

㉢ 노인을 유기하거나 기본적 보호 및 치료를 소홀히 하는 방임행위

㉣ 노인에게 구설을 하게 하거나 이용하여 구걸하는 행위

㉤ 노인을 위하여 증여 또는 급여된 금품을 목적 외의 용도에 사용하는 행위

① 노인보호 전문기관

중앙노인보호 전문기관은 노인 학대의 예방 및 방지를 위한 홍보, 연구 및 프로그램 개발 등을 수행한다(제30조의 5).

지역노인보호 전문기관은 학대받은 노인의 발견·상담·홍보와 의료기관에의 치료 의뢰 및 노인복지시설에의 입소 의뢰, 노인 학대 가해자, 감독기관, 시설 등에 대한 조사를 실시한다.

긴급전화(제39조의 4)에 관하여 국가 및 지방자치단체는 노인 학대를 예방하고 수시로 신고를 받을 수 있도록 긴급전화를 설치하여야 한다.

신고 의무와 절차(제39조의6)에 관하여 다음과 같이 누구든지 노인 학대를 알게 된 때에는 노인보호 전문기관 또는 수사기관에 신고할 수 있다.

① 의료법에 의한 의료인, ② 노인복지시설의 장 및 종사자, 장애인 복지시설에서 장애노인에 대한 상담 등을 행하는 자, ③ 가족폭력 관련 상담소의 상담원 및 가정폭력 피해자 보호시설의 종사자, ④ 119 구급대원, ⑤ 건강가정지원센터의 장과 ⑥ 종사자 및 사회복지 전담공무원 응급 조치 의무(제39조의 7)는 노인 학대 행위와 관련되어 있는 자는 노인 학대 현장에 출동한 자에 대하여 현장조사를 거부하거나 업무를 방해해서는 아니 된다(제3항 신설).

② 실종 노인

실종 노인에 관한 신고 의무(제39조의10 제1항)애 대하여는 누구든지 정당한 사유 없이 사고 또는 치매 등의 사유로 보호자로부터 이탈된 노인을 경찰관서 또는 지방자치단체의 장에게 신고하지 아니하고 보호하여서는 아니 된다.

다음과 같이 실종 노인의 데이터베이스 구축(제39조의 10 제2항)으로 보호시설에

서 실종 노인임을 알게 될 때는 지체 없이 신상 카드를 작성하여 지방자치단체의 장과 실종 노인의 데이터베이스를 구축·운영하는 기관의 장에게 제출하여야 한다.

① 실종 노인의 조속한 발견과 복귀를 위한 조치(제39조의 10 제4항)
② 실종 노인에 대한 신고 체계의 구축 및 운영
③ 그 밖에 실종 노인의 발견과 복귀를 위하여 필요한 사항

(9) 노인 일자리 지원사업을 위한 전담기관 설치·운영

노인의 능력과 적성에 맞는 일자리 지원사업을 전문적·체계적으로 수행하기 위한 전담기관을 설치·운영한다(제23조의 2).

2) 재정(비용)

(1) 비용의 부담

노인일자리 전담기관의 설치·운영 또는 위탁에 소요되는 비용, 건강진단 등과 상담·입소 등의 조치에 소요되는 비용, 노인복지시설의 설치·운영에 소요되는 비용은 대통령령이 정하는 바에 의하여 국가 또는 지방자치단체가 부담한다(제45조 제2항).

(2) 비용의 수납 및 청구

건강진단 및 보건교육, 상담·입소 등의 조치의 규정에 의한 복지 조치에 필요한 비용을 부담한 복지실시기관은 당해 노인 또는 부양 의무자로부터 대통령령이 정하는 바에 의하여 부담 비용의 전부 또는 일부를 수납하거나 청구할 수 있다(제46조).

(3) 비용의 보조

국가 또는 지방자치단체가 설치·운영에 필요한 비용을 보조할 수 있다. 노인주거복지시설, 노인요양시설, 노인요양 공동생활 가정, 노인여가 복지시설, 재가노인복지시설, 노인보호 전문기관(시행령 제24조) 시설 운영에 소요되는 비용 보조는

시설 평가의 결과 등 당해 노인복지시설의 운영 실적을 고려하여 차등하여 보조할 수 있다(제47조).

3 전달 체계

1) 노인복지시설

노인복지시설은 다음과 같다.

(1) 노인주거 복지시설

가정을 대신해서 노인들이 생활할 수 있도록 주거를 포함한 일체의 생활이 가능하도록 서비스를 제공하는 시설이다(제32조 제1항).

① 양로시설: 노인을 입소시켜 급식과 그 밖에 일상생활에 필요한 편의를 제공함을 목적으로 하는 시설

② 노인공동 생활가정: 노인들에게 가정과 같은 주거 여건과 급식, 그 밖에 일상생활에 필요한 편의를 제공함을 목적으로 하는 시설

③ 노인복지주택: 노인에게 주거시설을 분양 또는 임대하여 주거의 편의·생활지도·상담 및 안전관리 등 일상생활에 필요한 편의를 제공함을 목적으로 하는 시설이다.

(2) 노인의료 복지시설

주거생활은 물론 보건 의료적 서비스를 제공하는 시설로서, 입소 조치에 따른 비용 부담의 정도 및 질환의 정도에 따라 나뉜다(제34조 제1항).

① 노인요양시설: 치매·중품 등 노인성 질환 등으로 심신에 상당한 장애가 발생하여 도움을 필요로 하는 노인을 입소시켜 급식·요양과 그 밖에 일상생활에 필요한 편의를 제공함을 목적으로 하는 시설

② 노인요양 공동생활 가정: 치매·중풍 등 노인성 질환 등으로 심신에 상당한 장애가 발생하여 도움을 필요로 하는 노인에게 가정과 같은 주거 여건과 급

식 · 요양, 그 밖에 일상생활에 필요한 편의를 제공함을 목적으로 하는 시설이다.

(3) 노인여가 복지시설

노인들이 건강하고 건전한 여가활동을 할 수 있도록 제반 서비스를 제공하는 시설로서 구체적인 목적의 차이에 따라 나뉜다(제36조 제1항).

① 노인복지관: 노인의 교양 · 취미생활 및 사회 참여 활동 등에 대한 각종 정보와 서비스를 제공하고, 건강 증진 및 질병 예방과 소득 보장 · 재가복지, 그 밖에 노인의 복지 증진에 필요한 서비스를 제공함을 목적으로 하는 시설

② 경로당: 지역 노인들이 자율적으로 친목 도모 · 취미활동 · 공동작업장 운영 및 각종 정보 교환과 기타 여가활동을 할 수 있도록 하는 장소를 제공함을 목적으로 하는 시설

③ 노인교실: 노인들에 대하여 사회활동 참여 욕구를 충족시키기 위하여 건전한 취미생활 · 노인 건강 유지 · 소득 보장, 기타 일상생활과 관련한 학습 프로그램을 제공함을 목적으로 하는 시설

(4) 재가노인 복지시설

다음의 어느 하나 이상의 서비스를 제공하는 것을 목적으로 하는 시설이다(제38조).

① 방문요양 서비스: 가정에서 일상생활을 영위하고 있는 노인(재가노인)으로서 신체적 · 정신적 장애로 어려움을 겪고 있는 노인에게 필요한 각종 편의를 제공하여 지역사회 안에서 건전하고 안정된 노후를 영위하도록 하는 서비스

② 주 · 야간보호 서비스: 부득이한 사유로 가족의 보호를 받을 수 없는 심신이 허약한 노인과 장애노인을 주간 또는 야간 동안 보호시설에 입소시켜 필요한 각종 편의를 제공하여 이들의 생활 안정과 심신 기능의 유지 · 향상을 도모하고, 그 가족의 신체적 · 정신적 부담을 덜어주기 위한 서비스

③ 단기보호 서비스: 부득이한 사유로 가족의 보호를 받을 수 없어 일시적으로 보호가 필요한 심신이 허약한 노인과 장애노인을 보호시설에 단기간 입소시켜 보호함으로써 노인 및 노인가정의 복지 증진을 도모하기 위한 서비스

④ 방문목욕 서비스: 목욕 장비를 갖추고 재가노인을 방문하여 목욕을 제공하는 서비스
⑤ 그 밖의 서비스: 그 밖에 재가노인에게 제공하는 서비스로서 보건복지부령으로 정하는 서비스이다.

노인복지시설의 의무와 감독 등은 다음과 같다.

① 변경, 폐지 및 휴지 신고 의무

노인주거 복지시설 및 노인의료 복지시설, 노인여가 복지시설 및 재가노인 복지시설의 변경 및 폐지, 휴지하고자 할 때는 시장·군수·구청장에게 신고하여야 한다(제40조).

② 수탁 의무

복지실시기관으로부터 입소·장례를 위탁받은 때에 정당한 이유 없이 이를 거부하여서는 아니 된다(제41조).

③ 조사 및 검사

복지실시기관은 노인복지시설 또는 요양보호사 교육기관을 설치·운영하는 자로 하여금 당해 시설 또는 사업에 관하여 필요한 보고를 하게 하거나 관계 공무원으로 하여금 당해 시설 또는 사업의 운영 상황을 조사하게 하거나 장부 기타 관계 서류를 검사하게 할 수 있다(제42조).

④ 사업의 정지 등

시·도지사 또는 시장·군수·구청장은 노인주거 복지시설, 노인의료 복지시설의 사업의 정지 또는 폐지를 명할 수 있다(제1항). 시장·군수·구청장은 노인여가 복지시설 또는 재가노인 복지시설의 사업의 정지 또는 폐지를 명할 수 있다(제43조).

⑤ 노인일자리 지원기관

지역사회 등에서 노인 일자리의 개발·지원, 창업·육성 및 노인에 의한 재화의 생산·판매 등을 직접 담당하는 기관이다.

2) 요양보호사와 노인복지 상담원 등

(1) 노인복지 상담원

노인의 복지를 담당하기 위해 특별자치도와 시·군·구에 노인복지 상담원을 둔다(제7조).

(2) 노인복지 명예지도원

복지시설기관은 양로시설, 노인공동생활가정, 노인복지주택, 노인요양시설 및 노인요양 공동생활 가정의 입소 노인의 보호를 위하여 노인복지 명예지도원을 둘 수 있다(제51조).

(3) 요양보호사

노인복지시설의 설치·운영자는 보건복지부령이 정하는 바에 따라 노인 등의 신체활동 또는 가사활동 지원 등의 업무를 전문적으로 수행하는 요양보호사를 두어야 한다. 요양보호사를 교육하는 기관에서 교육과정을 마치고 시·도지사가 실시하는 요양보호사 자격시험에 합격하여야 한다(제39조 2).

4 권리구제 및 벌칙

1) 권리구제

(1) 심사청구

노인 또는 부양 의무자는 「노인복지법」에 의한 복지 조치에 대하여 이의가 있을 때에는 당해 복지실시기관에 심사를 청구할 수 있다(제50조).

(2) 행정심판의 제기

복지실시기관의 심사·결정에 이의가 있는 자는 그 통보를 받은 날로부터 90일 이내에 행정심판을 제기할 수 있다(제50조 제3항).

2) 벌칙

① 7년 이하의 징역 또는 2천만 원 이하의 벌금(제55조의 2)
  - 노인의 신체에 상해를 입히는 행위를 한 자

② 5년 이하의 징역 또는 1천 500만 원 이하의 벌금(제55조의 3)
  - 노인에게 금지행위를 한 자
  - 정당한 사유 없이 신고하지 아니하고 실종 노인을 보호한 자

③ 3년 이하의 징역 또는 1천만 원 이하의 벌금(제55조의 4)
  - 노인을 위하여 증여 또는 급여된 금품을 그 목적 외에 사용하는 행위를 한 자
  - 위계 또는 위력을 행사해서 실종 노인의 조사를 하기 위한 공무원의 출입 또는 조사를 거부하거나 방해한 자

3) 과태료

자료 제출을 하지 않거나 거짓으로 보고하거나 거짓 자료를 제출한 자, 정당한 사유 없이 관계 공무원의 출입 또는 조사 '질문을 거부 · 기피 · 방해하거나 거짓의 답변을 한 자는 500만 원 이하의 과태료를 부과한다(제61조의 2).

학습 과제

01 노인장기요양보험의 등급판정위원회는 위원장 1인을 포함하여 (①)인의 위원으로 구성된다.

02 장기요양급여는 노인 등이 가족과 함께 생활하면서 가정에서 장기요양을 받는 (①)를 우선적으로 제공하여야 한다.

03 기초노령연금법에서 보건복지부 장관 또는 지방자치단체의 장의 업무 중 연금 신청의 접수, 이의 신청의 접수, 수급권 상실 사유 신고의 접수 등의 업무는 (①)에 위탁할 수 있다.

04 연금 수급 희망자 또는 그 친족 그 밖의 관계인은 (①) 또는 (②)에게 급여를 신청할 수 있으며, 연금 지급에 드는 비용은 국가 또는 지방자치단체가 부담한다.

05 기초노령연금 수급 대상은 (①)세 이상인 자로 소득 인정액이 (②)으로 정하는 금액 이하인 자이다.

06 노인주거복지시설(제32조 제1항)에서 노인을 입소시켜 급식과 그 밖에 일상생활에 필요한 편의를 제공함을 목적으로 하는 시설은? (①)

07 지역노인보호 전문기관의 업무는? (4가지)

①____________, ②____________,

③____________, ④____________

08 중앙노인보호 전문기관의 업무는? (①)이다.

정답

선행 학습

1. (① 장기요양보험료율), (② 소득)
2. (① 지정)
3. (① 주 · 야간 보호)
4. (① 1)
5. (① 연금)
6. (① 각각), (② 100분의 20)
7. (① 방문요양 서비스)
8. (① 노인주거 복지시설, ② 노인의료 복지시설, ③ 노인여가 복지시설, ④ 재가노인 복지시설, ⑤ 노인보호 전문기관)
9. (① 방문요양 서비스, ② 방문목욕 서비스, ③ 단기보호 서비스, ④ 주 · 야간보호 서비스)

학습 과제

01. (① 15)
02. (② 재가급여)
03. (① 국민연금공단)
04. (① 보건복지부 장관), (② 지방자치단체의 장)
05. (① 65), (② 대통령령)
06. (① 양로시설)
07. ① 학대받은 노인의 발견 · 상담 · 홍보
    ② 의료기관에의 의뢰
    ③ 노인복지시설에의 입소 의뢰
    ④ 노인 학대 가해자, 감독기관, 시설 등에 대한 조사
08. (① 지역노인보호 전문기관 상담원의 심화교육)

제 9 장 국민기초생활보장법 · 의료급여법 · 공동모금회법

선행 학습

1. 국민기초생활보장법에 의하면 부양 의무자의 부양과 다른 법령에 따른 보호는 이 법에 따른 급여에 우선하여 행하여지는 것으로 한다. 따라서 (①) 우선의 원칙이 적용된다.
2. 국민기초생활보장법에 의하면 (①)급여는 금전을 지급하는 것을 원칙으로 하지만 이에 의할 수 없다고 인정되는 경우에는 (②)을 지급함으로써 행할 수 있다.
3. 국민기초생활보장법에서 규정하고 있는 부양 의무자의 범위는 수급권자의 (①), 수급권자의 1촌 직계혈족 (②, ③) 및 그 배우자 (④, ⑤)이다.
4. 의료급여 비용은 전부 또는 일부를 의료급여기금에서 부담하고 일부 부담의 경우 나머지 비용은 (①)이 부담한다.
5. 조건부 수급자란 자활사업에 참가할 것으로 조건으로 생계급여를 지급받는 사람으로서 (①) 이상 (②) 이하의 근로 능력이 있는 수급자 중에서 선별한다.
6. 제1차 의료급여기관은 시장 · 군수 · 구청장에게 개설 신고를 한 의료기관, 보건소, 보건진료원, 보건지소, 약사법에 따라 등록된 약국 및 (①)이고 2차 의료급여기관은 의료법에 따라 시 · 도지사가 (②)를 한 의료기관, 제3차 의료급여기관은 제2차 의료급여기관 중에서 (③)이 지정하는 의료기관이다.
7. 사회복지공동모금회는 기부금품의 접수를 효율적이고 공정하게 하기 위하여 언론기관을 모금창구로 지정하고 지정된 언론기관의 명의로 (①)를 개설할 수 있다.
8. 사회복지공동모금회는 사회복지(①)으로 한다.
9. 사회복지공동모금회는 사회복지사업이나 그 밖의 사회복지활동 등을 지원하기 위한 재원을 조성하기 위하여 (①)을 발행할 수 있다.
10. 기부금품의 기부자는 배분 지역, 배분 대상자 또는 (①)를 지정할 수 있다.

제 1 절 국민기초생활보장법

1 목적 및 대상

1) 목적

국민기초생활보장법의 의의는 생활이 어려운 사람에게 필요한 급여를 실시하여 이들의 최저생활을 보장하고 자활을 돕는 것을 목적으로 한다.

국민기초생활보장법이 기존의 생활보호법과는 다른 특징은 수급권, 보장기관에 대한 명시로 인하여 국민의 권리를 명확히 명시한다는 점과 대상자의 제한을 철폐하여 연령과 신체 상태 등 기준으로 한정하였던 것을 폐지하고 소득인정액을 기준으로 하였다는 점, 그리고 급여 체계의 다양화로 개별 대상자에 맞는 급여가 이루어지도록 하였다는 점이다.

2) 대상

대상으로서 수급권자란 이 법에 의하여 급여를 받을 수 있는 자격을 가진 사람(제2조 제1호)이며, 부양 의무자란 수급권자를 부양할 책임이 있는 자로서 수급권자의 1촌의 직계혈족(부모, 아들, 딸) 등 및 그 배우자(며느리, 사위 등)를 말한다(제2조 제5호).

소득인정액(제2조 제8호)은 개별 가구의 소득평가액과 재산의 소득환산액을 합산한 금액을 말한다. 최저생계비(제2조 제6호)는 국민이 건강하고 문화적인 생활을 유지하기 위하여 소요되는 최소한의 비용으로 제6조 규정에 의하여 보건복지부 장관이 공표하는 금액을 말한다.

수급권자의 범위는 부양 의무자가 없거나, 부양 의무자가 있어도 부양 능력이 없거나 부양을 받을 수 없는 자로서 소득인정액이 최저생계비 이하인 사람을 말한다(제5조 제1항).

위의 범위의 경우는 대통령령으로 정한다(제5조 제3항). 수급권자에 해당하지 아니하여도 생활이 어려운 자로서 일정 기간 동안 이 법이 정하는 급여의 전부 또는 일부가 필요하다고 보건복지부 장관이 정하는 사람은 수급권자로 본다(제5조 제2항).

외국인에 대한 특례(제5조의2)에 의하면 국내 체류 외국인 중 대한민국 국민과 혼인하여 본인 또는 배우자가 임신 중이거나 대한민국 국적의 미성년 자녀를 양육하고 있거나 배우자의 대한민국 국적인 직계존속과 생계나 주거를 같이하고 있는 사람으로서 대통령령이 정하는 사람이 제5조에 해당되는 경우에는 수급권자가 된다.

최저생계비의 결정(제6조)은 보건복지부 장관은 국민의 소득·지출 수준과 수급권자의 가구 유형 등 생활 실태, 물가상승률 등을 고려하여 최저생계비를 결정하여야 한다(제1항). 그리고 매년 9월 1일까지 다음 연도의 최저생계비를 공포(제2항)한다. 계측조사는 3년마다 실시(제3항)하며 비계측 연도에는 물가상승률을 반영하여 최저생계비를 결정한다.

3) 국민기초생활보장법의 발달

제·개정(시행)	주요 내용
1999.9.7. (2000.10.1.)	법률 제6024호 「국민기초생활보장법」 제정
2004.3.5. (2004.3.5.)	「국민기초생활보장법」 일부 개정 -수급권자의 생활 실태를 고려하여 최저생계비를 결정 -최저생계비 공표 시한을 종전 매년 12월 1일에서 9월 1일로 변경 -최저생계비 계측조사 주기를 종전 5년에서 3년으로 단축
2005.12.23. (2007.1.1.)	「국민기초생활보장법」 일부 개정 -부양 의무자의 범위를 1촌의 직계혈족 및 그 배우자로 축소 -급여 지급의 기본 단위인 개별가구의 개념을 명확히 규정(국내 체류 외국인 중 한국인과 결혼하여 한국 국적의 미성년 자녀를 양육하고 있는 자 포함)
2006.12.28. (2007.1.1.)	「국민기초생활보장법」 일부 개정 -차상위 계층에 부분 급여를 지급 -중앙자활센터를 설치

2007.10.17. (2008.7.1.)	「국민기초생활보장법」 일부 개정 -금융정보 조회의 절차를 간소화 -기초생활보장사업에 드는 비용에 대한 국가, 시·도 및 시·군·구 간 분담 비율을 서로 다르게 함.
2011.3.30. (2011.10.1.)	「국민기초생활보장법」 일부 개정 -외국인에 대한 특례 범위 확대
2011.6.7. (2011.9.8.)	「국민기초생활보장법」 일부 개정 -수급자의 자활 촉진을 위하여 가구 특성을 감안한 고용지원 서비스 연계, 아동·노인 등에 대한 서비스 지원, 자산 형성을 위한 재정적 지원 및 교육 실시 -급여를 수급권자 명의의 지정된 계좌에 입금하도록 하고 그 계좌의 예금은 압류할 수 없도록 함으로써 수급자의 기초생활을 실질적으로 보장하고, 수급권 보호의 실효성을 확보
2012.2.1. (2012.2.1.)	「국민기초생활보장법」 일부 개정 -시·도 단위 광역자활센터 지정할 수 있는 법적 근거 마련 -자활공동체 조항을 자활기업으로 개정 -중앙자활센터 사업에 수급자와 차상위자에 대한 취업·창업을 위한 자활 촉진 프로그램 개발 및 지원을 추가
2012.2.1 (2012.8.2.)	-시·도 단위 광역자활센터로 지정할 수 있는 법적 근거 마련 -중앙자활센터 수행사업에 수급자와 차상위자에 대한 취업·창업을 위한 자활 촉진 프로그램 개발 및 지원

2 급여 및 재정

1) 급여 실시

(1) 급여 실시 기준 원칙

급여의 기본 원칙은 다음과 같다.

첫째, 공공 책임의 원칙(제2조 제4호)으로 보장기관은 급여를 행하는 국가 또는 지방자치단체이다.

둘째, 최저생활 보장의 원칙(제4조)으로 급여는 건강하고 문화적인 최저생활을 유지할 수 있는 것이어야 한다.

셋째, 보충성의 원칙(제3조 제1항)으로 급여는 수급자 자신의 소득, 재산, 근로 능력 등을 활용하여 최대한 노력하는 것을 전제로 이를 보충, 발전시키는 것을 기본 원칙으로 한다.

넷째, 타법 우선의 원칙(제3조 제2항)으로 부양 의무자의 부양과 다른 법령에 의한 보호는 이 법에 의한 급여에 우선하여 행하여지는 것으로 한다.

다섯째, 자립 조장의 원칙으로 직접 목적으로 하는 것은 자활급여(제15조), 다른 급여 역시 궁극적으로 자립을 조장하는 방향으로 운용되어야 한다.

(2) 급여 실시의 기준

급여의 기본 수준(제4조 제1항 및 제2항)은 건강하고 문화적인 최저생활을 유지할 수 있는 것이어야 하며, 구체적인 기준은 보건복지부 장관이 수급자의 연령·가구 규모·거주지역, 그 밖의 생활 여건 등을 고려하여 급여의 종류별로 정한다.

급여의 개별화(제4조 제2항)로 연령과 가구 규모 등 제반 여건을 감안하여 급여를 제공하고 거기에 맞게 급여 종류를 결정한다.

개별 가구 단위 급여(제4조 제3항)로서 보장기관은 급여를 개별 가구를 단위로 하여 실시하되, 특히 필요하다고 인정되는 경우에는 개인 단위로 실시할 수 있다.

따라서 신청주의 급여(제21조)에 의하여 수급권자와 그 친족, 기타 관계인은 관할 특별자치도지사·시장·군수·구청장에게 수급권자에 대한 급여를 신청할 수 있다.

급여 실시에 의한 급여의 신청(제21조)은 제21조 제1항에 따른 신청주의 원칙으로 사회복지 전담공무원은 이 법에 따른 급여를 필요로 하는 사람이 누락되지 아니하도록 하기 위하여 관할지역에 거주하는 수급권자에 대한 급여를 직권으로 신청할 수 있다.

신청에 의한 조사(제22조)의 경우 급여 신청이 있는 경우 필요 사항을 조사하게 하거나 의료기관에 검진을 받게 할 수 있다.

확인조사 및 차상위 계층에 대한 조사(제24조)는 수급권자의 규모를 예측하기 위하여 차상위 계층에 대한 조사를 실시할 수 있다. 차상위 계층은 수급권자에 해당되지 않는 계층으로 소득 인정액이 대통령령이 정하는 기준(소득인정액이 최저생계비의 120% 이하인 자) 이하인 계층(제2조 제11호)을 말한다.

급여의 결정(제26조)은 시장·군수·구청장은 급여 실시 여부와 급여 내용을 결정한 때에는 그 결정의 요지, 급여의 종류·방법 및 급여의 개시 시기 등을 서면으로 수급권자 또는 신청인에게 통지하여야 한다.

급여의 실시(제27조)에서 급여 실시 및 내용이 결정된 수급자에 대한 급여는 급여의 신청일로부터 시작한다. 특히 긴급급여는 시장·군수·구청장은 급여 실시 여부의 결정 전이라도 수급권자에게 급여를 실시하여야 할 필요가 있다고 인정할 때에는 급여의 일부를 실시할 수 있다. 급여 지급 방법(제27조의2)은 보장기관이 급여를 금전으로 지급할 때에는 수급자 명의의 지정된 계좌(급여 수급 계좌)로 입금하여야 한다.

급여의 변경(제29조)에서도 보장기관은 급여의 변경 시 서면으로 그 이유를 명시하여 수급자에게 통지하여야 하며, 급여의 중지(제30조)는 보장기관은 급여의 전부 또는 일부를 중지할 수 있다.

(3) 급여 지급과 중지 절차

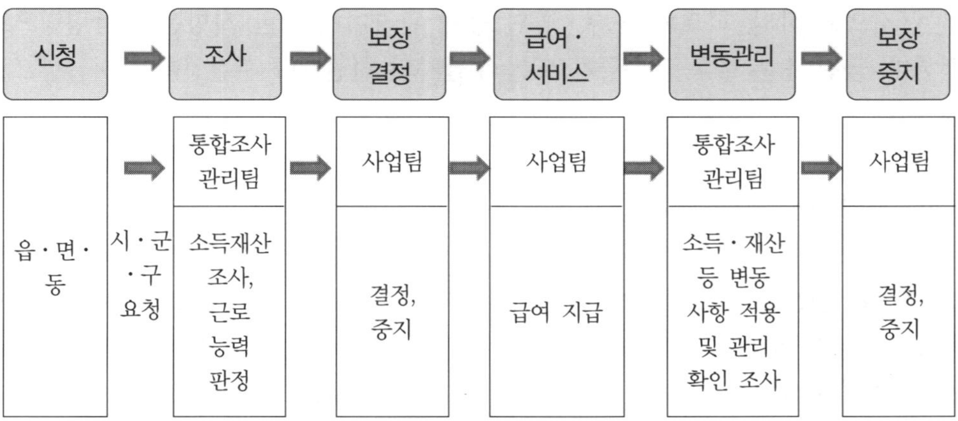

2) 급여의 종류와 방법

(1) 생계급여

수급자에게 의복·음식물 및 연료비와 그 밖에 일상생활에 기본적으로 필요한 금품을 지급하여 그 생계를 유지하게 하는 것으로 한다(제8조).

지급 방법(제9조)은 다음과 같다.

① 금전을 지급하는 것으로 한다(다만 물품 지급으로 대신할 수 있음).

② 수급품은 대통령령이 정하는 바에 따라 매월 정기적으로 지급

③ 수급품은 수급자에게 직접 지급

④ 생계급여는 보건복지부 장관이 정하는 바에 따라 수급자의 소득 인정액 등을 감안하여 차등 지급할 수 있다.

⑤ 대통령령이 정하는 바에 따라 근로 능력이 있는 수급자에게 자활에 필요한 사업에 참가할 것을 조건으로 생계급여를 지급할 수 있다(제5항: 조건부 수급).

(2) 주거급여, 교육급여

주거급여(제11조)는 주거 안정에 필요한 임차료, 유지수선비 기타, 대통령령이 정하는 수급품을 지급하는 것으로 한다. 국민기초생활보장법 시행으로 신설된 급여이다.

교육급여(제12조)는 수급자에게 입학금 · 수업료 · 학용품비, 기타 수급품을 지원하는 것으로 하되, 학교의 종류 · 범위 등에 관하여 필요한 사항은 대통령령으로 정하며, 금전 또는 물품을 수급자 또는 수급자의 친권자나 후견인에게 지급함으로써 행한다.

(3) 해산급여 및 장제급여

해산급여(제13조)는 수급자에게 조산, 분만 전과 분만 후에 필요한 조치와 보호를 행하는 것으로 의료기관에 위탁하여 행할 수도 있고, 수급자 또는 세대주에게 지급함으로써 행할 수도 있다. 장제급여(제14조)는 수급자가 사망한 경우 사체의 검안 · 운반 · 화장 또는 매장, 기타 장제 조치를 행하는 것으로 한다.

(4) 자활급여

수급자의 자활을 조성하기 위한 급여의 내용은 다음과 같다(제15조 제1항).

① 자활에 필요한 금품의 지급 또는 대여

② 자활에 필요한 근로 능력의 향상 및 기능 습득의 지원

③ 취업 알선 등 정보의 제공

④ 자활을 위한 근로 기회의 제공
⑤ 자활에 필요한 시설 및 장비의 대여
⑥ 창업교육, 기능 훈련 및 기술·경영 지도 등 창업 지원
⑦ 자활에 필요한 자산 형성 지원
⑧ 기타 대통령령이 정하는 자활 조성을 위한 각종 지원

자활급여는 관련 공공기관·비영리법인·시설, 그 밖에 대통령령이 정하는 기관에 위탁하여 실시할 수 있다.

이 경우 그에 소요되는 비용은 보장기관이 부담한다(제2항). 특별자치도지사, 시장, 군수, 구청장은 수급자 가구별로 자활지원계획을 수립하고 그에 따라 이 법에 의한 급여를 실시하여야 한다(제28조).

3) 재정(비용)

(1) 보장 비용의 부담

보장 업무에 소요되는 인건비와 사무비, 생활보장위원회의 운영에 소요되는 비용, 급여 실시 비용, 그 밖에 이 법에 의한 보장 업무에 소용되는 비용을 말한다(제42조).

(2) 비용의 징수

부양 능력을 가진 부양 의무자가 있음이 확인된 경우에는 보장 비용을 지급한 보장기관은 그 비용의 전부 또는 일부를 부양 의무자로부터 부양 의무의 범위 안에서 징수할 수 있는 구상권이 있다(제46조).

(3) 반환명령

보장기관은 급여의 변경 또는 급여의 정지·중지에 따라 수급자에게 이미 지급한 수급품 중 과잉 지급분이 발생한 경우에는 즉시 수급자에 대하여 그 전부 또는 일부의 반환을 명하여야 한다(제47조).

3 전달 체계 및 위원회

보장기관 및 보장시설과 관련하여 보장기관은 급여를 행하는 국가 또는 지방자치단체(제2조 제4호)이다. 실제로는 이 법에 의한 급여는 원칙적으로 수급권자 또는 수급자의 거주지를 관할하는 특별시장, 광역시장, 도지사, 특별자치도지사와 시장, 군수, 구청장이 행한다.

보장시설에서 이 법상의 급여를 행하는 사회복지사업법에 의한 사회복지시설로 대통령령이 정하는 시설을 말한다(제32조).

(1) 생활보장위원회

법에 따른 생활보장사업의 기획・조사・실시 등에 관한 사항을 심의・의결하기 위하여 보건복지부와 특별시・광역시・도 및 시・군・구에 각각 생활보장위원회를 둔다(제20조 제1항).

중앙생활보장위원회(제2항)는 보건복지부에 두는 생활보장위원회의 심의・의결기관으로 생활보장사업의 기본 방향 및 대책 수립, 소득 인정액 산정 방식의 결정, 급여 기준의 결정, 최저생계비의 결정, 자활기금의 적립・관리 및 사용에 관한 지침의 수립, 기타 위원장이 부의하는 사항을 심의 의결한다.

시・도 및 시・군・구 생활보장위원회(제3항)의 경우는 그 기능을 담당하기에 적합한 다른 위원회가 있고, 그 위원회의 위원이 규정된 자격을 갖춘 경우에는 조례로 정하는 바에 따라 생활보장위원회의 기능을 대신할 수 있다.

(2) 자활센터

수급자 및 차상위자의 자활 촉진에 필요한 사업을 수행하기 위하여 중앙자활지원센터를 둘 수 있다(제15조의2). 광역자활센터(제15조의3)로서 보장기관은 수급자 및 차상위자의 자활 촉진에 필요한 사업을 수행하기 위하여 법인 등의 신청을 받아 시・도 단위의 광역자활센터로 지정할 수 있다. 지역자활센터(제16조)는 보장기관은 수급자 및 차상위자의 자활의 촉진에 필요한 다음의 사업을 수행하게 하기 위하여 사회복지법인 비영리법인과 단체를 법인의 신청을 받아 지역자활센터로 지정할 수 있다.

사업 내용(제1항)은 다음과 같다.

① 자활 의욕 고취를 위한 교육, ② 자활을 위한 정보 제공·상담·직업교육 및 취업 알선, ③ 생업을 위한 자금 융자 알선, ④ 자영 창업 지원 및 기술·경영지도, ⑤ 자활기업의 설립·운영 지원, ⑥ 그 밖에 자활을 위한 각종 사업 등.

(3) 자활 관련 기관

① 자활기관협의체

특별자치도지사, 시장·군수·구청장은 자활지원사업의 효율적인 추진을 위하여 지역자활센터, 직업안정기관, 사회복지시설의 장 등과 상시적인 협의 체계인 자활기관협의체를 구축하여야 한다(제17조 제1항).

② 자활기업

수급자 및 차상위자는 상호 협력하여 자활기업을 설립·운영할 수 있다(제18조 제1항). 자활기업은 조합 또는 부가가치세법 상의 2인 이상의 사업자로 설립한다(제2항). 보장기관의 지원(제3항)은 다음과 같다.

① 자활을 위한 사업자금 융자, ② 국·공유지 우선 임대, ③ 국가나 지방자치단체가 실시하는 사업의 우선 위탁, ④ 국가나 지방자치단체의 조달 구매 시 자활기업 생산품의 우선 구매, ⑤ 기타 수급자의 자활 촉진을 위한 각종 사업 등.

(4) 자활 관련 지원

수급자의 고용 촉진(제18조의2)에 대하여 보장기관은 수급자의 고용을 촉진하기 위하여 상시근로자의 일정 비율 이상을 수급자로 채용하는 기업에 대하여 대통령령이 정하는 바에 따라 지원을 할 수 있다(제1항). 시장·군수·구청장은 수급자의 가구별 특성을 감안하여 관련 기관의 고용지원 서비스를 연계할 수 있다(제2항). 시장·군수·구청장은 수급자의 취업활동으로 인하여 지원이 필요하게 된 해당 가구의 아동·노인 등에게 사회복지 서비스를 지원할 수 있다(제3항).

자활기금의 적립(제18조의3)에 대하여 보장기관은 자활지원사업의 원활한 추진을 위하여 일정한 금액과 연한을 정하여 자활기금을 적립할 수 있다.

자산 형성 지원(제18조의4)에 관하여 보장기관은 수급자가 자활에 필요한 자산을 형성할 수 있도록 재정적 지원을 할 수 있다(제1항). 지원으로 형성된 자산은 수급자 재산의 소득 환산액 산정 시 이를 포함하지 아니한다(제3항). 보장기관은 수급자가 자활에 필요한 자산을 형성하는 데 필요한 교육을 실시할 수 있다(제2항).

4 권리구제 및 벌칙

1) 권리구제

시・도지사에 대한 이의신청에 관하여 수급자나 급여 또는 변경 신청을 한 사람은 특별자치도지사・시장・군수・구청장의 처분에 이의가 있는 경우에 결정의 통지를 받은 날부터 60일 이내에 해당 보장기관을 거쳐 시・도지사에게 서면 또는 구두로 이의신청을 할 수 있다(제38조).

보건복지부 장관에 대한 이의신청건은 시・도지사 등의 처분에 이의가 있는 자는 처분 등의 통지를 받은 날로부터 60일 이내에 보건복지부 장관에게 서면 또는 구두로 이의신청을 할 수 있다(제40조).

2) 벌칙

(1) 5년 이하의 징역 또는 3천만 원 이하의 벌금(제48조): 금융정보를 사용・제공 또는 누설한 자(제23조의2 제6항 위반)

(2) 3년 이하의 징역 또는 2천만 원 이하의 벌금

보장기관의 공무원이나 공무원이었던 자가 이 법에 의하여 얻은 정보와 자료를 보장 목적 이외에 다른 용도로 사용하거나 다른 사람 또는 기관에 제공한 경우, 그리고 이 법에 의한 금융정보와 관련된 업무에 종사하거나 종사하였던 자가 업무를 수행하면서 취득한 신용정보 또는 보험정보를 이 법이 정한 목적 외에 사용・제공 또는 누설한 경우이다.

(3) 부정 수급에 관한 벌칙: 속임수나 그 밖에 부정한 방법에 의하여 급여를 받

거나 또는 타인으로 하여금 급여를 받게 한 자는 1년 이하의 징역, 500만 원 이하의 벌금, 구류 또는 과료에 처한다(제49조).

(4) 수급자의 급여위탁을 정당한 사유 없이 거부한자 또는 종교상의 행위를 강제한 자는 300만 원 이하의 벌금, 구류 또는 과료에 처한다(제50조).

제 2 절 의료급여법

1 목적 및 대상

1) 목적

사회보장에 관한 국민의 권리와 국가 및 지방자치단체의 책임을 정하고. 사회보장정책의 수립·추진과 관련 제도에 관한 기본적인 사항을 규정하며 국민의 복지증진에 이바지한다(제1조).

2) 대상

(1) 수급권자

수급권자란 이 법에 의한 의료급여를 받을 수 있는 자격을 가진 자이다(제2조 1호).

① 수급권자(제3조 1항)는 다음과 같다.
② 「국민기초생활보장법」에 의한 수급자
③ 「재해구호법」에 의한 이재민
④ 「의사상자 등 예우 및 지원에 관한 법률」에 따르는 의사상자 및 의사자 유족
⑤ 입양특례법에 의하여 국내에 입양된 18세 미만의 아동 등
⑥ 「독립유공자 예우에 관한 법률」 및 「국가유공자 등 예우 및 지원에 관한 법

률」의 적용을 받고 있는 자와 그 가족

⑦ 「문화재보호법」에 의하여 지정된 중요 무형문화재의 보유자 및 가족

⑧ 「5·18 민주화운동 관련자 보상 등에 관한 법률」에 의하여 보상금을 받은 자와 그 가족

⑨ 「노숙인 등의 복지 및 자립 지원에 관한 법률」에 따른 노숙인

⑩ 그 밖에 생활 유지 능력이 없거나 생활이 어려운 자로서 대통령령이 정하는 자

대통령령이 정하는 바에 따라 구분하여 의료급여의 내용 및 기준을 달리할 수 있다(제3조 제2항). 또한 의료 개시일과 수급권자의 선정 절차 등에 관한 사항을 정한다(제3항).

난민에 대한 특례(제3조의 2)는 「난민법」에 따른 난민 인정자로서 「국민기초생활보장법」 제5조의 수급권자의 범위에 해당하는 자는 수급권자로 본다.

(2) 수급권자의 구분 등

1종 수급권자가 있고 2종 수급권자는 「국민기초생활보장법」에 의한 수급자 중 1종 대상자를 제외한 자 등으로 적용 배제 수급권자이다(제4조).

다른 법령에 의하여 의료급여를 받고 있는 경우에는 이 법에 의한 의료급여를 행하지 아니한다.

의료급여증의 부여(제8조)로 시장·군수·구청장은 수급권자에게 의료급여증을 발급하여야 한다. 다만, 부득이한 사유가 있는 경우에는 의료급여증에 갈음하는 의료급여증명서를 발급할 수 있다. 의료급여증의 유효 기간은 매년 1월 1일부터 12월 31일까지로 한다. 그리고 의료급여증은 이를 다른 사람에게 넘겨주거나 빌려주어서는 아니 된다(시행규칙 제12조 제3항).

3) 의료급여법의 발달

빈곤계층에게 소득보장과 함께 의료보장을 제공하는 공공부조제도의 하나이다.

제·개정 (시행)	주요 내용
1977.12.31. (1977.12.31.)	법률 제3076호 「의료보호법」 제정

1991.3.8. (1991.3.8.)	「의료보호법」 전부 개정 -전국민의료보험의 실시(1989.7.1) 등 의료보장 여건이 변화에 따른 의료보호의 내용을 확대 및 의료보호사업의 내실화를 도모 -서울특별시 · 직할시 · 도 및 시 · 군 · 구에 의료보호심의위원회를 둠. -보호 기간을 연간 180일 이내로 제한 및 의료보호심의위원회의 심의를 거쳐 보호 기간을 연장할 수 있도록 함.
1995.8.4. (1995.8.4.)	「의료보호법」 일부 개정 -의료보호 기간을 대통령령으로 정하되 연간 210일 이상으로 연장함. -특히 65세 이상의 노인, 등록된 장애인 및 국가유공자 중 상이자 등에 대한 보호 기간의 제한을 없앰.
2001.5.24. (2001.10.1.)	「의료보호법」 전부 개정 -의료급여법으로 명칭 변경, 의료급여 수급 기간의 제한 폐지 -예방 · 재활 등에 대하여도 의료급여 실시
2004.3.5. (2005.1.1.)	「의료급여법」 일부 개정 -「입양 촉진 및 절차에 관한 특례법」에 의하여 국내에 입양된 18세 미만의 아동에 대하여 의료급여 실시
2006.12.28. (2007.3.29.)	「의료급여법」 일부 개정 -의료급여 수급권자가 당해 진료가 급여 항목에 해당하는지 여부를 직접 확인할 수 있도록 함. -의료급여기관이 수급권자에게 입원보증금 등을 청구하지 못하도록 함. -수급권자가 제3자에 의하여 상해를 입은 경우에도 의료급여 지원
2011.3.30. (2011.7.1.)	「의료급여법」 일부 개정 -의료급여 수급권자에 대한 사례관리 실시 -시 · 도, 시 · 군 · 구에 의료급여관리사를 두고 의료급여 사업단을 설치 · 운영하도록 함.
2013.6.12. (2013.7.1.)	-의료급여 수급권자의 인정 절차 마련(제3조의 3 신설) -「국민기초생활보장법」에 따른 수급자 외 이재민, 5 · 18 민주화운동 관련자 등이 수급권자가 되려면 시장 · 군수 · 구청장에게 수급권자 인정 신청 -수급권자 인정 절차를 명확히 마련하여 의료급여기금의 불필요한 지출 예방

2 급여 및 재정

1) 급여

(1) 급여 내용

급여의 내용(제7조)은 다음과 같다.

① 진찰 · 검사, ② 약제 · 치료 재료의 지급, ③ 처치 · 수술과 그 밖의 치료, ④ 예방 · 재활, ⑤ 입원, ⑥ 간호, ⑦ 이송과 그 밖의 의료 목적의 달성을 위한 조치

급여절차(시행규칙 제3조)는 다른 법령에 의하여 의료급여를 받고 있는 경우에는 이 법에 의한 의료급여를 행하지 아니한다.

1단계는 의원, 보건기관(보건소, 보건지소, 보건진료소), 보건의료원, 의뢰 시는 의료급여명세서 회송 시는 의료급여회송서를 발송한다.

2단계는 병원, 종합병원이며, 의뢰시는 의료급여명세서, 회송 시는 의료급여회송서를 발송한다. 3단계는 보건복지부 장관이 지정한 제3차 진료기관이다.

그리고 시장 · 군수 · 구청장은 수급권자에게 의료급여증을 발급하여야 한다(제8조).

(2) 급여 제한 · 변경 · 중지

급여의 제한(제15조)은 수급권자가 자신의 고의 또는 중대한 과실로 인한 범죄행위에 기인하거나 고의로 사고를 발생시켜 의료급여가 필요하게 된 경우이거나 수급권자가 정당한 이유 없이 이 법의 규정이나 의료급여기관의 진료에 관한 지시에 따르지 아니한 경우이다.

급여의 변경(제16조)에 대하여 시장 · 군수 · 구청장은 수급권자의 소득 · 재산상황 · 근로 능력 등에 변동이 있는 경우에는 직권 또는 수급권자나 그 친족, 그 밖의 관계인의 신청에 따라 급여의 내용 등을 변경할 수 있다.

급여의 중지(제17조)는 시장 · 군수 · 구청장은 수급권자에 대한 의료급여가 필요 없게 된 경우 수급권자가 의료급여를 거부한 경우에는 의료급여를 중지하여야 한다.

2) 재정

급여 비용의 부담(제10조)은 대통령령이 정하는 바에 따라 전부 또는 일부를 의료급여기금에서 부담하되, 의료급여기금에서 일부를 부담하는 경우 나머지 비용은 본인이 부담한다.

(1) 급여 비용의 청구와 지급

의료급여기관은 의료급여기금에서 부담하는 급여 비용의 지급을 시장·군수·구청장에게 청구할 수 있다(제11조 제1항).

(2) 급여 비용의 대지급 및 상환

제10조에 따라 급여비용의 일부를 의료급여기금에서 부담하는 경우 그 나머지 급여 비용은 수급권자 또는 그 부양 의무자의 신청을 받아 의료급여기금에서 대지급(代支給)할 수 있다(제20조). 제20조에 따른 대지급을 받은 사람은 보건복지부령으로 정하는 바에 따라 대지급금을 그 거주지를 관할하는 시장·군수·구청장에게 상환하여야 한다(제21조).

(3) 의료급여기금

급여 비용의 재원에 충당하기 위하여 시·도에 의료급여기금을 설치한다(제25조 제1항).

기금은 국고보조금, 지방자치단체의 출연금, 상환받은 대불금, 부당이득금, 과징금, 당해 기금의 결산상 잉여금 및 그 밖의 수입금으로 조성한다(제2항).

국가와 지방자치단체는 기금 운영에 필요한 충분한 예산을 확보하여야 한다(제3항).

3 전달 체계 및 위원회

1) 전달 체계

(1) 보장기관

의료기관에 관한 업무는 수급권자의 거주지를 관할하는 시·도지사, 시장·군수·구청장이 행한다(제5조 제1항).

시·도지사 및 시장·군수·구청장은 수급권자의 건강의 유지·증진을 위하여 필요한 사업을 실시하여야 한다(제3항).

(2) 사례관리

보건복지부 장관, 시・도지사 및 시장・군수・구청장은 수급권자의 건강관리 능력 향상 및 합리적 의료 이용 유도 등을 위하여 사례관리를 실시할 수 있다(제5조 제1항). 사례관리를 실시하기 위하여 시・도 및 시・군・구에 의료급여 관리사를 둔다(제2항).

(3) 의료급여심의위원회

이 법에 의한 의료급여사업의 실시에 관한 사항을 심의하기 위하여 보건복지부와 시・도와 시・군・구에 각각 의료급여심의위원회를 둔다(제6조 제1항). 보건복지부의 의료급여심의위원회: 의료급여사업의 기본 방향 및 대책 수립에 관한 사항, 의료급여 기준 및 수가에 관한 사항 등을 심의한다(제2항).

2) 의료급여기관

(1) 의료급여기관의 종류(제9조 제1항)

① 「의료법」에 따라 개설된 의료기관
② 「지역보건법」에 따라 설치된 보건소・보건의료원 및 보건지소
③ 「농어촌 등 보건의료를 위한 특별조치법」에 따라 설치된 보건진료소
④ 「약사법」에 따라 등록된 약국 및 한국희귀의약품센터

(2) 의료급여심의위원회(제6조)

기관별 진료 범위는 보건복지부령으로 정한다(제9조 제2항). 이에는 제1차 의료급여기관, 제2차 의료급여기관: 의료법에 따라 시・도지사가 개설 허가를 한 의료기관, 제3차 의료급여기관: 제2차 의료급여기관 중 보건복지부 장관이 지정하는 의료기관이다. 의료급여기관은 정당한 이유 없이 이 법에 의한 의료급여를 거부하지 못한다(제9조 제3항). 입원보조금 등 비용 청구를 금지한다(제11조의 4).

4 권리구제 및 벌칙

1) 권리구제

수급권자의 자격, 의료급여 및 급여 비용에 대한 시장 · 군수 · 구청장의 처분에 이의가 있는 자는 시장 · 군수 · 구청장에게 이의신청을 할 수 있다(제30조 제1항).

급여 비용에 관한 급여비용심사기관의 심사 · 조정에 이의가 있는 의료급여기관은 급여비용 심사기관에게 이의신청을 할 수 있다(제2항).

2) 벌칙

(1) 벌금

1년 이하의 징역 또는 1천만 원 이하의 벌금은 다음과 같다(제35조 제1항).

① 의료기관이 정당한 이유 없이 의료급여를 거부해서는 안 된다는 규정(제9조 제3항)에 위반한 자

② 속임수 및 그 밖의 부정한 방법으로 의료급여를 받은 자 또는 제3자로 하여금 의료급여를 받게 한 자

1천만 원 이하의 벌금은 다음과 같다.

정당한 이유 없이 제32조 제2항의 규정에 위반하여 서류의 제출 · 보고를 하지 아니하거나 허위로 보고를 하거나 검사를 거부 · 방해 또는 기피한 자

(2) 과태료

서류보존 의무(제11조의2)를 위반한 자는 100만 원 이하의 과태료에 처한다(제37조).

(3) 과징금

보건복지부 장관은 의료급여기관에 업무정지 처분을 하여야 하는 경우 그 업무정지 처분이 수급자에게 심한 불편을 주거나 그 밖에 특별한 사유가 있다고 인정되면 급여 비용의 5배 이하의 금액으로 과징금을 부과할 수 있다(제29조).

제 3 절 사회복지공동모금회법

1 목적 및 대상

1) 목적

1997년 3월 27일 제정된 이 법은 사회복지공동모금회의 공동모금을 통하여 국민이 사회복지를 이해하고 참여하도록 함과 아울러 국민의 자발적인 성금으로 조성된 재원을 효율적이고 공정하게 관리·운용함으로써 사회복지 증진에 이바지함을 목적으로 한다.

사회복지공동모금이란 사회복지사업이나 그 밖의 사회복지활동 지원에 필요한 재원을 조성하기 위하여 이 법에 따라 기부금품을 모집하는 것을 말한다.

2) 대상

(1) 기본 원칙

① 기부하는 자의 의사에 반하여 기부금품을 모집하여서는 아니 된다.

② 공동모금재원은 지역·단체·대상자 및 사업별로 복지 수요가 공정하게 충족되도록 배분하여야 하고, 용도에 맞도록 공정하게 관리·운용하여야 한다.

③ 공동모금재원의 배분은 객관적인 기준에 따라 효율적으로 이루어지도록 하고, 그 결과를 공개하여야 한다(제3조).

(2) 사업

모금회는 다음 사업을 수행한다(제5조).

① 사회복지 공동모금사업

② 공동모금재원의 배분

③ 공동모금 재원의 운용 및 관리

④ 사회복지 공동모금에 관한 조사 · 연구 · 홍보 및 교육 · 훈련
⑤ 사회복지 공동모금지회의 운영
⑥ 사회복지 공동모금과 관련된 국제 교류 및 협력 증진사업
⑦ 다른 기부금품 모집자와의 협력사업
⑧ 그 밖에 모금회의 목적 달성에 필요한 사업

2 급여 및 재정

1) 기본재산의 취득 허가

모금회는 「사회복지사업법」(제23조 제2항)에 따른 기본재산을 취득하려면 같은 법(제24조)에도 불구하고 보건복지부 장관의 허가를 받아야 한다(제16조의 2).

2) 재원

모금회의 사업에 필요한 경비는 다음 재원으로 조성한다(제17조).
① 사회복지 공동모금에 의한 기부금품
② 법인이나 단체가 출연하는 현금 · 물품 또는 그 밖의 재산
③ 「복권 및 복권기금법」에 따라 배분받은 복권 수익금
④ 그 밖의 수입금

3) 기부금품의 모집

① 모금회는 사회복지사업이나 그 밖의 사회복지활동을 지원하기 위하여 연중 기부금품을 모집 · 접수할 수 있다.
② 모금회는 기부금품을 모집 · 접수한 경우 기부금품 접수 사실을 장부에 기록하고, 그 기부자에게 영수증을 내주어야 한다. 다만, 기부자가 성명을 밝히지 아니한 경우 등 기부자를 알 수 없는 경우에는 모금회에 영수증을 보관하여

야 한다.

③ 모금회는 영수증에 기부금품의 금액과 그 금액에 대하여 세금 혜택이 있다는 문구를 적고 일련번호를 표시하여야 한다.

④ 모금회는 효율적인 모금을 위하여 기간을 정하여 집중모금을 할 수 있다.

⑤ 모금회는 집중모금을 하려면 그 모집일부터 15일 전에 그 내용을 보건복지부 장관에게 보고하여야 하며, 그 모집을 종료하였을 때에는 모집 종료일부터 1개월 이내에 그 결과를 보건복지부 장관에게 보고하여야 한다(제18조).

4) 복권의 발행

① 모금회는 사회복지사업이나 그 밖의 사회복지활동 등을 지원하기 위한 재원을 조성하기 위하여 복권을 발행할 수 있다.

② 제1항에 따른 복권을 발행하려면 그 종류·조건·금액 및 방법 등에 관하여 미리 보건복지부 장관의 승인을 받아야 한다.

③ 복권의 당첨금을 받을 권리는 그 지급일부터 3개월간 행사하지 아니하면 소멸 시효가 완성되며, 소멸 시효가 완성된 당첨금은 공동모금 재원에 귀속된다.

④ 복권의 발행에 관하여는 「사행행위 등 규제 및 처벌 특례법」을 적용하지 아니한다(제18조의 2).

5) 모금창구의 지정

모금회는 기부금품의 접수를 효율적이고 공정하게 하기 위하여 언론기관을 모금창구로 지정하고, 지정된 언론기관의 명의로 모금계좌를 개설할 수 있다(제19조).

6) 배분 기준

모금회는 매년 8월 31일까지 다음 각 호의 사항이 포함된 다음 회계연도의 공동모금재원 배분 기준을 정하여 공고하여야 한다(제20조).

① 공동모금 재원의 배분 대상

② 배분 한도액

③ 배분 신청 기간 및 배분신청서 제출 장소

④ 배분 심사 기준

⑤ 배분 재원의 과부족 시 조정 방법

⑥ 배분 신청 시 제출할 서류

⑦ 그 밖에 공동모금 재원의 배분에 필요한 사항

모금회는 재난구호 및 긴급구호 등 긴급히 지원하여야 할 필요가 있는 경우에는 위에 준하여 별도의 배분 기준에 따라 지원할 수 있다.

7) 재원의 사용 등

① 공동모금재원은 사회복지사업이나 그 밖의 사회복지활동에 사용한다.

② 매 회계연도에 조성된 공동모금재원은 해당 회계연도에 지출하는 것을 원칙으로 한다. 다만, 재난구호 및 긴급구호 등 긴급히 지원할 필요가 있을 때를 대비하여 매 회계연도의 공동모금 재원 일부를 적립하는 경우에는 그러하지 아니하다.

③ 해당하는 경우에는 매 회계연도에 조성된 공동모금 재원의 일부를 이사회 의결을 거쳐 다음 회계연도에 이월(移越)하여 지출할 수 있다.

④ 기부금품 모집과 모금회의 관리·운영에 필요한 비용은 바로 앞 회계연도 모금 총액의 100분의 10의 범위에서 이사회의 의결을 거쳐 사용할 수 있다.

⑤ 공동모금 재원의 관리·운용 방법 및 예산·회계 등에 필요한 사항은 정관으로 정한다(제25조).

3 전달 체계 및 위원회

1) 사회복지공동모금회의 설립

① 사회복지 공동모금사업을 관장하도록 하기 위하여 사회복지공동모금회를 둔다.

② 모금회는 「사회복지사업법」(제2조 제3호)의 사회복지법인으로 한다.
③ 모금회는 정관을 작성하여 보건복지부 장관의 인가를 받아 등기함으로써 설립된다(제4조).

2) 임원

모금회에는 다음 임원을 둔다.

회장 1명, 부회장 3명, 3. 이사(회장 · 부회장 및 사무총장을 포함한다) 15명 이상 20명 이하로 구성하며, 감사는 2명이다. 임원의 임기는 3년으로 하며, 한 차례만 연임할 수 있다.

부득이한 사유로 후임 임원이 선임(選任)되지 못하여 모금회의 업무 수행에 지장이 있는 경우에는 후임 임원이 선임될 때까지 임기가 만료된 임원이 그 업무를 수행한다.

3) 사무조직

모금회의 업무를 처리하기 위하여 사무총장 1명과 필요한 직원 및 기구를 둔다(제12조).

4) 분과실행위원회

① 모금회의 기획 · 홍보 · 모금 · 배분 업무에 관한 사항을 심의하기 위하여 해당 분야의 전문가와 시민대표 등으로 구성되는 기획분과실행위원회, 홍보분과실행위원회, 모금분과실행위원회 및 배분분과실행위원회 등 분과실행위원회를 둔다.
② 분과실행위원회의 위원장은 1명 이상의 이사로부터 추천을 받은 이사 중에서 이사회의 의결을 거쳐 회장이 위촉하며, 그 위원은 해당 위원장의 제청(提請)과 이사회의 의결로 회장이 위촉한다.
③ 분과실행위원회는 위원장 1명을 포함하여 20명 이내의 위원으로 구성한다. 다만, 모금분과실행위원회 및 배분분과실행위원회는 각각 20명 이상의 위원

으로 구성한다.

④ 분과실행위원회 위원의 임기는 2년으로 하며, 연임할 수 있다. 다만, 배분분과실행위원회 위원은 한 차례만 연임할 수 있다.

⑤ 분과실행위원회가 심의한 사항을 이사회가 변경하려면 그 분과실행위원회 위원장의 의견을 청취하여야 하며, 이사회 회의록에 이를 기록하여야 한다.

⑥ 분과실행위원회의 운영에 필요한 사항은 정관으로 정한다(제13조).

5) 지회

① 모금회에 지역 단위의 사회복지 공동모금사업을 관장하기 위하여 특별시·광역시·특별자치시·도·특별자치도 단위로 사회복지공동모금 지회를 둔다.

② 지회에는 지회장을 두고 모금회에 준하는 필요한 조직을 둘 수 있다.

③ 지회장은 이사회의 의결을 거쳐 회장이 임명한다.

④ 지회의 구성 및 운영 등에 필요한 사항은 모금회의 정관으로 정한다(제14조).

6) 지회의 관리

① 모금회의 회장은 지회의 운영 개선을 위하여 지회를 지도·감독하며, 지회가 지역의 특성에 맞게 자율적으로 운영될 수 있도록 노력하여야 한다.

② 모금회의 회장은 지회의 운영이 현저히 부당하다고 인정할 때에는 그 시정을 명할 수 있다.

③ 지회에서 조성한 공동모금재원은 해당 시·도의 배분 대상자에게 배분하는 것을 원칙으로 한다.

④ 모금회의 회장은 회계연도가 시작되기 2개월 전에 각 지회로부터 사업계획서를 제출받아 이를 종합·조정하여 보건복지부 장관에게 보고하여야 한다(제15조).

모금회의 조직·운영 등에 관하여 이 법에서 규정하고 있는 사항 외에 필요한 사항은 정관으로 정한다(제16조).

4 벌칙

1) 벌칙

다음 어느 하나에 해당하는 자는 3년 이하의 징역 또는 3천만 원 이하의 벌금에 처한다(제35조).

① 기본 원칙(제3조 1항)을 위반하여 강제 모집한 자

② 기본재산의 취득 허가(제16조의2)를 위반하여 보건복지부 장관의 허가를 받지 아니하고 기본재산을 취득한 자

다음 어느 하나에 해당하는 자는 2년 이하의 징역 또는 2천만 원 이하의 벌금에 처한다.

① 기부금품 모집과 모금회의 관리·운영에 필요한 비용은 바로 앞 회계연도 모금 총액의 100분의 10의 범위에서 이사회의 의결을 거쳐 사용할 수 있다(제25조 제4항)는 조항에 따라 이사회가 의결한 비율을 초과하여 기부금품 모집과 모금회의 관리·운영에 필요한 비용을 사용한 자

② 모금회는 매 회계연도의 사업계획 및 예산안을 회계연도가 시작되기 1개월 전에 보건복지부 장관에게 제출하여야 하는 조항(제26조 제1항)을 위반하여 사업계획이나 예산안을 제출하지 아니한 자

③ 모금회는 매 회계연도 종료 후 3개월 이내에 세입·세출 결산서를 작성하여 보건복지부 장관에게 제출하여야 한다(제26조 제3항)는 조항을 위반하여 세입·세출 결산서나 회계법인의 감사보고서를 제출하지 아니한 자

④ 유사 명칭 사용 금지(제29조)를 위반하여 사회복지공동모금회 또는 이와 유사한 명칭을 사용한 자

다음 어느 하나에 해당하는 자는 1년 이하의 징역 또는 1천만 원 이하의 벌금에 처한다.

① 배분 결과를 공개하지 아니하거나 거짓으로 공개한 자(제3조 제3항)

② 장부에 기부금품 접수 사실을 기록하지 아니하거나 거짓으로 기록한 자(제18조 제2항)

③ 기부자에게 영수증을 내주지 아니한 자(제18조 제2항)

④ 모금회가 배분하는 것임을 표시하지 아니하고 공동모금 재원을 배분한 자(제20조의 3)

2) 양벌 규정

법인의 대표자나 법인 또는 개인의 대리인, 사용인, 그 밖의 종업원이 그 법인 또는 개인의 업무에 관하여 벌칙(제35조)의 위반행위를 하면 그 행위자를 벌하는 외에 그 법인 또는 개인에게도 해당 조문의 벌금형을 과(科)한다. 다만, 법인 또는 개인이 그 위반행위를 방지하기 위하여 해당 업무에 관하여 상당한 주의와 감독을 게을리하지 아니한 경우에는 그러하지 아니하다(제36조).

3) 과태료

① 제31조 제1항에 따른 지도· 감독 등 관계 서류의 제출명령을 따르지 아니하거나 관계 공무원의 조사·검사를 거부, 기피 또는 방해한 자에게는 500만 원 이하의 과태료를 부과한다(제37조 제1항).

② 위의 과태료는 보건복지부 장관이 부과·징수한다(제2항).

31조 1항: ① 보건복지부 장관은 모금회의 업무에 관하여 지도·감독을 하며, 필요하다고 인정할 때에는 관계 서류의 제출을 명하거나 소속 공무원으로 하여금 그 운영 상황을 조사하게 하거나 장부나 그 밖의 서류를 검사하게 할 수 있다(제31조, 지도·감독 등).

학습 과제

01 의료급여사업의 실시에 관한 사항을 심의하기 위하여 보건복지부와 시·도와 시·군·구에 각각 (①)위원회를 둔다.

02 의료급여를 받을 권리는 양도 또는 (①)할 수 없다.

03 의료급여기금은 (①), 지방자치단체의 출연금 등으로 충당한다.

의료급여 실시기관에는 의료기관, 보건소, 보건의료원 및 보건지소, (②), 약국 및 한국희귀의약품센터 등이 있다.

04 국민기초생활보장법상 수급권자는 부양 의무자가 없거나 부양 의무자가 있어도 부양 능력이 없거나 부양을 받을 수 없는 자로서 (①)이 최저생계비 이하인 자로 한다.

05 국민기초생활보장법상 차상위 계층에 속하는 사람에 대한 급여는 보장기관이 차상위자의 가구별 생활 여건을 고려하여 예산의 범위에서 주거급여, 교육급여, 장제급여, (①)급여의 전부 또는 일부를 실시할 수 있다.

06 의료급여기관은 의료급여기금에서 부담하는 급여 비용의 지급을 (①)·(②)·(③)에게 청구할 수 있다.

07 공동모금의 기본 원칙을 기술하시오.

①____________, ②____________, ③____________

정답

선행 학습

1. (① 타법)
2. (① 생계, ② 물품)
3. (① 배우자), (② 부모, ③ 자녀), (④ 며느리, ⑤ 사위)
4. (① 본인)
5. (① 18세) (② 64세)
6. (① 한국희귀약품센터) (② 개설 허가) (③ 보건복지부 장관)
7. (① 모금 계좌)
8. (① 법인)
9. (① 복권)
10. (① 사용 용도)

학습 과제

01. (① 의료급여 심의)
02. (① 압류)
03. (① 국가보조금), (② 보건진료소)
04. (소득인정액)
05. (① 의료)
06. (① 시장) · (② 군수) · (③ 구청장)
07. ① 기부하는 자의 의사에 반하여 기부금품을 모집하여서는 아니 된다.
② 공동모금 재원은 지역 · 단체 · 대상자 및 사업별로 복지 수요가 공정하게 충족되도록 배분하여야 하고 용도에 맞도록 공정하게 관리 · 운용하여야 한다.
③ 공동모금 재원의 배분은 객관적인 기준에 따라 효율적으로 이루어지도록 하고 그 결과를 공개하여야 한다.

제 10 장 정신보건법 · 건강가정기본법 · 다문화가족지원법 · 노숙인 등의 복지 및 자립 지원에 관한 법률

선행 학습

1. 광역정신보건심의위원회는 정신보건시설에 대한 감독과 시정, 정신보건시설에 대한 평가, (①) 등을 심의한다.
2. 정신보건법상 입원의 종류를 열거하시오.
   ① 자의 입원, ② 보호 의무자에 의한 입원, ③ (㉠, ㉡, ㉢)에 의한 입원, ④ 응급입원
3. 입원 치료가 필요한 정신질환자에 대하여는 항상 (①) 입원이 권장되어야 한다.
4. 보건복지부 장관은 정신보건시설 평가의 결과를 공표하여야 하며 정신보건시설의 평가는 (①) 마다 실시한다.
5. 여성가족부 장관은 관계 중앙행정기관의 장과 협의하고 중앙위원회의 심의를 거쳐 건강가정 기본계획을 (①)마다 수립하여야 한다.
6. 다문화가족의 삶의 질 향상과 사회 통합에 관한 중요 사항을 심의 · 조정하기 위하여 국무총리 소속으로 (①)를 둔다.
7. 노숙인복지시설의 종류에서 노숙인 등의 자립을 지원하기 위하여 전문적인 직업상담 · 훈련 등의 복지 서비스를 제공하는 시설은? (①)

제 1 절 정신보건법

1 목적 및 대상

1) 목적

정신질환의 예방과 정신질환자의 의료 및 사회 복귀에 관하여 필요한 사항을 규

정함으로써 국민의 정신건강 증진에 이바지함을 목적으로 한다(제1조).

2) 대상

정신질환자란 정신병(기질적 정신병을 포함)·인격장애·알코올 및 약물 중독, 기타 비정신병적 정신장애를 가진 자를 말한다(제3조 제1항).

3) 정신보건법의 발달

제·개정(시행)	주요 내용
1995.12.30. (1996.12.31.)	법률 제5133호「정신보건법」제정
1997.12.31. (1998.4.1.)	「정신보건법」 전부 개정 -정신보건시설을 정신의료기관·정신질환자 사회복귀시설 및 정신요양시설로 하고 정신요양병원을 제외함. -보호 의무자에 의하여 입원한 환자에 대하여도 가퇴원이 가능하도록 함. -정신의료기관의 장은 의료를 위하여 정신질환자의 통신·면회 등 행동의 자유를 제한할 수 없으며, 제한할 경우 최소한의 범위 안에서 제한하되, 그 이유를 진료기록부에 기재하도록 함. -국가와 지방자치단체가 보건소의 지역사회 정신보건사업에 소요되는 비용을 보조할 수 있는 근거 신설 -퇴원이 가능한 환자를 퇴원시키지 아니한 정신의료기관의 장은 1년 이하의 징역 또는 500만 원 이하의 벌금에 처하도록 함.
2004.1.29. (2004.7.30.)	「정신보건법」 일부 개정 -보건소 또는 국·공립정신의료기관에 정신보건센터를 설치 -정신의료기관이 법정 기준에 위반한 경우에는 행정처분을 할 수 있는 규정 마련
2008.3.21. (2009.3.22.)	「정신보건법」 일부 개정 -정신보건사업계획의 수립 시행 조항 신설 -정신보건시설의 설치·운영자, 종사자는 인권교육 규정 신설 -정신보건시설에 대한 평가 규정 신설 -자의 입원한 자에 대한 퇴원 의사의 확인 조항 신설 -입원 중인 정신질환자에 대한 강제노동 등의 금지 조항 신설 -입원 환자 등에 대한 작업 요법 규정 신설
2011.8.4. (2011.8.4.)	-정신과를 정신건강의학과로 변경 -정신과 전문의를 정신건강의학과 전문의로 변경

2 급여 및 재정

1) 급여

(1) 정신보건계획의 수립

보건복지부 장관은 5년마다 국가정신보건사업계획을 수립하고, 특별시장 · 광역시장 · 도지사 · 특별자치도지사와 시장 · 군수 · 구청장은 국가정신보건사업계획에 따라 각각 특별시 · 광역시 · 도 · 특별자치도와 시 · 군 · 구 단위의 정신보건사업계획을 수립하여야 한다(제4조의 3 제1항).

실태조사는 5년마다 한다.

(2) 지역사회정신보건사업

국가 및 지방자치단체는 보건소를 통하여 정신보건시설 간 연계 체계 구축, 정신질환의 예방, 정신질환자의 발견 · 상담 · 진료 · 사회복귀 훈련 및 이에 관한 사례관리 등 지역사회정신보건사업을 기획 · 조정 및 수행할 수 있다(제13조).

(3) 보호 및 치료

① 자의 입원

정신질환자는 입원 또는 입소신청서를 제출하고 정신의료기관 또는 정신요양시설에 자의로 입원 등을 할 수 있다. 1년에 1회 이상 퇴원 의사가 있는지 여부를 파악해서 환자 본인의 확인을 받아야 한다(제23조).

② 보호자에 의한 입원

정신의료기관 등의 장은 정신질환자의 보호 의무자 2인의 동의가 있고 정신건강의학과 전문의가 입원 등이 필요하다고 판단한 경우에 한하여 당해 정신질환자의 입원 등을 시킬 수 있으며, 입원 등을 할 때 당해 보호 의무자로부터 보건복지부령으로 정하는 입원 등의 동의서 및 보호 의무자임을 확인할 수 있는 서류를 받아야 한다(제24조).

③ 시장 · 군수 · 구청장에 의한 입원

정신질환으로 자신 또는 타인을 해할 위험이 있다고 의심되는 자를 발견한 정신건강의학과 전문의 또는 정신보건 전문요원은 시장 · 군수 · 구청장에게 당해인의 진단 및 보호를 신청할 수 있다(제25조).

④ 응급 입원

정신질환자로 추정되는 자로서 자신 또는 타인을 해할 위험이 큰 자를 발견한 자는 그 상황이 매우 급박하여 자의 입원 또는 시장 · 군수 · 구청장에 의한 입원을 시킬 수 없는 때에는 의사와 경찰관의 동의를 얻어 정신의료기관에 당해인에 대한 응급 입원을 의뢰할 수 있다(제26조).

⑤ 정신질환자 신상정보 확인

정신보건시설의 장은 정신보건시설에 입원 등을 하거나 시설을 이용하는 정신질환자의 성명, 주소, 보호 의무자 등의 신상정보를 확인하여야 하고, 확인되지 아니하는 경우에는 시장 · 군수 · 구청장 등 관계 기관의 장에게 신상정보의 조회를 요청하여야 한다(제26조의 2).

⑥ 외래치료 명령

정신의료기관의 장은 보호 의무자에 의한 입원 및 시장 · 군수 · 구청장에 의한 입원을 한 환자 중 정신병적 증상으로 인하여 입원 등을 하기 전 자신 또는 타인을 해한 행동을 한 자로서 대통령령으로 정하는 자에 대하여 보호 의무자의 동의를 받아 시장 · 군수 · 구청장에게 1년 이내에서 외래치료 명령을 청구할 수 있다(제37조의 2).

(4) 권익 보호 및 지원

① 입원 금지

누구든지 응급 입원의 경우를 제외하고는 정신건강의학과 전문의의 진단에 의하지 아니하고 정신질환자를 정신의료기관 등에 입원시키거나 입원 등을 연장시킬 수 없다(제40조).

② 권익 보호

누구든지 정신질환자였다는 이유로 교육 및 고용의 기회를 박탈하거나 기타 불공평한 대우를 하여서는 안 되며, 누구든지 정신질환자, 그 보호 의무자 또는 보호를 하고 있는 자의 동의 없이 정신질환자에 대하여 녹음·녹화·촬영을 할 수 없다(제41조).

정신보건시설의 장은 입원 등을 한 정신질환자에 대하여 정신건강의학과 전문의의 지시에 의한 의료 또는 재활의 목적이 아닌 노동을 강요하여서는 아니 된다.

③ 비밀 누설의 금지

정신보건법에 의하여 정신질환자에 관련된 직무를 수행하였던 자 또는 수행하는 자는 이 법 또는 다른 법령에서 특히 규정된 경우를 제외하고는 그 직무의 수행과 관련하여 알게 된 타인의 비밀을 누설하거나 발표하여서는 아니 된다(제42조).

④ 수용 및 가혹행위의 금지

누구든지 이 법 또는 다른 법령에 의하여 정신질환자를 의료 보호할 수 있는 시설 외의 장소에 정신질환자를 수용하여서는 아니 된다. 정신보건시설의 장이나 그 종사자는 정신보건시설에 입원 또는 입소하거나 시설을 이용하는 정신질환자를 폭행하거나 가혹행위를 하여서는 아니 된다(제43조).

⑤ 특수치료의 제한

정신질환자에 대한 특수치료행위는 당해 정신의료기관이 구성하는 협의체에서 결정하되 본인 또는 보호 의무자에게 특수 치료에 대한 필요한 정보를 제공하고 그 동의를 얻어야 한다(제44조).

⑥ 행동 제한의 금지

정신의료기관 등의 장은 정신질환자에 대하여 의료를 위하여 필요한 경우에 한하여 통신의 자유, 면회의 자유 기타 대통령령이 정하는 행동의 자유를 제한할 수 있다. 정신의료기관 등의 장이 행동을 제한하는 경우에는 최소한의 범위 안에서 이를 행하여야 하며, 그 이유를 진료기록부에 기재하여야 한다(제45조).

⑦ 환자의 격리 제한

환자를 격리시키거나 묶는 등의 신체적 제한을 가하는 것은 환자의 증상으로 보아서 본인 또는 주변 사람이 위험에 이를 가능성이 현저히 높고 신체적 제한 외의 방법으로 그 위험을 회피하는 것이 뚜렷하게 곤란하다고 판단되는 경우에 그 위험을 최소한으로 줄이고, 환자 본인의 치료 또는 보호를 도모하는 목적으로 행하여져야 한다. 이 경우 격리는 당해 시설 안에서 행하여져야 한다(제46조).

⑧ 입원 환자 등에 대한 작업 요법

정신의료기관 등의 장은 입원 환자의 치료 또는 입소자의 사회 복귀 등에 도움이 된다고 판단되는 경우에는 입원 환자나 입소자의 건강 상태와 위험성을 고려하여 입원 환자나 입소자의 건강을 해치지 아니하는 범위 내에서 공예품 만들기 등의 단순 작업을 시킬 수 있다(제46조의 2).

2) 재정

(1) 비용의 부담

국가와 지방자치단체는 시장·군수·구청장에 의한 입원에 관한 규정(제25조)에 의한 진단 및 치료에 소요되는 비용의 전부 또는 일부를 부담할 수 있다(제50조).

(2) 비용의 징수

사회복귀시설·정신요양시설의 설치·운영자는 그 시설을 이용하는 자로부터 보건복지부 장관이 정하여 고시하는 비용징수한도액의 범위 안에서 그에 소요되는 비용을 징수할 수 있다(제51조).

(3) 비용의 보조

국가는 예산의 범위 안에서 지방자치단체가 설치하여 운영하는 정신의료기관, 사회복귀시설에 대하여 설치·운영에 필요한 비용과 지역사회 정신보건사업 및 지도·감독에 필요한 비용을 보조할 수 있다.

국가 및 지방자치단체는 지역사회 정신보건사업을 위탁하는 기관 또는 단체에 그 사업의 수행에 필요한 비용을 보조할 수 있으며, 대통령령이 정하는 바에 의하여 영리를 목적으로 하지 아니하는 정신의료기관·사회복귀시설 및 정신요양 시설의 설치·운영자에 대하여 예산의 범위 안에서 그 설치·운영에 필요한 비용을 보조할 수 있다(제52조).

1) 정신보건시설

(1) 정의

"정신보건시설"이라 함은 이 법에 의한 정신의료기관 · 정신질환자 사회복귀시설 및 정신요양시설을 말한다. "정신의료기관"이라 함은 의료법에 의한 의료기관 중 주로 정신질환자의 진료를 행할 목적으로 정신의료기관 시설 기준 등(제12조 제1항)에 적합하게 설치된 병원(정신병원과 의원 및 병원급 이상의 의료기관)에 설치된 정신건강의학과를 말한다.

"정신질환자 사회복귀시설"(사회복귀시설)이라 함은 이 법에 의하여 설치된 시설로서 정신질환자를 정신의료기관에 입원시키거나 정신요양시설에 입소시키지 아니하고 사회 복귀 촉진을 위한 훈련을 행하는 시설을 말한다. "정신요양시설"이라 함은 이 법에 의하여 설치된 시설로서 정신의료기관에서 의뢰된 정신질환자와 만성 정신질환자를 입소시켜 요양과 사회 복귀 촉진을 위한 훈련을 행하는 시설을 말한다(제3조).

(2) 정신보건시설의 설치 · 운영자의 의무

정신보건시설의 설치 · 운영자는 정신질환자와 그 보호 의무자에게 이 법에 의한 권리와 권리의 행사에 관한 사항을 알려야 하며, 입원 및 거주 중인 정신질환자가 인간으로서의 존엄과 가치를 보장받으며 자유롭게 생활할 수 있도록 노력하여야 한다(제6조).

정신보건시설의 설치 · 운영자, 종사자는 인권에 관한 교육을 받아야 하며, 보건복지부 장관은 이에 따른 교육을 위하여 전문교육기관을 지정할 수 있다(제6조의 2).

(3) 시설의 평가

보건복지부 장관은 정신보건시설에 대한 평가를 3년마다 실시하여야 한다. 다만, 「의료법」에 따른 의료기관 인증의 신청 및 「사회복지사업법」에 따른 사회복지시설평가로서 정신보건 시설평가에 갈음할 수 있다(제18조의 3).

2) 정신보건시설의 종류

(1) 국 · 공립정신병원의 설치

보건복지부 장관 또는 시 · 도지사는 정신병원을 설치 · 운영하여야 한다(제8조).

(2) 정신요양시설의 설치

사회복지법인 기타 비영리법인은 보건복지부 장관의 허가를 받아 정신요양시설을 설치 · 운영할 수 있다(제10조).

(3) 정신보건센터

국가 및 지방자치단체는 제13조 제1항에 따른 지역사회정신보건사업의 실시를 위하여 시 · 군 · 구 단위로 정신질환자의 발견 · 상담 · 진료 · 사회복귀 훈련 및 이에 관한 사례 관리 등을 실시하기 위한 정신보건센터를 설치하도록 노력하여야 한다(제13조의 2).

(4) 사회복귀시설의 설치 · 운영

국가 또는 지방자치단체는 사회복귀시설을 설치 · 운영할 수 있다.

그 외의 자가 사회복귀시설을 설치 · 운영하고자 하는 때에는 시설의 소재지를 관할하는 시장 · 군수 · 구청장에게 신고하여야 한다(제15조).

(5) 사회복귀시설의 종류

① 정신질환자 생활시설: 정신질환자가 필요한 기간 동안 생활하면서 재활에 필요한 상담 · 훈련 등의 서비스를 받아 사회 복귀를 준비하거나 장애로 인하여 장기간 생활하는 시설

② 정신질환자 지역사회재활시설: 정신질환자복지관, 의료재활시설, 체육시설, 수련시설, 공동생활가정 등 정신질환자에게 전문적인 상담 · 훈련 등을 제공하거나 여가활동 및 사회참여 활동 등에 필요한 편의를 제공하는 시설

③ 정신질환자 직업재활시설: 일반고용이 어려운 정신질환자가 특별히 준비된 작업환경에서 직업훈련을 받거나 직업생활을 영위할 수 있도록 하는 시설

④ 그 밖에 대통령령으로 정하는 시설(제16조)

3) 전문요원 및 위원회

(1) 정신보건 전문요원

보건복지부 장관은 정신보건 분야에 관한 전문지식과 기술을 갖추고 보건복지부령으로 정하는 수련기관에서 수련을 받은 자에게 정신보건 전문요원의 자격증을 교부할 수 있다.

정신보건 전문요원은 정신보건임상심리사·정신보건간호사 및 정신보건사회복지사로 한다(제7조).

(2) 정신보건심의위원회

정신보건에 관하여 보건복지부 장관, 시·도시자 및 시장·군수·구청장의 자문에 응하고 정신보건에 관한 중요한 사항의 심의와 심사를 하기 위하여 보건복지부 장관 소속하에 중앙정신보건심의위원회를, 시·도지사 소속으로 광역정신보건심의위원회를, 시장·군수·구청장 소속으로 기초정신보건심의위원회를 각각 둔다(제27조 제1항).

(3) 정신보건심판위원회

퇴원 등의 심사, 재심사, 입원조치의 해제에 관한 규정(제31조, 제35조 및 제36조)의 심사를 하기 위하여 광역정신보건심의위원회 및 기초정신보건심의위원회 안에 정신보건심판위원회를 각각 둔다(제27조 제2항).

4 벌칙

1) 벌칙

5년 이하의 징역 또는 2천만 원 이하의 벌금(제55조)은 다음과 같다.

① 정신질환자를 유기한 자

② 정신질환자를 퇴원 등을 시키지 아니한 자

3년 이하의 징역 또는 1천만 원 이하의 벌금(제56조)은 다음과 같다.

① 사업정지 · 폐쇄명령(제12조 제3항 및 제18조 제1항)을 위반한 자
② 신고를 하지 아니하고 사회복귀시설을 설치 · 운영한 자(제15조 제2항 위반)
③ 정신질환자에게 노동을 강요한 자(제41조 제3항 위반)

2) 과태료

100만 원 이하의 과태료(제59조)는 다음과 같다.

① 정신요양시설 및 사회복귀시설의 폐지 · 휴지 · 재개 신고에 의한 신고를 하지 아니하거나 허위신고를 한 자
② 누구든지 정신질환자였다는 이유로 교육 및 고용의 기회를 박탈하거나 기타 불공평한 대우를 하여서는 아니 된다(제41조 제1항)를 위반한 자

제 2 절 건강가정기본법

1 목적 및 대상

1) 목적

건강한 가정생활의 영위와 가족의 유지 및 발전을 위한 국민의 권리 · 의무와 국가 및 지방자치단체 등의 책임을 명백히 하고, 가정문제의 적절한 해결 방안을 강구하며, 가족구성원의 복지 증진에 이바지할 수 있는 지원정책을 강화함으로써 건강 가정 구현에 기여하는 것을 목적으로 한다.

2) 대상: 권리와 책임

국민의 권리와 의무(제4조)이다. 모든 국민은 가정의 구성원으로서 안정되고 인

간다운 삶을 유지할 수 있는 가정생활을 영위할 권리를 가지며, 가정의 중요성을 인식하고 그 복지의 향상을 위하여 노력하여야 한다.

국가 및 지방자치단체의 책임(제5조)은 다음과 같다.

① 건강 가정을 위하여 필요한 제도와 여건을 조성하고 이를 위한 시책을 강구하여 추진하여야 한다.

② 시책을 강구함에 있어 가족구성원의 특성과 가정 유형을 고려하여야 한다.

③ 민주적인 가정 형성, 가정친화적 환경 조성, 양성 평등적 가족 가치 실현 및 가사노동의 정당한 가치평가를 위하여 노력하여야 한다.

3) 건강가정기본법의 발달

사회적 변화로 말미암은 가정문제를 해결하고 각종 사회문제의 일차적인 예방지인 가정을 건강하게 하는 일이 사회적·국가적 관심사로 등장하였다.

제·개정(시행)	주요 내용
2004.2.9. (2005.1.1.)	법률 제7166호 「건강가정기본법」 제정
2011.9.15. (2012.3.16.)	「건강가정기본법」 일부 개정 -중앙건강가정정책위원회와 시·도가정정책위원회 폐지 -건강가정시행계획의 수립·시행 주체를 기초자치단체장까지로 확대 -건강 증진 대책 마련 대상에 '노인' 추가 -자녀 양육 지원 사업의 추진 근거 마련 -건강가정지원센터와 동일하거나 유사한 사용의 명칭 금지, 과태료 부과

4) 정의 및 권리와 의무

(1) 정의

① 가족

혼인·혈연·입양으로 이루어진 사회의 기본 단위를 말한다(제3조 제1호).

② 가정

가족구성원이 생계 또는 주거를 함께 하는 생활공동체로서 구성원의 일상적인 부양・양육・보호・교육 등이 이루어지는 생활 단위를 말한다(제2호).

③ 건강 가정

가족구성원의 욕구가 충족되고 인간다운 삶이 보장되는 가정을 말한다(제3호).

④ 건강가정사업

건강 가정을 저해하는 문제("가정문제")의 발생을 예방하고 해결하기 위한 여러 가지 조치와 가족의 부양・양육・보호・교육 등의 가정 기능을 강화하기 위한 사업을 말한다(제4호).

(2) 국민의 권리와 의무

모든 국민은 가정의 구성원으로서 안정되고 인간다운 삶을 유지할 수 있는 가정생활을 영위할 권리를 가진다. 그리고 모든 국민은 가정의 중요성을 인식하고 그 복지의 향상을 위하여 노력하여야 한다(제4조).

국가 및 지방자치단체의 책임(제5조)으로 국가 및 지방자치단체는 건강 가정을 위하여 필요한 제도와 여건을 조성하고 이를 위한 시책을 강구하여야 하며, 이러한 시책을 강구할 때 가족구성원의 특성과 가정 유형을 고려하여야 한다. 국가 및 지방자치단체는 민주적인 가정 형성, 가정 친화적 환경 조성, 양성 평등적 가족 가치 실현 및 가사노동의 정당한 가치평가를 위하여 노력하여야 한다.

(3) 기본 원칙

① 가족 가치

가족구성원은 부양, 자녀 양육, 가사노동 및 가정생활의 운영에 함께 참여하여야 하고 서로 존중하며 신뢰하여야 한다(제7조).

② 혼인과 출산

모든 국민은 혼인과 출산의 사회적 중요성을 인식하여야 하며, 국가 및 지방자치단체는 적절한 출산환경을 조성하기 위하여 적극적으로 지원하여야 한다(제8조).

③ 가족 해체 예방

가족구성원은 가족 해체 예방을 위하여 노력하여야 하며, 국가 및 지방자치단체는 필요한 제도와 시책을 강구하여야 한다(제9조).

④ 지역사회자원의 개발 · 활용

국가 및 지방자치단체는 건강한 가정 구현에 기여할 수 있도록 지역사회 자원을 최대한 개발하고 활용하여야 한다(제10조).

⑤ 정보 제공

국가 및 지방자치단체는 가족구성원에게 건강한 가정생활을 영위하는 데 도움이 되는 정보를 최대한 제공하고 가정생활에 관한 정보관리 체계를 확립하여야 한다(제11조).

⑥ 가정의 달과 가정의 날

가정의 중요성을 고취하고 건강 가정을 위한 개인 · 가정 · 사회의 적극적인 참여 분위기를 조성하기 위하여 매년 5월을 가정의 달로 하고, 5월 15일을 가정의 날로 한다(제12조).

2 급여 및 재정

건강가정정책으로서 건강가정 기본계획의 수립이다.

(1) 건강가정 기본계획의 수립

여성가족부 장관은 관계 중앙행정기관의 장과 협의하고 중앙위원회의 심의를 거쳐 건강가정 기본계획을 5년마다 수립하여야 한다(제15조).

가족 기능의 강화 및 가정의 잠재력 개발을 통한 가정의 자립 증진 대책, 가족공동체문화의 조성, 건강가정 구현, 민주적 가족 관계와 양성 평등적인 역할 분담 등의 내용이 포함되어야 한다.

(2) 연도별 시행계획의 수립과 시행

여성가족부 장관, 관계 중앙행정기관의 장 및 지방자치단체의 장은 매년 기본계획에 따라 건강가정 시행계획을 수립 · 시행 및 평가하여야 한다(제16조).

(3) 가족 실태조사

국가 및 지방자치단체는 개인과 가족의 생활 실태 파악과 건강 가정 구현 및 가정문제 예방 등을 위한 서비스 욕구와 수요 파악을 위하여 5년마다 가족 실태를 조사하고 결과를 발표하여야 한다(제20조).

(4) 가정에 대한 지원

가족구성원의 정신적·신체적 건강 지원, 소득 보장 등 경제생활의 안정, 안정된 주거생활, 태아 검진 및 출산·양육 지원, 직장과 가정의 양립, 음란물·유흥가·폭력 등 위해환경으로부터의 보호, 가정폭력으로부터의 보호, 가정 친화적 사회 분위기 조성 등 모성 보호 및 부성 보호를 위한 유급휴가 시책 확산에 노력하여야 한다. 사회적 보호를 필요로 하는 가정에 대한 적극적 지원이 요구된다(제21조).

(5) 가정봉사원 지원

① 국가 및 지방자치단체는 건강한 가정을 유지하기 위하여 필요한 경우에는 가정을 방문하여 가사·육아·산후조리·간병 등을 돕는 가정봉사원(이하 "가정봉사원"이라 한다)을 지원할 수 있다.
② 가정봉사원은 여성가족부령이 정하는 바에 따라 교육을 받아야 한다.
③ 국가 및 지방자치단체는 가정봉사원에게 예산의 범위 안에서 일정 금액을 지급할 수 있다(제30조).

(6) 이혼 예방 및 이혼가정 지원

① 국가 및 지방자치단체는 이혼하고자 하는 부부가 이혼 전 상담을 받을 수 있게 하는 등 이혼 조정을 내실화 할 수 있도록 필요한 조치를 강구하여야 한다.
② 국가 및 지방자치단체는 이혼의 의사가 정해진 가족에 대하여 이들 가족이 자녀 양육·재산·정서 등의 제반 문제를 준비할 수 있도록 도움을 주는 지원 서비스를 제공하도록 하여야 한다.
③ 국가 및 지방자치단체는 이혼한 가족에 대하여 양육비에 대한 집행력의 실효성을 강화하고 그 적용 대상을 확대하도록 하여야 한다(제31조).

3 전달 체계 및 위원회

1) 건강가정사업의 전담 수행

여성가족부 및 지방자치단체는 건강가정사업에 관한 업무를 전담하여 수행할 수 있도록 하여야 한다(제34조).

2) 건강가정지원센터의 설치

① 국가 및 지방자치단체는 가정문제의 예방·상담 및 치료, 건강가정의 유지를 위한 프로그램의 개발, 가족문화운동의 전개, 가정 관련 정보 및 자료 제공 등을 위하여 건강가정지원센터를 설치·운영하여야 한다(제35조).

② 센터에는 건강가정사업을 수행하기 위하여 관련 분야에 대한 학식과 경험을 가진 전문가(건강가정사)를 두어야 한다.

③ 건강가정사는 대학 또는 이와 동등 이상의 학교에서 사회복지학·가정학·여성학 등 여성가족부령이 정하는 관련 교과목을 이수하고 졸업한 자이어야 한다.

법에 따른 건강가정사의 직무는 다음과 같다(제35조 제2항).

㉮ 가정문제의 예방·상담 및 개선

㉯ 건강가정의 유지를 위한 프로그램의 개발

㉰ 건강가정 실현을 위한 교육(민주적이고 양성[兩性] 평등적인 가족 관계 교육을 포함한다.)

㉱ 가정생활 문화운동의 전개

㉲ 가정 관련 정보 및 자료 제공

㉳ 가정에 대한 방문 및 실태 파악

㉴ 아동보호 전문기관 등 지역사회 자원과의 연계

㉵ 그 밖에 건강가정사업과 관련하여 여성가족부 장관이 정하는 활동

④ 센터의 조직·운영 및 건강가정사의 자격·직무에 관하여 필요한 사항은 대통령령으로 정한다.

⑤ 센터의 운영은 여성가족부령이 정하는 바에 의하여 민간에 위탁할 수 있다. 유사 명칭의 사용 금지에 있어 이 법에 따른 센터가 아닌 자는 건강가정지원센터 또는 이와 유사한 명칭을 사용하지 못한다(제35조의 2).

2) 재정

민간단체 등의 지원을 위하여 국가 및 지방자치단체는 건강가정사업을 수행하는 단체 또는 개인에 대하여 필요한 비용의 전부 또는 일부를 보조하거나 그 업무 수행에 필요한 지원을 할 수 있다(제36조).

4 권리구제 및 벌칙

센터에는 건강가정사업을 수행하기 위하여 관련 분야에 대한 학식과 경험을 가진 전문가("건강가정사")를 두어야 한다(제35조의2). 이를 위반한 자에게는 300만원 이하의 과태료를 부과한다.

과태료는 대통령령으로 정하는 바에 따라 여성가족부 장관 또는 지방자치단체의 장이 부과·징수한다.

제 3 절 다문화가족지원법

1 목적 및 대상

1) 목적

다문화가족 구성원이 안정적인 가족생활을 영위할 수 있도록 함으로써 이들의 삶의 질 향상과 사회 통합에 이바지함을 목적으로 한다(제1조).

2) 대상

(1) 다문화가족

「재한외국인 처우 기본법」(제2조 제3호)의 결혼이민자, 즉 대한민국 국민과 혼인한 적이 있거나 혼인 관계에 있는 재한외국인과 「국적법」(제2조부터 제4조까지) 규정에 따라 대한민국 국적을 취득한 자로 이루어진 가족을 말한다.

또한 「국적법」(제3조 및 제4조)에 따라 대한민국 국적을 취득한 자와 같은 법(제2조부터 제4조까지)의 규정에 따라 대한민국 국적을 취득한 자로 이루어진 가족이다.

(2) 사실혼 배우자 및 자녀

대한민국 국민과 사실혼 관계에서 출생한 자녀를 양육하고 있는 다문화가족 구성원에 대하여 법 제5조부터 제12조까지의 규정을 준용한다(제14조).

3) 다문화가족지원법의 발달

제 · 개정(시행)	주요 내용
2008.3.21. (2008.9.22.)	법률 제8937호 「다문화가족지원법」 제정
2011.4.4. (2011.10.5.)	「다문화가족지원법」 일부 개정 - 다문화가족의 범위에 출생에 따른 국적 취득자뿐만 아니라 인지와 귀화에 따른 국적 취득자도 포함하도록 다문화가족의 범위 확대 - 다문화가족 지원을 위한 기본계획 및 시행계획의 수립 - 다문화가족의 삶의 질 향상과 사회 통합에 관한 중요 사항을 심의 · 조정하기 위하여 국무총리 소속으로 다문화가족정책위원회를 설치함. - 다문화가족에 대한 이해 증진을 위한 교육 실시 - 결혼이민자 등에 대한 한국어 교육 지원

2 급여 및 재정

1) 급여

(1) 다문화가족정책 기본계획

여성가족부 장관은 다문화가족 지원을 위하여 5년마다 다문화가족 정책에 관한 기본계획을 수립하여야 한다(제3조의 2 제1항).

기본계획에는 다음 각 호의 사항을 포함하여야 한다(제2항).

① 다문화가족 지원정책의 기본 방향
② 다문화가족 지원을 위한 분야별 발전 시책과 평가에 관한 사항
③ 다문화가족 지원을 위한 제도 개선에 관한 사항
④ 다문화가족 지원을 위한 재원 확보 및 배분에 관한 사항
⑤ 그 밖에 다문화가족 지원을 위하여 필요한 사항

연도별 시행계획 수립(제3조의3)은 여성가족부 장관, 관계 중앙행정기관의 장과 시・도지사는 매년 기본계획에 따라 다문화가족 정책에 관한 시행계획을 수립・시행하여야 한다.

(2) 실태조사

① 여성가족부 장관은 다문화가족의 현황 및 실태를 파악하고 다문화가족 지원을 위한 정책 수립에 활용하기 위하여 3년마다 다문화가족에 대한 실태조사를 실시하고 그 결과를 공표하여야 한다.
② 여성가족부 장관은 실태조사를 위하여 관계 공공기관 또는 관련 법인・단체에 대하여 필요한 자료의 제출 등 협조를 요청할 수 있다. 이 경우 자료의 제출 등 협조를 요청받은 관계 공공기관 또는 관련 법인・단체 등은 특별한 사유가 없는 한 이에 협조하여야 한다.
③ 여성가족부 장관은 제1항에 따른 실태조사를 실시함에 있어서 외국인정책 관련 사항에 대하여는 법무부 장관과, 다문화가족 구성원인 아동의 교육에 관한 사항에 대하여는 교육부 장관과 협의를 거쳐 실시한다(제4조)(2013.3.23 "교육과학기술부"에서 "교육부"로 명칭 변경).

(3) 다문화가족 지원

① 다문화가족에 대한 이해 증진(제5조): 국가와 지방자치단체는 다문화가족에 대한 사회적 차별 및 편견을 예방하고 사회구성원이 문화적 다양성을 인정하고 존중할 수 있도록 다문화 이해 교육을 실시하고 홍보 등 필요한 조치를 하여야 한다.

② 생활정보 제공 및 교육 지원(제6조)

③ 평등한 가족 관계의 유지를 위한 조치(제7조)

④ 가정폭력 피해자에 대한 보호·지원(제8조)

가정폭력으로 혼인 관계를 종료하는 경우 의견 진술 및 사실 확인 등에서 언어통역, 법률 상담 및 행정 지원 등 필요한 서비스를 제공할 수 있다.

⑤ 의료 및 건강관리를 위한 지원(제9조)

국가와 지방자치단체는 결혼이민자 등이 건강하게 생활할 수 있도록 영양·건강에 대한 교육, 산전·산후 도우미 파견, 건강검진 등의 의료 서비스를 지원할 수 있다.

⑥ 아동 보육 및 교육

국가와 지방자치단체는 다문화가족 구성원인 아동의 초등학교 취학 전 보육 및 교육 지원을 위하여 노력하고, 그 아동의 언어 발달을 위하여 한국어 및 결혼이민자 등인 부 또는 모의 모국어 교육을 위한 교재 지원 및 학습 지원 등 언어 능력 제고를 위하여 필요한 지원을 할 수 있다(제10조)(시행 2013.9.23).

⑦ 다국어에 의한 서비스 제공(제11조)

2) 재정

민간단체 등의 지원에의 지원으로 국가와 지방자치단체는 다문화가족 지원사업을 수행하는 단체나 개인에 대하여 필요한 비용의 전부 또는 일부를 보조하거나 그 업무 수행에 필요한 행정적 지원을 할 수 있다. 그리고 국가와 지방자치단체는 결혼이민자 등이 상부상조하기 위한 단체의 구성·운영 등을 지원할 수 있다(제16조).

3 전달 체계 및 위원회

1) 다문화가족정책위원회의 설치

다문화가족의 삶의 질 향상과 사회 통합에 관한 중요 사항을 심의·조정하기 위하여 국무총리 소속으로 다문화가족정책위원회를 둔다(제3조의 4).

정책위원회는 다음 사항을 심의·조정한다.

① 다문화가족정책에 관한 기본계획의 수립 및 추진에 관한 사항
② 다문화가족정책의 시행계획의 수립, 추진 실적 점검 및 평가에 관한 사항
③ 다문화가족과 관련된 각종 조사, 연구 및 정책의 분석·평가에 관한 사항
④ 각종 다문화가족 지원 관련 사업의 조정 및 협력에 관한 사항
⑤ 다문화가족정책과 관련된 국가 간 협력에 관한 사항
⑥ 그 밖에 다문화가족의 사회 통합에 관한 중요 사항으로 위원장이 필요하다고 인정하는 사항

정책위원회는 위원장 1명을 포함한 20명 이내의 위원으로 구성하고, 위원장은 국무총리가 되며, 위원은 다음의 사람이 된다.

① 대통령령으로 정하는 중앙행정기관의 장
② 다문화가족정책에 관하여 학식과 경험이 풍부한 사람 중에서 위원장이 위촉하는 사람

정책위원회에서 심의·조정할 사항을 미리 검토하고 대통령령에 따라 위임된 사항을 다루기 위하여 정책위원회에 실무위원회를 둔다. 그 밖에 정책위원회 및 실무위원회의 구성 및 운영 등에 필요한 사항은 대통령령으로 정한다.

2) 다문화가족지원센터의 설치·운영 등

① 국가와 지방자치단체는 다문화가족지원센터(이하 "지원센터"라 한다)를 설치·운영할 수 있다.
② 국가 또는 지방자치단체는 지원센터의 설치·운영을 대통령령으로 정하는

법인이나 단체에 위탁할 수 있다.

③ 국가 또는 지방자치단체 아닌 자가 지원센터를 설치·운영하고자 할 때에는 미리 시·도지사 또는 시장·군수·구청장(자치구의 구청장을 말한다. 이하 같다)의 지정을 받아야 한다(제12조).

지원센터는 다음 업무를 수행한다.

① 다문화가족을 위한 교육·상담 등 지원사업의 실시
② 결혼이민자 등에 대한 한국어 교육
③ 다문화가족 지원 서비스 정보 제공 및 홍보
④ 다문화가족 지원 관련 기관·단체와의 서비스 연계
⑤ 일자리에 관한 정보 제공 및 일자리의 알선
⑥ 다문화가족을 위한 통역·번역 지원사업
⑦ 그 밖에 다문화가족 지원을 위하여 필요한 사업

지원센터에는 다문화가족에 대한 교육·상담 등의 업무를 수행하기 위하여 관련 분야에 대한 학식과 경험을 가진 전문인력을 두어야 한다.

국가와 지방자치단체는 지정한 지원센터에 대하여 예산의 범위에서 제4항 각 호의 업무를 수행하는 데에 필요한 비용의 전부 또는 일부를 보조할 수 있다.

지원센터의 설치·운영 기준, 위탁·지정 기간 및 절차 등에 필요한 사항은 대통령령으로 정하고, 전문인력의 기준 등에 필요한 사항은 여성가족부령으로 정한다.

여성가족부 장관은 이 법에 따른 권한의 일부를 대통령령으로 정하는 바에 따라 시·도지사 또 시장·군수·구청장에게 위임할 수 있다(제15조). 국가와 지방자치단체는 이 법에 따른 업무의 일부를 대통령령으로 정하는 바에 따라 비영리법인이나 단체에 위탁할 수 있다.

정보 제공의 요청에 있어 여성가족부 장관 또는 지방자치단체의 장은 이 법의 시행을 위하여 필요한 경우에는 법무부 장관에게 다음 각 호의 정보 중 결혼이민자 등의 현황 파악을 위한 정보로서 대통령령으로 정하는 정보의 제공을 요청할 수 있다. 이 경우 지방자치단체의 장은 해당 관할구역의 결혼이민자 등에 관한 정보에 한정하여 요청할 수 있다(제15조의 2).

제 4 절 노숙인 등의 복지 및 자립 지원에 관한 법률

1 목적 및 대상

1) 목적

2011년 6월 7일 제정된 이 법은 노숙인 등의 인간다운 생활을 할 권리를 보호하고 재활 및 자립을 위한 기반을 조성하여 이들의 건전한 사회 복귀와 복지 증진에 이바지하는 것을 목적으로 한다(제1조)(시행 2012.6.8).

2) 대상

노숙인 등의 정의(제2조)는 다음과 같다.

"노숙인 등"이란 다음 어느 하나에 해당하는 사람 중 보건복지부령으로 정하는 사람을 말한다.

① 상당한 기간 동안 일정한 주거 없이 생활하는 사람

② 노숙인시설을 이용하거나 상당한 기간 동안 노숙인시설에서 생활하는 사람

③ 상당한 기간 동안 주거로서의 적절성이 현저히 낮은 곳에서 생활하는 사람

"노숙인시설"이란 이 법에 따른 노숙인 등을 위한 노숙인복지시설, 노숙인종합지원센터를 말한다. "노숙인시설 종사자"란 노숙인시설에서 노숙인 등의 보호, 상담, 복지 서비스 연계 및 노숙인 등의 복지에 관한 업무를 담당하는 사람으로서 노숙인시설의 장 및 그 종사자를 말한다.

3) 책임과 권한

(1) 국가와 지방자치단체의 책임

국가와 지방자치단체는 노숙 등을 예방하고, 노숙인 등의 권익을 보장하며, 보

호와 재활 및 자활을 지원하기 위한 정책을 마련하여 노숙인 등의 사회 복귀 및 복지를 향상시킬 책임을 진다. 국가와 지방자치단체는 노숙인 등을 위한 지원사업을 원활히 추진하기 위하여 관련 민간단체와 협력하여야 한다(제3조).

(2) 노숙인 등의 권리와 책임

노숙인 등은 국가와 지방자치단체로부터 적절한 주거와 보호 등을 제공받을 수 있으며, 스스로 생활 수준을 향상시키기 위하여 성실히 노력하여야 한다. 노숙인 등은 응급 상황 발생 시 경찰 또는 노숙인 등 관련 업무 종사자의 응급 조치에 응하여야 한다(제4조).

(3) 중복 지원의 제한

다른 법률에 따라 이 법에서 정한 복지 서비스의 내용과 유사한 보호 또는 지원을 받고 있는 노숙인 등에 대하여는 대통령령으로 정하는 바에 따라 이 법에 따른 복지 서비스를 제한할 수 있다(제5조).

4) 노숙인 등을 위한 종합계획의 수립 등

(1) 노숙인 등의 복지 및 자립 지원 종합계획의 수립 등

보건복지부 장관은 노숙인 등의 보호 및 자립 등을 지원하기 위하여 5년마다 다음 사항을 포함하는 노숙인 등의 복지 및 자립지원 종합계획을 수립·시행하여야 한다(제7조).

① 노숙인 등에 대한 정책의 목표와 방향
② 노숙인 등의 발생 예방·사후관리 및 감소 방안
③ 정책 성과 지표와 재정계획
④ 노숙인시설의 설치·확보 및 주거 지원·복지 서비스 등에 관한 사항
⑤ 민간 협력에 관한 사항
⑥ 노숙인 등의 보호와 자립을 위한 관계 중앙행정기관의 장과의 협력에 관한 사항
⑦ 그 밖에 대통령령으로 정하는 노숙인 등 정책에 관한 사항

⑧ 보건복지부 장관은 종합계획을 수립할 때 미리 관계 중앙행정기관의 장과 협의하여야 한다.

⑨ 종합계획은 「사회보장기본법」 제16조에 따른 사회보장심의위원회의 심의를 거쳐 확정한다. 종합계획을 변경하려는 경우에도 또한 같다.

⑩ 보건복지부 장관은 확정・변경된 종합계획을 관계 중앙행정기관의 장 및 특별시장・광역시장・도지사・특별자치도지사(이하 "시・도지사"라 한다)에게 알려야 한다.

⑪ 보건복지부 장관, 관계 중앙행정기관의 장 및 시・도지사는 종합계획 및 시행계획(제8조)을 수립・시행하기 위하여 필요한 경우에는 관계 공공기관, 사회단체 및 그 밖의 민간기업의 장에게 필요한 자료의 제출 등 협조를 요청할 수 있다.

⑫ 위의 협조를 요청받은 자는 정당한 사유가 없는 한 이에 응하여야 한다.

(2) 시행계획의 수립 · 시행 등

① 보건복지부 장관, 관계 중앙행정기관의 장 및 시・도지사는 종합계획에 따라 노숙인 등 정책에 관한 시행계획(이하 "시행계획"이라 한다)을 매년 수립・시행하여야 한다.

② 관계 중앙행정기관의 장 및 시・도지사는 다음 연도 시행계획 및 전년도 시행계획에 따른 추진 실적을 대통령령으로 정하는 바에 따라 매년 보건복지부 장관에게 제출하여야 한다.

③ 보건복지부 장관은 매년 시행계획에 따른 추진 실적을 평가하여야 한다.

④ 시행계획의 수립・시행 및 추진 실적의 평가 등에 필요한 사항은 대통령령으로 정한다(제8조).

(3) 실태조사

보건복지부 장관은 이 법의 적절한 시행을 위하여 노숙인 등의 현황과 이들에 대한 공공 및 민간의 지원 상황에 대하여 5년마다 실태조사를 실시하여야 한다.

실태조사의 시기・방법과 내용 등에 필요한 사항은 보건복지부령으로 정한다(제9조).

2 급여 및 재정

1) 급여

복지 서비스 제공에 관한 지원이다.

(1) 주거 지원

국가와 지방자치단체는 노숙인 등의 적절한 주거생활을 위하여 다음 어느 하나에 해당하는 주거 지원을 할 수 있다.

① 노숙인 복지시설에 의한 보호
② 사회복지사업에 따른 사회복지시설 및 다른 법률에 따른 보호시설에 의한 보호
③ 임대주택의 공급
④ 임시주거비 지원
⑤ 그 밖에 대통령령으로 정하는 주거 지원(제10조)

(2) 급식 지원

국가와 지방자치단체는 급식 서비스 제공을 위한 노숙인 급식 서비스 시설을 설치·운영할 수 있다. 이외의 자가 노숙인 급식시설을 설치·운영하려면 보건복지부령으로 정하는 바에 따라 시장·군수·구청장에게 신고하여야 한다(제11조).

(3) 의료 지원

국가와 지방자치단체는 노숙인 등에게 필요한 의료 서비스를 제공하기 위하여 노숙인 진료시설을 설치·운영할 수 있다. 국가와 지방자치단체는 국공립병원, 보건소 또는 민간의료기관을 노숙인진료시설로 지정할 수 있다. 국가와 지방자치단체는 전문적인 처치와 수술 등을 필요로 하는 노숙인 등에 대한 전문 의료 서비스의 제공을 국공립병원, 보건소 또는 민간의료기관에 의뢰하거나 위탁할 수 있다.

국가와 지방자치단체 외의 자는 보건복지부령으로 정하는 바에 따라 노숙인 진료시설을 설치·운영할 수 있다(제12조).

(4) 고용 지원

① 국가와 지방자치단체는 노숙인 등의 고용을 지원하고 촉진하기 위하여 고용정보의 제공, 직업 지원, 취업 알선, 직업 능력 개발 등 필요한 조치를 할 수 있다.

② 국가와 지방자치단체는 노숙인 등의 고용을 촉진하기 위하여 공공일자리 제공 등 자활지원사업을 실시할 수 있다.

③ 국가와 지방자치단체 외의 자가 자활지원사업을 실시하려면 보건복지부령으로 정하는 바에 따라 시장·군수·구청장에게 신고하여야 한다.

④ 위 ①항 및 ②항에 따른 노숙인 등에 대한 고용 지원에 필요한 사항은 대통령령으로 정한다(제13조).

(5) 응급 조치의 의무

① 경찰 또는 노숙인 등 관련 업무 종사자는 중대한 질병, 동사(凍死) 등 노숙인 등에 관한 응급 상황을 신고받거나 발견한 때에는 지체 없이 필요한 조치를 하여야 한다.

② 제1항에 따른 응급 상황, 필요한 조치의 내용 및 노숙인 등 관련 업무 종사자의 범위 등에 필요한 사항은 대통령령으로 정한다(제14조).

2) 재정

비용의 보조(제22조)에 대하여 국가와 지방자치단체는 대통령령으로 정하는 바에 따라 노숙인시설의 설치·운영에 필요한 비용을 보조할 수 있다.

3 전달 체계 및 위원회

1) 노숙인복지시설의 종류

① 노숙인 일시보호시설: 노숙인 등에게 일시보호 및 복지 서비스 연계 등을 제공하는 시설

② 노숙인 자활시설: 노숙인 등의 자립을 지원하기 위하여 전문적인 직업상담·훈련 등의 복지 서비스를 제공하는 시설
③ 노숙인 재활시설: 신체 및 정신장애 등으로 자립이 어려운 노숙인 등에게 치료 및 재활 서비스를 제공하는 시설
④ 노숙인 요양시설: 건강상의 문제 등으로 단기간 내 가정 및 사회 복귀가 어려운 노숙인 등에게 요양 서비스를 제공하는 시설
⑤ 노숙인 급식시설: 국가와 지방자치단체는 노숙인 등에게 필요한 급식 서비스를 제공하기 위하여 노숙인 급식시설을 설치·운영할 수 있다.
⑥ 노숙인 진료시설: 국가와 지방자치단체는 노숙인 등에게 필요한 의료 서비스를 제공하기 위하여 노숙인 진료시설을 설치·운영할 수 있다.
국가와 지방자치단체는 국공립병원, 보건소 또는 민간의료기관을 노숙인 진료시설로 지정할 수 있다.
⑦ 그 밖에 보건복지부령으로 정하는 시설(제16조)

(2) 노숙인 복지시설의 입소 · 퇴소 등

노숙인 복지시설에 입소 또는 퇴소하려는 노숙인 등은 노숙인 복지시설의 장에게 입소를 신청하거나 퇴소를 요청할 수 있다, 시장·군수·구청장, 경찰관서의 장(지구대·파출소 및 출장소를 포함한다)은 보건복지부령으로 정하는 바에 따라 노숙인 등의 입소를 의뢰할 수 있다. 시장·군수·구청장은 노숙인 등의 입소·퇴소 결정 및 다른 사회복지시설로의 전원(轉院) 등 필요한 조치를 위하여 입소·퇴소 심사위원회를 둘 수 있다(제17조).

(3) 노숙인종합지원센터

노숙인종합지원센터는 다음 업무를 수행한다(제19조).
① 주거·의료·고용 지원을 위한 상담 및 복지 서비스 연계에 따른 응급 조치
② 복지 서비스 이력 관리
③ 심리상담
④ 그 밖에 보건복지부령으로 정하는 사항
그리고 유사 명칭 사용 금지(제24조)이다. 이 법에 따른 노숙인시설이 아니면 노

숙인시설 또는 이와 유사한 명칭을 사용하지 못한다.

(4) 인권교육

노숙인시설의 종사자는 노숙인 등에 대한 인권 침해를 예방하기 위한 교육을 받아야 한다. 교육의 실시에 필요한 사항은 보건복지부령으로 정한다(제20조).

(5) 금지행위

노숙인시설의 종사자는 다음 어느 하나에 해당하는 행위를 하여서는 아니 된다.

① 노숙인 등을 유기하거나 의식주를 포함한 기본적 보호 및 치료를 소홀히 하는 방임행위

② 노숙인 등에게 구걸을 하게 하거나 영리를 목적으로 노숙인 등 또는 노숙인 시설을 이용하여 부당 이익을 취하는 행위

③ 노숙인 등을 위하여 증여 또는 급여로 지급받은 금품을 그 목적 외의 용도에 사용하는 행위

④ 정당한 사유 없이 노숙인 등의 입소·퇴소 및 전원(轉院) 조치를 지연하거나 노숙인 등을 강압적으로 시설에 입소·퇴소시키는 행위(제21조)

4 벌칙

1) 벌칙

① 노숙인시설의 종사자의 금지행위(제21조)를 하여 위반하여 금지행위를 한 사람은 3년 이하의 징역 또는 1천 500만 원 이하의 벌금에 처한다.

② 노숙인시설에 종사하였거나 종사하고 있는 사람은 직무상 알게 된 다른 사람의 비밀을 누설하여서는 아니 된다.
제23조(비밀 누설의 금지)를 위반하여 직무상 알게 된 비밀을 누설한 사람은 2년 이하의 징역 또는 1천만 원 이하의 벌금에 처한다.

③ 국가와 지방자치단체 외의 자가 노숙인 복지시설을 설치·운영하고자 하는

때에는 보건복지부령으로 정하는 바에 따라 시장 · 군수 · 구청장에게 신고하여야 한다(제15조 제2항). 위반하여 신고하지 아니하고 노숙인 복지시설(노숙인 급식시설은 제외한다)을 설치 · 운영한 자는 1년 이하의 징역 또는 1천만 원 이하의 벌금에 처한다(제26조).

2) 양벌 규정

법인의 대표자나 법인 또는 개인의 대리인, 사용인, 그 밖의 종업원이 그 법인 또는 개인의 업무에 관하여 제26조의 위반행위를 하면 그 행위자를 벌하는 외에 그 법인 또는 개인에게도 해당 조문의 벌금형을 과(科)한다. 다만, 법인 또는 개인이 그 위반 행위를 방지하기 위하여 해당 업무에 관하여 상당한 주의와 감독을 게을리하지 아니한 경우에는 그러하지 아니하다(제27조).

3) 과태료

급식 지원의 노숙인 급식시설의 설치 · 운영 · 지원 기준 등 급식 지원에 필요한 사항은 보건복지부령으로 정한다(제11조 제2항). 또는 국가와 지방자치단체 외의 자가 자활지원사업을 실시하려면 보건복지부령으로 정하는 바에 따라 시장 · 군수 · 구청장에게 신고하여야 하는데(제13조 제3항) 신고 의무를 위반한 자와 이 법에 따른 노숙인시설이 아니면 노숙인시설 또는 이와 유사한 명칭을 사용하지 못하는데(제24조) 유사 명칭을 사용한 자에게는 500만 원 이하의 과태료를 부과한다.

위의 과태료는 대통령령령으로 정하는 바에 따라 보건복지부 장관, 시 · 도지사 또는 시장 · 군수 · 구청장이 부과 · 징수한다(제28조).

학습 과제

01 정신보건전문요원은 정신보건임상심리사, 정신보건간호사, 정신보건사회복지사가 있으며, 그 중에서 정신질환에 대한 개인력 조사 및 사회조사, 정신질환자와 그 가족에 대한 사회사업지도 및 방문지도를 하는 정신보건전문요원은? (①)

02 국가정신보건 사업계획은 보건복지부 장관이 (①)마다 수립한다. 시·도지사 및 시장·군수·구청장은 국가정신보건 사업계획에 따라 지역 정신보건사업계획을 수립하여야 한다. 이 경우 지역보건법에 따른 지역보건의료계획과 (②)되도록 하여야 한다.

03 정시보건시설의 설치·운영자, 종사자는 (①)에 관한 교육을 받아야 한다. 보건복지부 장관은 정신보건시설에 대한 평가를 (②)마다 실시하여야 한다.

04 여성가족부 장관은 관계 중앙행정기관의 장과 협의하고 중앙위원회의 심의를 거쳐 건강가정 기본계획을 (①)마다 수립하여야 한다.

05 여성가족부 장관은 다문화가족의 현황 및 실태를 파악하고 다문화가족 지원을 위한 정책 수립에 활용하기 위하여 (①)마다 (②)에 대한 실태조사를 실시하고 그 결과를 공표하여야 한다.

06 보건복지부 장관은 노숙인 등 법의 적절한 시행을 위하여 노숙인 등의 현황과 이들에 대한 공공 및 민간의 지원 상황에 대하여 (①)마다 실태조사를 실시하여야 한다.

실태조사의 시기·방법과 내용 등에 필요한 사항은 (②)령으로 정한다.

정답

선행 학습

1. (① 재심사청구사건)
2. ③ (㉠ 시장 ㉡ 군수 ㉢ 구청장)
3. (① 자발적)
4. (① 3년)
5. (① 5년)
6. (① 다문화가족정책위원회)
7. (① 노숙인자활시설)

학습 과제

01. (① 정신보건사회복지사)
02. (① 5년) (② 연계)
03. (① 인권) (② 3년)
04. (① 5년)
05. (① 3년) (② 다문화가족)
06. (① 5년) (② 보건복지부)

제 11 장 영유아보육법·입양특례법·성폭력 방지 및 피해자 보호 등에 관한 법률·성폭력범죄의 처벌 등에 관한 특례법

선행 학습

1. 보육정책의 기본 방향, 보육 관련 제도 개선과 예산 지원에 관한 사항 등을 심의 조정하는 위원회는? (①)
2. 영유아는 자신이나 보호자의 성, 연령, 종교, 사회적 신분, 재산, 장애, (①) 등에 따른 어떠한 종류의 차별도 받지 아니하고 보육되어야 한다.
3. 보건복지부 장관은 보육 실태조사를 (①)마다 실시하여야 하며, 보건복지부 장관은 보육교사의 자질 향상을 위한 (②)을 실시하여야 한다.
4. 국가나 지방자치단체는 국공립 어린이집을 설치 · 운영하여야 한다. 이 경우 국공립 어린이집은 보육계획에 따라 도시 저소득 주민 밀집 주거지역 및 농어촌지역 등 (①)에 우선적으로 설치하여야 한다(법 제12조). 국공립 어린이집 이외에는 (① · ② · ③)의 인가를 받아야 한다(제13조).
5. 영상물의 촬영 · 보존 등(제30조) 성폭력범죄의 피해자가 (①)이거나 신체적인 또는 정신적인 장애로 사물을 변별하거나 의사를 결정할 능력이 미약한 경우에는 피해자의 진술 내용과 조사 과정을 비디오 녹화기 등 (②)로 촬영 · 보존하여야 한다.
6. 국가 또는 지방자치단체는 (①)을 설치 · 운영할 수 있다. 「사회복지사업법」에 따른 사회복지 법인이나 그 밖의 비영리법인은 특별자치시장 · 특별자치도지사 또는 시장 · 군수 · 구청장의 (②)를 받아 보호시설을 설치 · 운영할 수 있다.
7. 보호시설의 종류 중 장애인 차별 금지 및 권리구제 등에 관한 법률」 제2조 제2항에 따른 장애인인 피해자에게 보호시설의 업무(제13조 제1항) 사항을 제공하는 시설은? (①)
8. 13세 미만의 사람에 대하여 「형법」 제297조(강간)의 죄를 범한 사람은 (①) 또는 (②)의 징역에 처한다.

제 1 절 영유아보육법

1 목적 및 대상

1) 목적

영유아의 심신을 보호하고 건전하게 교육하여 건강한 사회구성원으로 육성함과 아울러 보호자의 경제적·사회적 활동이 원활하게 이루어지도록 함으로써 가정복지 증진에 이바지함을 목적으로 한다(제1조).

2) 대상

영유아란 6세 미만의 취학 전 아동을 말한다(제2조 제1호).

필요한 경우 어린이집의 장은 만 12세까지 연장하여 보육할 수 있다(제27조). 보육이란 영유아를 건강하고 안전하게 보호·양육하고 영유아의 발달 특성에 맞는 교육을 제공하는 어린이집 및 가정 양육 지원에 관한 사회복지 서비스를 말한다(제2조 제2호).

3) 영유아보육법의 발달

제·개정(시행)	주요 내용
1991.1.14. (1991.1.14.)	법률 제4328호 「영유아보육법」 제정
1997.12.24. (1998.3.1.)	「영유아보육법」 일부 개정 - 영유아 보육의 정의 신설 - 저소득층 중심의 보육 유아에 대하여 무상보육을 실시할 수 있도록 근거 마련 - 보육시설 설치 운영에 국가가 재정 지원을 함.

2004.1.29. (2005.1.30.)	「영유아보육법」 전부 개정 -보육시설 종사자의 자격 기준 강화 -영유아 보육시설 설치·운영을 종전 신고제에서 인가제로 전환
2005.12.29. (2006.3.30.)	「영유아보육법」 일부 개정 -보육시설운영위원회를 설치·운영할 수 있되, 취약보육을 우선적으로 실시하여야 하는 보육시설과 대통령령이 정하는 보육시설은 보육시설운영위원회를 의무적으로 설치하도록 함. -장애인 부모의 자녀에 대하여 소득 수준과 관계 없이 장애의 정도에 따라 보육시설의 우선 이용권 부여
2008.12.19. (2009.7.1.)	「영유아보육법」 일부 개정 -보육시설 미이용 아동의 양육비 지원을 위한 양육수당제도 마련 -보육시설 안전공제사업제도의 도입 근거 마련 -보육 비용 지원 대상자 선정에 필요한 신청, 조사, 금융정보 조회 등과 관련된 근거 규정 마련
2011.6.7. (2011.12.8.)	「영유아보육법」 일부 개정 -보육시설 및 보육시설 종사자 등의 명칭을 각각 어린이집 및 보육교직원으로 변경 -보육 실태조사의 실시 주기를 3년으로 함. -다문화가족의 자녀 국공립 어린이집 등을 우선 이용, 무상보육 특례를 부여 -보호자가 거짓이나 부정한 방법으로 보육료 및 양육수당을 지원받은 경우에는 그 비용의 전부 또는 일부를 환수할 수 있도록 함.
2011.8.4. (2012.2.5.)	「영유아보육법」 일부 개정 -어린이집의 종류에 법인·단체 등 어린이집을 신설 -국공립 어린이집을 최초로 위탁하는 경우에는 보건복지부령으로 정하는 국공립 어린이집 위탁체 선정 관리 기준에 따라 심의하고, 공개경쟁의 방법에 따르도록 함. -어린이집 평가 인증의 결과를 공표할 수 있도록 하고, 거짓이나 부정한 방법으로 평가 인증을 받은 경우에는 평가 인증을 취소할 수 있도록 하여 투명하고 공정한 평가 인증제도가 정착될 수 있도록 함. -어린이집 안전공제회 보상의 범위를 생명·신체상의 피해에서 재산상의 피해까지 확대하고 어린이집은 공제회에 당연 가입하도록 함.
2013.6.4. (2013.12.5.)	-보육정보센터의 명칭을 육아종합지원센터로 변경(제7조) -어린이집에 부모 모니터링단 설치·운영(제25조의2 신설) -어린이집 원장 자격 정지 요건 명확히 함(제46조 제1호). -어린이집 보육료, 예산 등 정보 매년 1회 이상 공시

2 급여 및 재정

1) 급여

보육 책임과 업무 위탁에 관한 내용은 다음과 같다.

(1) 책임

국가와 지방자치단체는 보호자와 더불어 영유아를 건전하게 보육할 책임을 진다(제4조).

시장, 군수, 구청장은 적절한 어린이집을 확보하여야 한다. 보건복지부 장관은 보육 실태조사를 3년마다 하여야 한다(제9조).

(2) 보육계획의 수립

보건복지부 장관, 시·도지사 및 시장·군수·구청장은 보육사업을 원활하게 추진하기 위하여 보건복지부 장관의 경우에는 중앙보육정책위원회, 그 밖의 경우에는 각 지방보육정책위원회의 심의를 거쳐 어린이집 수급계획 등을 포함한 보육계획을 수립·시행하여야 한다(제11조).

(3) 지도 및 감독

보건복지부 장관, 시·도지사 및 시장·군수·구청장은 보육사업의 원활한 수행을 위하여 어린이집 설치·운영자 및 보육 교직원에 대하여 필요한 지도와 명령을 할 수 있다(제41조).

(4) 업무의 위탁

보건복지부 장관, 시·도지사 또는 시장·군수·구청장은 대통령령으로 정하는 바에 따라 다음 각 호에 해당하는 업무를 공공기관 또는 민간기관·단체 등에 위탁할 수 있다(제51조의 2 제1항).

위탁 업무(제2항)는 다음과 같다.

① 보육정보센터의 운영 업무(제7조 제1항)

②에 따른 어린이집의 원장 또는 보육교사의 자격 검정 및 보육자격증 교부 등에 관한 업무(제22조 제1항)

③에 따른 보수교육의 실시 업무(제23조 제1항)

④에 따른 어린이집 평가 인증에 관한 업무(제30조 제1항)

⑤에 따른 이용권에 관한 업무(제34조의 3 제1항)

(5) 보육의 제공

① 취약보육의 우선 실시

국가나 지방자치단체, 사회복지법인, 그 밖의 비영리법인이 설치한 어린이집과 대통령령으로 정하는 어린이집의 원장은 영아·장애아·「다문화가족지원법」(제2조 제1호) 다문화가족의 아동 등에 대한 보육(취약보육)을 우선적으로 실시하여야 한다(제26조).

② 보육의 우선 제공

국가나 지방자치단체, 사회복지법인, 그 밖의 비영리법인이 설치한 어린이집과 대통령령으로 정하는 어린이집의 장은 다음에 해당하는 자가 우선적으로 어린이집을 이용할 수 있도록 하여야 한다(제28조).

① 국민기초생활보장법에 따른 수급자

② 한부모가족지원법에 따른 보호 대상자의 자녀

③ 국민기초생활보장법에 따른 차상위 계층의 자녀

④ 장애인복지법에 의한 장애인 중 보건복지부령이 정한 장애 등급 이상에 해당하는 자의 자녀 등

⑤ 다문화가족지원법에 따른 다문화가족의 자녀

⑥ 그 밖에 소득 수준 등을 고려하여 보건복지부령으로 정하는 자의 자녀

③ 양육수당

국가와 지방자치단체는 어린이집이나 「유아교육법」에 제2조에 따른 유치원을 이용하지 아니하는 영유아에 대하여 영유아의 연령과 보호자의 경제적 수준을 고려하여 양육에 필요한 비용을 지원할 수 있으며, 이에 따른 비용 지원의 대상·기준 등에 대하여 필요한 사항은 대통령령으로 정한다(제34조의 2).

④ 보육 서비스 이용권

국가와 지방자치단체는 비용 지원(제34조, 제34조의2 및 제35조)을 위하여 보육 서비스 이용권을 영유아의 보호자에게 지급할 수 있다(제34조의 3).

⑤ 비용 지원의 신청

영유아의 보호자는 비용의 지원(제34조, 제34조의 2 및 제35조)을 신청할 수 있다. 이에 따른 신청을 할 때 다음의 각 호의 자료 또는 정보 제공에 대한 보호자 및 그 가구원의 동의 서면을 제출하여야 한다(제34조의 4).

(6) 건강, 영양 및 안전

① 건강관리 및 응급 조치(제31조)

② 어린이집 안전공제사업(제31조의 2)

③ 예방접종의 확인(제31조의 3)

어린이집의 원장은 영유아에 대하여 최초로 보육을 실시한 날부터 30일 이내에 특별자치도지사·시장·군수·구청장 또는 영유아의 보호자로부터 「감염병의 예방 및 관리에 관한 법률」 제27조에 따라 특별자치도지사·시장·군수·구청장 또는 예방접종을 한 자가 발급한 예방접종증명서 또는 그 밖에 이에 준하는 증명자료를 제출받아 영유아의 예방접종에 관한 사실을 확인할 수 있다.

④ 치료 및 예방 조치(제32조)

2) 재정

(1) 비용 부담

국가나 지방자치단체는 국민기초생활보장법에 따른 수급자와 보건복지부령으로 정하는 일정 소득 이하 가구의 자녀 등의 보육에 필요한 비용의 전부 또는 일부를 부담하여야 한다.

이에 따른 보육에 필요한 비용은 가구의 소득 수준과 거주 지역 등을 고려하여 차등 지원할 수 있다(제34조).

(2) 무상보육의 특례

초등학교 취학 직전 1년의 유아(幼兒)와 장애아 및 「다문화가족지원법」(제2조 제1호)에 따른 다문화가족의 자녀에 대한 보육은 무상으로 하되, 대통령령으로 정하는 바에 따라 순차적으로 실시한다(제35조).

(3) 보육료 등의 수납

어린이집을 설치·운영하는 자는 그 어린이집의 소재지를 관할하는 시·도지사가 정하는 범위에서 그 어린이집을 이용하는 자로부터 보육료와 그 밖의 필요경비 등을 받을 수 있다(제38조).

3 전달 체계 및 위원회

1) 어린이집

(1) 어린이집의 정의

보호자의 위탁을 받아 영유아를 보육하는 기관을 말한다(제2조 제3호).

어린이집의 종류는 다음과 같다.

① 국공립 어린이집

② 사회복지법인 어린이집

③ 법인·단체 등 어린이집

④ 직장어린이집

⑤ 가정어린이집

⑥ 부모협동어린이집

⑦ 민간어린이집

(2) 어린이집의 설치

국가나 지방자치단체는 국공립 어린이집을 설치·운영하여야 한다. 이 경우 국공립 어린이집은 보육계획(제11조)에 따라 도시 저소득 주민 밀집 주거지역 및 농어촌지역 등 취약지역에 우선적으로 설치하여야 한다(제12조). 국공립 어린이집 이외에는 시장·군수·구청장의 인가를 받아야 한다(제13조).

직장어린이집의 설치에서는 대통령령이 정하는 일정 규모 이상의 사업의 사업주는 직장어린이집을 설치하여야 한다(제14조). 보건복지부 장관 및 조사기관은 직장어린이집 설치 등 의무 이행에 관한 실태조사를 매년 실시하여야 하며, 그 결과 보건복지부 장관은 미이행 사업장의 명단을 공표할 수 있다(제14조의 2).

(3) 어린이집 운영위원회

어린이집의 원장은 어린이집 운영의 자율성과 투명성을 높이고 지역사회와의 연계를 강화하여 지역 실정과 특성에 맞는 보육을 실시하기 위하여 어린이집에 어린이집운영위원회를 설치·운영할 수 있다(제25조).

(4) 어린이집 평가 인증

보건복지부 장관은 보육 서비스의 질적 수준을 향상시키기 위하여 어린이집에 대한 평가 인증을 실시할 수 있다. 이때 보건복지부 장관은 평가 인증을 받으려는 어린이집 설치·운영자에게 보건복지부령으로 정하는 바에 따라 평가 인증에 필요한 비용을 받을 수 있으며, 평가 인증의 결과에 따라 보육사업 실시에 필요한 지원을 할 수 있다(제30조).

(5) 보육교직원

"보육교직원"이란 어린이집 영유아의 보육, 건강관리 및 보호자와의 상담, 그 밖에 어린이집의 관리·운영 등의 업무를 담당하는 자로서 어린이집의 원장 및 보육교사와 그 밖의 직원을 말한다(제2조 제5호).

자격(제21조)과 보수교육(제22조)에 관한 규정에 의하면, 어린이집의 원장은 대통령령으로 정하는 자격을 가진 자로서 보건복지부 장관이 검정·수여하는 자격증을 받은 자이어야 한다. 보수교육은 사전직무교육과 직무교육이 있다.

보육교사는 1·2·3 등급으로 하고, 등급별 자격 기준은 대통령령으로 정한다. 보건복지부 장관이 검정·수여하는 자격증을 받은 자이어야 하며, 보수교육은 직무교육과 승급교육이 있다.

2) 위원회와 보육정보센터

(1) 보육정책조정위원회

보육정책에 관한 관계 부처 간의 의견을 조정하기 위하여 국무총리 소속으로 보육정책위원회를 둔다(제5조).

(2) 보육정책위원회

보육에 관한 각종 정책 · 사업 · 보육지도 및 어린이집 평가 인증 사항 등을 심의하기 위하여 보건복지부에 중앙보육정책위원회를, 특별시 · 광역시 · 도 · 특별자치도 및 시 · 군 · 구(자치구를 말한다)에 지방보육정책위원회를 둔다(제6조).

(3) 육아종합지원센터

보육에 관한 정보 수집, 제공 및 상담을 위하여 보건복지부 장관은 중앙육아종합지원센터를, 특별시장 · 광역시장 · 특별자치시장 · 도지사 · 특별자치도지사 및 시장 · 군수 · 구청장은 지방육아종합지원센터를 설치 · 운영하여야 한다(제7조).

(4) 보육개발원

보건복지부 장관은 보육에 관한 연구와 정보 제공, 프로그램 및 교재 개발, 평가척도 개발 및 종사자 연수 등의 업무를 위하여 보육개발원을 설치하거나 그 업무를 관련 연구기관 등에 위탁할 수 있다(제8조).

4 벌칙

1) 벌칙

(1) 5년 이하의 징역 또는 3천만 원 이하의 벌금

업무를 수행하면서 취득한 금융정보 등을 이 법으로 정한 목적 외의 다른 용도로 사용하거나 다른 사람 또는 기관에 제공하거나 누설한 자(제54조 제1항)

(2) 3년 이하의 징역 또는 1천만 원 이하의 벌금
거짓이나 그 밖의 방법으로 보조금을 교부받거나 보조금을 유용한 자(제2항)

(3) 1년 이하의 징역 또는 500만 원 이하의 벌금
① 설치 인가를 받지 않고 어린이집 명칭을 사용하거나 어린이집 형태로 운영한 자
② 보육 서비스 이용권을 부정 사용한 자
③ 자기 성명이 어린이집 명칭을 사용해서 원장 또는 보육교사 업무를 수행하게 하거나 자격증을 대여한 자 및 그 상대방(제3항)

2) 과태료

① 신고하지 않고 어린이집을 폐지하거나 일정 기간 운영을 중단하거나 운영을 재개한 자에게 500만 원 이하의 과태료 부과(제56조 제1항)
② 취약보육을 우선적으로 실시하지 아니한 자, 보육의 우선 제공에 해당하는 자를 우선 보육하지 아니한 자, 건강진단 또는 응급 조치 등을 이행하지 아니한 자는 300만 원 이하의 과태료 부과(제2항)

제 2 절 입양특례법

1 목적 및 대상

1) 목적

이 법은 요보호아동의 입양에 관한 요건 및 절차 등에 대한 특례와 지원에 필요한 사항을 정함으로써 양자가 되는 아동의 권익과 복지를 증진하는 것을 목적으로 한다(제1조)(제정 1976.12.31, 시행 1977.1.31). 참고로, 입양 촉진 및 절차에 관한 특

례법은 1995년 1월 5일에 제정되었다.

2) 대상

대상자로서의 정의(제2조)는 다음과 같다.

① "아동"이란 18세 미만인 사람을 말한다.

② "요보호 아동"이란 「아동복지법」 제3조 제4호에 따른 보호 대상 아동을 말한다.

③ "입양아동"이란 이 법에 따라 입양된 아동을 말한다.

④ "부양 의무자"란 「국민기초생활보장법」 제2조 제5호에 따른 부양 의무자를 말한다.

3) 국가의 책무

① 모든 아동은 그가 태어난 가정에서 건강하게 자라야 한다.

② 국가와 지방자치단체는 아동이 그가 태어난 가정에서 건강하게 자랄 수 있도록 지원하고 태어난 가정에서 자라기 곤란한 아동에게는 건강하게 자랄 수 있는 다른 가정을 제공하기 위하여 필요한 조치와 지원을 하여야 한다.

③ 모든 국민은 입양 아동이 건강하게 자랄 수 있도록 협력하여야 한다.

④ 국가와 지방자치단체는 건전한 입양문화를 조성하고 요보호 아동의 국내 입양을 활성화하며, 아동이 입양 후의 가정생활에 원만하게 적응할 수 있도록 하는 등 입양 아동의 권익과 복지 증진을 위하여 다음 각 호의 사항을 실시하여야 한다(제3조).

국가와 지방자치단체의 사업 시행은 다음과 같다.

① 입양정책의 수립 및 시행

② 입양에 관한 실태조사 및 연구

③ 입양 및 사후관리 절차의 구축 및 운영

④ 입양 아동 및 입양 가정에 대한 지원

⑤ 입양 후 원만한 적응을 위한 상담 및 사회복지 서비스 제공

⑥ 입양에 대한 교육 및 홍보

⑦ 그 밖에 보건복지부령으로 정하는 필요한 사항

입양의 원칙으로 이 법에 따른 입양은 아동의 이익이 최우선이 되도록 하여야 한다(제4조). 또한 입양의 날로 건전한 입양문화의 정착과 국내 입양의 활성화를 위하여 5월 11일을 입양의 날로 하고, 입양의 날부터 1주일을 입양 주간으로 한다. 국가와 지방자치단체는 입양의 날 취지에 적합한 행사 등 사업을 실시하도록 노력하여야 한다(제5조).

또한 정보 시스템 구축・운영으로 국가는 입양 아동 등에 대한 사후 서비스 제공과 국내 입양 활성화에 필요한 정보를 입양기관 등에 제공하기 위하여 정보 시스템을 구축・운영하여야 한다(제6조). 이에 따른 정보 시스템은 법인이나 단체에 그 업무의 전부 또는 일부를 위탁하여 운영할 수 있다.

4) 국내 입양 우선 추진

① 국가 및 지방자치단체는 입양 의뢰된 아동의 양친이 될 사람을 국내에서 찾기 위한 시책을 최우선적으로 시행하여야 한다.

② 입양기관의 장은 보건복지부령으로 정하는 바에 따라 입양 의뢰된 아동의 양친을 국내에서 찾기 위한 조치를 취하고, 그 결과를 보건복지부 장관에게 보고하여야 한다.

③ 입양기관의 장은 제2항에 따른 국내 입양을 위한 조치에도 불구하고 양친을 찾지 못한 경우 정보 시스템(제6조)을 활용한 관련 기관과의 정보 공유를 통하여 국내 입양을 추진하여야 한다.

④ 입양기관의 장은 제2항 및 제3항에도 불구하고 국내에서 양친이 되려는 사람을 찾지 못하였을 경우에 한하여 국외 입양을 추진할 수 있다(제7조).

또한 국가는 아동에 대한 보호 의무와 책임을 이행하기 위하여 국외 입양을 줄여나가기 위하여 노력하여야 한다(제8조).

5) 입양의 요건 및 효력

(1) 입양의 요건

양자가 될 자격, 즉 양자가 될 사람은 요보호 아동으로서 다음 어느 하나에 해당하는 사람이어야 한다(제9조).

① 보호자로부터 이탈된 사람으로서 특별시장・광역시장・도지사 및 특별자치도지사 또는 시장・군수・구청장(자치구의 구청장)이 부양 의무자를 확인할 수 없어 「국민기초생활보장법」에 따른 보장시설에 보호 의뢰한 사람

② 부모(부모가 사망이나 그 밖의 사유로 동의할 수 없는 경우에는 다른 직계존속을 말한다) 또는 후견인이 입양에 동의하여 보장시설 또는 제20조에 따른 입양기관에 보호 의뢰한 사람

③ 법원에 의하여 친권 상실의 선고를 받은 사람의 자녀로서 시・도지사 또는 시장・군수・구청장이 보장시설에 보호 의뢰한 사람

④ 그 밖에 부양 의무자를 알 수 없는 경우로서 시・도지사 또는 시장・군수・구청장이 보장시설에 보호 의뢰한 사람

(2) 양친이 될 자격

양친이 될 사람은 다음 요건을 모두 갖추어야 한다(제10조).

① 양자를 부양하기에 충분한 재산이 있을 것

② 양자에 대하여 종교의 자유를 인정하고 사회의 구성원으로서 그에 상응하는 양육과 교육을 할 수 있을 것

③ 양친이 될 사람이 아동 학대・가정폭력・성폭력・마약 등의 범죄나 알코올 등 약물 중독의 경력이 없을 것

④ 양친이 될 사람이 대한민국 국민이 아닌 경우 해당 국가의 법에 따라 양친이 될 수 있는 자격이 있을 것

⑤ 그 밖에 양자가 될 사람의 복지를 위하여 보건복지부령으로 정하는 필요한 요건을 갖출 것

양친이 될 사람은 양자가 될 아동이 복리에 반하는 직업이나 그 밖에 인권 침해의 우려가 있는 직업에 종사하지 아니하도록 하여야 한다.

양친이 되려는 사람은 입양의 성립 전에 입양기관 등으로부터 보건복지부령으로 정하는 소정의 교육을 마쳐야 한다(제10조).

(3) 가정법원의 허가

위에서 정한 아동을 입양하려는 경우(제9조) 다음 서류를 갖추어 가정법원의 허가를 받아야 한다.

① 양자가 될 아동의 출생신고 증빙 서류
② 자격을 구비하였다는 서류(제9조 및 제10조)
③ 입양 동의 서류(제12조 및 제13조)
④ 그 밖에 아동의 복리를 위하여 보건복지부령으로 정하는 서류

가정법원은 양자가 될 사람의 복리를 위하여 양친이 될 사람의 입양 동기와 양육 능력, 그 밖의 사정을 고려하여 제1항의 허가를 하지 아니할 수 있다.

위에서 정한 가정법원의 입양 허가에 필요한 서류는 대통령령으로 정하는 기관이 서류의 작성에 필요한 사항을 조사·확인한 후 이를 발급하되, 서류의 작성 등에 필요한 사항은 보건복지부령으로 정하며, 허가 신청 절차, 심리 및 허가 등에 필요한 사항은 대법원규칙으로 정한다.

(4) 입양의 동의

다음 어느 하나에 해당하는 아동을 양자로 하려면 친생 부모의 동의를 받아야 한다. 다만, 다음 각 호의 어느 하나에 해당하는 경우에는 그러하지 아니하다(제9조).

① 친생 부모가 친권 상실의 선고를 받은 경우
② 친생 부모의 소재 불명 등의 사유로 동의를 받을 수 없는 경우

친생 부모가 위의 사유로 인하여 입양의 동의를 할 수 없는 경우에는 후견인의 동의를 받아야 한다. 13세 이상인 아동을 입양하고자 할 때에는 동의권자의 동의 외에 입양될 아동의 동의를 받아야 한다.

입양의 동의 또는 입양 동의의 철회는 서면으로 하며, 동의에 필요한 사항은 보건복지부령으로 정한다. 입양의 동의는 아동의 출생일부터 1주일이 지난 후에 이

루어져야 한다.

입양 동의의 대가로 금전 또는 재산상의 이익, 그 밖의 반대급부를 주고받거나 주고받을 것을 약속하여서는 아니 된다. 입양기관은 입양 동의 전에 친생 부모에게 아동을 직접 양육할 경우 지원받을 수 있는 사항 및 입양의 법률적 효력 등에 관한 충분한 상담을 제공하여야 하며, 상담 내용 등에 대하여는 보건복지부령으로 정한다.

입양기관은 한 입양 동의 전에 입양될 아동에게 입양 동의의 효과 등에 관한 충분한 상담을 제공하여야 하며, 상담 내용 등에 대하여는 보건복지부령으로 정한다.

이 법에 따라 입양된 아동은 「민법」상 친양자와 동일한 지위를 가진다.

(5) 입양의 효력 발생

이 법에 따른 입양은 가정법원의 인용 심판 확정으로 효력이 발생하고, 양친 또는 양자는 가정법원의 허가서를 첨부하여 「가족 관계의 등록 등에 관한 법률」에서 정하는 바에 따라 신고하여야 한다(제15조).

(6) 입양의 취소

입양 아동의 친생의 부 또는 모는 자신에게 책임이 없는 사유로 인하여 입양의 동의를 할 수 없었던 경우에는 입양의 사실을 안 날부터 6개월 안에 가정법원에 입양의 취소를 청구할 수 있다.

가정법원은 입양의 취소 청구에 대한 판결이 확정되거나 심판의 효력이 발생한 때에는 지체 없이 그 뜻을 가정법원 소재지 지방자치단체에 통보한다(제16조).

(7) 파양

양친, 양자, 검사는 다음 어느 하나의 사유가 있는 경우에는 가정법원에 파양을 청구할 수 있다.

① 양친이 양자를 학대 또는 유기하거나 그 밖에 양자의 복리를 현저히 해하는 경우

② 양자의 양친에 대한 패륜행위로 인하여 양자 관계를 유지시킬 수 없게 된 경우

가정법원은 파양이 청구된 아동이 13세 이상인 경우 입양 아동의 의견을 청취하

고 그 의견을 존중하여야 한다.

가정법원은 파양의 청구에 대한 판결이 확정되거나 심판의 효력이 발생한 때에는 지체 없이 그 뜻을 가정법원 소재지 지방자치단체에 통보한다(제17조).

(8) 국내에서의 국외 입양

국내에서 다음 어느 하나에 해당하는 사람을 양자로 하려는 외국인은 후견인과 함께 양자로 할 사람의 등록 기준지 또는 주소지를 관할하는 가정법원에 보건복지부령으로 정하는 바에 따라 다음 각 호의 서류를 첨부하여 입양 허가를 신청하여야 한다(제18조).

① 양자가 될 아동의 출생신고 증빙 서류
② 양자가 될 사람이 자격을 구비하였다는 서류
③ 양친이 될 사람의 가정 상황에 관한 서류
④ 입양 동의 서류

(9) 국외에서의 국외 입양

① 외국인으로부터 입양 알선을 의뢰받은 입양기관의 장은 입양 알선을 하려면 보건복지부 장관이 발행한 해외이주 허가서를 첨부하여 가정법원에 입양 허가를 신청하여야 한다.
② 국외에 거주하는 외국인이 국내에 거주하는 아동을 입양하기 위하여는 입양기관을 통하여 입양 절차를 진행하여야 한다.
③ 양자가 될 사람이 해외 이주 허가를 받고 출국하여 그 국가의 국적을 취득하였을 때에는 입양기관의 장은 보건복지부령으로 정하는 바에 따라 지체 없이 그 사실을 법무부 장관에게 보고하고, 법무부 장관은 직권으로 그의 대한민국 국적을 말소할 것을 등록 기준지 관할 가족 관계 등록관서에 통지하여야 한다(제19조).

위의 신청을 받은 보건복지부 장관은 다음 어느 하나에 해당하는 경우에는 해외이주허가서를 발행하지 아니할 수 있다.

① 양자가 될 사람이 미아이거나 그 밖에 보건복지부령으로 정하는 사람인 경우

② 입양기관의 장이 입양을 원하는 외국인의 국가나 그 국가의 공인받은 입양기관과 입양 업무에 관한 협약을 체결하지 아니한 경우
③ 입양을 원하는 외국인의 국가가 대한민국과 전쟁 상태 또는 적대적인 상태에 있는 국가인 경우

2 전달 체계 및 위원회

1) 입양기관 및 중앙입양원

(1) 입양기관

① 입양기관을 운영하려는 자는 「사회복지사업법」에 따른 사회복지법인으로서 보건복지부 장관의 허가를 받아야 한다. 다만, 국내 입양만을 알선하려는 자는 시·도지사의 허가를 받아야 한다.
② 허가받은 사항 중 대통령령으로 정하는 중요한 사항을 변경하려고 하는 경우에는 신고하여야 한다.
③ 외국인은 입양기관의 장이 될 수 없다.
④ 입양기관의 장과 그 종사자는 입양 아동의 인권을 보호하고 건전한 입양문화를 정착시키기 위하여 정기적으로 보건복지부령으로 정하는 보수교육을 받아야 한다.
⑤ 입양기관의 장이 입양을 원하는 국가나 그 국가의 공인을 받은 입양기관과 입양 업무에 관한 협약을 체결하였을 때에는 보건복지부 장관에게 보고하여야 한다. 이 경우 입양 업무에 관한 협약에 포함되어야 할 사항은 대통령령으로 정한다.
⑥ 입양기관의 시설 및 종사자의 기준과 허가 및 변경신고 등에 필요한 사항은 보건복지부령으로 정한다(제20조).

(2) 입양기관의 의무

① 입양기관의 장은 입양 의뢰된 사람의 권익을 보호하고, 부모를 알 수 없는 경

우에는 부모 등 직계존속을 찾기 위하여 노력을 다하여야 한다.

② 입양기관의 장은 입양을 알선할 때 그 양친이 될 사람에 대하여 제10조에서 정한 사실을 조사하여야 한다.

③ 입양기관의 장은 양친이 될 사람에게 입양 전에 아동 양육에 관한 교육을 하여야 하며, 입양이 성립된 후에는 보건복지부령으로 정하는 바에 따라 입양 아동과 그에 관한 기록 등을 양친 또는 양친이 될 사람에게 건네주고, 그 결과를 특별자치도지사・시장・군수・구청장에게 보고하여야 한다.

④ 입양기관의 장은 입양 업무의 효율 및 입양기관 간의 협력 체계 구축을 위하여 입양 아동과 가족에 관한 정보를 보건복지부령으로 정하는 바에 따라 제26조에 따른 중앙입양원에 제공하여야 한다.

⑤ 입양기관의 장은 입양 업무에 관한 사항을 보건복지부령으로 정하는 바에 따라 기록하여야 한다. 이 경우 입양 기록은 전자문서로써 기록할 수 있다.

⑥ 제5항에서 정한 입양 업무에 관한 기록은 입양 아동에 대한 사후관리를 위하여 영구 보존하여야 한다.

⑦ 제4항에 따른 정보의 범위 및 내용과 제5항에 따른 입양 기록 및 전자 기록의 보존 등에 필요한 사항은 보건복지부령으로 정한다(제21조).

2) 입양기관의 장의 후견직무

① 입양기관의 장은 입양을 알선하기 위하여 보장시설의 장, 부모 등으로부터 양자될 아동을 인도받았을 때에는 그 인도받은 날부터 입양이 완료될 때까지 그 아동의 후견인이 된다. 다만, 양자가 될 아동에 대하여 법원이 이미 후견인을 둔 경우에는 그러하지 아니하다.

② 위의 경우에 양자로 될 아동을 인도한 친권자의 친권 행사는 정지된다. 다만, 친권자(제12조 제5항)가 입양의 동의를 철회한 때에는 다시 친권을 행사할 수 있다(제22조).

(1) 가족 관계 등록 창설

입양기관의 장은 양자가 될 아동을 가족 관계 등록이 되어 있지 아니한 상태에서 인계받았을 때에는 그 아동에 대한 가족 관계 등록 창설 절차를 거친다(제23조).

(2) 입양 알선이 곤란한 사람 등의 보호

① 입양기관의 장은 다음 어느 하나에 해당하는 사람이 있는 경우에는 시·도지사 또는 시장·군수·구청장에게 이를 보고하여야 한다(제24조).

㉮ 위 보호 의뢰된 사람으로서 입양 알선이 곤란한 사람

㉯ 이 법에 따른 입양이 취소되거나 파양을 선고받은 사람으로서 보호자가 입양기관에 보호를 요청한 사람

② 시·도지사 또는 시장·군수·구청장은 제1항에 따른 보고를 받은 사람에 대하여 「아동복지법」(제15조)에 따른 보호 조치를 지체 없이 하여야 한다.

(3) 사후 서비스 제공

입양기관의 장은 입양이 성립된 후 1년 동안 양친과 양자의 상호 적응을 위하여 다음 각 호의 사후관리를 하여야 한다. 다만, 국외입양의 경우에는 다음 사항을 적용하지 아니한다(제25조).

① 양친과 양자의 상호 적응 상태에 관한 관찰 및 이에 필요한 서비스

② 입양 가정에서의 아동 양육에 필요한 정보의 제공

③ 입양 가정이 수시로 상담할 수 있는 창구의 개설 및 상담요원의 배치

입양기관의 장은 해당 국가의 협력기관을 통하여 입양 아동이 입양된 국가의 국적을 취득하였는지를 확인하고 그 결과를 제26조에 따른 중앙입양원의 원장을 통하여 보건복지부 장관에게 보고하여야 한다.

입양기관의 장은 국외로 입양된 아동을 위하여 모국방문사업 등 대통령령으로 정하는 사업을 실시하여야 한다.

3) 중앙입양원의 설립

① 보건복지부 장관은 국내 입양 활성화 및 입양에 대한 사후관리 등을 위하여 중앙입양원을 설립·운영하여야 한다.

② 중앙입양원은 재단법인으로 한다.

③ 중앙입양원을 설립할 때에는 정관을 작성하여 보건복지부 장관의 인가를 받

아야 한다. 정관을 변경하고자 하는 경우에도 또한 같다.

④ 중앙입양원은 다음 업무를 수행한다(제26조).

㉮ 입양아동·가족정보 및 친가족 찾기에 필요한 통합 데이터베이스 운영

㉯ 입양 아동의 데이터베이스 구축 및 연계

㉰ 국내외 입양정책 및 서비스에 관한 조사·연구

㉱ 입양 관련 국제 협력 업무

㉲ 그 밖에 보건복지부 장관으로부터 위탁받은 사업

⑤ 중앙입양원에 관하여 이 법에 규정된 것을 제외하고는 「민법」 중 재단법인에 관한 규정을 준용한다.

4) 중앙입양원의 임직원 등

① 중앙입양원에 이사장 1명을 포함한 9명 이내의 이사와 감사 1명을 둔다.

② 중앙입양원 이사장은 보건복지부 장관이 임명한다.

③ 중앙입양원 원장은 중앙입양원을 대표하고, 업무를 총괄한다.

④ 중앙입양원 이사장은 원장을 겸임한다.

⑤ 이사, 감사 및 직원에 대한 임명 절차 및 임기 등에 관한 필요한 사항은 보건복지부령으로 정한다(제27조).

3 권리구제 및 벌칙

1) 보칙

(1) 청문

보건복지부 장관 또는 시·도지사는 제39조 제1항에 따라 허가를 취소하려면 청문을 하여야 한다(제40조).

(2) 권한의 위임

이 법에 따른 보건복지부 장관 또는 시 · 도지사의 권한은 그 일부를 대통령령으로 정하는 바에 따라 시 · 도지사 또는 시장 · 군수 · 구청장에게 위임할 수 있다. 입양에 관하여 이 법에 특별히 규정한 사항을 제외하고는 「민법」에서 정하는 바에 따른다(제41조).

중앙입양원의 임직원은 「형법」(제129조부터 제132조) 규정에 따른 벌칙을 적용할 때에는 공무원으로 본다.

2) 벌칙

다음 어느 하나에 해당하는 자는 3년 이하의 징역 또는 2천만 원 이하의 벌금에 처한다(제44조).

① 법원의 허가(제11조, 제18조 또는 제19조 위반)를 받지 아니하고 입양을 행한 자
② 허가를 받지 아니하고 입양 알선 업무를 행한 자(제20조 제1항)
③ 정당한 사유 없이 업무상 알게 된 비밀을 누설한 자(제37조)
④ 신고 없이 허가 사항 중 중요 사항을 변경한 자는 1년 이하의 징역 또는 300만원 이하의 벌금에 처한다(제20조 제2항).

3) 양벌 규정

법인의 대표자, 법인 또는 개인의 대리인, 사용인, 그 밖의 종사자가 그 법인 또는 개인의 업무에 관하여(제44조) 위반행위를 하면 행위자를 벌하는 외에 그 법인 또는 개인에게도 해당 조문의 벌금형을 과(科)한다. 다만, 법인 또는 개인이 그 위반행위를 방지하기 위하여 해당 업무에 관하여 상당한 주의와 감독을 게을리하지 아니한 경우에는 그러하지 아니하다(제45조).

제 3 절 성폭력 방지 및 피해자 보호 등에 관한 법률

1 목적 및 대상

1) 목적

이 법은 성폭력을 예방하고 성폭력 피해자를 보호·지원함을 목적으로 한다(제1조).

2) 대상

① "성폭력"이란 「성폭력범죄의 처벌 등에 관한 특례법」 제2조 제1항에 규정된 죄에 해당하는 행위를 말한다.
② "성폭력행위자"란 「성폭력범죄의 처벌 등에 관한 특례법」 제2조 제1항에 해당하는 죄를 범한 사람을 말한다.
③ "성폭력 피해자"란 성폭력으로 인하여 직접적으로 피해를 입은 사람을 말한다.

3) 국가 등의 책무

국가와 지방자치단체는 성폭력을 방지하고 성폭력 피해자(이하 "피해자"라 한다)를 보호·지원하기 위하여 다음 조치를 하여야 한다(제3조).

① 성폭력 신고 체계의 구축·운영
② 성폭력 예방을 위한 조사·연구, 교육 및 홍보
③ 피해자를 보호·지원하기 위한 시설의 설치·운영
④ 피해자에 대한 주거 지원, 직업훈련 및 법률구조 등 사회 복귀 지원
⑤ 피해자에 대한 보호·지원을 원활히 하기 위한 관련 기관 간 협력 체계의 구축·운영

⑥ 성폭력 예방을 위한 유해환경 개선

⑦ 피해자 보호·지원을 위한 관계 법령의 정비와 각종 정책의 수립·시행 및 평가 국가와 지방자치단체는 위에 따른 책무를 다하기 위하여 이에 따른 예산상의 조치를 하여야 한다.

4) 성폭력 실태조사

여성가족부 장관은 성폭력의 실태를 파악하고 성폭력 방지에 관한 정책을 수립하기 위하여 3년마다 성폭력 실태조사를 하고 그 결과를 발표하여야 한다.

성폭력 실태조사의 내용과 방법 등에 필요한 사항은 여성가족부령으로 정한다(제4조).

5) 성폭력 예방교육

국가기관 및 지방자치단체의 장, 「유아교육법」(제7조)에 따른 유치원의 장, 「영유아보육법」(제10조)에 따른 어린이집의 원장, 「초·중등교육법」 제2조에 따른 각급 학교의 장, 그 밖에 대통령령으로 정하는 공공단체의 장은 대통령령으로 정하는 바에 따라 성교육 및 성폭력 예방에 필요한 교육을 실시하고, 그 결과를 여성가족부 장관에게 제출하여야 한다.

위의 교육 대상에 포함되지 아니하는 국민은 성폭력 예방교육 지원기관에서 성교육 및 성폭력 예방교육을 받을 수 있다.

여성가족부 장관은 교육을 효과적으로 실시하기 위하여 전문강사를 양성하고, 교육부 장관, 보건복지부 장관과 협의하여 생애주기별 교육 프로그램을 개발·보급하여야 한다. 교육의 내용과 방법, 결과 제출 절차 등에 필요한 사항은 대통령령으로 정한다(제5조).

6) 성폭력 예방교육 지원기관의 설치·운영 등

여성가족부 장관은 성교육 및 성폭력 예방교육의 실시, 생애주기별 교육 프로그램 개발·보급, 전문강사 양성 등의 업무를 수행하고 지원하기 위한 기관을 설치·운영할 수 있다. 여성가족부 장관은 지원기관의 운영을 대통령령으로 정하는 기관이나 단체에 위탁할 수 있다. 지원기관의 업무 및 운영 등에 필요한 사항은 여성가족부령으로 정한다(제5조의 2).

2 급여 및 재정

1) 피해자 등에 대한 취학 및 취업 지원

① 국가와 지방자치단체는 피해자나 피해자의 가족구성원이 초·중등교육법」(제2조)에 따른 각급 학교의 학생인 경우 주소지 외의 지역에서 취학(입학, 재입학, 전학 및 편입학을 포함)할 필요가 있을 때에는 그 취학이 원활히 이루어지도록 지원하여야 한다. 이 경우 취학을 지원하는 관계자는 피해자 등의 사생활이 침해되지 아니하도록 유의하여야 한다.
② 출석 일수 산입 등 위에 따른 취학 지원에 필요한 사항은 대통령령으로 정한다.
③ 국가와 지방자치단체는 피해자를 보호하는 자에 대한 직업훈련 및 취업을 알선할 수 있다.
④ 취업 지원 대상의 범위 등 취업 지원에 필요한 사항은 여성가족부령으로 정한다(제7조).

2) 피해자에 대한 법률 상담 등

① 국가는 피해자에 대하여 법률 상담과 소송대리 등의 지원을 할 수 있다.
② 여성가족부 장관은 「법률구조법」(제8조)에 따른 대한법률구조공단 또는 대통령령으로 정하는 그 밖의 기관에 제1항에 따른 법률 상담 등을 요청할 수 있다.
③ 위의 법률 상담 등에 드는 비용은 대통령령으로 정하는 바에 따라 국가가 부담할 수 있다.
④ 법률 상담 등의 요건과 내용 및 절차 등은 대통령령으로 정한다(제7조의 2).

3) 피해자에 대한 불이익 처분의 금지

누구든지 피해자를 고용하고 있는 자는 성폭력과 관련하여 피해자를 해고하거나 그 밖의 불이익을 주어서는 아니 된다(제8조).

4) 신고 의무

19세 미만의 미성년자(19세에 도달하는 해의 1월 1일을 맞이한 미성년자는 제외)를 보호하거나 교육 또는 치료하는 시설의 장 및 관련 종사자는 자기의 보호・지원을 받는 자가 「성폭력범죄의 처벌 등에 관한 특례법」(제3조부터 제9조), 「형법」(제301조 및 제301조의 2)의 피해자인 사실을 알게 된 때에는 즉시 수사기관에 신고하여야 한다(제9조).

5) 보호시설에 대한 보호 비용 지원

국가 또는 지방자치단체는 보호시설에 입소한 피해자 등의 보호를 위하여 필요한 경우 다음의 보호 비용을 보호시설의 장 또는 피해자에게 지원할 수 있다. 다만, 보호시설에 입소한 피해자 등이 「국민기초생활 보장법」 등 다른 법령에 따라 보호를 받고 있는 경우에는 그 범위에서 이 법에 따른 지원을 하지 아니한다.

① 생계비
② 아동교육 지원비
③ 아동양육비
④ 그 밖에 대통령령으로 정하는 비용

위에 따른 보호 비용의 지원 방법 및 절차 등에 필요한 사항은 여성가족부령으로 정한다(제14조).

6) 의료비 지원

국가 또는 지방자치단체는 성폭력 전담의료기관의 지정 등(제27조 제2항)에 따른 치료 등에 대하여 의료 지원에 필요한 경비의 전부 또는 일부를 지원할 수 있다.

의료 비용의 지원 범위 및 절차 등에 필요한 사항은 여성가족부령으로 정한다(제28조).

3 전달 체계 및 위원회

1) 상담소의 설치 · 운영

국가 또는 지방자치단체는 성폭력피해상담소를 설치 · 운영할 수 있다(제10조).

국가 또는 지방자치단체 외의 자가 상담소를 설치 · 운영하려면 특별자치시장 · 특별자치도지사 또는 시장 · 군수 · 구청장(자치구의 구청장을 말한다. 이하 같다)에게 신고하여야 한다. 상담소의 설치 · 운영 기준, 상담소에 두는 상담원 등 종사자의 수 및 신고 등에 필요한 사항은 여성가족부령으로 정한다.

상담소는 다음 업무를 한다(제11조).

① 성폭력 피해의 신고 접수와 이에 관한 상담

② 성폭력 피해로 인하여 정상적인 가정생활 또는 사회생활이 곤란하거나 그 밖의 사정으로 긴급히 보호할 필요가 있는 사람과 성폭력피해자보호시설(제12조) 등의 연계

③ 피해자 등의 질병 치료와 건강관리를 위하여 의료기관에 인도하는 등 의료 지원

④ 피해자에 대한 수사기관의 조사와 법원의 증인신문 등에의 동행

⑤ 성폭력 행위자에 대한 고소와 피해배상 청구 등 사법처리 절차에 관하여 「법률구조법」(제8조)에 따른 대한법률구조공단 등 관계 기관에 필요한 협조 및 지원 요청

⑥ 성폭력 예방을 위한 홍보 및 교육

⑦ 그 밖에 성폭력 및 성폭력 피해에 관한 조사 · 연구

2) 보호시설의 설치 · 운영 및 종류

국가 또는 지방자치단체는 성폭력 피해자 보호시설을 설치 · 운영할 수 있다. 「사회복지사업법」에 따른 사회복지법인이나 그 밖의 비영리법인은 특별자치시장 · 특별자치도지사 또는 시장 · 군수 · 구청장의 인가를 받아 보호시설을 설치 · 운영할 수 있다(제12조).

(1) 보호시설의 종류

① 일반보호시설: 피해자에게 제13조 제1항 각 호의 사항을 제공하는 시설

② 장애인보호시설: 「장애인 차별 금지 및 권리구제 등에 관한 법률」 제2조 제2항에 따른 장애인인 피해자에게 보호시설의 업무(제13조 제1항) 사항을 제공하는 시설

③ 특별지원 보호시설: 「성폭력범죄의 처벌 등에 관한 특례법」(제5조)에 따른 피해자로서 19세 미만의 피해자에게 제13조 제1항의 사항을 제공하는 시설

④ 자립 지원 공동생활시설: 보호시설(제1호부터 제3호)을 퇴소한 사람에게 보호시설 및 그 밖에 필요한 사항을 제공하는 시설

⑤ 장애인 자립 지원 공동생활시설: 보호시설을 퇴소한 사람에게 자립 · 자활 교육의 실시와 취업정보의 제공

보호시설의 설치 · 운영 기준, 보호시설에 두는 상담원 등 종사자의 수 및 인가 절차 등에 필요한 사항은 여성가족부령으로 정한다.

(2) 보호시설의 업무 등

보호시설은 다음 각 호의 업무를 한다(제13조).

① 피해자 등의 보호 및 숙식 제공

② 피해자 등의 심리적 안정과 사회 적응을 위한 상담 및 치료

③ 자립 · 자활 교육의 실시와 취업정보의 제공

④ 의료 지원, 증인신문, 대한법률구조공단 등 관계 기관에 필요한 협조 및 지원 요청(제11조 제3호 · 제4호 및 제5호)의 업무

⑤ 다른 법률에 따라 보호시설에 위탁된 업무

⑥ 그 밖에 피해자 등을 보호하기 위하여 필요한 업무

보호시설의 입소(제15조)는 피해자 등이 다음 어느 하나에 해당하는 경우에는 보호시설에 입소할 수 있다.

① 본인이 입소를 희망하거나 입소에 동의하는 경우

② 미성년자 또는 지적장애인 등 의사 능력이 불완전한 사람으로서 성폭력행위자가 아닌 보호자가 입소에 동의하는 경우

인가받은 보호시설의 장은 보호시설에 입소한 사람의 인적 사항 및 입소 사유 등을 특별자치도지사 또는 시장·군수·구청장에게 지체 없이 보고하여야 한다.

보호시설의 장은 친족에 의한 피해자나 지적장애인 등 의사 능력이 불완전한 피해자로서 상담원의 상담 결과 입소가 필요하나 보호자의 입소 동의를 받는 것이 적절하지 못하다고 인정하는 경우에는 제1항에도 불구하고 보호시설에 입소하게 할 수 있다. 이 경우 에 따라 인가받은 보호시설(제12조 제2항)의 장은 지체 없이 관할 특별자치도지사 또는 시장·군수·구청장의 승인을 받아야 한다.

③ 제3항에 따른 입소 및 승인에 있어서 보호시설의 장과 특별자치시장·특별자치도지사 또는 시장·군수·구청장은 피해자의 권익 보호를 최우선적으로 고려하여야 한다.

(3) 보호시설의 입소 기간

보호시설의 종류별 입소 기간은 다음과 같다(제16조).

① 일반보호시설: 6개월 이내. 다만, 여성가족부령으로 정하는 바에 따라 1년 6개월의 범위에서 한 차례 연장할 수 있다.

② 장애인 보호시설: 2년 이내. 다만, 여성가족부령으로 정하는 바에 따라 피해회복에 소요되는 기간까지 연장할 수 있다.

③ 특별지원 보호시설: 19세가 될 때까지. 다만, 여성가족부령으로 정하는 바에 따라 2년의 범위에서 한 차례 연장할 수 있다.

④ 자립 지원 공동생활시설: 2년 이내. 다만, 여성가족부령으로 정하는 바에 따라 2년의 범위에서 한 차례 연장할 수 있다.

⑤ 장애인 자립 지원 공동생활시설: 2년 이내. 다만, 여성가족부령으로 정하는 바에 따라 2년의 범위에서 한 차례 연장할 수 있다.

일반보호시설에 입소한 피해자가 대통령령으로 정하는 특별한 사유에 해당하는

경우에는 입소 기간을 초과하여 연장할 수 있다. 입소 기간의 연장에 관한 사항은 여성가족부령으로 정한다.

3) 피해자를 위한 통합지원센터의 설치 · 운영

국가와 지방자치단체는 성폭력 피해 상담, 치료, 그 밖에 피해 구제를 위한 지원 업무를 종합적으로 수행하기 위하여 성폭력피해자통합지원센터를 설치 · 운영할 수 있다.

국가와 지방자치단체는 대통령령으로 정하는 기관 또는 단체로 하여금 통합지원센터를 설치 · 운영하게 할 수 있다.

통합지원센터에 두는 상담원 등 종사자의 수 등에 필요한 사항은 여성가족부령으로 정한다(제18조).

4) 상담원 등의 자격 기준

다음 어느 하나에 해당하는 사람은 상담소, 보호시설 및 통합지원센터의 장 또는 상담원이 될 수 없다(제19조).

① 미성년자, 금치산자 또는 한정치산자

② 파산선고를 받고 복권되지 아니한 사람

③ 금고 이상의 형을 선고받고 그 집행이 종료(집행이 종료된 것으로 보는 경우를 포함한다)되지 아니하였거나 그 집행을 받지 아니하기로 확정되지 아니한 사람

④ 「성폭력범죄의 처벌 등에 관한 특례법」 제2조의 죄 또는 「아동 · 청소년의 성보호에 관한 법률」 제2조 제2호의 죄를 범하여 형 또는 치료감호를 선고받고 그 형 또는 치료감호의 전부 또는 일부의 집행이 종료되거나 집행이 유예 · 면제된 날부터 10년이 지나지 아니한 사람

상담소, 보호시설 및 통합지원센터에서 종사하려는 사람은 전문 지식이나 경력 등 대통령령으로 정하는 자격 기준을 갖추어야 한다.

5) 상담원 교육훈련시설

국가와 지방자치단체(특별시 · 광역시 · 특별자치시 · 도 · 특별자치도에 한정)는 상담원(상담원이 되려는 사람을 포함)의 자질을 향상시키기 위하여 상담원에 대한 전문적인 교육 · 훈련을 담당하는 시설을 설치 · 운영할 수 있다(제19조의 2).

여성가족부 장관 또는 특별시장 · 광역시장 · 특별자치시장 · 도지사 · 특별자치도지사는 상담원에 대한 전문적인 교육 · 훈련을 대통령령으로 정하는 기관 또는 단체에 위탁하거나 이를 교육훈련시설로 지정할 수 있다.

다음의 자로서 교육훈련시설을 설치하려는 자는 시장 · 군수 · 구청장에게 신고하여야 한다.

① 「고등교육법」에 따른 학교를 설립 · 운영하는 학교법인

② 법률구조법인

③ 사회복지법인

④ 그 밖의 비영리법인이나 단체

교육훈련시설의 설치 및 지정 기준, 교육훈련시설에 두는 강사의 자격과 수, 상담원 교육훈련 과정의 운영 기준 및 신고 절차 등에 필요한 사항은 여성가족부령으로 정한다.

4 벌칙

1) 벌칙

피해자에 대한 불이익처분의 금지(제8조)를 위반하여 피해자를 해고하거나 그 밖의 불이익을 준 자는 3년 이하의 징역 또는 2천만 원 이하의 벌금에 처한다.

다음 어느 하나에 해당하는 자는 2년 이하의 징역 또는 500만 원 이하의 벌금에 처한다.

① 상담소 설치 신고(제10조 제2항), 보호시설 인가(제12조 제2항) 또는 교육훈련시설신고(제19조의 2 제3항)를 위반하여 신고를 하지 아니하거나 인가를 받지

아니하고 상담소, 보호시설 또는 교육훈련시설을 설치 · 운영한 자

② 인가 취소(제23조)에 따른 업무의 폐지 또는 정지 명령이나 인가 취소를 받고도 상담소, 보호시설 또는 교육훈련시설을 계속 운영한 자

③ 영리 목적 운영의 금지(제29조)에 따른 영리 목적 운영 금지 의무를 위반한 자

④ 비밀 엄수의 의무(제30조)를 위반한 자(제36조)

2) 양벌 규정

법인의 대표자나 법인 또는 개인의 대리인, 사용인, 그 밖의 종사자가 그 법인 또는 개인의 업무에 관하여 벌칙(제36조)의 위반행위를 하면 그 행위자를 벌하는 외에 그 법인 또는 개인에게도 해당 조문의 벌금형을 과(科)한다. 다만, 법인 또는 개인이 그 위반행위를 방지하기 위하여 해당 업무에 관하여 상당한 주의와 감독을 게을리하지 아니한 경우에는 그러하지 아니하다(제37조).

3) 과태료

다음 어느 하나에 해당하는 자에게는 300만 원 이하의 과태료를 부과한다(제38조).

① 정당한 사유 없이 보고(제32조 제1항)를 하지 아니하거나 거짓으로 보고한 자 또는 조사 · 검사를 거부하거나 기피한 자

② 유사 명칭 사용 금지 의무(제33조)를 위반한 자

위의 과태료는 대통령령으로 정하는 바에 따라 여성가족부 장관, 특별자치시장 · 특별자치도지사 또는 시장 · 군수 · 구청장이 부과 · 징수한다.

제 4 절 성폭력범죄의 처벌 등에 관한 특례법

1 목적 및 대상

1) 목적

이 법은 성폭력범죄의 처벌 및 그 절차에 관한 특례를 규정함으로써 성폭력범죄 피해자의 생명과 신체의 안전을 보장하고 건강한 사회 질서의 확립에 이바지함을 목적으로 한다(제1조).

2) 대상

이 법에서 "성폭력범죄"란 다음 어느 하나에 해당하는 죄를 말한다.

① 「형법」 제2편 제22장 성풍 속에 관한 죄 중 제242조(음행 매개), 제243조(음화 반포 등), 제244조(음화 제조 등) 및 제245조(공연 음란)의 죄

② 「형법」 제2편 제31장 약취(略取), 유인(誘引) 및 인신매매의 죄 중 추행, 간음 또는 성매매와 성적 착취를 목적으로 범한(제288조) 또는 추행, 간음 또는 성매매와 성적 착취를 목적으로 범한 제289조, 제290조(추행, 간음 또는 성매매와 성적 착취를 목적으로 제288조 또는 추행, 간음 또는 성매매와 성적 착취를 목적으로 제289조의 죄를 범하여 약취, 유인, 매매된 사람을 상해하거나 상해에 이르게 한 경우에 한정한다), 제291조(추행, 간음 또는 성매매와 성적 착취를 목적으로 제288조 또는 추행, 간음 또는 성매매와 성적 착취를 목적으로 제289조의 죄를 범하여 약취, 유인, 매매된 사람을 살해하거나 사망에 이르게 한 경우에 한정한다).

③ 「형법」 제2편 제32장 강간과 추행의 죄 중 제297조(강간), 제297조의 2(유사강간), 제298조(강제추행), 제299조(준강간, 준강제추행), 제300조(미수범), 제301조(강간 등 상해 · 치상), 제301조의 2(강간 등 살인 · 치사), 제302조(미성년자 등에 대한 간음), 제303조(업무상 위력 등에 의한 간음) 및 제305조(미성년자

에 대한 간음, 추행)의 죄

④ 「형법」 제339조(강도강간)의 죄

⑤ 이 법 제3조(특수강도강간 등)부터 제15조(미수범)까지의 죄

2 성폭력범죄의 처벌 및 절차에 관한 특례

1) 특수강도강간 등

① 「형법」 제319조 제1항(주거 침입), 제330조(야간 주거 침입 절도), 제331조(특수절도) 또는 제342조(미수범. 다만, 제330조 및 제331조의 미수범으로 한정한다)의 죄를 범한 사람이 같은 법 제297조(강간), 제297조의 2(유사강간), 제298조(강제추행) 및 제299조(준강간, 준강제추행)의 죄를 범한 경우에는 무기징역 또는 5년 이상의 징역에 처한다.

② 「형법」 제334조(특수강도) 또는 제342조(미수범. 다만, 제334조의 미수범으로 한정한다)의 죄를 범한 사람이 같은 법 제297조(강간), 제297조의 2(유사강간), 제298조(강제추행) 및 제299조(준강간, 준강제추행)의 죄를 범한 경우에는 사형, 무기징역 또는 10년 이상의 징역에 처한다(제3조).

2) 특수강간 등

① 흉기나 그 밖의 위험한 물건을 지닌 채 또는 2명 이상이 합동하여 「형법」 제297조(강간)의 죄를 범한 사람은 무기징역 또는 5년 이상의 징역에 처한다.

② 제1항의 방법으로 「형법」 제298조(강제추행)의 죄를 범한 사람은 3년 이상의 유기징역에 처한다.

③ 제1항의 방법으로 「형법」 제299조(준강간, 준강제추행)의 죄를 범한 사람은 제1항 또는 제2항의 예에 따라 처벌한다(제4조).

3) 친족 관계에 의한 강간 등

① 친족 관계인 사람이 폭행 또는 협박으로 사람을 강간한 경우에는 7년 이상의 유기징역에 처한다.
② 친족 관계인 사람이 폭행 또는 협박으로 사람을 강제추행한 경우에는 5년 이상의 유기징역에 처한다.
③ 친족 관계인 사람이 사람에 대하여 「형법」 제299조(준강간, 준강제추행)의 죄를 범한 경우에는 제1항 또는 제2항의 예에 따라 처벌한다.
④ 제1항부터 제3항까지의 친족의 범위는 4촌 이내의 혈족·인척과 동거하는 친족으로 한다.
⑤ 제1항부터 제3항까지의 친족은 사실상의 관계에 의한 친족을 포함한다(제5조).

4) 장애인에 대한 강간·강제추행 등

① 신체적인 또는 정신적인 장애가 있는 사람에 대하여 「형법」 제297조(강간)의 죄를 범한 사람은 무기징역 또는 7년 이상의 징역에 처한다.
② 신체적인 또는 정신적인 장애가 있는 사람에 대하여 폭행이나 협박으로 다음 어느 하나에 해당하는 행위를 한 사람은 5년 이상의 유기징역에 처한다.
㉮ 구강·항문 등 신체(성기는 제외한다)의 내부에 성기를 넣는 행위
㉯ 성기·항문에 손가락 등 신체(성기는 제외한다)의 일부나 도구를 넣는 행위
③ 신체적인 또는 정신적인 장애가 있는 사람에 대하여 「형법」 제298조(강제추행)의 죄를 범한 사람은 3년 이상의 유기징역 또는 2천만 원 이상 5천만 원 이하의 벌금에 처한다.
④ 신체적인 또는 정신적인 장애로 항거 불능 또는 항거 곤란 상태에 있음을 이용하여 사람을 간음하거나 추행한 사람은 제1항부터 제3항까지의 예에 따라 처벌한다.
⑤ 위계(僞計) 또는 위력(威力)으로써 신체적인 또는 정신적인 장애가 있는 사람을 간음한 사람은 5년 이상의 유기징역에 처한다.

⑥ 위계 또는 위력으로써 신체적인 또는 정신적인 장애가 있는 사람을 추행한 사람은 1년 이상의 유기징역 또는 1천만 원 이상 3천만 원 이하의 벌금에 처한다.

⑦ 장애인의 보호, 교육 등을 목적으로 하는 시설의 장 또는 종사자가 보호, 감독의 대상인 장애인에 대하여 제1항부터 제6항까지의 죄를 범한 경우에는 그 죄에 정한 형의 2분의 1까지 가중한다(제6조).

5) 13세 미만의 미성년자에 대한 강간, 강제추행 등

① 13세 미만의 사람에 대하여 「형법」 제297조(강간)의 죄를 범한 사람은 무기징역 또는 10년 이상의 징역에 처한다.

② 13세 미만의 사람에 대하여 폭행이나 협박으로 다음 각 호의 어느 하나에 해당하는 행위를 한 사람은 7년 이상의 유기징역에 처한다.

㉮ 구강 · 항문 등 신체(성기는 제외한다)의 내부에 성기를 넣는 행위

㉯ 성기 · 항문에 손가락 등 신체(성기는 제외한다)의 일부나 도구를 넣는 행위

③ 13세 미만의 사람에 대하여 「형법」 제298조(강제추행)의 죄를 범한 사람은 5년 이상의 유기징역 또는 3천만 원 이상 5천만 원 이하의 벌금에 처한다.

④ 13세 미만의 사람에 대하여 「형법」 제299조(준강간, 준강제추행)의 죄를 범한 사람은 제1항부터 제3항까지의 예에 따라 처벌한다.

⑤ 위계 또는 위력으로써 13세 미만의 사람을 간음하거나 추행한 사람은 제1항부터 제3항까지의 예에 따라 처벌한다(제7조).

6) 강간 등 상해 · 치상

① 제3조 제1항, 제4조, 제6조, 제7조 또는 제15조(제3조 제1항, 제4조, 제6조 또는 제7조의 미수범으로 한정한다)의 죄를 범한 사람이 다른 사람을 상해하거나 상해에 이르게 한 때에는 무기징역 또는 10년 이상의 징역에 처한다.

② 제5조 또는 제15조(제5조의 미수범으로 한정한다)의 죄를 범한 사람이 다른 사람을 상해하거나 상해에 이르게 한 때에는 무기징역 또는 7년 이상의 징역에 처한다(제8조).

7) 강간 등 살인 · 치사

① 제3조부터 제7조까지, 제15조(제3조부터 제7조까지의 미수범으로 한정한다)의 죄 또는 「형법」 제297조(강간), 제297조의2(유사강간) 및 제298조(강제추행)부터 제300조(미수범)까지의 죄를 범한 사람이 다른 사람을 살해한 때에는 사형 또는 무기징역에 처한다.
② 제4조, 제5조 또는 제15조(제4조 또는 제5조의 미수범으로 한정한다)의 죄를 범한 사람이 다른 사람을 사망에 이르게 한 때에는 무기징역 또는 10년 이상의 징역에 처한다.
③ 제6조, 제7조 또는 제15조(제6조 또는 제7조의 미수범으로 한정한다)의 죄를 범한 사람이 다른 사람을 사망에 이르게 한 때에는 사형, 무기징역 또는 10년 이상의 징역에 처한다(제9조).

8) 업무상 위력 등에 의한 추행

① 업무, 고용이나 그 밖의 관계로 인하여 자기의 보호, 감독을 받는 사람에 대하여 위계 또는 위력으로 추행한 사람은 2년 이하의 징역 또는 500만 원 이하의 벌금에 처한다.
② 법률에 따라 구금된 사람을 감호하는 사람이 그 사람을 추행한 때에는 3년 이하의 징역 또는 1천 500만 원 이하의 벌금에 처한다(제10조).

9) 공중 밀집 장소에서의 추행

대중교통 수단, 공연 · 집회 장소, 그 밖에 공중(公衆)이 밀집하는 장소에서 사람을 추행한 사람은 1년 이하의 징역 또는 300만 원 이하의 벌금에 처한다(제11조).

10) 성적 목적을 위한 공공장소 침입행위

자기의 성적 욕망을 만족시킬 목적으로 「공중화장실 등에 관한 법률」 제2조 제1호부터 제5호까지에 따른 공중화장실 등 및 「공중위생관리법」 제2조 제1항 제3호에 따른 목욕장업의 목욕장 등 대통령령으로 정하는 공공장소에 침입하거나 같은 장소에서 퇴거의 요구를 받고 응하지 아니하는 사람은 1년 이하의 징역 또는 300만 원 이하의 벌금에 처한다(제12조).

11) 통신매체를 이용한 음란행위

자기 또는 다른 사람의 성적 욕망을 유발하거나 만족시킬 목적으로 전화, 우편, 컴퓨터, 그 밖의 통신매체를 통하여 성적 수치심이나 혐오감을 일으키는 말, 음향, 글, 그림, 영상 또는 물건을 상대방에게 도달하게 한 사람은 2년 이하의 징역 또는 500만 원 이하의 벌금에 처한다(제13조).

12) 카메라 등을 이용한 촬영

① 카메라나 그 밖에 이와 유사한 기능을 갖춘 기계장치를 이용하여 성적 욕망 또는 수치심을 유발할 수 있는 다른 사람의 신체를 그 의사에 반하여 촬영하거나 그 촬영물을 반포・판매・임대・제공 또는 공공연하게 전시・상영한 자는 5년 이하의 징역 또는 1천만 원 이하의 벌금에 처한다.

② 제1항의 촬영이 촬영 당시에는 촬영 대상자의 의사에 반하지 아니하는 경우에도 사후에 그 의사에 반하여 촬영물을 반포・판매・임대・제공 또는 공공연하게 전시・상영한 자는 3년 이하의 징역 또는 500만 원 이하의 벌금에 처한다.

③ 영리를 목적으로 제1항의 촬영물을 「정보통신망 이용 촉진 및 정보 보호 등에 관한 법률」 제2조 제1항 제1호의 정보통신망(이하 "정보통신망"이라 한다)을 이용하여 유포한 자는 7년 이하의 징역 또는 3천만 원 이하의 벌금에 처한다(제14조).

3 전달 체계 및 위원회 혹은 사회복지 서비스

1) 성폭력범죄의 피해자에 대한 전담조사제

① 검찰총장은 각 지방검찰청 검사장으로 하여금 성폭력범죄 전담 검사를 지정하도록 하여 특별한 사정이 없으면 이들로 하여금 피해자를 조사하게 하여야 한다.

② 경찰청장은 각 경찰서장으로 하여금 성폭력범죄 전담 사법경찰관을 지정하도록 하여 특별한 사정이 없으면 이들로 하여금 피해자를 조사하게 하여야 한다.

③ 국가는 제1항의 검사 및 제2항의 사법경찰관에게 성폭력범죄의 수사에 필요한 전문지식과 피해자 보호를 위한 수사 방법 및 수사 절차 등에 관한 교육을 실시하여야 한다(제26조).

2) 성폭력범죄 피해자에 대한 변호사 선임의 특례

① 성폭력범죄의 피해자 및 그 법정대리인(이하 "피해자 등"이라 한다)은 형사절차상 입을 수 있는 피해를 방어하고 법률적 조력을 보장하기 위하여 변호사를 선임할 수 있다.

② 제1항에 따른 변호사는 검사 또는 사법경찰관의 피해자 등에 대한 조사에 참여하여 의견을 진술할 수 있다. 다만, 조사 도중에는 검사 또는 사법경찰관의 승인을 받아 의견을 진술할 수 있다.

③ 제1항에 따른 변호사는 피의자에 대한 구속 전 피의자 심문, 증거보전 절차, 공판 준비 기일 및 공판 절차에 출석하여 의견을 진술할 수 있다. 이 경우 필요한 절차에 관한 구체적 사항은 대법원규칙으로 정한다.

④ 제1항에 따른 변호사는 증거 보전 후 관계 서류나 증거물, 소송 계속 중의 관계 서류나 증거물을 열람하거나 등사할 수 있다.

⑤ 제1항에 따른 변호사는 형사 절차에서 피해자 등의 대리가 허용될 수 있는 모든 소송행위에 대한 포괄적인 대리권을 가진다.

⑥ 검사는 피해자에게 변호사가 없는 경우 국선 변호사를 선정하여 형사 절차에서 피해자의 권익을 보호할 수 있다(제27조).

3) 성폭력범죄 전담재판부

지방법원장 또는 고등법원장은 특별한 사정이 없으면 성폭력범죄 전담재판부를 지정하여 성폭력범죄에 대하여 재판하게 하여야 한다(제28조).

4) 수사 및 재판절차에서의 배려

① 수사기관과 법원 및 소송 관계인은 성폭력범죄를 당한 피해자의 나이, 심리상태 또는 후유장애의 유무 등을 신중하게 고려하여 조사 및 심리·재판 과정에서 피해자의 인격이나 명예가 손상되거나 사적인 비밀이 침해되지 아니하도록 주의하여야 한다.
② 수사기관과 법원은 성폭력범죄의 피해자를 조사하거나 심리·재판할 때 피해자가 편안한 상태에서 진술할 수 있는 환경을 조성하여야 하며, 조사 및 심리·재판 횟수는 필요한 범위에서 최소한으로 하여야 한다(제29조).

5) 영상물의 촬영·보존 등

① 성폭력범죄의 피해자가 19세 미만이거나 신체적인 또는 정신적인 장애로 사물을 변별하거나 의사를 결정할 능력이 미약한 경우에는 피해자의 진술 내용과 조사 과정을 비디오 녹화기 등 영상물 녹화장치로 촬영·보존하여야 한다.
② 제1항에 따른 영상물 녹화는 피해자 또는 법정대리인이 이를 원하지 아니하는 의사를 표시한 경우에는 촬영을 하여서는 아니 된다. 다만, 가해자가 친권자 중 일방인 경우는 그러하지 아니하다.
③ 제1항에 따른 영상물 녹화는 조사의 개시부터 종료까지의 전 과정 및 객관적 정황을 녹화하여야 하고, 녹화가 완료된 때에는 지체 없이 그 원본을 피해자 또는 변호사 앞에서 봉인하고 피해자로 하여금 기명 날인 또는 서명하게 하

여야 한다.

④ 검사 또는 사법경찰관은 피해자가 제1항의 녹화 장소에 도착한 시각, 녹화를 시작하고 마친 시각, 그 밖에 녹화 과정의 진행 경과를 확인하기 위하여 필요한 사항을 조서 또는 별도의 서면에 기록한 후 수사 기록에 편철하여야 한다.

⑤ 검사 또는 사법경찰관은 피해자 또는 법정대리인이 신청하는 경우에는 영상물 촬영 과정에서 작성한 조서의 사본을 신청인에게 발급하거나 영상물을 재생하여 시청하게 하여야 한다.

⑥ 제1항에 따라 촬영한 영상물에 수록된 피해자의 진술은 공판 준비 기일 또는 공판 기일에 피해자나 조사 과정에 동석하였던 신뢰 관계에 있는 사람 또는 진술조력인의 진술에 의하여 그 성립의 진정함이 인정된 경우에 증거로 할 수 있다.

⑦ 누구든지 제1항에 따라 촬영한 영상물을 수사 및 재판의 용도 외에 다른 목적으로 사용하여서는 아니 된다(제30조).

6) 심리의 비공개

① 성폭력범죄에 대한 심리는 그 피해자의 사생활을 보호하기 위하여 결정으로써 공개하지 아니할 수 있다.

② 증인으로 소환받은 성폭력범죄의 피해자와 그 가족은 사생활 보호 등의 사유로 증인신문의 비공개를 신청할 수 있다.

③ 재판장은 제2항에 따른 신청을 받으면 그 허가 및 공개 여부, 법정 외의 장소에서의 신문 등 증인의 신문 방식 및 장소에 관하여 결정할 수 있다.

④ 제1항 및 제3항의 경우에는「법원조직법」제57조(재판의 공개) 제2항·제3항 및「군사법원법」제67조 제2항·제3항을 준용한다(제31조)(개정 2013.4.5).

7) 증인지원시설의 설치·운영 등

① 각급 법원은 증인으로 법원에 출석하는 피해자 등이 재판 전후에 피고인이나

그 가족과 마주치지 아니하도록 하고, 보호와 지원을 받을 수 있는 적절한 시설을 설치한다.

② 각급 법원은 제1항의 시설을 관리·운영하고 피해자 등의 보호와 지원을 담당하는 직원(이하 "증인지원관")을 둔다.

③ 법원은 증인지원관에 대하여 인권 감수성 향상에 필요한 교육을 정기적으로 실시한다.

④ 증인지원관의 업무·자격 및 교육 등에 필요한 사항은 대법원규칙으로 정한다(제32조).

8) 전문가의 의견 조회

① 법원은 정신건강의학과 의사, 심리학자, 사회복지학자, 그 밖의 관련 전문가로부터 행위자 또는 피해자의 정신·심리 상태에 대한 진단 소견 및 피해자의 진술 내용에 관한 의견을 조회할 수 있다.

② 법원은 성폭력범죄를 조사·심리할 때에는 제1항에 따른 의견 조회의 결과를 고려하여야 한다.

③ 법원은 법원행정처장이 정하는 관련 전문가 후보자 중에서 제1항에 따른 전문가를 지정하여야 한다.

④ 제1항부터 제3항까지의 규정은 수사기관이 성폭력범죄를 수사하는 경우에 준용한다. 다만, 피해자가 13세 미만이거나 신체적인 또는 정신적인 장애로 사물을 변별하거나 의사를 결정할 능력이 미약한 경우에는 관련 전문가에게 피해자의 정신·심리 상태에 대한 진단 소견 및 진술 내용에 관한 의견을 조회하여야 한다.

⑤ 제4항에 따라 준용할 경우 "법원행정처장"은 "검찰총장 또는 경찰청장"으로 본다(제33조).

9) 신뢰 관계에 있는 사람의 동석

① 법원은 제3조부터 제8조까지, 제10조 및 제15조(제9조의 미수범은 제외한다)의

범죄의 피해자를 증인으로 신문하는 경우에 검사, 피해자 또는 법정대리인이 신청할 때에는 재판에 지장을 줄 우려가 있는 등 부득이한 경우가 아니면 피해자와 신뢰 관계에 있는 사람을 동석하게 하여야 한다.
② 제1항은 수사기관이 같은 항의 피해자를 조사하는 경우에 관하여 준용한다.
③ 제1항 및 제2항의 경우 법원과 수사기관은 피해자와 신뢰 관계에 있는 사람이 피해자에게 불리하거나 피해자가 원하지 아니하는 경우에는 동석하게 하여서는 아니 된다(제34조).

10) 진술조력인 양성 등

① 법무부 장관은 의사소통 및 의사 표현에 어려움이 있는 성폭력범죄의 피해자에 대한 형사사법 절차에서의 조력을 위하여 진술조력인을 양성하여야 한다.
② 진술조력인은 정신건강의학, 심리학, 사회복지학, 교육학 등 아동·장애인의 심리나 의사소통 관련 전문지식이 있거나 관련 분야에서 상당 기간 종사한 사람으로 법무부 장관이 정하는 교육을 이수하여야 한다. 진술조력인의 자격이나 양성 등에 관하여 필요한 사항은 법무부령으로 정한다.
③ 법무부 장관은 제1항에 따라 양성한 진술조력인 명부를 작성하여야 한다(제35조).

11) 진술조력인의 수사 과정 참여

① 검사 또는 사법경찰관은 성폭력범죄의 피해자가 13세 미만의 아동이거나 신체적인 또는 정신적인 장애로 의사소통이나 의사 표현에 어려움이 있는 경우 원활한 조사를 위하여 직권이나 피해자, 그 법정대리인 또는 변호사의 신청에 따라 진술조력인으로 하여금 조사 과정에 참여하여 의사소통을 중개하거나 보조하게 할 수 있다. 다만, 피해자 또는 그 법정대리인이 이를 원하지 아니하는 의사를 표시한 경우에는 그러하지 아니하다.
② 검사 또는 사법경찰관은 제1항의 피해자를 조사하기 전에 피해자, 법정대리인 또는 변호사에게 진술조력인에 의한 의사소통 중개나 보조를 신청할 수

있음을 고지하여야 한다.

③ 진술조력인은 조사 전에 피해자를 면담하여 진술조력인 조력 필요성에 관하여 평가한 의견을 수사기관에 제출할 수 있다.

④ 제1항에 따라 조사 과정에 참여한 진술조력인은 피해자의 의사소통이나 표현 능력, 특성 등에 관한 의견을 수사기관이나 법원에 제출할 수 있다.

⑤ 제1항부터 제4항까지의 규정은 검증에 관하여 준용한다.

⑥ 그 밖에 진술조력인의 수사 절차 참여에 관한 절차와 방법 등 필요한 사항은 법무부령으로 정한다(제36조).

12) 진술조력인의 재판 과정 참여

① 법원은 성폭력범죄의 피해자가 13세 미만 아동이거나 신체적인 또는 정신적인 장애로 의사소통이나 의사 표현에 어려움이 있는 경우 원활한 증인 신문을 위하여 직권 또는 검사, 피해자, 그 법정대리인 및 변호사의 신청에 의한 결정으로 진술조력인으로 하여금 증인 신문에 참여하여 중개하거나 보조하게 할 수 있다.

② 법원은 증인이 제1항에 해당하는 경우에는 신문 전에 피해자, 법정대리인 및 변호사에게 진술조력인에 의한 의사소통 중개나 보조를 신청할 수 있음을 고지하여야 한다.

③ 진술조력인의 소송 절차 참여에 관한 구체적 절차와 방법은 대법원규칙으로 정한다(제37조).

13) 진술조력인의 의무

① 진술조력인은 수사 및 재판 과정에 참여함에 있어 중립적인 지위에서 상호간의 진술이 왜곡 없이 전달될 수 있도록 노력하여야 한다.

② 진술조력인은 그 직무상 알게 된 피해자의 주소, 성명, 나이, 직업, 학교, 용모, 그 밖에 피해자를 특정하여 파악할 수 있게 하는 인적 사항과 사진 및 사생활에 관한 비밀을 공개하거나 다른 사람에게 누설하여서는 아니 된다(제38조).

4 벌칙

1) 벌칙

다음 어느 하나에 해당하는 자는 5년 이하의 징역 또는 5천만 원 이하의 벌금에 처한다(제50조).

① 직무상 알게 된 등록정보를 누설한 자(제48조)

② 정당한 권한 없이 등록정보를 변경하거나 말소한 자

다음 어느 하나에 해당하는 자는 2년 이하의 징역 또는 500만 원 이하의 벌금에 처한다.

① 피해자의 신원과 사생활 비밀 누설 금지 의무를 위반한 자(제24조 제1항 또는 제38조 제2항)

② 피해자의 인적 사항과 사진 등을 공개한 자(제24조 제2항)

다음 어느 하나에 해당하는 자는 1년 이하의 징역 또는 500만 원 이하의 벌금에 처한다.

① 정당한 사유 없이 제출 정보를 제출하지 아니하거나 거짓으로 제출한 자(제43조 제1항) 및 관할 경찰관서 또는 교정시설의 장의 사진 촬영에 정당한 사유 없이 응하지 아니한 자(제2항)

② 변경 정보를 제출하지 아니하거나 거짓으로 제출한 자(제3항)

③ 정당한 사유 없이 관할 경찰관서에 출석하지 아니하거나 촬영에 응하지 아니한 자(제4항)

제2항 제2호의 죄는 피해자의 명시한 의사에 반하여 공소를 제기할 수 없다.

제16조 제2항에 따라 이수명령을 부과받은 자(형의 집행유예와 함께 이수명령을 부과받은 자는 제외한다)가 보호관찰소의 장 또는 교정시설의 장의 이수명령 이행에 관한 지시에 불응하여 「보호관찰 등에 관한 법률」 또는 「형의 집행 및 수용자의 처우에 관한 법률」에 따른 경고를 받은 후 재차 정당한 사유 없이 이수명령 이행에 관한 지시에 불응한 경우 다음에 따른다.

① 벌금형과 병과된 경우는 500만 원 이하의 벌금에 처한다.

② 징역형 이상의 실형과 병과된 경우에는 1년 이하의 징역 또는 5백만 원 이하

의 벌금에 처한다.

2) 양벌 규정

법인의 대표자나 법인 또는 개인의 대리인, 사용인, 그 밖의 종업원이 그 법인 또는 개인의 업무에 관하여 제13조 또는 제43조의 위반행위를 하면 그 행위자를 벌하는 외에 그 법인 또는 개인에게도 해당 조문의 벌금형을 과(科)한다. 다만, 법인 또는 개인이 그 위반행위를 방지하기 위하여 해당 업무에 관하여 상당한 주의와 감독을 게을리하지 아니한 경우에는 그러하지 아니하다(제51조).

학습 과제

01 입양특례법은 요보호 아동의 입양에 관한 요건 및 절차 등에 대한 특례와 지원에 필요한 사항을 정함으로써 (①)가 되는 아동의 권익과 복지를 증진하는 것을 목적으로 한다.

02 입양특례법 대상자에서 "아동"이란 (①) 미만인 사람을 말한다.

03 다음 어느 하나의 사유가 있는 경우에는 가정법원에 파양을 청구할 수 있는 자는?
(①__________, ②__________, ③__________)

- 양친이 양자를 학대 또는 유기하거나 그 밖에 양자의 복리를 현저히 해하는 경우
- 양자의 양친에 대한 패륜행위로 인하여 양자 관계를 유지시킬 수 없게 된 경우

04 가정법원은 파양이 청구된 아동이 (①) 이상인 경우 입양 아동의 의견을 청취하고 그 의견을 존중하여야 한다.

05 가정법원은 파양의 청구에 대한 판결이 확정되거나 심판의 효력이 발생한 때에는 지체 없이 그 뜻을 가정법원 소재지 (①)에 통보한다(제17조).

06 국가 또는 지방자치단체는 (①)을 설치·운영할 수 있다. 「사회복지사업법」에 따른 사회복지법인이나 그 밖의 비영리법인은 특별자치시장·특별자치도지사 또는 시장·군수·구청장의 인가를 받아 보호시설을 설치·운영할 수 있다.

07 보호시설의 종류에서 「성폭력범죄의 처벌 등에 관한 특례법」(제5조)에 따른 피해자로서 19세 미만의 피해자에게 제13조 제1항의 사항을 제공하는 시설은? (①)

08 ① 친족 관계에 의한 강간 등(제5조), 즉 친족관계인 사람이 폭행 또는 협박으로 사람을 강간한 경우에는 (①) 이상의 유기징역에 처한다.

② 친족 관계인 사람이 폭행 또는 협박으로 사람을 강제추행한 경우에는 (②) 이상의 유기징역에 처한다.

③ 장애인에 대한 강간·강제추행 등(제6조), 즉 신체적인 또는 정신적인 장애가 있는 사람에 대하여 「형법」 제297조(강간)의 죄를 범한 사람은 (③)의 징역에 처한다.

09 영유아란 (①)의 취학 전 아동을 말한다(제2조 제1호), 필요한 경우 어린이집의 장은 (②)까지 연장하여 보육할 수 있다(제27조).

10 흉기나 그 밖의 위험한 물건을 지닌 채 또는 2명 이상이 합동하여 「형법」 제297조(강간)의 죄를 범한 사람은 무기징역 또는 5년 이상의 징역에 처한다는 죄명은? (①) 제4조)

정답

선행 학습

1. (① 보육정책조정위원회)
2. (① 인종 및 출생지역)
3. (① 3년), (② 보수교육)
4. (① 취약지역) (① 시장 ② 군수 ③ 구청장)
5. (① 19세 미만), (② 영상물 녹화장치)
6. (① 성폭력피해자 보호시설), (②인가)
7. (① 장애인보호시설)
8. (① 무기징역), (② 10년 이상)

학습 과제

01. (① 양자)
02. (① 18세)
03. (① 양친, ② 양자, ③ 검사)
04. (① 13세)
05. (① 지방자치단체)
06. (① 성폭력피해자 보호시설)
07. (① 특별지원 보호시설)
08. ① (7년), ② (5년), ③ (무기징역 또는 7년 이상)
09. (① 6세 미만) (② 만12세)
10. (① 특수강간)

제 12 장 장애인복지법 · 장애인차별금지법

선행 학습

1. 장애인복지법에서 국가와 지방자치단체의 책임에 관한 설명이다. 빈 칸을 채우시오.
   (1) 국가와 지방자치단체는 장애 발생 예방을 위하여 (①)을 강화하여야 한다.
   (2) 국가와 지방자치단체는 (②)에 의한 장애 발생을 예방하기 위한 조치를 강구하여야 한다.
   (3) 국가와 지방자치단체는 장애인에게 (③) 교육을 실시하는 제도를 강구하여야 한다.
   (4) 국가와 지방자치단체는 장애인의 (④) 행사에 불편함이 없도록 편의시설 · 설비를 설치하는 등 필요한 조치를 강구해야 한다.
2. 보호수당은 장애인을 보호하는 (①)에게 그의 경제적 수준과 장애인의 장애 정도를 고려하여 장애로 인한 (②)을 보전하게 하기 위하여 지급하는 것이다.
3. 장애인의 복지 증진을 위한 상담 및 지원 업무를 담당하며 시 · 군 · 구에 두고 상담 · 지도, 진료 의뢰, 재활보조기구 등을 행하는 자는? (①)
4. 장애인복지법은 (①)이 정하는 장애의 종류 및 그 기준에 해당하는 장애인에게 적용한다.
5. 집단따돌림, 방치, 유기, 괴롭힘, 희롱, 학대, 금전적 착취, 성적 자기결정권 침해 등의 방법으로 장애인에게 가해지는 신체적 · 정신적 · 정서적 · 언어적 행위를 무엇이라고 하는가? (①)
6. 이 법에서 금지하는 차별행위에 대한 조사와 구제 업무를 전담하는 위원회는? (①)

제 1 절 장애인복지법

1 목적 및 대상

1) 목적

장애인의 인간다운 삶과 권리 보장을 위한 국가와 지방자치단체 등의 책임을 명백히 하고, 장애 발생 예방과 장애인의 의료·교육·직업재활·생활환경 개선 등에 관한 사업을 정하여 장애인 복지대책을 종합적으로 추진하며, 장애인의 자립생활·보호 및 수당 지급 등에 관하여 필요한 사항을 정하여 장애인의 생활 안정에 기여하는 등 장애인의 복지와 사회활동 참여 증진을 통하여 사회 통합에 이바지함을 목적으로 한다(제1조).

1) 대상

장애인의 정의(제2조)에 의하면 "장애인"이란 신체적·정신적 장애로 오랫동안 일상생활이나 사회생활에서 상당한 제약을 받는 자를 말한다(제1항).

다음의 어느 하나에 해당하는 장애가 있는 자로서 대통령령으로 정하는 장애의 종류 및 기준에 해당하는 자를 말한다.

신체적 장애는 주요 외부 신체 기능의 장애, 내부기관의 장애 등을 말한다.

정신적 장애는 발달장애 또는 정신질환으로 발생하는 장애를 말한다.

책임 주체는 국가 및 지방자치단체의 책임이다. 기본 책임(제9조)은 장애 발생 예방, 장애 조기 발견에 대한 국민의 관심을 높이고, 장애인의 자립을 지원하고, 보호가 필요한 장애인을 보호하여 장애인의 복지를 향상시킬 책임을 진다. 여성장애인의 권익을 보호하기 위하여 정책을 강구하여야 한다. 장애인 복지정책을 장애인과 그 보호자에게 적극적으로 홍보하여야 하며, 국민이 장애인을 올바르게 이해하도록 하는 데 필요한 정책을 강구하여야 한다.

국민의 책임(제10조)이다. 모든 국민은 장애 발생의 예방, 장애의 조기 발견을 위하여 노력하여야 하며, 장애인의 인격을 존중하고 사회 통합의 이념에 기초하여 장애인의 복지 향상에 협력하여야 한다. 모든 국민은 장애 발생의 예방, 장애의 조기 발견을 위하여 노력하여야 하며, 장애인의 인격을 존중하고 사회 통합의 이념에 기초하여 장애인의 복지 향상에 협력하여야 한다.

3) 장애인복지법의 발달

입법 배경은 1981년 '세계장애인의 해'를 맞아 UN이 모든 국가에 대해 심신장애인을 위한 복지사업과 기념행사를 추진하도록 권고함에 있다.

제 · 개정(시행)	주요 내용
1981.6.5. (1981.6.5.)	법률 제3452호 「심신장애자복지법」 제정
1989.12.30. (1989.12.30.)	장애인복지법 전부 개정 -"심신장애자"라는 용어를 "장애인"으로 변경(법의 제명을 장애인복지법으로 함.) -장애인복지에 관한 사항을 심의 · 건의하기 위하여 보건사회부에 장애인복지위원회 설치 -장애인등록제 신설
1999.2.8. (2000.1.1.)	「장애인복지법」 전부 개정 -장애인복지종합정책 수립 및 관계 부처 간 의견 조정, 감독, 평가를 위한 장애인복지조정위원회를 국무총리 소속하에 둠. -전기통신, 방송시설의 개선과 방송, 국가적인 주요 행사, 민간 주최의 주요 행사에 수화 통역, 폐쇄 자막 방송 등을 실시, 음성도서 보급 추진 -장애인보조견 표지 발급, 장애인 보조견을 동반한 장애인의 대중교통 수단 이용 거부, 숙박업소, 식품접객업소 이용 거부 금지
2003.9.29. (2005.1.1.)	「장애인복지법」 일부 개정 -「국민기초생활보장법」에 의한 생계급여의 수급자에 해당하는 장애인 모두를 장애수당의 의무 지급 대상자로 하여 지급 대상을 확대
2007.4.11. (2007.10.12.)	「장애인복지법」 전부 개정 -장애인 관련 정책결정 과정에 장애인이 우선적으로 참여할 권리 규정 -중앙행정기관의 장은 소속 공무원 중에서 장애인정책책임관을 지정할 수 있음. -임산부인 여성 장애인과 신생아의 건강관리를 위하여 산전 · 산후 조리를 돕는 도우미 지원 및 활동보조인의 파견 등 활동보조 서비스 지원 -장애인의 정보 접근성 제고 -장애인에 대한 사회적 인식 개선
2010.5.27. (2010.11.28.)	「장애인복지법」 일부 개정 -심사기관을 '국민연금공단'으로 명시함.
2011.3.30. (2012.3.31.)	「장애인복지법」 일부 개정 -장애인복지실시기관은 장애인이 장애인복지시설을 선택할 때 장애인의 선택권을 최대한 보장하도록 함. -장애인복지시설 중 장애인 생활시설을 거주 서비스를 제공하는 거주시설로 개념 및 기능을 재정립하고, 지역사회재활시설 중 의료재활시설을 별도로 규정하며, 유료복지시설은 삭제함. -장애인 거주시설의 정원은 30명을 초과할 수 없도록 하되, 특수한 서비스를 위하여 일정 규모 이상이 필요한 시설 등은 대통령령으로 정하도록 함. -장애인 거주시설에서 제공하여야 하는 서비스의 최저 기준을 마련하고, 장애인복지실시기관은 서비스의 최저 기준이 충족될 수 있도록 필요한 조치를 하도록 하며, 시설 운영자는 최저 기준 이상의 서비스 수준을 유지하도록 함.

	-장애인 거주시설 운영자는 시설 이용자의 인권을 보호하고, 인권이 침해된 경우에는 즉각적인 회복 조치를 취하도록 하며, 시설 이용자의 사생활 및 자기결정권의 보장을 위하여 노력하도록 함.
2011.8.4. (2012.8.5.)	「장애인복지법」 일부 개정 -보건복지부 장관은 언어재활사의 자격 요건을 갖춘 자로서 국가시험에 합격한 자에게 언어재활사 자격증을 내주도록 함. -한국언어재활사협회를 설립할 수 있도록 함.
2012.1.26. (2012.7.27.)	「장애인복지법」 일부 개정 -보건복지부 장관은 장애인의 권익과 복지 증진을 위하여 장애인정책종합계획의 수립, 시행하도록 함. -국내거소를 신고한 재외동포, 결혼이민자 등 일정한 요건을 갖춘 재외동포 및 외국인에 대하여 장애인 등록을 허용 -자녀교육비 및 장애수당 등의 신청 시 금융재산 조사에 관한 사항 -장애인복지시설의 운영자 등이 장애인복지시설 내 성범죄 발생 사실을 알게 된 때에는 수사기관에 신고하도록 의무화하고, 장애인복지시설의 운영자는 성범죄 예방 및 신고 의무와 관련한 교육 실시하도록 함.
2013.7.30. (2013.10.31.)	-생산품의 인증을 받는 경우 외에는 보건복지부령으로 정한 인증의 표시를 붙이거나 이를 사용해서는 안 됨. -국유·공유재산의 우선 매각이나 유상·무상 대여

2 급여 및 재정

1) 급여

(1) 기본 정책

국가 및 지방자치단체는 아래의 내용들에 대하여 시책 등을 강구하여야 한다.

장애 발생 예방(제17조), 의료와 재활치료(제18조), 사회적응 훈련(제19조), 교육(제20조), 직업(제21조), 정보에의 접근(제22조), 편의시설 설치(제23조), 안전대책 강구(제24조), 사회적 인식 개선(제25조), 선거권 행사를 위한 편의 제공(제26조), 주택 보급(제27조), 문화환경의 정비 등(제28조), 복지 연구 등의 진흥(제29조), 경제적 부담의 경감(제30조)이다.

① 장애인정책 종합계획의 수립, 시행

보건복지부 장관이 장애인의 권익과 복지 증진을 위하여 관계 중앙행정기관의 장과 협의하여 5년마다 장애인정책 종합계획을 수립, 시행하여야 한다(제10조의 2).

② 장애인정책 종합계획에 포함되어야 하는 사항

장애인의 복지에 관한 사항, 장애인의 교육문화에 관한 사항, 장애인의 경제활동에 관한 사항, 장애인의 사회 참여에 관한 사항, 그 밖에 장애인의 권익과 복지 증진을 위하여 필요한 사항이다.

(2) 복지 조치에 관한 내용

① 장애인 실태조사

보건복지부 장관은 장애인복지정책의 수립에 필요한 기초 자료로 활용하기 위하여 3년마다 장애인의 실태조사를 실시하여야 한다(제31조).

② 장애인 등록

장애인, 법정대리인 또는 대통령령으로 정하는 보호자는 장애 상태와 그 밖에 보건복지부령이 정하는 사항을 특별자치도지사 · 시장 · 군수 · 구청장에게 등록하여야 한다(제32조 제1항).

등록을 신청한 장애인이 기준에 맞으면 장애인 등록증을 내주어야 한다(제2항).

장애인 등록 및 상태 변화에 따른 장애 등급을 조정할 때 장애인의 장애 인정과 장애 등급 사정이 적정한지를 확인하기 위하여 필요한 경우 「국민연금법」 제24조에 따른 국민연금공단에 장애 정도에 대한 정밀심사를 의뢰할 수 있다(제6항).

③ 재외동포 및 외국인의 장애인 등록

국내 거소 신고를 한 사람, 외국인 등록을 한 자로 대한민국에 영주할 수 있는 체류 자격을 가진 사람, 결혼 이민자이다(제32조의 2).

④ 재활상담 등의 조치

보건복지부 장관, 특별시장 · 광역시장 · 도지사 · 특별자치도지사 또는 시장 · 군수 · 구청장(장애인복지 실시기관)은 장애인에 대한 검진 및 재활상담을 하고, 필요하다고 인정되면 조치를 하여야 한다(제34조).

⑤ 자녀교육비 지급

장애인복지 실시기관은 경제적 부담 능력 등을 감안하여 장애인이 부양하는 자녀 또는 장애인인 자녀의 교육비를 지급할 수 있다(제38조).

(3) 장애인 관련 수당

① 장애수당

국가와 지방자치단체는 장애인의 장애 정도와 장애인의 경제적 생활 수준을 고려하여 장애로 인한 추가적 비용을 보전하기 위하여 장애수당을 지급할 수 있다. 「국민기초생활보장법」에 따른 생계급여를 받는 장애인에게는 반드시 지급하여야 한다. 장애인연금법에 따른 중증장애인에게는 장애수당을 지급하지 않는다(제49조).

② 장애아동수당

국가와 지방자치단체는 장애아동에게 보호자의 경제적 생활 수준 및 장애아동의 장애 정도를 고려하여 장애로 인한 추가적 비용을 보전하기 위하여 장애수당을 지급할 수 있다. 대상은 18세 미만, 국민기초생활보장법 수급자 또는 차상위 계층이다(제50조 제1항).

③ 보호수당

국가와 지방자치단체는 장애인을 보호하는 보호자에게 그의 경제적 수준과 장애인의 장애 정도를 고려하여 장애인의 보호자에게 장애로 인한 추가적 비용을 보전하게 하기 위하여 보호수당을 지급할 수 있다. 국민기초생활보장법의 수급자, 중증장애로 다른 사람의 도움 없이는 일상생활을 영위하기 어려운 18세 이상의 장애인을 보호하거나 부양할 것이다(제2항).

④ 금융재산 조사

제38조에 따른 자녀교육비, 제49조 및 제50조에 따른 장애수당, 장애아동수당 및 보호수당을 지급받으려는 사람은 보건복지부령으로 정하는 바에 따라 특별자치도지사, 시장, 군수, 구청장에게 자녀교육비 및 장애수당 등의 지급을 신청할 수 있으며, 금융정보 등의 제공에 동의한다는 서면을 제출하여야 한다(제50조의 2).

⑤ 중증장애인의 자립생활 지원

국가와 지방자치단체는 중증장애인의 자기 결정에 의한 자립생활을 위하여 활동보조인의 파견 등 활동보조 서비스 또는 장애인 보조기구의 제공, 그 밖의 각종 편의 및 정보 제공 등 필요한 시책을 강구하여야 한다(제53조). 중증장애인의 자립생활지원센터를 통하여 필요한 각종 지원 서비스를 제공(제54조)하여 일상생활 또는 사회생활을 원활히 할 수 있도록 활동 지원 급여를 지원한다. 그리고 여성 장애인의 임신 및 출산 지원을 위한 활동보조인의 파견(제55조)에 관한 지원도 한다.

⑥ 장애인 동료 간 상담

장애인이 장애를 극복하는 데 도움이 되도록 장애 동료 간 상호 대화나 상담의 기회를 제공하도록 노력하여야 한다(제56조).

기타 복지 조치에 관한 내용은 다음과 같다.

㉠ 장애인의 재활 및 자립 서비스 제공(제35조)

㉡ 산후조리 도우미 지원(제37조)

㉢ 장애인 보조견의 훈련, 보급 지원(제40조)

㉣ 자금 대여(제41조)

㉤ 고용 촉진(제46조)

㉥ 국유, 공유 재산의 우선 매각이나 유상, 무상 대여(제48조)

㉦ 장애인복지 실시기관은 의료비 지원(제36조), 자립훈련비 지급(제43조)을 할 수 있다.

㉧ 생업 지원: 매점이나 자동판매기 설치 시 장애인의 신청을 우선적으로 반영(제42조)

㉨ 장애인 생산품 우선 구매(제44조)

(4) 복지시설에 관한 내용

장애인복지시설 이용에 관한 기본적 원칙은 다음과 같다.

국가와 지방자치단체는 장애인이 장애인복지시설의 이용을 통하여 기능 회복과 사회적 향상을 도모할 수 있도록 필요한 정책을 강구하여야 한다. 국가와 지방자치단체는 장애인복지시설을 이용하는 장애인의 인권을 보호하기 위하여 필요한 정책을 마련하고 관련 프로그램을 실시할 수 있는 기반을 조성하여야 한다. 장애인복지 실시기관은 장애인복지시설에 대한 장애인의 선택권을 최대한 보장하여야 한다. 장애인복지 실시기관은 장애인의 선택권을 보장하기 위하여 장애인복지시설을 이용하려는 장애인에게 시설의 선택에 필요한 정보를 충분히 제공하여야 한다. 장애인복지시설의 선택에 필요한 정보 제공과 서비스 제공 시에는 장애인의 성별·연령 및 장애의 유형과 정도를 고려하여야 한다(제57조).

(5) 복지시설의 종류

① 장애인 거주시설: 거주공간을 활용하여 일반 가정에서 생활하기 어려운 장애인에게 일정 기간 동안 거주, 요양, 지원 등의 서비스를 제공하는 동시에 지역사회 생활을 지원하는 시설. 정원은 30명을 초과할 수 없다.

② 장애인 지역사회 재활시설: 장애인을 전문적으로 상담, 치료, 훈련하거나 장애인의 일상생활, 여가활동 및 사회 참여 활동을 지원하는 시설

③ 장애인 직업재활시설: 일반 작업환경에서는 일하기 어려운 장애인이 특별히 준비된 작업환경에서 직업훈련을 받거나 직업생활을 할 수 있도록 하는 시설

④ 장애인 의료재활시설: 장애인을 입원 또는 통원하게 하여 상담, 진단·판정, 치료 등 의료재활 서비스를 제공하는 시설

⑤ 그 밖에 대통령령으로 정하는 시설(제58조)

(6) 복지시설의 설치와 인권 보호

① 설치

국가와 지방자치단체는 장애인복지시설을 설치할 수 있다. 이 외의 자가 설치·운영하고자 할 때는 시설 소재지 관할 시장·군수·구청장에게 신고하여야 하며, 신고한 사항 중 보건복지부령으로 정하는 중요한 사항을 변경할 때에도 신고하여야 한다(제59조).

② 장애인 대상 성범죄의 신고

장애인복지시설의 운영자 등이 장애인복지시설 내 성범죄 발생 사실을 알게 된 때에는 수사기관에 신고하도록 의무화한다. 장애인복지시설의 운영자는 성범죄 예방 및 신고 의무와 관련한 교육을 실시하여야 한다(제59조의 2).

③ 성범죄의 취업 제한 등

성범죄 경력자는 10년 동안 장애인복지시설을 운영하거나 장애인복지시설에 취업할 수 없다(제59조의 3).

(7) 시설 운영에 관한 내용

① 운영과 폐지

국가와 지방자치단체 외의 자가 시설의 설치를 신고 시에는 지체 없이 운영을 개시하여야 한다(제60조 제1항). 시설 운영의 중단 또는 재개하거나 시설 폐지할 때는 보건복지부령이 정하는 바에 따라 미리 시장·군수·구청장에게 신고하여야 한다(제2항).

② 시설 이용자의 권익 보호

시설 운영자가 시설 운영을 중단하였다가 시설 운영을 재개하려고 할 때에는 보건복지부령이 정하는 바에 따라 시설 이용자의 권익을 보호하기 위하여 다음의 조치를 하여야 한다. 운영 중단 사유의 해소, 향후 안정적 운영계획의 수립, 그 밖에 시설 이용자의 권익 보호를 위하여 보건복지부 장관이 필요하다고 인정하는 조치이다(제4항).

(8) 거주시설 이용에 관한 내용

① 거주시설 이용 절차

장애인 거주시설을 이용하려는 자와 그 친족, 그 밖의 관계인은 보건복지부령으로 정하는 서류를 갖추어 시장·군수·구청장에게 장애인의 시설 이용을 신청하여야 한다. 이용 중단에 따른 어떠한 불이익한 처분이나 차별을 하지 못하도록 하고 있다(제60조의 2).

② 거주시설의 서비스 최저 기준

보건복지부 장관은 장애인 거주시설에서 제공하여야 하는 서비스 최저 기준을 마련하여야 하며, 장애인복지 실시기관은 그 기준이 충족될 수 있도록 필요한 조치를 취하여야 한다. 시설 운영자는 서비스의 최저 기준 이상으로 서비스 수준을 유지하여야 한다(제60조의 3).

③ 거주시설 운영자의 의무

시설 운영자는 시설 이용자의 인권을 보호하고 인권이 침해된 경우에는 즉각적인 회복 조치를 취하여야 한다. 시설 운영자는 시설 이용자의 사생활 및 자기결정권 보장을 위하여 노력하여야 한다(제60조의 4).

2) 재정

(1) 예산의 범위 안에서 대통령령이 정하는 바에 따라 장애인복지 실시기관이 부담하게 할 수 있다(제79조 제1항).

예를 들어 의료비, 자녀교육비, 자립훈련비, 장애수당, 장애아동수당 및 보호수당, 활동급여 지원, 장애인보조기구의 교부, 장애보조기구 업체에 대한 지원, 장애인복지시설의 설치·운영에 드는 비용

(2) 국가와 지방자치단체는 장애인이 장애인복지시설을 이용하는 데 드는 비용의 전부 또는 일부를 부담할 수 있으며, 시설 이용자의 자산과 소득을 고려하여 본인부담금을 부과할 수 있다(제2항).

(3) 비용 수납: 국공립병원, 보건소, 보건지소 기타 의료기관에 의뢰하여 비용 및 보건 지도를 받게 하는 조치에 필요한 비용을 부담한 장애인복지 실시기관은 장애인 또는 부양 의무자로부터 부담한 비용의 전부 또는 일부를 수납할 수 있다(제80조).

(4) 비용보조: 국가와 지방자치단체는 장애인복지시설의 설치 또는 운영에 필요한 비용의 전부 또는 일부를 보조할 수 있다(제81조).

(5) 조세의 감면(제83조)

3 전달 체계 및 위원회

1) 복지시설

(1) 장애인복지시설 이용에 관한 기본적 원칙

첫째, 국가와 지방자치단체는 장애인이 장애인복지시설의 이용을 통하여 기능

회복과 사회적 향상을 도모할 수 있도록 필요한 정책을 강구하여야 한다.

둘째, 국가와 지방자치단체는 장애인 복지시설을 이용하는 장애인의 인권을 보호하기 위하여 필요한 정책을 마련하고 관련 프로그램을 실시할 수 있는 기반을 조성하여야 한다.

셋째, 장애인복지 실시기관은 장애인복지시설에 대한 장애인의 선택권을 최대한 보장하여야 한다.

넷째, 장애인복지 실시기관은 장애인의 선택권을 보장하기 위하여 장애인 복지시설을 이용하려는 장애인에게 시설의 선택에 필요한 정보를 충분히 제공하여야 한다.

다섯째, 장애인복지시설의 선택에 필요한 정보 제공과 서비스 제공 시에는 장애인의 성별·연령 및 장애의 유형과 정도를 고려하여야 한다(제57조).

(2) 복지시설의 종류

① 장애인 거주시설: 거주공간을 활용하여 일반 가정에서 생활하기 어려운 장애인에게 일정 기간 동안 거주, 요양, 지원 등의 서비스를 제공하는 동시에 지역사회 생활을 지원하는 시설로, 정원은 30명을 초과할 수 없다.

② 장애인 지역사회 재활시설: 장애인을 전문적으로 상담, 치료, 훈련하거나 장애인의 일상생활, 여가활동 및 사회 참여 활동을 지원하는 시설이다.

③ 장애인 직업재활시설: 일반 작업환경에서는 일하기 어려운 장애인이 특별히 준비된 작업환경에서 직업훈련을 받거나 직업생활을 할 수 있도록 하는 시설이다.

④ 장애인 의료재활시설: 장애인을 입원 또는 통원하게 하여 상담, 진단·판정, 치료 등 의료재활 서비스를 제공하는 시설이다.

⑤ 그 밖에 대통령령으로 정하는 시설이다(제58조).

(3) 복지시설의 설치와 인권 보호

국가와 지방자치단체는 장애인복지시설을 설치할 수 있다. 이 외의 자가 설치·운영하고자 할 때는 시설 소재지 관할 시장·군수·구청장에게 신고하여야 하며, 신고한 사항 중 보건복지부령으로 정하는 중요한 사항을 변경할 때에도 신고하여야 한다.

① 장애인 대상 성범죄의 신고

장애인복지시설의 운영자 등이 장애인복지시설 내 성범죄 발생 사실을 알게 된 때에는 수사기관에 신고하도록 의무화한다. 장애인복지시설의 운영자는 성범죄 예방 및 신고 의무와 관련한 교육을 실시하여야 한다(제59조의 2).

② 성범죄의 취업 제한 등

성범죄 경력자는 10년 동안 장애인복지시설을 운영하거나 장애인복지시설에 취업할 수 없다(제59조의 3).

2) 시설 운영

(1) 운영과 폐지

국가와 지방자치단체 외의 자가 시설의 설치를 신고 시에는 지체 없이 운영을 개시하여야 한다(제60조 제1항). 시설 운영의 중단 또는 재개하거나 시설 폐지할 때는 보건복지부령이 정하는 바에 따라 미리 시장·군수·구청장에게 신고하여야 한다(제2항).

(2) 시설 이용자의 권익 보호

시설 운영자가 시설 운영을 중단하였다가 시설 운영을 재개하려고 할 때에는 보건복지부령이 정하는 바에 따라 시설 이용자의 권익을 보호하기 위하여 다음의 조치를 하여야 한다. 운영 중단 사유의 해소 향후 안정적 운영계획의 수립 그 밖에 시설 이용자의 권익 보호를 위하여 보건복지부 장관이 필요하다고 인정하는 조치이다(제4항).

(3) 거주시설 이용

① 거주시설 이용 절차

장애인 거주시설을 이용하려는 자와 그 친족, 그 밖의 관계인은 보건복지부령으로 정하는 서류를 갖추어 시장, 군수, 구청장에게 장애인의 시설 이용을 신청하여야 한다. 이용 중단에 따른 어떠한 불이익한 처분이나 차별을 하지 못하도록 하고 있다(제60조의 2).

② 거주시설의 서비스 최저 기준

보건복지부 장관은 장애인 거주시설에서 제공하여야 하는 서비스 최저 기준을 마련하여야 하며, 장애인복지 실시기관은 그 기준이 충족될 수 있도록 필요한 조치를 취하여야 한다. 시설 운영자는 서비스의 최저 기준 이상으로 서비스 수준을 유지하여야 한다(제60조의 3).

거주시설의 운영자의 의무(제60조의 4)로서 시설 운영자는 시설 이용자의 인권을 보호하고 인권이 침해된 경우에는 즉각적인 회복 조치를 취하여야 한다.

시설 운영자는 시설 이용자의 사생활 및 자기결정권 보장을 위하여 노력하여야 한다.

③ 감독 및 시설의 개선 명령 등 감독

장애인복지 실시기관은 장애인 복지시설을 설치·운영하는 자의 소관 업무 및 시설 이용자의 인권 실태 등을 지도·감독하며, 필요한 경우 그 시설에 관한 보고 또는 관련 서류 제출을 명하거나 소속 공무원에게 그 시설의 운영 상황·장부, 그 밖의 서류를 조사·검사하거나 질문하게 할 수 있다(제61조).

④ 시설의 개선, 정지, 폐쇄 명령 등

장애인복지 실시기관은 장애인 복지시설의 개선, 사업의 정지, 시설의 장 교체를 명하거나 해당 시설의 폐쇄를 명할 수 있다. 장애인 거주시설이 제60조의3에 따른 서비스 최저 기준을 유지하지 못할 때에는 그 시설의 개선, 사업의 정지, 시설의 장의 교체를 명하거나 해당 시설의 폐쇄를 명할 수 있다(제62조).

3) 전달 체계

(1) 장애인정책조정위원회

장애인 종합정책을 수립하고 관계 부처 간의 의견을 조정하며 그 정책의 이행을 감독하고 평가하기 위하여 국무총리 소속하에 둔다(제11조 제1항). 역할은 정책의 기본 방향에 관한 사항, 장애인복지 향상을 위한 제도 개선과 예산 지원에 관한 사항, 중요한 특수교육정책의 조정에 관한 사항, 장애인의 고용촉진정책의 중요한 조정에 관한 사항, 장애인 이동보장정책 조정에 관한 사항, 장애인정책 추진과 관련한 재원 조달에 관한 사항, 장애인복지에 관한 관련 부처의 협조에 관한 사항, 그 밖에 장애인 복지와 관련하여 대통령령으로 정하는 사항이다.

(2) 장애인복지 상담원

장애인복지 향상을 위한 상담 및 지원 업무를 맡기기 위하여 시·군·구에 장애인복지 상담원을 둔다(제33조).

(3) 협력 민간기관

국가와 지방자치단체는 장애인의 복지를 향상하고 자립을 돕기 위하여 장애인복지단체를 보호·육성하도록 노력하여야 한다. 예산의 범위 안에서 단체의 사업 또는 활동이나 그 시설에 필요한 경비의 전부 또는 일부를 보조할 수 있다. 장애인복지단체의 활동을 지원하고 장애인의 복지를 향상하기 위하여 장애인복지단체협의회를 설립할 수 있다(제63조).

(4) 장애인복지 전문인력

국가와 지방자치단체 기타 공공단체는 수화 통역사, 점역사 등 장애인복지 전문인력 및 기타 장애인 복지에 관한 업무에 종사하는 자의 양성 및 훈련에 노력하여야 한다(제71조).

의지·보조기 기사 자격증(제72조), 언어재활사 자격증(제72조의 2)제도가 있다.

4 권리구제 및 벌칙

1) 권리구제

장애인, 장애인의 법정대리인 또는 대통령령이 정하는 보호자는 이 법에 따른 복지 조치에 이의가 있으면 장애인복지 실시기관에 심사를 청구할 수 있다. 심사·결정에 이의가 있는 자는 「행정심판법」에 따라 행정심판을 제기할 수 있다(제

84조).

2) 벌칙

① 5년 이하의 징역 또는 3천만 원 이하의 벌금(제86조 제1항): 금융정보 등 누설 관련

② 3년 이하의 징역 또는 2천만 원 이하의 벌금(제86조 제2항): 신용정보 등 누설 관련

③ 1년 이하의 징역 또는 500만 원 이하의 벌금(제87조)

– 장애인을 이용하여 부당한 영리행위를 한 자

– 장애인등록증을 양도 또는 대여하거나 양도 또는 대여를 받은 자 및 유사한 명칭 또는 표시를 사용한 자

– 시설 이용자의 권익 보호 조치를 위반한 시설 운영자

④ 300만 원 이하의 벌금(제88조)

장애인의 입학 지원 거부하거나 입학시험 합격자의 입학 거부하는 등 불리한 조치를 한 자

3) 과태료

① 1천만 원 이하 과태료

시설 운영자가 성범죄자의 해임 요구를 거부하거나 1개월 이내에 행하지 않은 경우

② 500만 원 이하 과태료

시설 운영자가 성범죄 경력을 확인하지 않고 취업시킨 경우

③ 300만 원 이하의 과태료

장애인등록증 반환 명령을 거부한 자, 보조견표지를 붙인 장애인 보조견 등을 동반한 장애인 등의 출입을 정당한 사유 없이 거부한 자 등(제88조)

제 2 절 장애인차별금지법

1 목적 및 대상

1) 목적

이 법은 모든 생활 영역에서 장애를 이유로 한 차별을 금지하고 장애를 이유로 차별받은 사람의 권익을 효과적으로 구제함으로써 장애인의 완전한 사회 참여와 평등권 실현을 통하여 인간으로서의 존엄과 가치를 구현함을 목적으로 한다(제1조).

이 법에서 금지하는 차별행위의 사유가 되는 장애라 함은 신체적·정신적 손상 또는 기능 상실이 장기간에 걸쳐 개인의 일상 또는 사회생활에 상당한 제약을 초래하는 상태를 말한다. 장애인이라 함은 위의 장애가 있는 사람을 말한다(제2조).

이 법에서 사용하는 용어의 정의는 다음과 같다.

① "건강권"이라 함은 보건교육, 장애로 인한 후유장애와 질병 예방 및 치료, 영양 개선 및 건강생활의 실천 등에 관한 제반 여건의 조성을 통하여 건강한 생활을 할 권리를 말하며, 의료받을 권리를 포함한다.

② "의료인 등"이라 함은 「의료법」(제2조 제1항)에 따른 의료인과 국가 및 관련 협회 등에서 정한 자격·면허 등을 취득한 물리치료사, 작업치료사, 언어치료사, 심리치료사, 의지·보조기 기사 등 장애인의 건강에 개입되는 사람을 말한다.

④ "괴롭힘 등"이라 함은 집단따돌림, 방치, 유기, 괴롭힘, 희롱, 학대, 금전적 착취, 성적 자기결정권 침해 등의 방법으로 장애인에게 가해지는 신체적·정신적·정서적·언어적 행위를 말한다.

2) 대상

이 법에서 금지하는 차별이라 함은 다음 어느 하나에 해당하는 경우를 말한다(제4조).

① 장애인을 장애를 사유로 정당한 사유 없이 제한·배제·분리·거부 등에 의하여 불리하게 대하는 경우

② 장애인에 대하여 형식상으로는 제한·배제·분리·거부 등에 의하여 불리하게 대하지 아니하지만 정당한 사유 없이 장애를 고려하지 아니하는 기준을 적용함으로써 장애인에게 불리한 결과를 초래하는 경우

③ 정당한 사유 없이 장애인에 대하여 정당한 편의 제공을 거부하는 경우

④ 정당한 사유 없이 장애인에 대한 제한·배제·분리·거부 등 불리한 대우를 표시·조장하는 광고를 직접 행하거나 그러한 광고를 허용·조장하는 경우. 이 경우 광고는 통상적으로 불리한 대우를 조장하는 광고 효과가 있는 것으로 인정되는 행위를 포함한다.

⑤ 장애인을 돕기 위한 목적에서 장애인을 대리·동행하는 자(장애아동의 보호자 또는 후견인 그 밖에 장애인을 돕기 위한 자임이 통상적으로 인정되는 자를 포함한다. 이하 "장애인 관련자"라 한다)에 대하여 제1호부터 제4호까지의 행위를 하는 경우. 이 경우 장애인 관련자의 장애인에 대한 행위 또한 이 법에서 금지하는 차별행위 여부의 판단 대상이 된다.

⑥ 보조견 또는 장애인 보조기구 등의 정당한 사용을 방해하거나 보조견 및 장애인 보조기구 등을 대상으로 에 따라 금지된 행위(제4호)를 하는 경우

⑦ "정당한 편의"라 함은 장애인이 장애가 없는 사람과 동등하게 같은 활동에 참여할 수 있도록 장애인의 성별, 장애의 유형 및 정도, 특성 등을 고려한 편의시설·설비·도구·서비스 등 인적·물적 제반 수단과 조치를 말한다.

위의 차별행위에도 불구하고 다음 어느 하나에 해당하는 정당한 사유가 있는 경우에는 이를 차별로 보지 아니한다.

① 금지된 차별행위를 하지 않음에 있어서 과도한 부담이나 현저히 곤란한 사정 등이 있는 경우

② 금지된 차별행위가 특정 직무나 사업 수행의 성질상 불가피한 경우. 이 경우

특정 직무나 사업 수행의 성질은 교육 등의 서비스에도 적용되는 것으로 본다.

장애인의 실질적 평등권을 실현하고 장애인에 대한 차별을 시정하기 위하여 이 법 또는 다른 법령 등에서 취하는 적극적 조치는 이 법에 따른 차별로 보지 아니한다.

차별 판단(제5조)은 차별의 원인이 2가지 이상이고, 그 주된 원인이 장애라고 인정되는 경우 그 행위는 이 법에 따른 차별로 본다.

이 법을 적용함에 있어서 차별 여부를 판단할 때에는 장애인 당사자의 성별, 장애의 유형 및 정도, 특성 등을 충분히 고려하여야 한다.

차별 금지로 누구든지 장애 또는 과거의 장애 경력 또는 장애가 있다고 추측됨을 이유로 차별을 하여서는 아니 된다(제6조).

권리로서 장애인은 자기결정권 및 선택권의 권리를 가지고 있다.

① 장애인은 자신의 생활 전반에 관하여 자신의 의사에 따라 스스로 선택하고 결정할 권리를 가진다.

② 장애인은 장애인 아닌 사람과 동등한 선택권을 보장받기 위하여 필요한 서비스와 정보를 제공받을 권리를 가진다(제7조).

의무로서 국가 및 지방자치단체의 의무가 있다.

① 국가 및 지방자치단체는 장애인 및 장애인 관련자에 대한 모든 차별을 방지하고 차별받은 장애인 등의 권리를 구제할 책임이 있으며, 장애인 차별을 실질적으로 해소하기 위하여 이 법에서 규정한 차별 시정에 대하여 적극적인 조치를 하여야 한다.

② 국가 및 지방자치단체는 장애인 등에게 정당한 편의가 제공될 수 있도록 필요한 기술적·행정적·재정적 지원을 하여야 한다(제8조).

다른 법률과의 관계에서는 장애를 사유로 한 차별의 금지 및 권리구제에 관하여 이 법에서 규정한 것 외에는 「국가인권위원회법」으로 정하는 바에 따른다(제9조).

2 급여 및 재정

1) 급여

(1) 고용

사용자는 모집·채용, 임금 및 복리후생, 교육·배치·승진·전보, 정년·퇴직·해고에 있어 장애인을 차별하여서는 아니 된다.

「노동조합 및 노동관계조정법」(제2조 제4호)에 따른 노동조합은 장애인 근로자의 조합 가입을 거부하거나 조합원의 권리 및 활동에 차별을 두어서는 아니 된다(제10조).

정당한 편의 제공 의무이다. 사용자는 장애인이 해당 직무를 수행함에 있어서 장애인 아닌 사람과 동등한 근로 조건에서 일할 수 있도록 다음과 같이 정당한 편의를 제공하여야 한다(제11조).

① 시설·장비의 설치 또는 개조
② 재활, 기능평가, 치료 등을 위한 근무 시간의 변경 또는 조정
③ 훈련 제공 또는 훈련에서 편의 제공
④ 지도 매뉴얼 또는 참고자료의 변경
⑤ 시험 또는 평가 과정의 개선
⑥ 화면 낭독·확대 프로그램, 무지점자 단말기, 확대 독서기, 인쇄물 음성 변환 출력기 등 장애인 보조기구의 설치·운영과 낭독자, 수화 통역자 등의 보조인 배치

사용자가 제공하여야 할 정당한 편의의 구체적 내용 및 적용 대상 사업장의 단계적 범위 등에 관하여는 대통령령으로 정한다.

(2) 교육

교육의 차별 금지에 대한 내용은 다음과 같다.

① 교육책임자는 장애인의 입학 지원 및 입학을 거부할 수 없고, 전학을 강요할 수 없으며, 「영유아보육법」에 따른 어린이집, 「유아교육법」 및 「초·중등교육법」에 따른 각급 학교는 장애인이 당해 교육기관으로 전학하는 것을 거절

하여서는 아니 된다.

② 교육기관의 장은 「장애인 등에 대한 특수교육법」(제17조)을 준수하여야 한다.

③ 교육 책임자는 당해 교육기관에 재학 중인 장애인 및 그 보호자가 편의 제공(제14조 제1항 각 호)을 요청할 때 정당한 사유 없이 이를 거절하여서는 아니 된다(제13조).

④ 교육 책임자는 특정 수업이나 실험·실습, 현장견학, 수학여행 등 학습을 포함한 모든 교내외 활동에서 장애를 이유로 장애인의 참여를 제한, 배제, 거부하여서는 아니 된다.

⑤ 교육책임자는 취업 및 진로교육, 정보 제공에 있어서 장애인의 능력과 특성에 맞는 진로교육 및 정보를 제공하여야 한다.

⑥ 교육 책임자 및 교직원은 교육기관에 재학 중인 장애인 및 장애인 관련자, 특수교육 교원, 특수교육 보조원, 장애인 관련 업무 담당자를 모욕하거나 비하하여서는 아니 된다.

⑦ 교육 책임자는 장애인의 입학 지원 시 장애인 아닌 지원자와 달리 추가 서류, 별도의 양식에 의한 지원 서류 등을 요구하거나, 장애인만을 대상으로 한 별도의 면접이나 신체검사, 추가시험 등(이하 "추가서류 등"이라 한다)을 요구하여서는 아니 된다. 다만, 추가 서류 등의 요구가 장애인의 특성을 고려한 교육 시행을 목적으로 함이 명백한 경우에는 그러하지 아니하다.

⑧ 국가 및 지방자치단체는 장애인에게 「장애인 등에 대한 특수교육법」 제3조 제1항에 따른 교육을 실시하는 경우, 정당한 사유 없이 해당 교육과정에 정한 학업 시수를 위반하여서는 아니 된다(개정 2010.5.11).

그리고 정당한 편의 제공 의무이다.

교육 책임자는 당해 교육기관에 재학 중인 장애인의 교육활동에 불이익이 없도록 다음 수단을 적극적으로 강구하고 제공하여야 한다(제14조).

① 장애인의 통학 및 교육기관 내에서의 이동 및 접근에 불이익이 없도록 하기 위한 각종 이동용 보장구의 대여 및 수리

② 장애인 및 장애인 관련자가 필요로 하는 경우 교육 보조인력의 배치

③ 장애로 인한 학습 참여의 불이익을 해소하기 위한 확대 독서기, 보청 기기, 높낮이 조절용 책상, 각종 보완·대체 의사소통 도구 등의 대여 및 보조견의

배치나 휠체어의 접근을 위한 여유 공간 확보

④ 시·청각 장애인의 교육에 필요한 수화 통역, 문자 통역(속기), 점자 자료, 자막, 큰 문자 자료, 화면 낭독·확대 프로그램, 보청 기기, 무지점자 단말기, 인쇄물 음성 변환 출력기를 포함한 각종 장애인 보조기구 등 의사소통 수단

⑤ 교육과정을 적용함에 있어서 학습진단을 통한 적절한 교육 및 평가 방법의 제공

⑥ 그 밖에 장애인의 교육활동에 불이익이 없도록 하는 데 필요한 사항으로서 대통령령으로 정하는 사항

(3) 재화와 용역의 제공 및 이용

재화·용역 등의 제공에 있어서의 차별 금지이다.

① 재화·용역 등의 제공자는 장애인에 대하여 장애를 이유로 장애인 아닌 사람에게 제공하는 것과 실질적으로 동등하지 않은 수준의 편익을 가져다주는 물건, 서비스, 이익, 편의 등을 제공하여서는 아니 된다.

② 재화·용역 등의 제공자는 장애인이 해당 재화·용역 등을 이용함으로써 이익을 얻을 기회를 박탈하여서는 아니 된다(제15조).

토지 및 건물의 매매·임대 등에 있어서의 차별 금지이다.

토지 및 건물의 소유·관리자는 당해 토지 및 건물의 매매, 임대, 입주, 사용 등에 있어서 정당한 사유 없이 장애인을 제한·분리·배제·거부하여서는 아니 된다(제16조).

금융상품 및 서비스 제공에 있어서의 차별 금지이다.

금융상품 및 서비스의 제공자는 금전 대출, 신용카드 발급, 보험 가입 등 각종 금융상품과 서비스의 제공에 있어서 정당한 사유 없이 장애인을 제한·배제·분리·거부하여서는 아니 된다(제17조).

(4) 시설물 접근·이용의 차별 금지

시설물 접근·이용의 차별 금지이다.

① 시설물의 소유·관리자는 장애인이 당해 시설물을 접근·이용하거나 비상시 대피함에 있어서 장애인을 제한·배제·분리·거부하여서는 아니 된다.

② 시설물의 소유·관리자는 보조견 및 장애인 보조기구 등을 시설물에 들여오거나 시설물에서 사용하는 것을 제한·배제·분리·거부하여서는 아니 된다(제18조).

■ 이동 및 교통 수단 등에서의 차별 금지

① 「교통 약자의 이동편의증진법」(제2조 제5호 및 제6호)에 따른 교통사업자 및 교통행정기관은 이동 및 교통 수단 등을 접근·이용함에 있어서 장애인을 제한·배제·분리·거부하여서는 아니 된다.

② 교통사업자 및 교통행정기관은 이동 및 교통 수단 등의 이용에 있어서 보조견 및 장애인 보조기구 등의 동승 또는 반입 및 사용을 거부하여서는 아니 된다.

③ 교통사업자 및 교통행정기관은 이동 및 교통 수단 등의 이용에 있어서 장애인 및 장애인 관련자에게 장애 또는 장애인이 동행·동반한 보조견 또는 장애인 보조기구 등을 이유로 장애인 아닌 사람보다 불리한 요금 제도를 적용하여서는 아니 된다(제19조).

■ 정보 접근에서의 차별 금지

① 개인·법인·공공기관은 장애인이 전자정보와 비전자정보를 이용하고 그에 접근함에 있어서 장애를 이유로 금지한 차별행위를 하여서는 아니 된다.

② 장애인 관련자로서 수화 통역, 점역, 점자 교정, 낭독, 대필, 안내 등을 위하여 장애인을 대리·동행하는 등 장애인의 의사소통을 지원하는 자에 대하여는 누구든지 정당한 사유 없이 이들의 활동을 강제·방해하거나 부당한 처우를 하여서는 아니 된다(제20조).

■ 정보통신·의사소통 등에서의 정당한 편의 제공 의무

공공기관 등은 자신이 주최 또는 주관하는 행사에서 장애인의 참여 및 의사소통을 위하여 필요한 수화 통역사·문자 통역사·음성 통역자·보청기기 등 필요한 지원을 하여야 한다.

■ 개인정보 보호

장애인의 개인정보는 반드시 본인의 동의하에 수집되어야 하고, 당해 개인정보에 대한 무단 접근이나 오·남용으로부터 안전하여야 한다(제22조).

■ 정보 접근 · 의사소통에서의 국가 및 지방자치단체의 의무

국가 및 지방자치단체는 장애인의 특성을 고려한 정보통신망 및 정보통신기기의 접근·이용을 위한 도구의 개발·보급 및 필요한 지원을 강구하여야 한다. 그리고 정보통신 관련 제조업자는 정보통신 제품을 설계·제작·가공함에 있어서 장애인이 장애인 아닌 사람과 동등하게 접근·이용할 수 있도록 노력하여야 한다(제23조).

■ 문화 · 예술활동의 차별 금지

국가와 지방자치단체 및 문화·예술사업자는 장애인이 문화·예술활동에 참여할 수 있도록 정당한 편의를 제공하여야 한다(제24조).

■ 체육활동의 차별 금지

체육활동을 주최·주관하는 기관이나 단체, 체육활동을 목적으로 하는 체육시설의 소유·관리자는 체육활동의 참여를 원하는 장애인을 장애를 이유로 제한·배제·분리·거부하여서는 아니 된다(제25조).

(5) 사법 · 행정절차 및 서비스와 참정권

공공기관 등은 장애인이 생명, 신체 또는 재산권 보호를 포함한 자신의 권리를 보호·보장받기 위하여 필요한 사법·행정절차 및 서비스 제공에 있어 장애인을 차별하여서는 아니 된다(제26조).

■ 참정권

① 국가 및 지방자치단체와 공직선거 후보자 및 정당은 장애인이 선거권, 피선거권, 청원권 등을 포함한 참정권을 행사함에 있어서 차별하여서는 아니 된다.
② 국가 및 지방자치단체는 장애인의 참정권을 보장하기 위하여 필요한 시설 및 설비, 참정권 행사에 관한 홍보 및 정보 전달, 장애의 유형 및 정도에 적합한 기표 방법 등 선거용 보조기구의 개발 및 보급, 보조원의 배치 등 정당한 편의를 제공하여야 한다(제27조).

(6) 모 · 부성권의 차별 금지

누구든지 장애인의 임신, 출산, 양육 등 모·부성권에 있어 장애를 이유로 제한·배제·분리·거부하여서는 아니 된다(제28조).

국가 및 지방자치단체에서 직접 운영하거나 그로부터 위탁 혹은 지원을 받아 운영하는 기관은 장애인의 피임 및 임신·출산·양육 등에 있어서의 실질적인 평등을 보장하기 위하여 관계 법령으로 정하는 바에 따라 장애 유형 및 정도에 적합한 정보·활동보조 서비스 등의 제공 및 보조기기·도구 등의 개발 등 필요한 지원책을 마련하여야 한다.

■ 성에서의 차별 금지

모든 장애인의 성에 관한 권리는 존중되어야 하며, 장애인은 이를 주체적으로 표현하고 향유할 수 있는 성적 자기결정권을 가진다(제29조).

(7) 가족 · 가정 · 복지시설, 건강권 등

가족·가정 및 복지시설 등의 구성원은 장애인의 의사에 반하여 과중한 역할을 강요하거나 장애를 이유로 정당한 사유 없이 의사결정 과정에서 장애인을 배제하여서는 아니 된다(제30조).

(8) 건강권에서의 차별 금지

의료기관 등 및 의료인 등은 장애인에 대한 의료행위에 있어서 장애인을 제한·배제·분리·거부하여서는 아니 된다(제31조).

(9) 괴롭힘 등의 금지

장애인은 성별, 연령, 장애의 유형 및 정도, 특성 등에 상관없이 모든 폭력으로부터 자유로울 권리를 가진다. 괴롭힘 등의 피해를 당한 장애인은 상담 및 치료, 법률구조, 그 밖에 적절한 조치를 받을 권리를 가지며, 괴롭힘 등의 피해를 신고하였다는 이유로 불이익한 처우를 받아서는 아니 된다(제32조).

(10) 장애여성 및 장애아동의 차별 금지

국가 및 지방자치단체는 장애를 가진 여성임을 이유로 모든 생활 영역에서 차별을 하여서는 아니 된다. 누구든지 장애여성에 대하여 임신·출산·양육·가사 등에 있어서 장애를 이유로 그 역할을 강제 또는 박탈하여서는 아니 된다(제33조).

누구든지 장애를 가진 아동임을 이유로 모든 생활 영역에서 차별을 하여서는 아니 된다. 누구든지 장애아동에 대하여 교육, 훈련, 건강보호 서비스, 재활 서비스, 취업 준비, 레크리에이션 등을 제공받을 기회를 박탈하여서는 아니 된다(제35조). 그리고 누구든지 정신적 장애를 가진 사람의 특정 정서나 인지적 장애 특성을 부당하게 이용하여 불이익을 주어서는 아니 된다(제37조).

3 전달 체계 및 위원회

1) 장애아동에 대한 차별 금지를 위한 국가 및 지방자치단체의 의무

국가 및 지방자치단체는 장애아동이 장애를 이유로 한 어떠한 종류의 차별도 없이 다른 아동과 동등한 권리와 자유를 누릴 수 있도록 필요한 조치를 다하여야 한다. 국가 및 지방자치단체는 장애아동의 성별, 장애의 유형 및 정도, 특성에 알맞은 서비스를 조기에 제공할 수 있도록 조치하여야 하고, 이를 위하여 장애아동을 보호하는 친권자 및 양육 책임자에 대한 지원책을 마련하여야 한다(제36조).

2) 정신적 장애를 가진 사람에 대한 차별 금지 등

누구든지 정신적 장애를 가진 사람의 특정 정서나 인지적 장애 특성을 부당하게 이용하여 불이익을 주어서는 아니 된다. 국가와 지방자치단체는 정신적 장애를 가진 사람의 인권 침해를 예방하기 위하여 교육, 홍보 등 필요한 법적·정책적 조치를 강구하여야 한다(제37조).

3) 장애인차별시정기구

(1) 진정

이 법에서 금지하는 차별행위로 인하여 피해를 입은 사람(이하 "피해자"라 한다)

또는 그 사실을 알고 있는 사람이나 단체는 국가인권위원회(이하 "위원회"라 한다)에 그 내용을 진정할 수 있다(제38조).

(2) 직권조사

위원회는 진정이 없는 경우에도 이 법에서 금지하는 차별행위가 있다고 믿을 만한 상당한 근거가 있고 그 내용이 중대하다고 인정할 때에는 이를 직권으로 조사할 수 있다.

4) 장애인차별시정소위원회

① 위원회는 이 법에서 금지하는 차별행위에 대한 조사와 구제 업무를 전담하는 장애인차별시정소위원회를 둔다.
② 소위원회의 구성・업무 및 운영 등에 관하여 필요한 사항은 위원회의 규칙으로 정한다(제40조).

5) 준용 규정

위의 진정의 절차・방법・처리, 진정 및 직권에 따른 조사의 방법에 관하여 이 법에 특별한 규정이 없는 사항에 관하여는 「국가인권위원회법」의 규정을 준용한다(제41조).

4 권리구제 및 벌칙

1) 권리구제

위원회는 이 법이 금지하는 차별행위로 「국가인권위원회법」(제43조)의 권고를 한 경우 그 내용을 법무부 장관에게 통보하여야 한다(제42조).

시정명령에 대하여 법무부 장관은 이 법이 금지하는 차별행위로 「국가인권위원회법」(제44조)의 권고를 받은 자가 정당한 사유 없이 권고를 이행하지 아니하고 다음 어느 하나에 해당하는 경우로서 그 피해의 정도가 심각하고 공익에 미치는 영향이 중대하다고 인정되는 경우 피해자의 신청에 의하여 또는 직권으로 시정명령을 할 수 있다(제43조).

① 피해자가 다수인인 차별행위에 대한 권고 불이행
② 반복적 차별행위에 대한 권고 불이행
③ 피해자에게 불이익을 주기 위한 고의적 불이행
④ 그 밖에 시정명령이 필요한 경우

법무부 장관은 위의 시정명령으로서 이 법에서 금지되는 차별행위를 한 자에게 다음의 조치를 명할 수 있다.

① 차별행위의 중지
② 피해의 원상 회복
③ 차별행위의 재발 방지를 위한 조치
④ 그 밖에 차별 시정을 위하여 필요한 조치

법무부 장관은 시정명령을 서면으로 하되, 그 이유를 구체적으로 명시하여 차별행위자와 피해자에게 각각 교부하여야 한다.

법무부 장관이 차별 시정에 필요한 조치를 명하는 기간, 절차, 방법 등에 필요한 사항은 대통령령으로 정한다.

시정명령의 확정에 대하여 법무부 장관의 시정명령에 대하여 불복하는 관계 당사자는 그 명령서를 송달받은 날부터 30일 이내에 행정소송을 제기할 수 있다. 기간 이내에 행정소송을 제기하지 아니한 때에는 그 시정명령은 확정된다(제44조).

시정명령 이행 상황의 제출 요구 등에 대하여 법무부 장관은 확정된 시정명령에 대하여 차별 행위자에게 그 이행 상황을 제출할 것을 요구할 수 있다.

피해자는 차별행위자가 확정된 시정명령을 이행하지 아니하는 경우에 이를 법무부 장관에게 신고할 수 있다(제45조).

누구든지 이 법의 규정을 위반하여 타인에게 손해를 가한 자는 그로 인하여 피해를 입은 사람에 대하여 손해배상 책임을 진다. 다만, 차별행위를 한 자가 고의 또는 과실이 없음을 증명한 경우에는 그러하지 아니하다. 이 법률과 관련한 분쟁

해결에 있어서 차별행위가 있었다는 사실은 차별행위를 당하였다고 주장하는 자가 입증하여야 한다.

법원은 이 법에 따라 금지된 차별행위에 관한 소송 제기 전 또는 소송 제기 중에 피해자의 신청으로 피해자에 대한 차별이 소명되는 경우 본안 판결 전까지 차별행위의 중지 등 그 밖의 적절한 임시 조치를 명할 수 있다.

2) 벌칙

(1) 벌칙: 차별행위

① 이 법에서 금지한 차별행위를 행하고 그 행위가 악의적인 것으로 인정되는 경우 법원은 차별을 한 자에 대하여 3년 이하의 징역 또는 3천만 원 이하의 벌금에 처할 수 있다.

② 제1항에서 악의적이라 함은 다음 사항을 전부 고려하여 판단하여야 한다(제49조).

㉮ 차별의 고의성

㉯ 차별의 지속성 및 반복성

㉰ 차별 피해자에 대한 보복성

㉱ 차별 피해의 내용 및 규모

법인의 대표자나 법인 또는 개인의 대리인·사용인, 그 밖의 종업원이 그 법인 또는 개인의 업무에 관하여 악의적인 차별행위를 한 때에는 행위자를 벌하는 외에 그 법인 또는 개인에 대하여도 제1항의 벌금형을 과한다. 다만, 법인 또는 개인이 그 위반행위를 방지하기 위하여 해당 업무에 관하여 상당한 주의와 감독을 게을리하지 아니한 경우에는 그러하지 아니하다. 여기서 정하지 아니한 벌칙은 「국가인권위원회법」의 규정을 준용한다.

(2) 과태료

① 확정된 시정명령(제44조)을 정당한 사유 없이 이행하지 아니한 자는 3천만 원 이하의 과태료에 처한다.

② 제1항에 따른 과태료는 법무부 장관이 부과·징수한다(제50조).

학습 과제

01 국가와 지방자치단체는 장애인의 장애 정도와 장애인의 경제적 생활 수준을 고려하여 장애로 인한 추가적 비용을 보전하기 위하여 (①)을 지급할 수 있다. 국민기초생활보장법에 따른 생계급여를 받는 장애인에게는 반드시 지급하여야 한다. 장애인연금법에 따른 중증장애인에게는 (②)을 지급하지 않는다.

02 보건복지부 장관은 장애인 복지정책의 수립에 필요한 기초 자료로 활용하기 위하여 (①)마다 장애인의 (②)를 실시하여야 한다.

03 복지시설의 종류(제58조)에 대하여 그 시설 명칭을 입력하시오.

① 거주공간을 활용하여 일반 가정에서 생활하기 어려운 장애인에게 일정 기간 동안 거주, 요양, 지원 등의 서비스를 제공하는 동시에 지역사회 생활을 지원하는 시설로 정원은 30명을 초과할 수 없는 시설은? (①)

② 장애인을 전문적으로 상담, 치료, 훈련하거나 장애인의 일상생활, 여가활동 및 사회 참여 활동을 지원하는 시설은? (②)

③ 일반 작업환경에서는 일하기 어려운 장애인이 특별히 준비된 작업환경에서 직업훈련을 받거나 직업생활을 할 수 있도록 하는 시설은? (③)

④ 장애인을 입원 또는 통원하게 하여 상담, 진단·판정, 치료 등 의료재활 서비스를 제공하는 시설은? (④)

04 차별판단(제5조)은 차별의 원인이 (①)가지 이상이고, 그 주된 원인이 (②)라고 인정되는 경우 그 행위는 이 법에 따른 차별로 본다. 이 법을 적용함에 있어서 차별 여부를 판단할 때에는 장애인 (③), (④) 및 정도, 특성 등을 충분히 고려하여야 한다.

05 이 법에서 금지한 차별행위를 행하고 그 행위가 악의적인 것으로 인정되는 경우 법원은 차별을 한 자에 대하여 3년 이하의 징역 또는 3천만 원 이하의 벌금에 처

할 수 있다.에서 악의적이라 함은 무엇을 말하는가?

정답) 다음 사항을 전부 고려하여 판단하여야 한다(제49조).

①__________, ②__________, ③__________,

06 장애인은 신체적·정신적 장애로 인하여 장기간에 걸쳐 일상생활 또는 사회생활에 상당한 제약을 받는 자를 말한다. 여기서 정신적 장애라 함은 (①) 또는 (②) 질환으로 발생하는 장애이고, 신체적 장애라 함은 주요 (③)장애, (④)의 장애 등을 말한다.

정답

선행 학습

1. (1) (① 모자보건사업)
   (2) (② 산업재해)
   (3) (③ 전문진로)
   (4) (④ 선거권)
2. (① 보호자), (② 추가적 비용)
3. (① 장애인복지 상담원)
4. (① 대통령령)
5. (① 괴롭힘)
6. (① 장애인차별시정소위원회)

학습 과제

01. (① 장애수당), (② 장애수당)
02. (① 3년), (② 실태조사)
03. ① (장애인 거주시설)
    ② (장애인 지역사회재활시설)
    ③ (장애인 직업재활시설)
    ④ (장애인 의료재활시설)
04. (① 2), (② 장애), (③ 당사자의 성별), (④ 장애의 유형)
05. ① 차별의 고의성, ② 차별의 지속성 및 반복성, ③ 차별 피해자에 대한 보복성
06. (① 발달장애), (② 정신적), (③ 외부 신체 기능), (④ 내부기관)

제 13 장 아동복지법 · 청소년복지지원법 · 청소년기본법

선행 학습

1. 아동정책 기본계획은 (①)의 심의를 거쳐 확정된다.
2. 아동의 후견인의 선임이나 변경 청구에 관한 사항을 심의하는 기구는? (①)
3. 아동에 대한 상담 및 보호 조치, 가정환경에 대한 조사 등 지역 단위에서 아동의 복지 증진을 위한 업무를 수행하는 사람은? (①)
4. 지원 대상 아동의 자립 지원 정책을 효율적으로 수행하기 위하여 관계 행정기관의 공무원으로 구성되는 기구는? (①)
5. 시 · 군 · 구에 두며 관할구역의 아동에 대하여 항상 그 생활 상태 및 가정환경을 상세히 파악하고 아동복지에 필요한 원조와 지도를 행하며 전담공무원 및 관계 행정기관과 협력하여야 하는 위원은? (①)
6. 가정 문제가 있거나 학업 수행 또는 사회 적응에 어려움을 겪는 등 조화롭고 건강한 성장과 생활에 필요한 여건을 갖추지 못한 청소년은 어떤 청소년인가? (①)
7. 청소년기본법(제17조)에 따른 청소년 복지시설의 종류에서 가출 청소년에 대하여 가정 · 학교 · 사회로 복귀하여 생활할 수 있도록 일정 기간 보호하면서 상담 · 주거 · 학업 · 자립 등을 지원하는 시설은? (①)
8. 청소년 육성에 필요한 재원을 확보하기 위하여 (①)을 설치하며, 기금은 여성가족부 장관이 관리 · 운용한다.

제 1 절 아동복지법

1 목적 및 대상

1) 목적

아동이 건강하게 출생하여 행복하고 안전하게 자랄 수 있도록 아동의 복지를 보장하는 것을 목적으로 한다(제1조).

이 법에서 말하는 "아동복지"란 아동이 행복한 삶을 누릴 수 있는 기본적인 여건을 조성하고 조화롭게 성장·발달할 수 있도록 하기 위한 경제적·사회적·정서적 지원을 말한다(제3조 제2호).

기본 이념으로서 아동은 자신 또는 부모의 성별, 연령, 종교, 사회적 신분, 재산, 장애 유무, 출생 지역, 인종 등에 따른 어떠한 종류의 차별도 받지 아니하고 자라나야 한다.

또한 아동은 완전하고 조화로운 인격 발달을 위하여 안정된 가정환경에서 행복하게 자라나야 하며, 아동에 관한 모든 활동에 있어서 아동의 이익이 최우선적으로 고려되어야 한다. 그리고 아동은 아동의 권리 보장과 복지 증진을 위하여 이 법에 따른 보호와 지원을 받을 권리를 가진다(제2조).

이러한 책임 주체인 국가와 지방자치단체는 아동의 안전·건강 및 복지 증진을 위하여 아동과 그 보호자 및 가정을 지원하기 위한 정책을 수립·시행하여야 한다(제4조). 아동의 보호자는 아동을 가정 안에서 그의 성장 시기에 맞추어 건강하고 안전하게 양육하여야 한다(제5조 제1항). 모든 국민은 아동의 권익과 안전을 존중하여야 하며, 아동을 건강하게 양육하여야 한다(제2항).

2) 대상

아동이라 함은 18세 미만인 사람을 말한다(제3조 제1호).

책임 주체인 국가와 지방자치단체는 아동의 안전·건강 및 복지 증진을 위하여 아동과 그 보호자 및 가정을 지원하기 위한 정책을 수립·시행하여야 한다(책임주체 제4조).

아동의 보호자는 아동을 가정 안에서 그의 성장 시기에 맞추어 건강하고 안전하게 양육하여야 한다(제5조 제1항).

모든 국민은 아동의 권익과 안전을 존중하여야 하며, 아동을 건강하게 양육하여야 한다(제2항).

3) 아동복지법의 발달

제·개정(시행)	주요 내용
1961.12.30. (1962.1.1.)	법률 제912호 「아동복리법」 제정
1981.4.13. (1981.4.13.)	「아동복리법」 전부 개정 -법의 제명을 「아동복지법」으로 개칭 -보호 대상 범위를 요보호 아동 위주에서 전체 아동으로 확대 -국가·지방자치단체 및 보호자가 공동 아동의 보호·육성 책임 지도록 함. -아동복지지도원을 임시 직공무원에서 별정직 공무원으로 변경
2000.1.12. (2000.7.13.)	「아동복지법」 전부 개정 -아동복지지도원을 별정직 공무원에서 사회복지 전담공무원으로 변경 -아동 학대에 대한 정의와 금지 유형을 명확히 규정 -아동 학대에 대한 신고를 의무화
2004.1.29. (2004.7.30)	「아동복지법」 일부 개정 -국무총리 산하에 아동정책조정위원회를 둠. -상습적으로 아동을 학대행위를 한 자 등 형에 대한 가중 처벌 규정 -아동복지시설로 공동생활 가정과 지역아동센터를 추가
2005.7.13. (2006.1.14.)	「아동복지법」 일부 개정 -가정위탁 시행, 가정위탁지원센터 설치 -교원, 의료인, 아동복지시설 종사자 등의 자격취득 교육과정에 아동 학대 예방 및 신고와 관련된 교육 내용을 포함함.
2006.9.27. (2007.3.28.)	「아동복지법」 일부 개정 -아동복지시설, 영유아보육시설, 유치원, 초·중·고등학교의 장은 성폭력예방교육을 실시함. -지방자치단체의 장은 성폭력 피해로 치료나 요양 등의 보호를 필요로 하는 아동에 대하여 전문치료기관 또는 요양소에 입원 또는 입소시킬 수 있도록 함.

	-아동 학대 신고 의무자의 범위에 유치원·학원·교습소의 운영자·교직원·종사자 등과 구급대의 대원 추가
2008.6.13. (2008.12.14.)	「아동복지법」 일부 개정 -실종, 유괴 예방·방지 교육 실시 -아동보호구역에 폐쇄회로 텔레비전 설치 -아동 학대 예방을 전담하는 아동보호 전문기관을 중앙과 지역으로 구분
2011.8.4. (2012.8.5.)	「아동복지법」 전부 개정 -5년마다 아동 종합 실태를 조사하고 이를 바탕으로 아동정책 기본계획 수립 -정당한 권한을 가진 알선기관 외의 자가 아동양육 알선 후 금품을 요구하거나 약속하는 행위도 포함하도록 금지행위 범위를 확대 -아동 학대의 예방과 방지, 아동 학대 행위자의 계도를 위한 교육 등에 관한 홍보 영상을 방송할 수 있도록 함. -아동 학대 현장에 아동보호 전문기관의 직원이 출동한 경우 학대 행위자가 폭행·협박 및 조사 거부 등의 방해 행위를 하지 못하도록 명시

2 급여 및 재정

1) 급여

(1) 아동정책 기본계획

보건복지부 장관은 아동정책의 효율적인 추진을 위하여 5년마다 아동정책 기본계획을 수립하여야 하며, 기본계획은 다음 각 호의 사항을 포함하여야 한다(제7조 제1항부터 제2항).

① 이전의 기본계획에 관한 분석·평가

② 아동정책에 관한 기본 방향 및 추진 목표

③ 주요 추진 과제 및 추진 방법

④ 재원 조달 방안

⑤ 그 밖에 아동정책을 시행하기 위하여 특히 필요하다고 인정되는 사항

보건복지부 장관, 관계 중앙행정기관의 장 및 시·도지사는 매년 기본계획에 따라 연도별 아동정책 시행계획을 수립·시행하여야 한다(제8조).

아동종합 실태조사(제11조)는 보건복지부 장관은 5년마다 아동의 양육 및 생활

환경, 언어 및 인지 발달, 정서적 · 신체적 건강, 아동 안전, 아동 학대 등 아동의 종합 실태를 조사하여 그 결과를 공표하고, 이를 기본계획과 시행계획에 반영하여야 한다.

시 · 도지사 또는 시장 · 군수 · 구청장은 그 관할구역에서 보호 대상 아동을 발견하거나 보호자의 의뢰를 받은 때에는 아동의 최상의 이익을 위하여 대통령령이 정하는 바에 따라 필요한 보호 조치를 하여야 한다(제15조 제1항).

① 전담 공무원 또는 아동위원에게 보호 대상 아동 또는 보호자에 대한 상담 · 지도를 수행하게 하는 것
② 보호자 또는 대리 양육을 원하는 연고자에 대하여 그 가정에서 아동을 보호 · 양육할 수 있도록 필요한 조치를 하는 것
④ 아동의 보호를 희망하는 사람의 가정에 위탁하는 것
③ 보호 대상 아동을 보호 조치에 적합한 아동복지시설에 입소시키는 것
⑤ 약물 및 알코올 중독, 정서 · 행동 · 발달 장애, 성폭력 피해 등으로 특수한 치료나 요양 등의 보호를 필요로 하는 아동을 전문치료기관 또는 요양소에 입원 또는 입소시키는 것
⑥ 입양특례법에 따른 입양과 관련하여 필요한 조치를 하는 것

(2) 아동보호 서비스

보호 대상 아동(제3조 제4호)이란 보호자가 없거나 보호자로부터 이탈된 아동 또는 보호자가 아동을 학대하는 경우 등 그 보호자가 아동을 양육하기에 적당하지 아니하거나 양육할 능력이 없는 경우의 아동을 말한다.

① 퇴소 조치

보호 조치 중인 보호 대상 아동의 연령이 18세에 달하거나, 보호 목적이 달성되었다고 인정되면 시 · 도지사, 시장 · 군수 · 구청장 또는 아동복지시설의 장은 보호 중인 아동의 보호 조치를 종료하거나 해당 시설에서 퇴소시켜야 한다(제16조).

② 친권 상실 선고의 청구

시 · 도지사, 시장 · 군수 · 구청장 또는 검사는 아동의 친권자가 그 친권을 남용하거나 현저한 비행이나 아동 학대, 그 밖에 친권을 행사할 수 없는 중대한 사유가

있는 것을 발견한 경우 아동의 복지를 위하여 필요하다고 인정할 때에는 법원에 친권 행사의 제한 또는 친권 상실의 선고를 청구하여야 한다(제18조).

③ 후견인과 보조인

후견인 선임(제19조)은 법원에 후견인의 선임을 청구하며, 보조인 선임(제21조)은 법원의 심리 과정에서 변호사, 법정대리인, 직계 친족, 형제자매, 아동보호 전문기관의 상담원은 학대 아동사건의 심리에서 보조인이 될 수 있다. 다만, 변호사가 아닌 경우에는 법원의 허가를 받아야 한다.

(3) 가정위탁 및 아동 학대

① 가정위탁의 정의

보호 대상 아동의 보호를 위하여 성범죄, 가정폭력, 아동 학대, 정신질환 등의 전력이 없는 보건복지부령으로 정하는 기준에 적합한 가정에 보호 대상 아동을 일정 기간 위탁하는 것을 말한다(제3조 제6호). 그리고 가정위탁 보호 희망자에 대한 범죄 경력을 확인한다(제15조의 6).

② 아동 학대의 정의

"아동 학대"라 함은 보호자를 포함한 성인에 의하여 아동의 건강·복지를 해치거나 정상적 발달을 저해할 수 있는 신체적·정신적·성적 폭력이나 가혹행위를 하는 것과 아동의 보호자가 아동을 유기하거나 방임하는 것을 말한다(제3조 제7호).

(4) 금지행위

금지행위(제17조)는 다음과 같다.

① 아동을 매매하는 행위
② 아동에게 음행을 시키거나 음행을 매개하는 행위
③ 아동의 신체에 손상을 주는 학대행위
④ 아동에게 성적 수치심을 주는 성희롱·성폭력 등의 학대행위
⑤ 아동의 정신건강 및 발달에 해를 끼치는 정서적 학대행위
⑥ 자신의 보호·감독을 받는 아동을 유기하거나 의식주를 포함한 기본적 보호·양육·치료 및 교육을 소홀히 하는 방임행위

(5) 아동 학대의 예방과 방지 의무

① 국가와 지방자치단체의 조치(제22조)
② 홍보영상의 제작·배포·송출(제24조)
③ 아동 학대 신고 의무(제25조)와 교육(제26조)
④ 아동 학대 현장 출동 및 격리 조치(제27조)
⑤ 사후관리(제28조)
⑥ 피해 아동 및 그 가족 등에 대한 지원(제29조)

3 전달 체계 및 위원회

1) 아동보호 전문기관

(1) 중앙아동보호 전문기관

국가는 아동학대 예방사업을 활성화하고 지역 간 연계 체계를 구축하기 위하여 중앙아동보호 전문기관을 둔다(제45조 제1항). 그리고 업무(제46조 제1항) 사항은 다음과 같다. 지역아동보호 전문기관에 대한 지원, 아동학대 예방사업과 관련된 연구 및 자료 발간, 효율적인 아동학대 예방사업을 위한 연계 체계 구축, 아동학대 예방사업을 위한 프로그램 개발 및 평가, 상담원 직무교육, 아동 학대 예방 관련 교육 및 홍보 등을 들 수 있다.

(2) 지역아동보호 전문기관

지방자치단체는 학대받은 아동의 발견, 보호, 치료에 대한 신속 처리 및 아동 학대 예방을 담당하는 지역아동보호 전문기관을 시·도 및 시·군·구에 둔다(제45조 제2항).

업무(제46조 제2항): 아동 학대 신고 접수, 현장조사 및 응급 보호, 학대받은 아동 및 아동 학대 행위자를 위한 상담 및 교육, 아동 학대 예방 교육 및 홍보, 아동 학대 가정의 사후관리, 아동학대사례판정위원회 설치·운영 및 자체사례회의 운영 등이 있다.

2) 가정위탁센터

(1) 중앙가정위탁지원센터의 설치와 업무

국가는 가정위탁사업을 활성화하고 지역 간 연계 체계를 구축하기 위하여 중앙가정위탁지원센터를 둔다(제48조 제1항). 그 업무(제49조 제1항)는 다음과 같다. 지역가정위탁지원센터에 대한 지원, 연계 체계 구축, 연구 및 자료 발간, 프로그램의 개발 및 평가, 상담원에 대한 교육, 그리고 가정위탁에 관한 교육 및 홍보, 정보기반 구축 및 정보 제공 등이 있다.

(2) 지역가정위탁지원센터의 설치와 업무

지방자치단체는 보호 대상 아동에 대한 가정위탁을 활성화하기 위하여 시・도 및 시・군・구에 지역가정위탁지원센터를 둔다(제48조 제2항). 그 업무(제49조 제2항)는 다음과 같다. 가정위탁사업의 홍보 및 위탁가정의 발굴, 위탁 희망, 가정 및 대상 아동의 조사, 가정위탁 부모의 교육, 위탁가정의 사례관리, 친부모 가정으로의 복귀 지원, 가정위탁 아동의 자립 계획 및 사례관리 등이 있다.

3) 아동복지시설

아동복지시설의 설치와 운영(제50조)에 관한 내용이다. 국가 또는 지방자치단체는 아동복지시설을 설치할 수 있다(제1항). 국가 또는 지방자치단체 외의 자는 관할 시장・군수・구청장에게 신고하고 아동복지시설을 설치할 수 있다(제2항).

아동복지시설의 종류와 고유 업무(제52조 제2항)는 다음과 같다.

① 아동양육시설: 입소시켜 보호, 양육 및 취업훈련, 자립 지원 서비스 등을 제공하는 것을 목적으로 함.

② 아동일시 보호시설: 일시보호하고 향후 양육대책 수립 및 보호 조치를 행함.

③ 아동보호 치료시설: 아동에게 보호 및 치료 서비스를 제공하는 시설

④ 공동생활 가정: 가정과 같은 주거 여건과 보호, 양육, 자립 지원 서비스 제공

⑤ 자립지원시설: 아동복지시설에서 퇴소한 사람에게 취업 준비 기간 또는 취업 후 일정 기간 동안 보호함으로써 자립을 지원한다.

⑥ 아동상담소: 아동과 그 가족의 문제에 대한 상담, 치료, 예방 및 연구
⑦ 아동전용시설: 아동에게 건전한 놀이·오락, 그 밖의 각종 편의를 제공하여 심신의 건강 유지와 복지 증진에 필요한 서비스 제공
⑧ 지역아동센터: 지역사회 아동의 보호·교육, 건전한 놀이와 오락의 제공, 보호자와 지역사회의 연계 등 아동의 건전 육성을 위하여 종합적인 아동복지 서비스를 제공한다.

아동복지시설의 종사자로서 아동복지시설에는 필요한 전문인력을 배치하여야 하며, 아동복지시설 종사자의 직종과 수, 그 자격 및 배치 기준은 대통령령으로 정한다(제54조).

시설의 개선, 폐쇄, 정지이다(제56조). 보건복지부 장관, 시·도지사 또는 시장·군수·구청장은 아동복지시설과 교육훈련시설(대학 및 전문대학은 제외한다)에 대하여 소관에 따라 그 시설의 개선, 사업의 정지, 위탁의 취소 또는 해당 시설의 장의 교체를 명하거나 시설의 폐쇄를 명할 수 있다.

2) 재정

(1) 비용보조

국가와 지방자치단체는 대통령령이 정하는 바에 의하여 다음에 해당하는 비용의 전부 또는 일부를 보조할 수 있다(제59조).

① 아동복지시설의 설치 및 운영과 프로그램의 운용에 필요한 비용 또는 수탁보호 중인 아동의 양육 및 보호관리에 필요한 비용
② 보호 대상 아동의 대리양육이나 가정위탁 보호에 따른 비용
③ 아동복지사업의 지도·감독, 계몽 및 선전에 필요한 비용
④ 아동복지 전담기관의 설치·운영에 소요되는 비용
⑤ 취약계층 아동에 대한 통합 서비스 지원에 필요한 비용
⑥ 보호 대상 아동의 자립 지원에 필요한 비용
⑦ 자산형성 지원사업에 필요한 비용
⑧ 아동복지단체의 지도·육성에 필요한 비용

(2) 비용의 징수

시・도지사, 시장・군수・구청장 또는 아동복지시설의 장은 제15조 제1항 제3호부터 제5호까지 및 같은 조 제4항 및 제5항에 따른 보호 조치에 필요한 비용의 전부 또는 일부를 대통령령으로 정하는 바에 따라 각각 그 아동의 부양 의무자로부터 징수할 수 있다(제60조).

4 전달 체계 및 위원회 혹은 사회복지 서비스

1) 아동정책조정위원회

아동의 권리 증진과 건강한 출생 및 성장을 위하여 종합적인 아동정책을 수립하고 관계 부처의 의견을 조정하며, 그 정책의 이행을 감독하고 평가하기 위하여 국무총리 소속하에 아동정책조정위원회를 둔다(제10조).

2) 아동복지심의위원회

시・도지사 또는 시장・군수・구청장은 다음의 사항을 심의하기 위하여 그 소속으로 아동복지심의위원회를 각각 둔다(제12조 제2항).

3) 아동위원

시・군・구에 아동위원을 둔다. 아동위원은 그 관할 구역의 아동에 대하여 항상 그 생활 상태 및 가정환경을 상세히 파악하고 아동복지에 필요한 원조와 지도를 행하며, 전담공무원 및 관계 행정기관과 협력하여야 한다(제14조).

5 벌칙

10년 이하의 징역 또는 5천만 원 이하의 벌금	아동을 타인에게 매매하는 행위(「아동·청소년의 성보호에 관한 법률」 제9조에 따른 매매는 제외한다.) -아동에게 음행을 시키거나 음행을 매개하는 행위
5년 이하의 징역 또는 3천만 원 이하의 벌금	-아동의 신체에 손상을 주는 학대행위 -아동에게 성적 수치심을 주는 성희롱·성폭력 등의 학대행위 -아동의 정신건강 및 발달에 해를 끼치는 정서적 학대행위 -자신의 보호·감독을 받는 아동을 유기하거나 의식주를 포함한 기본적 보호·양육·치료 및 교육을 소홀히 하는 방임행위 -장애를 가진 아동을 공중에 관람시키는 행위 -아동에게 구걸을 시키거나 아동을 이용하여 구걸하는 행위
3년 이하의 징역 또는 2천만 원 이하의 벌금	-정당한 권한을 가진 알선기관 외의 자가 아동의 양육을 알선하고 금품을 취득하거나 금품을 요구 또는 약속하는 행위 -아동을 위하여 증여 또는 급여된 금품을 그 목적 외의 용도로 사용하는 행위
1년 이하의 징역 또는 500만 원 이하의 벌금	-공중의 오락 또는 흥행을 목적으로 아동의 건강 또는 안전에 유해한 곡예를 시키는 행위

제 2 절 청소년복지지원법

1 목적 및 대상

1) 목적

청소년복지지원법은 법률 제7164호로 2004.2.9. 제정하여 2005.2.10 시행되었다. 이 법은 청소년기본법(제49조 제4항)에 따라 청소년복지 향상에 관한 사항을 규정함을 목적으로 한다. 이 법에서 사용하는 용어의 뜻은 다음과 같다.

① “청소년”이란 「청소년기본법」 제3조 제1호 본문에 해당하는 사람을 말한다.

② "청소년복지"란 「청소년기본법」 제3조 제4호에 따른 청소년복지를 말한다.
③ "보호자"란 친권자, 법정대리인 또는 사실상 청소년을 양육하는 사람을 말한다.
④ "위기청소년"이란 가정 문제가 있거나 학업 수행 또는 사회 적응에 어려움을 겪는 등 조화롭고 건강한 성장과 생활에 필요한 여건을 갖추지 못한 청소년을 말한다.

2) 대상

(1) 청소년의 우대 및 건강 보장

청소년의 우대 사항은 다음과 같다(제3조).

① 국가 또는 지방자치단체는 그가 운영하는 수송시설 · 문화시설 · 여가시설 등을 청소년이 이용하는 경우 그 이용료를 면제하거나 할인할 수 있다.
② 국가 또는 지방자치단체는 다음 내용 중 어느 하나에 해당하는 자가 청소년이 이용하는 시설을 운영하는 경우 청소년에게 그 시설의 이용료를 할인하여 주도록 권고할 수 있다.
첫째, 국가 또는 지방자치단체의 재정적 보조를 받는 자
둘째, 관계 법령에 따라 세제상의 혜택을 받는 자
셋째, 국가 또는 지방자치단체로부터 위탁을 받아 업무를 수행하는 자
③ 이용료를 면제받거나 할인받으려는 청소년은 시설의 관리자에게 주민등록증, 학생증, 청소년증(제4조) 등 나이를 확인할 수 있는 증표 또는 자료를 제시하여야 한다.
④ 이용료를 면제받거나 할인받을 수 있는 시설의 종류 및 청소년의 나이 기준 등은 대통령령으로 정한다.

특별자치도지사 또는 시장 · 군수 · 구청장(자치구의 구청장)은 9세 이상 18세 이하의 청소년에게 청소년증을 발급할 수 있다.

(2) 청소년의 건강 보장

① 국가 및 지방자치단체는 청소년의 건강 증진 및 체력 향상을 위한 질병 예방,

건강 교육 등의 필요한 시책을 수립하여야 하며, 보호자는 양육하는 청소년의 건강 증진 및 체력 향상에 노력하여야 한다.

② 국가 및 지방자치단체는 관련 기관과 협의하여 청소년의 건강·체력 기준을 설정하여 보급할 수 있다.

③ 건강 시책의 마련 및 건강·체력 기준의 설정·보급에 필요한 사항은 대통령령으로 정한다(제5조).

2 급여 및 재정

1) 급여

위기 청소년 지원에 관한 사항이다.

첫째, 상담 및 교육 지원이다.

① 국가 및 지방자치단체는 위기 청소년에게 효율적이고 적합한 지원을 하기 위하여 위기 청소년의 가족 및 보호자에 대한 상담 및 교육을 실시할 수 있다.

② 위기 청소년의 가족 및 보호자는 국가 및 지방자치단체가 상담 및 교육을 권고하는 경우에는 이에 협조하여 성실히 상담 및 교육을 받아야 한다.

③ 국가 및 지방자치단체는 여성가족부령으로 정하는 일정 소득 이하의 가족 및 보호자가 제1항의 상담 및 교육을 받은 경우에는 예산의 범위에서 여비 등 실비를 지급할 수 있다(제13조).

둘째, 위기 청소년 특별 지원이다.

① 국가 및 지방자치단체는 대통령령으로 정하는 바에 따라 위기 청소년에게 필요한 사회적·경제적 지원(특별 지원)을 할 수 있다.

② 특별 지원은 생활 지원, 학업 지원, 의료 지원, 직업훈련 지원, 청소년활동 지원 등 대통령령으로 정하는 내용에 따라 물품 또는 서비스의 형태로 제공한다. 다만, 위기 청소년의 지원에 반드시 필요하다고 인정되는 경우에는 금전의 형태로 제공할 수 있다.

③ 특별 지원 대상 청소년의 선정 기준, 범위 및 기간과 그 밖에 필요한 사항은

대통령령으로 정한다(제14조).

셋째, 청소년 가출 예방 및 보호 · 지원이다.

① 여성가족부 장관 또는 지방자치단체의 장은 청소년의 가출을 예방하고 가출한 청소년의 가정 · 사회 복귀를 돕기 위하여 상담, 청소년쉼터의 설치 · 운영, 청소년쉼터 퇴소 청소년에 대한 사후 지원 등 필요한 지원을 하여야 한다(제16조 제1항).

② 보호자는 청소년의 가출을 예방하기 위하여 노력하여야 하며, 가출한 청소년의 가정 · 사회 복귀를 위한 국가 및 지방자치단체 등의 노력에 적극 협조하여야 한다.

③ 여성가족부 장관 또는 지방자치단체의 장은 제1항에 따른 청소년 가출 예방 및 보호 · 지원에 관한 업무를 「청소년기본법」에 따른 청소년단체에 위탁할 수 있다(제16조).

넷째, 학업 중단 청소년에 대한 지원이다.

국가 및 지방자치단체는 다음 각 항의 어느 하나에 해당하는 청소년이 학업에 복귀하고 자립할 수 있도록 필요한 시책을 마련하고 시행하여야 한다.

① 초 · 중등교육법(제2조)에 따른 초등학교 · 중학교 또는 이와 동일한 과정을 교육하는 학교에 입학한 후 3개월 이상 결석하거나 취학 의무를 유예한 청소년

② 초 · 중등교육법(제2조)에 따른 고등학교 또는 이와 동일한 과정을 교육하는 학교에서 제적 · 퇴학 처분을 받거나 자퇴한 청소년(제17조)

다섯째, 이주 배경 청소년에 대한 지원이다.

국가 및 지방자치단체는 다음 각 항의 어느 하나에 해당하는 청소년의 사회 적응 및 학습 능력 향상을 위하여 상담 및 교육 등 필요한 시책을 마련하고 시행하여야 한다(제18조).

① 다문화가족지원법(제2조 제1호)에 따른 다문화가족의 청소년

② 그 밖에 국내로 이주하여 사회 적응 및 학업 수행에 어려움을 겪는 청소년

여섯째, 교육적 선도이다.

교육적 선도의 실시는 특별자치도지사 또는 시장 · 군수 · 구청장은 다음 각 항의 어느 하나에 해당하는 청소년에 대하여 청소년 본인, 해당 청소년의 보호자 또

는 청소년이 취학하고 있는 학교의 장의 신청에 따라 교육적 선도를 실시할 수 있다. 이 경우 해당 청소년의 보호자 또는 학교의 장이 선도를 신청하는 때에는 청소년 본인의 동의를 받아야 한다.

① 비행·일탈을 저지른 청소년

② 일상생활에 적응하지 못하여 가정 또는 학교 외부의 교육적 도움이 필요한 청소년이다.

선도는 해당 청소년이 정상적인 가정·학교·사회 생활에 복귀하는 데에 도움이 되는 방법으로서 대통령령으로 정하는 방법에 따라 한다.

선도의 기간은 6개월 이내로 한다. 다만, 특별자치도지사 또는 시장·군수·구청장은 선도의 결과를 검토하여 선도의 연장이 필요하다고 인정하는 경우 청소년 본인의 동의를 받아 6개월의 범위에서 한 번 연장할 수 있다.

선도 대상자의 선정 기준 및 절차에 관한 사항은 여성가족부령으로 정한다.

시설의 설치·운영에 있어서 국가 및 지방자치단체는 선도에 필요한 시설의 설치·운영, 선도 프로그램의 개발·보급, 선도활동에 대한 지원 및 지도자 교육 등 선도의 실효성을 확보하기 위한 노력을 하여야 한다.

선도후견인은 「청소년기본법」에 따른 청소년지도자 및 청소년 지도위원 중에서 지정한다.

선도후견인의 임무·지정 기준 등 세부적인 사항은 여성가족부령으로 정한다.

2) 재정

보조금으로 정부는 예산의 범위에서 청소년상담원의 사업 및 운영에 드는 경비를 보조할 수 있다. 개인·법인 또는 단체는 청소년상담원의 운영 또는 사업 등을 지원하기 위하여 금전이나 그 밖의 재산을 출연하거나 기부할 수 있다(제25조).

3 전달 체계 및 위원회

1) 한국청소년상담복지개발원

다음 각 사항의 사업을 하기 위하여 한국청소년상담복지개발원(청소년상담원)을 설립한다(제22조).

① 청소년 상담 및 복지와 관련된 정책의 연구

② 청소년 상담·복지사업의 개발 및 운영·지원

③ 청소년 상담 기법의 개발 및 상담 자료의 제작·보급

④ 청소년 상담·복지 인력의 양성 및 교육

⑤ 청소년 상담·복지 관련 기관 간의 연계 및 지원

청소년상담원은 법인으로 한다. 청소년상담원은 정관으로 정하는 바에 따라 분원을 둘 수 있다. 청소년상담원은 그 주된 사무소의 소재지에서 설립 등기를 함으로써 성립한다.

청소년상담원의 정관에는 다음 각 사항이 포함되어야 한다.

① 목적, ② 명칭, ③ 주된 사무소의 소재지, ④ 사업에 관한 사항, ⑤ 임직원에 관한 사항, ⑥ 이사회에 관한 사항, ⑦ 재산 및 회계에 관한 사항, ⑧ 업무와 그 집행에 관한 사항, ⑨ 정관 변경에 관한 사항

청소년상담원이 정관을 변경하려는 경우에는 여성가족부 장관의 인가를 받아야 한다.

사업계획서의 제출 등에 있어 청소년상담원은 대통령령으로 정하는 바에 따라 사업계획서와 예산서를 작성하여 사업 연도가 시작되기 전까지 여성가족부 장관에게 제출하여 승인을 받아야 한다. 청소년상담원은 사업 연도마다 세입·세출 결산서를 작성하여 공인회계사의 감사를 받아 다음 사업 연도 3월 20일까지 여성가족부 장관에게 제출하여야 한다.

임원의 경우 청소년상담원에 원장 1명을 포함한 15명 이내의 이사와 감사 1명을 둔다(제26조). 이사 및 감사는 비상임으로 한다.

이사는 여성가족부 장관이 임면(任免)하고, 그 임기는 2년으로 한다.

감사는 공공기관의 운영에 관한 법률(제29조)에 따른 임원추천위원회가 복수로

추천한 사람 중에서 기획재정부 장관이 임면하고, 그 임기는 2년으로 한다.

원장은 청소년상담원을 대표하고 청소년상담원의 사무를 총괄하며, 임원추천위원회가 복수로 추천한 사람 중에서 여성가족부 장관이 임면하고, 그 임기는 3년으로 한다(제27조).

청소년상담원에 관하여 이 법과 공공기관의 운영에 관한 법률에서 정한 사항을 제외하고는 「민법」 중 재단법인에 관한 규정을 준용한다(제28조).

2) 청소년상담복지센터

특별시장·광역시장·도지사 및 특별자치도지사(이하 시·도지사) 및 시장·군수·구청장은 청소년에 대한 상담·긴급구조·자활·의료 지원 등의 업무를 수행하기 위하여 청소년상담복지센터를 설치·운영할 수 있다.

특별시·광역시·도 및 특별자치도에 설치된 청소년상담복지센터는 시·군·구의 청소년상담복지센터의 업무를 지도·지원하여야 한다.

시장·군수·구청장은 위의 사항에 따라 시·군·구에 설치하는 청소년상담복지센터를 청소년활동진흥법(제7조 제1항)에 따라 시·군·구에 설치하는 지방청소년활동진흥센터와 통합하여 운영할 수 있다.

또한 시·도지사 또는 시장·군수·구청장은 청소년상담복지센터를 청소년단체에 위탁하여 운영하도록 할 수 있으며, 시·도지사 또는 시장·군수·구청장은 청소년상담복지센터를 법인으로 설치할 수 있다.

그리고 업무의 구체적인 내용과 청소년상담복지센터의 설치·운영 기준 및 종사자의 자격 기준 등에 관하여 필요한 사항은 대통령령으로 정한다.

3) 이주배경청소년지원센터

여성가족부 장관은 이주 배경 청소년 지원(제18조)을 위한 이주배경청소년지원센터를 설치·운영할 수 있다.

이주배경청소년지원센터의 설치·운영 등에 필요한 사항은 대통령령으로 정한다(제30조).

4) 청소년 복지시설

청소년기본법(제17조)에 따른 청소년 복지시설의 종류는 다음 사항과 같다.

① 청소년쉼터: 가출 청소년에 대하여 가정·학교·사회로 복귀하여 생활할 수 있도록 일정 기간 보호하면서 상담·주거·학업·자립 등을 지원하는 시설

② 청소년자립지원관: 일정 기간 청소년쉼터의 지원을 받았는데도 가정·학교·사회로 복귀하여 생활할 수 없는 청소년에게 자립하여 생활할 수 있는 능력과 여건을 갖추도록 지원하는 시설

③ 청소년치료재활센터: 학습·정서·행동상의 장애를 가진 청소년을 대상으로 정상적인 성장과 생활을 할 수 있도록 해당 청소년에게 적합한 치료·교육 및 재활을 종합적으로 지원하는 거주형 시설(제31조)

청소년 복지시설의 설치에 대하여 국가 또는 지방자치단체는 청소년기본법(제18조 제1항)에 따라 청소년 복지시설을 설치·운영하여야 한다.

국가 또는 지방자치단체 외의 자가 청소년 복지시설을 설치·운영하려면 해당 시설이 있는 지역을 관할하는 특별자치도지사 또는 시장·군수·구청장에게 신고하여야 한다.

또한 청소년 복지시설을 설치·운영하는 자는 대통령령으로 정하는 바에 따라 청소년 복지시설을 이용하는 청소년의 생명·신체에 손해가 발생하는 경우 이를 배상하기 위한 보험에 가입하여야 한다.

위의 청소년 복지시설의 설치·운영에 필요한 사항은 대통령령으로 정하고, 신고의 방법·절차에 관하여 필요한 사항은 여성가족부령으로 정한다(제32조).

휴업·폐업 등의 신고에 있어서 국가 또는 지방자치단체 외의 자가 신고한 청소년 복지시설을 휴업 또는 폐업하거나 그 운영을 재개(再開)하려면 여성가족부령으로 정하는 바에 따라 미리 관할 특별자치도지사 또는 시장·군수·구청장에게 신고하여야 한다(제33조).

청소년 복지시설의 종사자에 관하여 청소년 복지시설에는 각 시설의 사업 수행 및 운영에 필요한 종사자를 두어야 한다.

이에 여성가족부 장관 또는 지방자치단체의 장은 청소년 복지시설 종사자를 양

성하고 전문성을 높이기 위한 교육·훈련을 실시하여야 하며, 청소년 복지시설 종사자의 자격 및 배치 기준, 교육·훈련 등에 필요한 사항은 여성가족부령으로 정한다(제34조).

비밀 누설의 금지이다. 청소년 상담원, 청소년상담복지센터, 이주배경청소년지원센터(청소년복지지원기관)나 청소년 복지시설에서 청소년복지 업무에 종사하거나 종사하였던 사람은 그 직무상 알게 된 비밀을 누설하여서는 아니 된다(제37조).

4 벌칙

1) 벌칙

다음 어느 하나에 해당하는 사람은 1년 이하의 징역 또는 1천만 원 이하의 벌금에 처한다.

① 건강진단 결과를 공개한 사람(제8조 위반)

② 비밀을 누설한 사람(제37조 위반)

다음 어느 하나에 해당하는 자는 6개월 이하의 징역 또는 500만 원 이하의 벌금에 처한다.

① 신고를 하지 아니하고 청소년 복지시설을 설치·운영한 자(제32조 제2항)

② 사업의 정지명령 또는 시설의 폐쇄명령을 받고도 그 사업을 하거나 시설을 운영한 자(제35조 제1항).

2) 양벌 규정

법인의 대표자나 법인 또는 개인의 대리인, 사용인, 그 밖의 종업원이 그 법인 또는 개인의 업무에 관하여 제43조의 위반행위를 하면 그 행위자를 벌하는 외에 그 법인 또는 개인에게도 해당 조문의 벌금형을 과(科)한다. 다만, 법인 또는 개인이 그 위반행위를 방지하기 위하여 해당 업무에 관하여 상당한 주의와 감독을 게을리하지 아니한 경우에는 그러하지 아니하다.

3) 과태료

다음 어느 하나에 해당하는 자에게는 500만 원 이하의 과태료를 부과한다(제45조).

① 청소년복지 지원기관 또는 청소년 복지시설이 아니면 한국청소년상담복지개발원, 청소년상담복지센터, 이주배경청소년지원센터 또는 청소년쉼터, 청소년자립지원관, 청소년치료재활센터의 명칭을 사용하지 못한다. 이에 동일 명칭을 사용한 자(제38조)

② 국가 및 지방자치단체는 필요한 경우에는 청소년복지지원기관 또는 청소년 복지시설에 보고 또는 자료 제출을 하지 아니하거나 검사를 거부·방해 또는 기피한 자(제39조 제1항).

휴업·폐업 또는 운영 재개 신고를 하지 아니한 자에게는 300만 원 이하의 과태료를 부과한다(제33조).

다음 어느 하나에 해당하는 자에게는 50만 원 이하의 과태료를 부과한다.

① 특별자치도지사 또는 시장·군수·구청장(자치구의 구청장)은 9세 이상 18세 이하의 청소년에게 청소년증을 발급할 수 있다. 이를 위반하여 청소년증을 양도하거나 빌려준 사람 또는 양도받거나 빌린 사람(제4조 제2항)

② 청소년증의 발급에 필요한 사항은 여성가족부령으로 정하는 데 청소년증과 동일한 명칭 또는 표시의 증표를 제작하거나 사용한 자(제4조 제3항)

위의 규정에 따른 과태료는 대통령령으로 정하는 바에 따라 특별자치도지사 또는 시장·군수·구청장이 부과·징수한다.

제 3 절 청소년기본법

1 목적 및 대상

1) 목적

1991년 12월에 제정된 이 법은 청소년육성법의 대체입법 형태인데 청소년의 권리 및 책임과 가정・사회・국가 및 지방자치단체의 청소년에 대한 책임을 정하고 청소년 육성정책에 관한 기본적인 사항을 규정함을 목적으로 한다(제1조).

기본 이념은 다음과 같다.

첫째, 청소년이 사회구성원으로서 정당한 대우와 권익을 보장받음과 아울러 스스로 생각하고 자유롭게 활동할 수 있도록 하며 더 나은 삶을 누리고 유해한 환경으로부터 보호될 수 있도록 함으로써 국가와 사회가 필요로 하는 건전한 민주시민으로 자랄 수 있도록 함을 이 법의 기본 이념으로 한다.

둘째, 기본 이념을 구현하기 위한 장기적・종합적 청소년 육성정책을 추진할 때 다음 사항을 그 추진 방향으로 한다(제2조).

① 청소년의 참여 보장
② 청소년의 창의성과 자율성에 기초한 능동적 삶의 실현
③ 청소년의 성장 여건과 사회환경의 개선
④ 민주・복지・통일 조국에 대비하는 청소년의 자질 향상

2) 대상

이 법에서 사용하는 용어의 정의는 다음과 같다(개정 2011.5.19).

① "청소년"이라 함은 9세 이상 24세 이하의 자를 말한다. 다만, 다른 법률에서 청소년에 대한 적용을 달리할 필요가 있는 경우에는 따로 정할 수 있다.
② "청소년 육성"이라 함은 청소년 활동을 지원하고 청소년의 복지를 증진하며 근로 청소년을 보호하는 한편, 사회 여건과 환경을 청소년에게 유익하도록 개선하고 청소년을 보호하여 청소년에 대한 교육을 보완함으로써 청소년의 균형 있는 성장을 돕는 것을 말한다.
③ "청소년 활동"이라 함은 청소년의 균형있는 성장을 위하여 필요한 활동과 이러한 활동을 소재로 하는 수련활동・교류활동・문화활동 등 다양한 형태의 활동을 말한다.
④ "청소년 복지"라 함은 청소년이 정상적인 삶을 영위할 수 있는 기본적인 여건을 조성하고 조화롭게 성장・발달할 수 있도록 제공되는 사회적・경제적 지원을 말한다.

⑤ “청소년 보호”라 함은 청소년의 건전한 성장에 유해한 물질·물건·장소·행위 등 각종 청소년 유해환경을 규제하거나 청소년의 접촉 또는 접근을 제한하는 것을 말한다.

⑥ “청소년시설”이라 함은 청소년 활동·청소년 복지 및 청소년 보호에 제공되는 시설을 말한다.

⑦ “청소년 지도자”라 함은 제21조의 규정에 의한 청소년 지도사 및 제22조의 규정에 의한 청소년상담사와 청소년시설·청소년단체·청소년 관련 기관 등에서 청소년 육성 및 지도 업무에 종사하는 자를 말한다.

⑧ “청소년단체”라 함은 청소년 육성을 주된 목적으로 설립된 법인 또는 대통령령이 정하는 단체를 말한다.

다른 법률과의 관계에서 이 법은 청소년 육성에 관하여 다른 법률에 우선하여 적용한다.

청소년 육성에 관한 법률을 제정하거나 개정하는 때에는 이 법에 부합되도록 하여야 한다(제4조).

2 급여 및 재정

1) 급여

(1) 청소년 육성에 관한 기본계획

청소년 육성에 관한 기본계획의 수립으로 국가는 청소년 육성에 관한 기본계획을 5년마다 수립하여야 한다.

기본계획에는 다음 사항이 포함되어야 한다.

① 이전의 기본계획에 관한 분석평가

② 청소년 육성에 관한 기본 방향

③ 청소년 육성에 관한 추진 목표

④ 청소년 육성에 관한 기능의 조정

⑤ 청소년 육성의 분야별 주요 시책

⑥ 청소년 육성에 소요되는 재원의 조달 방법

⑦ 그 밖에 청소년 육성을 위하여 특히 필요하다고 인정되는 사항(제13조)

국가 및 지방자치단체는 기본계획에 의하여 연도별 시행계획을 각각 수립・시행하여야 한다(제14조).

계획 수립의 협조 관계에서 국가 및 지방자치단체는 규정에 의한 기본계획 및 연도별 시행계획의 수립・시행을 위하여 필요한 때에는 공공기관・사회단체, 그 밖의 민간기업체의 장에게 협조를 요청할 수 있다. 협조 요청을 받은 자는 특별한 사정이 없는 한 이에 협조하여야 한다.

청소년의 능동적이고 자주적인 주인 의식을 고취하고 청소년 육성을 위한 국민의 참여 분위기를 조성하기 위하여 매년 5월을 청소년의 달로 한다(제16조).

(2) 청소년 활동 및 복지 등

국가 및 지방자치단체는 청소년 활동을 지원하여야 하며, 청소년 활동의 지원에 관한 사항은 따로 법률로 정한다(제47조).

학교교육 등과의 연계에서 국가 및 지방자치단체는 청소년 활동과 학교교육・평생교육을 연계하여 교육적 효과를 높일 수 있도록 하는 시책을 수립・시행하여야 한다. 여성가족부 장관이 위의 규정에 의한 시책을 수립함에 있어서는 미리 관련 기관의 협의와 전문가의 의견을 들어야 한다. 위의 규정에 의한 협의를 요청받은 관련 기관은 특별한 사유가 없는 한 이에 응하여야 한다(제48조).

청소년 방과 후 활동의 지원에서 국가와 지방자치단체는 학교의 정규교육으로 보호할 수 없는 시간 동안 청소년의 전인적 성장 발달을 지원하기 위하여 다양한 교육 및 활동 프로그램 등을 제공하는 종합적인 지원 방안을 마련하여야 한다. 위의 종합적인 지원 방안 마련에 필요한 사항은 대통령령으로 정한다(제48조의 2).

청소년 복지의 향상에서도 국가는 청소년들의 의식・태도・생활 등에 관한 사항을 정기적으로 조사하고, 이를 개선하기 위하여 청소년의 복지 향상 정책을 수립・시행하여야 한다.

국가 및 지방자치단체는 기초생활의 보장, 직업재활훈련, 청소년 활동 지원 등의 시책을 추진할 때 정신적・신체적・경제적・사회적으로 특별한 지원을 필요로 하는 청소년에 대하여 우선적으로 배려하여야 한다.

국가 및 지방자치단체는 청소년의 삶의 질을 향상하기 위하여 구체적인 시책을 마련하여야 한다. 위의 규정에 관하여는 따로 법률로 정한다(제49조).

(3) 청소년 유익환경의 조성

청소년 유익환경의 조성에 관한 내용은 다음과 같다.

① 국가 및 지방자치단체는 청소년의 정보화 역량을 배양하기 위한 환경 조성에 노력하여야 한다.

② 국가 및 지방자치단체는 청소년에게 유익한 매체물의 제작·보급 등을 장려하여야 하며, 매체물의 제작·보급 등을 하는 자에 대하여 그 제작·보급 등에 관한 경비 등을 지원할 수 있다.

③ 국가 및 지방자치단체는 주택단지의 청소년시설 배치 등 청소년을 위한 사회환경과 자연환경의 조성에 노력하여야 한다(제51조).

(4) 청소년 유해환경의 규제

① 국가 및 지방자치단체는 청소년에게 유해한 매체물과 약물 등이 유통되지 아니하도록 하여야 한다.

② 국가 및 지방자치단체는 청소년이 유해한 업소에 출입하거나 고용되지 아니하도록 하여야 한다.

③ 국가 및 지방자치단체는 청소년을 폭력·학대·성매매 등 유해한 행위로부터 보호·구제하여야 한다.

④ 위 규정에 의한 청소년에게 유해한 매체물·약물·업소·행위 등의 규제에 관하여는 따로 법률로 정한다(제52조).

(4) 감독 및 수수료

① 국가 및 지방자치단체는 청소년 육성을 위하여 필요한 경우에 청소년시설 및 협의회·지방청소년단체협의회 등 청소년단체에 업무·회계 및 재산에 관한 사항을 보고하게 하거나 소속 공무원으로 하여금 그 장부·서류 그 밖의 물건을 검사하게 할 수 있다. 위 규정에 의하여 검사를 하는 공무원은 그 권한을 표시하는 증표를 지니고 이를 관계인에게 내보여야 한다(제59조).

포상으로 정부는 청소년 육성에 관하여 공로가 현저하거나 다른 청소년의 모범이 되는 자에 대하여 포상을 할 수 있다(제60조).

② 이 법에 의한 협의회가 아닌 자는 한국청소년단체협의회 또는 이와 유사한 명칭을 사용하지 못한다(제61조).

2) 재정

(1) 청소년육성기금

청소년 육성에 필요한 재원을 확보하기 위하여 청소년육성기금을 설치하며, 기금은 여성가족부 장관이 관리・운용한다(제53조).

여성가족부 장관은 기금의 관리・운용에 관한 사무의 전부 또는 일부에 따른 협의회(제40조), 「청소년활동진흥법」(제6조)에 따른 한국청소년활동진흥원, 정부출연연구기관 등의 설립・운영 및 육성에 관한 법률에 따라 설립된 한국청소년정책연구원 또는 국민체육진흥법(제36조)의 규정에 의한 서울올림픽 기념 국민체육진흥공단 중에서 선정하여 위탁할 수 있다. 기금의 관리・운용에 관하여 필요한 사항은 대통령령으로 정한다.

(2) 기금의 조성

기금은 다음 재원으로 조성한다.

① 정부의 출연금
② 국민체육진흥법(제22조 제3항 제1호), 경륜・경정법(제18조 제1항 제1호)에 의한 출연금
③ 개인・법인 또는 단체가 출연하는 금전・물품, 그 밖의 재산
④ 기금의 운용으로 생기는 수익금
⑤ 그 밖에 대통령령이 정하는 수입금

개인・법인 또는 단체가 출연하는 금전・물품, 그 밖의 재산으로 출연하는 자는 용도를 지정하여 출연할 수 있다. 다만, 특정 단체 또는 개인에 대한 지원을 용도로 지정할 수 없다.

(3) 기금의 사용

기금은 다음 사업에 사용한다.

① 청소년 활동의 지원
② 청소년시설의 설치 및 운영을 위한 지원
③ 청소년 지도자의 양성을 위한 지원
④ 청소년단체의 운영 및 활동을 위한 지원
⑤ 청소년 복지 증진을 위한 지원
⑥ 청소년 보호를 위한 지원
⑦ 청소년 육성정책의 수행 과정에 관한 과학적 연구의 지원
⑧ 기금조성사업을 위한 지원
⑨ 그 밖에 청소년 육성을 위하여 대통령령이 정하는 사업(제55조)

국가 또는 지방자치단체는 기금의 설치 등의 규정에 의한 기금의 관리기관의 기금 조성을 지원하기 위하여 기금관리기관에 국유 또는 공유의 시설·물품, 그 밖의 재산을 그 용도 또는 목적에 지장을 주지 아니하는 범위에서 무상으로 사용·수익하게 하거나 대부할 수 있다.

기금관리기관은 청소년 육성 또는 기금의 조성을 위하여 기금의 일부 또는 기금관리기관의 시설·물품, 그 밖의 재산의 일부를 청소년단체의 기본재산에 출연 또는 출자할 수 있다.

기금관리기관은 기금 조성의 전망을 고려하여 기금 사용을 조절함으로써 궁극적으로 청소년 육성을 위한 재원 확보에 기여할 수 있는 장기계획을 수립하여 시행하여야 한다(제55조).

(4) 지방청소년육성기금의 조성

시·도지사는 관할구역 안의 청소년 활동 지원 등 청소년 육성을 위한 사업 지원에 필요한 재원을 확보하기 위하여 지방청소년육성기금을 설치할 수 있다.

위의 규정에 의한 지방청소년육성기금의 조성·용도, 그 밖에 필요한 사항은 조례로 정한다(제56조).

(5) 국 · 공유재산의 대부 등

국가 또는 지방자치단체는 청소년시설의 설치, 청소년단체의 육성을 위하여 필요한 경우에는 「국유재산법」 또는 「지방재정법」의 규정에 불구하고 그 용도에 지장을 주지 아니하는 범위에서 청소년시설이나 청소년단체에 국 · 공유재산을 무상으로 대부하거나 사용 · 수익하게 할 수 있다.

국 · 공유재산의 대부 · 사용 · 수익의 내용 및 조건에 관하여는 당해 재산을 사용 · 수익하고자 하는 자와 당해 재산의 관리청 또는 지방자치단체의 장 간의 계약에 의한다(제57조).

(6) 조세 감면 등

① 국가는 협의회, 지방청소년단체협의회, 「청소년복지지원법」, 한국청소년상담복지개발원 · 청소년상담복지센터 · 이주배경청소년지원센터, 청소년정책연구원 등 청소년단체 및 청소년단체가 운영하는 청소년시설에 대하여(제22조 · 제29조 · 제30조) 조세특례제한법이 정하는 바에 의하여 조세를 감면할 수 있고, 부가가치세법이 정하는 바에 따라 부가가치세를 감면할 수 있다.

② 국가는 협의회, 지방청소년단체협의회, 「청소년복지지원법」, 한국청소년상담복지개발원 · 청소년상담복지센터 · 이주배경청소년지원센터, 청소년정책연구원 등(제22조 · 제29조 · 제30조) 청소년단체 및 청소년단체가 운영하는 청소년시설에 출연 또는 기부된 재산과 규정에 의하여 기금에 출연된 금전(제54조), 그 밖의 재산에 대하여는 조세특례제한법이 정하는 바에 의하여 소득 계산의 특례를 적용할 수 있다.

3 전달 체계 및 위원회

1) 청소년시설의 종류 및 운영

청소년 활동에 제공되는 시설, 청소년복지에 제공되는 시설, 청소년 보호에 제공되는 시설에 관한 사항은 따로 법률로 정한다(제17조).

국가 및 지방자치단체는 청소년시설을 설치·운영하여야 하고, 국가 및 지방자치단체 외의 자는 따로 법률이 정하는 바에 의하여 청소년시설을 설치·운영할 수 있으며, 국가 및 지방자치단체는 제1항의 규정에 의하여 설치한 청소년시설을 청소년단체에 위탁하여 운영할 수 있다(제18조).

청소년시설의 지도·감독에 있어 국가 및 지방자치단체는 청소년시설의 적합성·공공성·안전성에 대한 국민의 신뢰를 확보하고, 그 설치와 운영을 지원하기 위하여 필요한 지도·감독을 할 수 있다(제19조).

2) 청소년 지도자·청소년 상담사

(1) 청소년 지도자

청소년 지도자의 양성에 있어 국가 및 지방자치단체는 청소년 지도자의 양성과 자질 향상을 위하여 필요한 시책을 강구하여야 한다.

위의 규정에 의한 청소년 지도자의 양성과 자질 향상을 위한 연수 등에 관한 기본 방향 및 내용은 대통령령으로 정한다(제20조).

여성가족부 장관은 청소년 지도사 자격 검정에 합격하고 청소년 지도사 연수기관에서 실시하는 연수 과정을 마친 자에게 청소년 지도사의 자격을 부여한다.

여성가족부 장관은 청소년 지도사 자격검정에 합격한 자의 연수를 위하여 필요한 경우에는 대통령령이 정하는 바에 의하여 청소년 지도사 연수기관을 지정할 수 있다(제21조). 위의 규정에 의한 청소년 지도사의 등급, 자격검정, 연수, 자격증의 교부 절차 등에 관하여 필요한 사항은 대통령령으로 정한다(제21조 제4항).

(2) 청소년 상담사

여성가족부 장관은 청소년 상담사 자격 검정에 합격하고 청소년 상담사 연수기관에서 실시하는 연수 과정을 마친 자에게 청소년 상담사의 자격을 부여한다.

청소년 지도사·청소년 상담사의 배치 등에 있어서 청소년시설 및 청소년단체는 대통령령이 정하는 바에 따라 청소년 육성을 담당하는 청소년 지도사 또는 청소년 상담사를 배치하여야 한다. 이에 국가 및 지방자치단체는 청소년단체 또는 청소년시설에 배치된 청소년 지도사 및 청소년 상담사에 대하여 예산의 범위 안에서 그 활동비의 전부 또는 일부를 보조할 수 있다(제23조).

청소년 지도사 · 청소년 상담사의 채용 등에 있어서 교육기본법(제9조)에 따른 학교는 청소년 육성에 관련되는 업무를 수행할 때 필요한 경우에 청소년 지도사 또는 청소년 상담사를 채용할 수 있으며, 국가 및 지방자치단체는 제1항의 규정에 의한 채용에 소요되는 보수 등 필요한 경비의 전부 또는 일부를 보조할 수 있다(제24조).

3) 청소년 육성 전담공무원

특별시 · 광역시 · 도(이하 "시 · 도"), 시 · 군 · 구(자치구) 및 읍 · 면 · 동 또는 청소년 육성 전담기구에 청소년 육성 전담공무원을 둘 수 있다.

청소년 육성 전담공무원은 청소년 지도사 또는 청소년 상담사의 자격을 가진 자로 한다. 청소년 육성 전담공무원은 그 관할구역 안의 청소년 및 다른 청소년 지도자 등에 대하여 그 실태를 파악하고 필요한 지도를 하여야 한다.

관계 행정기관, 청소년단체 및 청소년시설의 설치 · 운영자는 청소년 육성 전담공무원의 업무 수행에 협조하여야 한다. 위의 규정에 의한 청소년 육성 전담 공무원의 임용 등에 관하여 필요한 사항은 조례로 정한다(제25조).

4) 청소년 육성 전담기구

청소년 육성에 관한 업무를 효율적으로 운영하기 위하여 시 · 도 및 시 · 군 · 구에 청소년 육성에 관한 업무를 전담하는 기구를 따로 설치할 수 있다. 위의 규정에 의한 청소년 육성 전담기구의 사무의 범위 · 조직, 그 밖에 필요한 사항은 조례로 정한다(제26조).

5) 청소년 지도위원

시장 · 군수 · 구청장은 청소년 육성을 담당하게 하기 위하여 청소년 지도위원을 위촉하여야 한다. 위의 규정에 의한 청소년 지도위원의 자격 · 위촉 절차 등에 관하여 필요한 사항은 조례로 정한다(제27조).

6) 청소년단체

청소년단체의 역할로서 청소년단체는 다음 역할을 수행하기 위하여 최선의 노력을 하여야 한다.

① 학교 교육과 상호 보완할 수 있는 청소년 활동을 통한 청소년의 기량과 품성 함양

② 청소년 복지 증진을 통한 청소년의 삶의 질 향상

③ 유해환경으로부터 청소년을 보호하기 위한 청소년 보호 업무의 수행

청소년단체는 제1항의 역할을 수행할 때 청소년의 의견을 적극 반영하여야 한다.

청소년단체에 대한 지원 등으로 국가 및 지방자치단체는 청소년단체의 조직과 활동에 필요한 행정적인 지원을 할 수 있으며, 예산의 범위 안에서 그 운영·활동 등에 필요한 경비의 일부를 보조할 수 있다.

① 학교 및 「평생교육법」 제2조의 평생교육기관은 청소년단체의 청소년 활동에 필요한 지원과 협력을 할 수 있다(신설 2012.2.1).

② 개인·법인 또는 단체는 청소년단체의 시설 및 운영을 지원하기 위하여 금전, 그 밖의 재산을 출연할 수 있다(개정 2012.2.1).

③ 위의 규정에 의한 지원 및 보조 범위 등에 관하여는 대통령령으로 정한다.

수익사업으로 청소년단체는 정관이 정하는 바에 의하여 청소년 육성과 관련한 수익사업을 할 수 있으며, 규정에 의한 수익사업의 범위, 수익금의 사용 등에 관한 사항은 대통령령으로 정한다(제30조).

청소년단체의 임원은 여성가족부 장관으로부터 설립 허가를 받은 법인의 임원과 「비영리민간단체지원법」에 따라 등록된 비영리민간단체의 대표자, 관리인 또는 그 밖에 회칙으로 정한 임원을 말한다.

7) 한국청소년단체협의회

청소년단체는 청소년 육성을 위한 다음의 활동을 하기 위하여는 여성가족부 장

관의 인가를 받아 한국청소년단체협의회를 설립할 수 있다.

① 회원단체가 행하는 사업과 활동에 대한 협조·지원, ② 청소년 지도자의 연수와 권익 증진, ③ 청소년 관련 분야의 국제기구 활동, ④ 외국 청소년단체와의 교류 및 지원, ⑤ 남·북 청소년 및 해외교포 청소년과의 교류·지원, ⑥ 청소년 활동에 관한 조사·연구·지원, ⑦ 청소년 관련 도서 출판 및 정보 지원

협의회는 법인으로 하며, 협의회는 그 주된 사무소의 소재지에서 설립 등기를 함으로써 성립한다. 협의회에 관하여 이 법에 규정한 것을 제외하고는 「민법」 중 사단법인에 관한 규정을 준용한다. 국가는 협의회의 운영 및 활동에 소요되는 경비를 지원할 수 있다.

협의회는 설립 목적에 지장이 없는 범위에서 수익사업을 할 수 있으며, 발생한 수익은 협의회 또는 협의회의 운영시설 외의 목적에 사용할 수 없다. 법인·개인 또는 단체는 협의회의 운영 및 사업 등을 지원하기 위하여 금전 그 밖의 재산을 출연 또는 기부할 수 있다.

8) 지방청소년단체협의회

특정 지역을 활동 범위로 하는 청소년단체는 청소년 육성을 위하여 그 지역을 관할하는 시·도의 조례가 정하는 바에 의하여 시·도지사의 인가를 받아 지방청소년단체협의회를 설립할 수 있다. 지방자치단체는 예산의 범위 안에서 해당 지방청소년단체협의회의 운영경비의 전부 또는 일부를 지원할 수 있다(제41조).

9) 청소년단체 임원의 결격 사유

1) 다음 각 항의 어느 하나에 해당하는 사람은 청소년단체의 임원이 될 수 없다(제28조의 2).

① 미성년자·금치산자 또는 한정치산자

② 파산선고를 받은 자로서 복권되지 아니한 자

③ 금고 이상의 형을 받고 그 집행유예의 기간이 종료되지 아니한 자

④ 법원의 판결 또는 법률에 의하여 자격이 상실되거나 정지된 자

⑤ 금고 이상의 형을 선고받고 그 집행이 종료되거나 집행을 받지 아니하기로 확정된 후 3년이 경과되지 아니한 사람

⑥ 위의 사항에도 불구하고 아동복지법(제71조), 보조금 관리에 관한 법률(제40조부터 제42조까지) 또는 「형법」 제28장 · 제40장(제360조는 제외한다)의 죄를 범하거나 이 법을 위반하여 다음 어느 하나에 해당하는 사람

㉮ 100만 원 이상의 벌금형을 선고받고 그 형이 확정된 후 5년이 지나지 아니한 사람

㉯ 형의 집행유예를 선고받고 그 형이 확정된 후 7년이 지나지 아니한 사람

㉰ 징역형을 선고받고 그 집행이 끝나거나(집행이 끝난 것으로 보는 경우를 포함한다) 집행이 면제된 날부터 7년이 지나지 아니한 사람

㉱ 위의 규정에도 불구하고 성폭력범죄의 처벌 등에 관한 특례법」(제2조, 제1항 제1호는 제외)의 성폭력범죄 또는 아동·청소년의 성보호에 관한 법률(제2조 제2호)의 아동·청소년 대상 성범죄를 저지른 사람으로서 형 또는 치료감호를 선고받고 확정된 후 그 형 또는 치료감호의 전부 또는 일부의 집행이 끝나거나(집행이 끝난 것으로 보는 경우 포함) 집행이 유예·면제된 날부터 10년이 지나지 아니한 사람

임원이 위의 어느 하나에 해당하게 되었을 때에는 그 자격을 상실한다.

2) 2년 이하의 징역 또는 2천만 원 이하의 벌금에 처하는 사항은 정관이 정하는 사업 외의 수익사업을 한 자이다.

4 벌칙

1) 양벌 규정

법인의 대표자나 법인 또는 개인의 대리인, 사용인, 그 밖의 종업원이 그 법인 또는 개인의 업무에 관하여 위반행위(제64조)를 하면 그 행위자를 벌하는 외에 그 법인 또는 개인에게도 해당 조문의 벌금형을 과(科)한다. 다만, 법인 또는 개인이

그 위반행위를 방지하기 위하여 해당 업무에 관하여 상당한 주의와 감독을 게을리 하지 아니한 경우에는 그러하지 아니하다.

2) 과태료

(1) 다음에 해당하는 자는 500만 원 이하의 과태료에 처한다(제66조)(개정 2010. 5.17).

① 국가 및 지방자치단체는 청소년 육성을 위하여 필요한 경우에 청소년시설 및 협의회·지방청소년단체협의회 등 청소년단체에 업무·회계 및 재산에 관한 사항을 보고하게 하거나 소속 공무원으로 하여금 그 장부·서류, 그 밖의 물건을 검사하게 할 수 있다(제59조 제1항)에 따른 보고를 하지 아니하거나 검사·명령을 거부·방해 또는 기피한 자

② 이 법에 의한 협의회가 아닌 자는 한국청소년단체협의회 또는 이와 유사한 명칭을 사용하지 못한다(제61조의 규정, 유사 명칭의 사용 금지)는 규정을 위반한 자

(2) 청소년 지도사·청소년 상담사의 보수교육(제24조의2, 제1항 및 제2항)을 위반한 자에 대하여는 100만 원 이하의 과태료를 부과한다. 위 규정에 의한 과태료는 대통령령이 정하는 바에 의하여 여성가족부 장관 또는 지방자치단체의 장(제63조의 규정에 의하여 권한이 위임된 경우를 포함한다.)이 부과·징수한다.

학습 과제

01 아동 학대를 알게 된 때에 즉시 아동보호 전문기관이나 수사기관에 신고하여야 하는 의무가 있는 자는? (①)

02 시・도지사 또는 시장・군수・구청장은 아동의 가정위탁 보호를 희망하는 사람에 대하여(①)을 확인하여야 한다.

03 국가는 가정위탁사업을 활성화하고 지역 간 연계 체계를 구축하기 위하여 (①)를 둔다. 지방자치단체는 보호 대상 아동에 대한 가정위탁사업을 활성화하기 위하여 시・도 및 시・군・구에 (②)를 둔다.

04 지역아동 보호전문 기관의 업무는? (①________, ②________)

05 중앙아동보호 전문기관의 업무는? (①________, ②________)

06 청소년기본법(제17조)에 따른 청소년복지시설의 유형에서 학습・정서・행동상의 장애를 가진 청소년을 대상으로 정상적인 성장과 생활을 할 수 있도록 해당 청소년에게 적합한 치료・교육 및 재활을 종합적으로 지원하는 거주형 시설은? (①)

07 청소년 육성에 필요한 재원을 확보하기 위하여 (①)을 설치하며, 기금은 (②)이 관리・운용한다(제53조).

08 여성가족부 장관은 기금의 관리・운용에 관한 사무의 전부 또는 일부에 따른 협의회(제40조), 등으로 하여금 선정하여 위탁할 수 있다. 기금의 관리・운용에 관하여 필요한 사항은(①)으로 정한다.

09 청소년 육성에 필요한 기금의 재원은 어떻게 조성되는가?

①__________ ②__________ ③__________

10 시장・군수・구청장은 청소년 육성을 담당하게 하기 위하여 (①)을 위촉하여야

한다. 위의 규정에 의한 청소년 지도위원의 자격·위촉 절차 등에 관하여 필요한 사항은 조례로 정한다(제27조).

정답

선행 학습

1. (① 아동정책조정위원회)
2. (① 아동복지심의위원회)
3. (① 아동복지전담공무원)
4. (① 아동자립지원추진협의회)
5. (① 아동위원)
6. (① 위기청소년)
7. (① 청소년쉼터)
8. (① 청소년육성기금)

학습 과제

01. (① 건강지원센터의 종사자, 보육교직원, 정신보건센터 의장, 학원의 운영자, 강사, 직원 및 교습소의 교습자, 직원은 아동 학대를 알게 된 경우에는 즉시 신고)
02. (① 범죄경력)
03. (① 중앙가정위탁지원센터), (② 지역가정위탁지원센터)
04. (① 피해 아동 가정의 사후관리, ② 아동 학대 사례 판정위원회 설치 및 운영)
05. (① 아동 학대 예방사업과 관련된 연구 및 자료 발간, ② 아동보호 전문기관 전산 시스템 구축 및 운영)
06. (① 청소년치료재활센터)
07. (① 청소년육성기금), (② 여성가족부 장관)
08. (① 대통령령)
09. ① 정부의 출연금, ② 국민체육진흥법(제22조 제3항 제1호), 경륜·경정법(제18조 제1항 제1호)에 의한 출연금, ③ 개인·법인 또는 단체가 출연하는 금전·물품 그 밖의 재산
10. (① 청소년지도위원)

참고 문헌

국내 문헌

강영실 (2010). 장애인복지의 이해. 신정.
강홍구 (2007). 의료사회복지실천론. 학현사.
강희갑 (2008). 사회복지법제론. 양서원.
강희갑 · 전대성 · 이상주 · 오현숙 · 정왕용 · 이진우 (2008). 사회복지법제론. 양서원.
경북대학교 법과대학 법학개론편찬위원회 (1988). 법학개론. 경북대학교출판부.
경제기획원 (1985). 한국의 사회지표.
곽효문 (2002). 사회복지법제론. 제일법규.
구병삭 (1989). 신법학원론. 박영사.
구자헌 (1984). 한국사회복지사. 홍익재.
국민건강보험공단 (2009). 사업장업무편람.
______ (2009). 장애인보장구 급여체계 개선방안 연구.
권도용 (2001). 장애인의 재활복지. 홍익재.
권영성 (1986). 헌법학개론. 법문사.
권육상 외 (2005). 사회복지실천론. 유풍출판사.
권육상 · 오종희 · 장승전 · 주정현 · 최정섭 (2007). 최신사회복지법제론. 나눔의집.
근로복지공단 (1998). 행정심판소송 및 제3자 구상권.
______ (1999). 산재보험법 판례속보.
김기원 (2007). 사회복지법제론(3판). 나눔의집.
______ (2000). 공공부조론. 학지사.
김만두 (1985). "헌법과 사회복지." 사회사업론집.
김만두 · 한혜경 (2001). 현대 사회복지 개론. 홍익재.
김선웅 외 (1994). 위헌법률심판 제청.

김영종 (2011). 사회복지행정. 학지사.
김영화・이옥희 (1999). "세계화와 한국 사회복지의 비판적 검토." 한국사회복지학 39호: 74-101.
김유성 (2000). 사회보장법. 동성사.
김일수 (2005). 한국형법. 박영사.
김정길 (2004). "장애인 복지정책의 방향과 정책결정 과정에 대한 평가." 진리논단.
김철수 (1988). 신헌법개론. 박영사.
______ (1988). 헌법학개론. 박영사.
김형배 (2011). 민법학법전. 신조사.
김훈 (2012). 사회복지법제론(4판). 학지사.
남상만 외 (2002). 21세기 장애인 복지론. 홍익재.
남찬섭・윤정향 (2001). "생산적 복지를 위한 소득보장제도의 개선 방안." 한국사회복지학연구회.
______ (2001). "김대중 정부 복지개혁의 평가: 수사와 귀결." 한국사회보장학회 2001년 춘계 학술대회 발표문.
노동부 (1997). 산재보험재심사재결사례집.
______ (2000). 노동백서.
노병일 (1999). 사회보장론. 대학출판사.
노혁 (2002). 청소년복지론. 대학출판사.
닐 길버트, 김영화 외 옮김 (2001). 복지국가에서 능력개발국가로. 한울아카데미.
문선화 외 (2005). 장애인복지론. 양서원.
박석돈(1990). 사회복지서비스법. 도서출판 두엄.
박송규(1988). 사회복지법론. 법령편찬보급회.
박순일(2005). 한국의 빈곤 현실과 사회보장. 일신사.
박옥희 (2010). 장애인복지의 이론과 실제. 학문사.
박용순 (1999). 사회복지개론. 학지사.
박재간 (1997). "노년기 여가생활의 실태와 정책과제." 노인복지정책연구, 춘계호, 노인문제연구소.
박태영 (2000). 사회복지시설론. 양서원.
박홍식 (1999). 「내부 고발의 논리」. 나남출판사.
방동희 (2002). "사회복지법제 현황 및 개선 방향." 한국비교공법학회.
배기효・배철효・장기성 (2003). 한국사회복지법제론. 한울출판사.
법제처 (2013). 사회보장기본법.
변경희 (2010). 장애인 장기요양제도 도입에 대한 고찰: 외국 사례를 중심으로. 한국장애인협회.
변용찬 (2010). 장애인장기요양보장제도 시범사업 추진 현황 및 과제. 한국장애인협회.

보건복지부 (2000). 보건복지백서.
______ (2000). 아동복지편람.
소남열 (2009). 이동권 보장이 지체장애인의 삶의 질에 미치는 영향에 관한 연구.
신섭중 외 (2001). 사회복지법제. 대학출판사.
신수식 (1991). 사회보장론. 박영사.
신은주 (1995). "아내 학대에 대한 페미니스트 접근에 관한 사회사업적 분석," 서울대학교 박사학위 논문.
양 건 (1986). 법사회학. 민음사.
양옥경 외 (2005). 사회복지실천론. 나남.
양옥남 · 김혜경 · 김미숙 · 정순둘 (2007). 노인복지론. 출판공동체.
오길승 (2005). "우리나라 재활체계의 문제점과 개선 방향에 대한 고찰." 한신사회복지연구.
오미진 (2005). "국민기초생활보장법의 부양의무자 기준의 문제점과 개선 방안." 중앙대.
오세덕 (2001). "우리나라 복지정책의 개선 방안에 관한 연구." 경희대학교 행정대학원 사회복지학과.
오정수 (1987). "국민연금제도의 형성 과정과 입법 변천에 관한 연구." 사회보장연구.
오혜경 (1997). 장애인복지학 입문. 아시아미디어리서치.
유성호 외 (2002). 노인복지론. 아시아미디어리서치.
윤석범 (1994). 한국의 빈곤. 세경사.
윤찬영 (1986). 사회복지제론 I .
______ (2008). 사회복지법제론. 나남출판.
의료보험연합회 (1992). 의료보험 민사소송 및 강제집행 업무편람.
______ (1988). 의료보험질의해석집.
______ (1989). 의료보험재심사결정사례집.
이광재 (2007). 노인요양보험제도의 이해. 공동체.
이두호 외 (1991). 빈곤론. 나남.
이명구 (1986). 행정법원론. 대명출판사.
이상광 (1988). 사회법. 박영사.
이상규 (1988). 신행정법론(하). 법문사.
이성기 (1988). "사회복지 관련 법률과 정책의 변천에 관한 일 고찰." 한국의 사회복지.
이수정 (2006). "새터민 청소년의 학교 적응에 관한 연구: 반차별-반억압 관점." 중앙대학교 석사학위 논문.
이영환 (1989). "미군정기 전재민 구호정책의 성격 연구." 서울대학교 대학원 석사학위 논문.
이영희 (2002). 한국사회복지법규. 홍익출판사.
이인수 (1999). 『현대노인복지론』. 양서원.
이재환 (1988). 사회복지행정론. 홍익재.

이정 (2002). “일본의 노인문제와 개호보험제도에 관한 고찰.” 노동정책연구.
이종엽 (2007). 사회복지법제. 유풍.
이찬진 (1996). “국민연금제도 운영의 위헌성.” 한국사회복지의 통합적 접근, 1996년 한국사회복지학회 춘계학술대회 자료집.
이태영 (2004). 심신장애자의 복지 향상과 재활대책. 대구대학교.
______ (2004). 사회복지법제론. 동인.
이태영 외 (2002). 사회복지법제론. 동인.
이항녕 외 (1978). 편법률학대사전. 문성각.
이홍재 (2001). “장애인 인권의 사회법적 보장.” 법무자료 제122집.
임상사회사업연구회 옮김 (1992). 임상사회사업기술론(R. Dorfman 지음), 홍익재.
임춘식 (2003). 노인 취업정책의 현황과 과제, 2004년 2차 노인일자리사업 포럼, 노인일자리사업 활성화 방안, 보건복지. 국민연금관리공단 노인인력운영센터.
장동일 (2003). 한국사회복지법의 이해. 학문사.
전광석 (2007). 한국사회보장법론. 법문사.
전국대학사회복지교육협의회 (2002). 사회복지개론. 유풍출판사.
전재일 · 배일섭 · 정영숙 (2010). 사회복지정책론. 형설출판사.
정무성 외 (2004). 현대장애인복지론. 현학사.
정영숙 · 이현지 (2011). 장애인복지론. 현학사.
정일교 · 김만호 (2005). 장애인복지론. 양서원.
정종우 (2004). 사회복지학: 문제와 해설(상). 학지사.
조석현 (2006). 행정학개론, 박문각.
조승수 외 (2011). “기초노령연금 현실화 방안과 정치권의 역할 토론회.”
조영훈 (2007). “일본 공적 개호보험 도입의 문제점.” 삼성금융보험연구소 연구 논문.
최정섭 (2011). 사회복지법제론. 법문사.
현외성 (1989). “아사히소송의 사회정책적 의미 일고.” 사회복지연구.
______ (1996). “사회복지 권리구제와 쟁송.” 한국사회복지연감, 유풍출판사.
______ (2009). 한국사회복지법제론. 양서원.
황인옥 · 남일재 · 양정하 (2003). 현대사회복지법제론. 나눔의집.

국외 문헌

Adams, G. A., King, Lynda A., & King, D. W. (1996). “Relationship of Job and Family Involvement, Family Social Support, an Work-Family Conflict with Job and Life Satisfaction.” *Journal of Applied Psychology.*

Aiken, M. (2006). "Towards Market or State? Tensions and Opportunities in the Evolutionary Path of Three Types of UK Social Enterprise," in M. Nyssens(ed.). *Social Enterprises in Europe?: Between Market, Public Policies and Communities*. London: Routledge.

Aiken, M. & Spear, Roger (2005). "Work Integration Social Enterprises in the United Kingdom." *EMES*. Working Papers no 05/01.

Allen, Nick (2007). *Making Sense of the New Adoption Law—A Guide for Social and Welfare Services* (2nd ed.). Intl Specialized Book Service Inc.

Amin, A., Cameron, A., & Hudson, R. (2002). *Placing the Social Economy*. London: Routledge.

Ansbacher, R. A. (1956). *Individual Psychology of Alfred Adler*. New York: Basis Books.

Arnold, H. J. & Feldman, P. C. (1986), *Organizationl Behavior*. McGraw-Hill Book Company.

Bailey, R, & Brake, M.(eds.)(1975). *Radical Social Work*. London: Edward Arnold.

Balfour, D. & Wechsler, B. (1996). "Organizational Commitment: Antecedents and Outcomes in Public Organizations." *Public Productivity and Management Review*, 29: 256-277.

Bargozzi, R. P. (1978). *Saleforce Performance and Satisfaction as a Function of Individual*.

Beaver, M. L. (1983). *Human Service Practice with the Elderly*, Prentice-Hall.

Beck, A. T. (1979). *Cognitive therapy and the emotional disorders*. New York: International Universities.

Berg, I. K. (1994). *Family based Services: A solution focused approach*, New York: W. W. Norton & Company.

Bergman, B. (2004). "A Swedish-style welfare state or basic income: which should have priority." *Politics & Society*, 32(1): 107-118.

Birkhŏzer, K. (1996). "Social Economy, Community Economy," in R. Dŏing, H. Kegler, & K. Zimmerman (eds.). *People's Economy: Wirtschaft von Unten*. Dessau: Bauhaus Dessau Foundation. Bootstrap Enterprises.

Butcher, T. (2003). *Delivering Welfare: The Governance of the Social Services in the 1990s*. London: Open University Press.

Claessens, S. (2003). "Corporate Governance and Development." *Global Corporate Governance Forum Focus 1*. Washington: World Bank.

Clark, J. & Newman, J. (1997). *The Managerial State*. London: Sage.

Cornforth, C. (2003). "The Governance of Voluntary and Community Organizations: An Overview." Co-opratives UK.

Cottrell, L. S. (1995). "The Competent Community," in R. Warren & L.Lyon(eds.). *New Perspectives on the American Community.* Homewood, IL: Dorsey Press.

Esping-Anderson, G. (1990). *Three world of welfare capitalism.* Princeton, N.J.: Princeton University Press.

Fisher, R. & Shragge, E. (2000). "Challenging Community Organizing: Facing the 21st Century." *Journal of Community Practice,* 8(3). The Haworth Press.

Gambrill, E. (1983). *Casework: A competency-based approach.* Englewood Cliffs, NJ: Prentice-Hall, Inc.

Gilbert, N. & Specht, H. (ed). (1974). *Dimention of Social Welfare Policy,* N.J: Prentice-Hall, Inc.

Gilbert, N. & Terrell, P. (1997). *Dimensions of Social Welfare Policy,* Allyn & Bacon.

Goldberg, G. & Elliot, J. (1980). "Below the belt." *Journal of Sociology & Social Welfare,* 7.

Green, H. (1954). *Social Work Practice in Community Organization,* NY: Whiteside and Morrow Press.

Handler, J. & Bobcock, A. (2006). "The Failure of Workfare: Another Reason for a Basic Income Guarantee." *Basic Income Studies,* 1(1).

Hepworth, D. H. & Larsen, J. A. (1995). *Direct Social Work Practice.* Pacific Grove, CA: Brooks Cole.

Jasson, B. S. (1999). *The Reluctant Welfare State.* Belmont, CA: Wadworth.

Kaplan, A. E.(ed.)(1995). *Giving USA.* New York: AAFRC Trust for Philanthropy.

Meyer, C. H. (1994). *Assessment in Social Work Practice.* New York: Columbia University Press.

Myrdal, A. (1968). *Nation and Family: the Swedish experiment in democratic family and population policy.* London: The M.I.T. Press.

National Council for Voluntary Organization (2007). "Governance and Social Enterprise." Executive Summary Report.

Paton, R. (2003). *Managing and Measuring Social Enterprises.* London: Sage.

Pollitt, C. (1993). *Managerialism and the Public Services* (2nd ed). Oxford: Basil Blackwell.

Popple, K. (1996). "Community Work British models." *Journal of Community Practice,* 3(3/4).

Raskin, N. (1995). "Client-centered therapy," in S. J. Lynn & J. P. Garske(eds.).

Contemporary Psychotherapies Models and Methods. Columbus: Charles E. Merrill.

Raventós, D. (2007). *Basic Income: The Material Conditions of Freedom*. Pluto Press.

Reid, W. J. (1977). *The task centered practice*. New York: Columbus University Press.

Roberts, R. W. & Nee, R. H. (1972). "Theories of Social Casework, The University of Chicago Presspersonality Change." *Journal of Counselling Psychology*, 21.

Rothman, G. C. (1985). *Philanthropists, Therapists and Activists－A Century of Ideological Conflict in Social Work*. Mashenkman Pub.Com. ING.

Rothman, J. & Sager, J. (1998). *Case Management; Integrating Individual and Community Practice*(2nd ed.). MA: Allyn and Bacon.

Rowe, W. (1996). "Client centered theory: A person centered approach," in F.J. Tuner(ed). *Social Work Treatment: Interlocking Theoretical Approaches*(4th ed.). New York: Free Press.

Schimitter, P. C. (1974). "Still the Century of Copotratism?." *Review of Polictics*, Vol. 36.

Sheafor, B., Horejsi, C., & Horejsi, G. (1997). *Techniques and guidelines for social work practice* (4th. ed.). Boston: Allyn and Bacon.

Spear, R., Cornforth, C., & Aiken, M. (2007). "For Love and Money: Governance and Social Enterprise." Report. Governance Hub.

Specht, H. (1994). *Unfaithful angels*. New York: The Free Press.

Stoker, G. (1998). "Public-Private Partnerships and Urban Governance," in J. Pierre(ed.). *Partnerships in Urban Governance*. London: Macmillan Press.

Tawney, R. H. (1964). *Radical Tradition*. London: Penguin Books.

Thompson, N. (2001). *Anti-discriminatory Practice*. London: Palgrave Macmillan.

Titmus, R. M. (1969). *Social policy: An Introduction*. Lincoln: Allen & Unwin.

Townsend, P. (1970). *Sciology and Social policy*, London: Penguin Books.

Turner, F. J. (1986). *Social work treatment: interlocking theoretical approaches*(3rd ed.). New York: The Free Press.

_____ (ed.)(1996). *Social work treatment*(4th ed.). New York: The Free Press.

Tushnet, M. (2007). *Weak Courts, Strong Rights, Judicial Review and Social Welfare Rights in Comparative Constitutional Law*. Princeton University Press.

Van Parijs, P. (2006). "Basic Income versus Stakeholder Grants: Some afterthoughts on how best to redesign distribution." Erik O. Wright (ed.). *Redesigning Distribution*. Verso.

Walsh, K. (1999). *Marketing in Local Government*. Essex: Longman.

Weil, M. & Gamble, D. N. (1995). "Community Practice Model," in R. L. Edwards(ed.), *Encyclopedia of Social Work*(19th ed.). Washington DC: NASW.

Wilensky, H. L. (1975). *The Welfare state and Equality: Structural and Ideological Roots of Public Expenditure.* Berkeley: University of California Press.

Wright, Erik O. (2005). "Basic Income, Stakeholder Grants, and Class Analysis." *Politics & Society*, 32(1): 79-87.

월드 와이드웹 사이트 주소

경제협력개발기구(OECD) http://www.unicef.org/
국가기록원나라기록포털 (청소년육성5개년계획)
국가법령정보센터 http://www.law.go.kr/
국가인권위원회 http://www.humanrights.go.kr/
국민건강보험공단 http://www.nhic.or.kr/
국민연금관리공단 www.npc.or.kr
국제아동구호기금(UNICEF) http://v1.dpi.org/lang-en/
국제장애인연맹(Disabled Peoples' International) http://www.euro.who.int/en/home
국제통화기금(IMF) http://www.oecd.org/
굿네이버스 http://www.goodneighbors.kr/
기초노령연금 http://bop.mw.go.kr
대만 보건부 http://www.health.gov.au/
마약류대책협의회 http://team.mw.go.kr/drug/
미국 국립보건원(NIH) home page http://phs.os.dhhs.gov/phs/phs.html
미국 백악관 http://www.nlm.nih.gov/
미국 보건복지부(Department of Health & Human Services) http://www.ccsa.ca/
미국 보건복지부 약물남용과 정신건강 홈페이지 http://www.os.dhhs.gov/
미국 사회보장국(Social Security Administration) http://www.samhsa.gov/
미국 사회복지사협회 www.naswdc.org
미국 식품의약품안전청(FDA) http://www.nih.gov/
미국 알코올 및 약물남용 정보센터(National Clearinghouse for Alcohl and Drug) Institute) http://www.pop.org/
미국 연방정부 http://www.ssa.gov/
미국 질병관리본부(CDC) Home Page http://www.fedworld.gov/
미국 Public Health Services http://www.cdc.gov/

법제처 http://www.moleg.go.kr
복지인마을 maeul.welfare.net
사회복지공동모금회 www.chest.or.kr
사회서비스 바우처 http://www.socialservice.or.kr/index.jsp
세계보건기구 WHO (World Health Organization)
세계보건기구/WHO Center For Health Development In KOBE http://www.who.int/en/
세계보건기구/유럽 WHO/EUROPE(World Health Organization) http://www.who.or.jp/
월드비전 http://www.worldvision.or.kr/
일본 사회보험청 http://www.mhlw.go.jp/
일본 후생노동성 http://www.whitehouse.gov/
캐나다 약물남용센터(Canadian Center on Substance Abuse) http://www.drugfreeamerica.org/
퇴직연금종합안내 www.pension.fss.or.kr
한국교육개발원(교육복지투자우선지역지원사업) http://eduzone.kedi.re.kr/
한국국제보건의료재단 http://www.kfih.org
한국보건복지정보개발원 http://www.khwis.or.kr
한국보건사회연구원 http://www.kihasa.re.kr/
한국보건산업진흥원 http://www.khidi.or.kr/
(재)한국보육진흥원 http://www.kcpi.or.kr NGO
한국사회복지협의회 http://kncsw.bokgi.net
한국청소년진흥센터 http://www.kysc.or.kr
호주 보건복지부 http://www.sia.go.jp/
Drug Free Resource Net http://www.childrenscancercenter.org/
FDA Center for Food Safety & Applied Nu trition http://www.fda.gov/
U.S. National Library of Medicine (NLM) http://vm.cfsan.fda.gov/

찾아보기

ㅅ

ㅇ

ㅈ

저자 소개

김경우

[학력 및 경력]

프랑스 앙티폴리스대학 정보관리과정 수료
국민대학교 대학원 행정학과 행정학 박사(사회복지 전공)
전 공보처 KFL 홍보조사부장
경기도 정책자문위원
국가민주평통자문위원
한국사회복지지원학회 회장
경기신문(칼럼니스트), 중부일보(칼럼니스트), 조선·중앙·동아일보 기고가, 한국사회복지지원학회 회장, 서울보건대학 사회복지과 교수, 을지대학교 사회복지학과 학과장, 성남시 사회복지정책위원, 성남시사회복지협의회 회장
한국운동재활협회 부회장, 사회복지 자문위원, 경기도사례관리 전문요원, 한국사회복지지원학회 고문, 한국복지정보센터장, 한국사회복지법률상담 자문위원, 한국사회복지연구소 정책자문위원, 한국사회복지지원학회 법제위원장, France Antianpolis Faculty; Social Welfare Policy 수료
현 을지대 중독재활복지학과 교수

[관심 분야]

- 사회복지 법제 및 행정 / 복지정책 / 지역복지 / 사례관리 한국아동·청소년복지, 법제자문 / Program 개발과 평가지도
- 선진국 사회복지 법제 및 제도분석, 지역사회 임상사례관리, 사회복지정보네트워크, 사회복지행정시스템, 사례관리, 프로그램 개발과 평가실무

조주복

[학력 및 경력]

한국외국어대학교 대학원 행정학 석사
한국외국어대학교 대학원 행정학 박사
전 행정자치부 지방행정혁신 평가위원
　북부지방산림관리청 민원제도개선위원
　강원체신청 정보공개심의위원
　강릉원주대학교 종합인력개발원장
현 안전행정부 5급 공채시험위원
　안전행정부 7급, 9급 공채시험위원
　원주지방국토관리청 청렴도향상대책위원
　원주시의회 심의위원, 원주시 주민참여예산연구회 위원
　한국행정학회 운영이사, 한국인사행정학회 편집이사, 한국반부패정책학회 교육이사
　강릉원주대학교 여성인력개발학과 교수

[관심 분야]

• 사회복지정책/사회복지행정/사회복지법제
• 지방재정과 주민참여 예산제도, 국가의 복지재정 운용

홍숙자

[학력 및 경력]

명지대학교 사회복지학 석사
한영신학대학교 사회복지학 박사
웨스트민스터 신학대학원 대학교 평생교육 석사
현 단국대학교 초빙교수
　중독재활복지학과 강의교수
　장안대학교 법률행정학과 강의교수
　경기대학교 사회복지 강의교수
　재단법인 문숙장학재단 이사

[관심 분야]

- 사회복지정책 / 사회복지행정 / 사회복지법제/사회복지법제 운용실태 모니터링
- 사회복지사업 운영 지원, 사회복지기관 개설, 단체운영 지원 자문

사회복지법제론

펴낸날 / 제1판 제1쇄 2013년 8월 30일
지은이 / 김경우 · 조주복 · 홍숙자
펴낸이 / 임춘환
펴낸곳 / 도서출판 대영문화사
주소 / 서울 용산구 청파동 1가 178-2 ㊐ 140-869
등록 / 1975년 12월 26일 제3-16호
전화 / (02)716-3883, (02)714-3062
FAX / (02)703-3839
홈페이지 / http://www.dymbook.co.kr

ISBN 978-89-7644-458-5

〔값 20,000원〕